Kohlhammer

Die Autorinnen und Autoren

Von links nach rechts: Ambra Marx, Franziska Geiser, Marcel Lüssem, Ingo Wegener, Nora Kämpfer, Katrin Imbierowicz
(Foto: Universitätsklinikum Bonn, A. Winkler)

Dr. med. Katrin Imbierowicz ist Fachärztin für Psychosomatische Medizin und Psychotherapie und leitende Oberärztin der Klinik und Poliklinik für Psychosomatische Medizin und Psychotherapie des Universitätsklinikums Bonn, Rheinische Friedrich-Wilhelms-Universität Bonn. Sie leitet die stationäre Behandlungseinheit der Klinik mit dem Schwerpunkt Essstörungen.

Dr. med. Ambra Marx ist Fachärztin für Innere Medizin und Psychosomatische Medizin und Oberärztin der Klinik und Poliklinik für Psychosomatische Medizin und Psychotherapie der Universitätsklinik Bonn.

Dr. phil. Dipl.-Psych. Ingo Wegener ist Klinischer Psychologe und Leiter des Bereichs Verhaltenstherapie der Klinik und Poliklinik für Psychosomatische Medizin und Psychotherapie der Universitätsklinik Bonn.

Dr. med. Nora Kämpfer ist Fachärztin für Psychosomatische Medizin und Oberärztin der Klinik und Poliklinik für Psychosomatische Medizin und Psychotherapie der Universitätsklinik Bonn.

Dr. med. Marcel Lüssem ist Facharzt für Kinder- und Jugendpsychiatrie und Facharzt für Psychosomatische Medizin und Oberarzt der Klinik und Poliklinik für Psychosomatische Medizin und Psychotherapie der Universitätsklinik Bonn.

Prof. Dr. med. Dipl.-Psych. Franziska Geiser ist Fachärztin für Psychosomatische Medizin und Psychotherapie und Direktorin der Klinik und Poliklinik für Psychosomatische Medizin und Psychotherapie des Universitätsklinikums Bonn, Rheinische Friedrich-Wilhelms-Universität Bonn. Neben ihren Schwerpunkten im Bereich der Essstörungen, der sozialen Phobien und der Psychoonkologie arbeitet sie wissenschaftlich interdisziplinär zum Thema Resilienz.

Katrin Imbierowicz
Ambra Marx
Ingo Wegener
Nora Kämpfer
Marcel Lüssem
Franziska Geiser

Anorexia nervosa

Ein Praxisleitfaden für die stationäre
psychosomatische Therapie

Verlag W. Kohlhammer

Dieses Werk einschließlich aller seiner Teile ist urheberrechtlich geschützt. Jede Verwendung außerhalb der engen Grenzen des Urheberrechts ist ohne Zustimmung des Verlags unzulässig und strafbar. Das gilt insbesondere für Vervielfältigungen, Übersetzungen, Mikroverfilmungen und für die Einspeicherung und Verarbeitung in elektronischen Systemen.

Pharmakologische Daten, d. h. u. a. Angaben von Medikamenten, ihren Dosierungen und Applikationen, verändern sich fortlaufend durch klinische Erfahrung, pharmakologische Forschung und Änderung von Produktionsverfahren. Verlag und Autoren haben große Sorgfalt darauf gelegt, dass alle in diesem Buch gemachten Angaben dem derzeitigen Wissensstand entsprechen. Da jedoch die Medizin als Wissenschaft ständig im Fluss ist, da menschliche Irrtümer und Druckfehler nie völlig auszuschließen sind, können Verlag und Autoren hierfür jedoch keine Gewähr und Haftung übernehmen. Jeder Benutzer ist daher dringend angehalten, die gemachten Angaben, insbesondere in Hinsicht auf Arzneimittelnamen, enthaltene Wirkstoffe, spezifische Anwendungsbereiche und Dosierungen anhand des Medikamentenbeipackzettels und der entsprechenden Fachinformationen zu überprüfen und in eigener Verantwortung im Bereich der Patientenversorgung zu handeln. Aufgrund der Auswahl häufig angewendeter Arzneimittel besteht kein Anspruch auf Vollständigkeit.

Die Wiedergabe von Warenbezeichnungen, Handelsnamen und sonstigen Kennzeichen in diesem Buch berechtigt nicht zu der Annahme, dass diese von jedermann frei benutzt werden dürfen. Vielmehr kann es sich auch dann um eingetragene Warenzeichen oder sonstige geschützte Kennzeichen handeln, wenn sie nicht eigens als solche gekennzeichnet sind.

Es konnten nicht alle Rechtsinhaber von Abbildungen ermittelt werden. Sollte dem Verlag gegenüber der Nachweis der Rechtsinhaberschaft geführt werden, wird das branchenübliche Honorar nachträglich gezahlt.

Dieses Werk enthält Hinweise/Links zu externen Websites Dritter, auf deren Inhalt der Verlag keinen Einfluss hat und die der Haftung der jeweiligen Seitenanbieter oder -betreiber unterliegen. Zum Zeitpunkt der Verlinkung wurden die externen Websites auf mögliche Rechtsverstöße überprüft und dabei keine Rechtsverletzung festgestellt. Ohne konkrete Hinweise auf eine solche Rechtsverletzung ist eine permanente inhaltliche Kontrolle der verlinkten Seiten nicht zumutbar. Sollten jedoch Rechtsverletzungen bekannt werden, werden die betroffenen externen Links soweit möglich unverzüglich entfernt

1. Auflage 2025

Alle Rechte vorbehalten
© W. Kohlhammer GmbH, Stuttgart
Gesamtherstellung: W. Kohlhammer GmbH, Heßbrühlstr. 69, 70565 Stuttgart
produktsicherheit@kohlhammer.de

Print:
ISBN 978-3-17-044740-0

E-Book-Formate:
pdf: ISBN 978-3-17-044741-7
epub: ISBN 978-3-17-044742-4

Inhalt

Hinweis zum Online-Zusatzmaterial 11

Einleitung 13
Franziska Geiser und Katrin Imbierowicz

1 Diagnostik 17
   Katrin Imbierowicz und Ingo Wegener
   1.1   Weitere diagnostische Merkmale 20
   1.2   Abgrenzung zu anderen Diagnosen 21
   1.3   Psychische Komorbiditäten 22
   1.4   Epidemiologie 23
   1.5   Diagnostische Interviews und Fragebögen 24

2 Indikationen zur stationären Behandlung 28
   Katrin Imbierowicz

3 Therapiebausteine 33
   Katrin Imbierowicz und Franziska Geiser
   3.1   Gewichtskonsolidierung und Therapiephasen 34
         Katrin Imbierowicz
         3.1.1 Die erste Phase: Commitment und
                Gewichtszunahmeplanung 35
         3.1.2 Die zweite Phase: Vertiefung des Therapiebündnisses
                und Arbeit an Hintergründen bzw.
                aufrechterhaltenden Faktoren der Anorexie 45
         3.1.3 Die dritte Phase: Konsolidierung, Klärung der
                poststationären Situation und Versorgung,
                Alltagserprobungen 47
         3.1.4 Medikamentöse Behandlung 49
   3.2   Integration von Therapieverfahren 49
         Franziska Geiser
   3.3   Psychodynamischer Ansatz 54
         Katrin Imbierowicz
         3.3.1 Die Grundhaltung 55
         3.3.2 Hypothesenbildung und Anwendung 55

| | | 3.3.3 | Die therapeutische Interaktion unter psychodynamischen Gesichtspunkten | 62 |

		3.3.3	Die therapeutische Interaktion unter psychodynamischen Gesichtspunkten	62
		3.3.4	Grenzen der Methode	63
	3.4		Verhaltenstherapie der Anorexia nervosa	64
		Ingo Wegener		
		3.4.1	Kognitiv-behaviorale Erklärungsansätze	64
		3.4.2	Kognitiv-behaviorale Therapiemodule	67
	3.5		Familientherapie und Transition	81
		Marcel Lüssem		
		3.5.1	Was ist Familientherapie/systemische Therapie?	81
		3.5.2	Die Rolle der Angehörigen in der Behandlung	82
		3.5.3	Altersspezifische Empfehlungen und Versorgungsangebote	83
		3.5.4	Transitionsaspekt (Übergang Jugendalter – Erwachsenenalter)	84
		3.5.5	Aktuelle evidenzbasierte, familienorientierte Ansätze zur Behandlung der Anorexia nervosa	85
		3.5.6	Chancen und Grenzen der familientherapeutischen Interventionen	89
		3.5.7	Zusammenfassung	89
	3.6		Am Körper orientierte Verfahren	90
		Katrin Imbierowicz		
		3.6.1	Körperwahrnehmungs- und Körperbildtherapie	91
		3.6.2	Weitere Verfahren	92
		3.6.3	Umgang mit gestörter Innenwahrnehmung	93
		3.6.4	Umgang mit Bewegungswunsch	93
	3.7		Zusammenarbeit im stationären Team	95
		Katrin Imbierowicz		
		3.7.1	Mögliche Aufgabenverteilung der Berufsgruppen	96
		3.7.2	Teambesprechungen und Supervision	99
	3.8		Schnittstellen – Der Umgang mit Angehörigen und der Kontakt zur Hausärztin im Rahmen der stationären Behandlung	101
		Franziska Geiser		
		3.8.1	Einleitung	101
		3.8.2	Kontaktwunsch von Angehörigen während der Therapie	101
		3.8.3	Einbezug von Angehörigen in das Entlassmanagement	103
		3.8.4	Kontakt zur Hausärztin	104
	3.9		Management ambivalenter Therapiemotivation	105
		Katrin Imbierowicz		
		3.9.1	Mögliche Ursachen geringer Therapiemotivation	105
		3.9.2	Vorzeitige Beendigung der Therapie	108
		3.9.3	Anorektisches Verhalten als Traumafolgestörung kann den Verlauf verkomplizieren	110

4	**Management somatischer Komplikationen der Anorexie**	**112**
	Ambra Marx	
4.1	Einleitung	112
4.2	Die Pathophysiologie der Starvation	113
4.3	Körperliche Folgen der Starvation	114
	4.3.1 Subjektive Beschwerden	114
	4.3.2 Gastrointestinale Komplikationen der Anorexia nervosa	115
	4.3.3 Kardiovaskuläre Komplikationen der Anorexia nervosa	119
	4.3.4 Pulmonale Komplikationen der Anorexia nervosa	119
	4.3.5 Hämatologische und immunologische Komplikationen der Anorexia nervosa	119
	4.3.6 Störungen von Wasser- und Elektrolythaushalt sowie renaler Funktion bei Anorexia nervosa	119
	4.3.7 Endokrinologische Komplikationen der Anorexia nervosa	126
	4.3.8 Metabolische Komplikationen der Anorexia nervosa .	126
	4.3.9 Neurologische Komplikationen der Anorexia nervosa	130
	4.3.10 Dermatologische Komplikationen der Anorexia nervosa	130
	4.3.11 Ophtalmologische und otologische Komplikationen der Anorexia nervosa	130
4.4	Körperliche Folgen von Purging-Verhalten	136
	4.4.1 Spezielle Komplikationen des Laxanzienabusus	136
	4.4.2 Sonderfall Insulinpurging	136
4.5	Das Refeeding-Syndrom	140
	4.5.1 Definition	140
	4.5.2 Risikofaktoren	141
	4.5.3 Häufigkeit	142
	4.5.4 Pathophysiologie des Refeeding-Syndroms	142
	4.5.5 Klinische Manifestation	145
	4.5.6 Behandlung und Prävention	146
4.6	Somatisches Work-up/Zusammenfassung	154

5	**Externe Informations- und Unterstützungsangebote und digitale Interaktionen: Was nützt und was schadet?**	**157**
	Franziska Geiser	
5.1	Hilfreiche Informations- und Beratungs- und Selbsthilfeangebote	157
5.2	Verherrlichung von Essstörungen in Online-Medien	158
5.3	Einfluss digitaler Mediennutzung	159
5.4	Digitale Gesundheitsanwendungen	159
5.5	Links	160

6	**Anorexie und Geschlecht**		**161**
	Nora Kämpfer & Ambra Marx		
	6.1	Biologisches und soziales Geschlecht bei Anorexia nervosa ..	161
		6.1.1 Einleitung	161
		6.1.3 Anorexia nervosa bei Männern	167
		6.1.4 Anorexia nervosa bei Geschlechtsinkongruenz	171
7	**Anorexia nervosa und freie Willensentscheidung**		**174**
	Ambra Marx		
	7.1	Anorektischer Widerstand und das Recht auf Krankheit – vom Dilemma der freien Willensentscheidung	174
		7.1.1 Rechtliche Grundlagen	174
		7.1.2 Selbstbestimmung, Autonomie, freie Verantwortung – Medizinethik im Wandel	176
		7.1.3 Selbstbestimmungskompetenz bei der Anorexia nervosa	177
		7.1.4 Anorektische Identität – Teil der Krankheit oder Teil der persönlichen Autonomie?	179
		7.1.5 Neurobiologische und neuropsychologische Aspekte	179
		7.1.6 Medizinische Aspekte akuter Gefährdung	181
		7.1.7 Zwangsmaßnahmen bei Anorexia nervosa	182
		7.1.8 Feststellung der Selbstbestimmungsfähigkeit	185
		7.1.9 Wie erkennt man »gute« Zwangsmaßnahmen?	186
		7.1.10 Wo fängt Zwang an? Abstufung von Zwangsmaßnahmen	187
		7.1.11 Therapeutische Haltung: Gegenseitiger Respekt und wohlwollende Klarheit	189
		7.1.12 Zwangsmaßnahmen verhindern – das Instrument der Vorausverfügung	189
	7.2	Ausblick	190
8	**Kurative vs. »psychosomatisch-palliative« Behandlung – und welche Mittelwege gibt es?**		**192**
	Nora Kämpfer		
	8.1	Kurativer Ansatz bleibt lange erste Option	192
	8.2	Teilkurativer Ansatz	193
	8.3	»Psychosomatisch-palliativer« Ansatz	194
		8.3.1 Unter welchen Umständen erscheint ein »psychosomatisch-palliatives« Vorgehen bei anorektischen Patientinnen geeignet?	195
		8.3.2 Herausforderungen für die Umsetzung individualisierter Behandlung	199
		8.3.3 Exkurs Sterbehilfe	200

Materialsammlung und Arbeitsblätter

Exemplarische Gewichtszunahmevereinbarung für Patientinnen
mit einem BMI < 14 kg/m² 205

Essprotokoll 210

Gewichtsentwicklung im Lebenslauf 212

Gewichtsverlauf während der Behandlung (von der Patientin
selbst zu führen) 213

Auswirkungen von Diätverhalten 214

Erlaubte und verbotene Nahrungsmittel 215

Umgang mit automatischen Gedanken 216

Individuelles Erklärungsmodell 218

Informationsblatt zu Beratung und Hilfe bei Anorexia nervosa
(»Magersucht«) für Betroffene, Angehörige oder Zugehörige 219

Verzeichnisse

Literatur 223

Sachwortverzeichnis 249

Hinweis zum Online-Zusatzmaterial

> Den Weblink, unter dem die Zusatzmaterialien zum Download verfügbar sind, finden Sie unter »Materialsammlung und Arbeitsblätter« am Ende dieses Buches.

Einleitung

Franziska Geiser und Katrin Imbierowicz

Essstörungen haben ihren Beginn meist im Jugend- oder jungen Erwachsenenalter und gehören in Deutschland zu den häufigsten chronischen psychischen Erkrankungen (Bundesministerium für Gesundheit, 2024). Darunter ist die Anorexia nervosa (»Magersucht«) am besten bekannt, obwohl sie unter den Essstörungen die niedrigste Prävalenz hat. Sie fällt durch die für viele Außenstehende, aber auch für Bezugspersonen und Behandlerinnen[1] schwer nachvollziehbare, konsequente Verweigerung einer ausreichend kalorienhaltigen Ernährung trotz Untergewicht auf sowie durch die ambivalente Behandlungsmotivation, den langjährigen Verlauf, die z. T. drastische Kachexie (Abmagerung) und die hohe Rate an physischen wie psychischen Komplikationen. Beides bedingt die hohe Mortalitätsrate der Erkrankung. Diese hat sich im Laufe der letzten 20 Jahre vermutlich aufgrund der spezialisierten Behandlungsangebote zwar reduziert, Einschränkungen der Gesundheit und Lebensqualität bleiben jedoch ein wichtiges Thema. So haben Patientinnen mit Anorexie eine um den Faktor 9,4 erhöhte Rate an »Years lived with disability« (YLD, zit. nach Zipfel et al., 2022) bei Frauen dieser Altersgruppe.

Demzufolge weist die Anorexia nervosa von allen Essstörungen auch die höchsten stationären Behandlungsraten auf. In Übersichtsstudien aus industrialisierten Ländern war jede dritte Patientin im Krankheitsverlauf mindestens ein Mal stationär behandelt worden. Trotz der Weiterentwicklung ambulanter Therapiekonzepte nehmen die Zahlen stationärer Aufnahmen aufgrund der Krankheitsschwere oder dem mangelnden Ansprechen auf ambulante Behandlung in diesen Ländern zu. Immerhin können etwa die Hälfte der Patientinnen mit Anorexie nach meist längerem Behandlungsverlauf als geheilt gelten (Solmi et al., 2024; Toppino et al., 2024; s. a. ▶ Kap. 1).

Die stationäre Behandlung der Anorexia nervosa findet in Deutschland in aller Regel in psychosomatischen Kliniken oder Abteilungen statt, die ein störungsspezifisches, multiprofessionelles, multimodales und methodenintegratives Konzept verfolgen. In besonderen Situationen, z. B. internistischer Überwachungsbedürftigkeit oder akuter Eigengefährdung, kann auch eine Behandlung auf allgemeininternistischen oder beschützt psychiatrischen Stationen erforderlich sein.

In der deutschen Leitlinie zur Diagnostik und Therapie der Essstörungen (Herpertz et al., 2019) werden Eckpunkte zur stationären Behandlung beschrieben. Während international eine ganze Reihe von evidenzbasierten Manualen zur ambulanten Therapie der Anorexia nervosa existieren, ist die Literatur zur stationären

---

1 Im Interesse der Lesbarkeit wurde in diesem Buch stets die weibliche Form gewählt, diese schließt alle anderen Gender mit ein.

Therapie überschaubar. Insbesondere fehlt es an konkreten Beschreibungen des komplexen Zusammenspiels der vielen relevanten Aspekte und Behandlungselemente in der klinischen Praxis. Nach unserer Erfahrung stellen sich außerdem immer wieder konkrete Fragen zum praktischen Vorgehen im Umgang mit den Patientinnen. Diese Lücke möchte dieses Buch füllen.

Nach einer Einführung in die Diagnostik der Anorexie (▶ Kap. 1) beginnen wir inhaltlich in unserem Buch mit der Frage, wann eine stationäre, psychosomatische Therapie sinnvoll und notwendig ist (▶ Kap. 2), sowie den möglichen Alternativen, z. B. bei sehr schlechtem körperlichem Zustand der Patientin. Danach beschreiben wir verschiedene Schwerpunkte und Bausteine der stationären Behandlung. Die Frage, wie der Prozess der Gewichtszunahme gestaltet werden kann (▶ Kap. 3.1), steht dabei als zentraler Baustein der Behandlung an erster Stelle. Es folgt eine Darstellung unserer Sicht auf die Integration verschiedener Therapieverfahren (▶ Kap. 3.2), insbesondere der psychodynamischen (▶ Kap. 3.3) und der verhaltenstherapeutischen Perspektive (▶ Kap. 3.4), die in den darauffolgenden Kapiteln mit praktischen Anwendungsbeispielen, zugeschnitten auf Patientinnen mit Anorexie, beschrieben werden.

Die Familientherapie (▶ Kap. 3.5) als Angebot nicht nur für Kinder und Jugendliche, sondern auch für junge Erwachsene, ist ebenso ein eigenes Kapitel wie die körpertherapeutischen Verfahren (▶ Kap. 3.6). Wie nun diese verschiedenen Elemente der Therapie von einem multiprofessionellen Team übernommen werden können und welchen Herausforderungen das Team dabei unter Umständen begegnet, wird im Kapitel Zusammenarbeit im stationären Team dargestellt (▶ Kap. 3.7). Da ein Wechsel aus ambulanten und stationären Therapien bei den Patientinnen mit Anorexie oft vorkommt und an den Schnittstellen zu manchmal erheblichen Reibungen führen kann, erhält der konkrete Umgang mit Angehörigen und Hausärztinnen als mögliche supportive Systeme vor und nach der stationären Therapie ein eigenes Kapitel (▶ Kap. 3.8).

Dem folgen zwei Kapitel, die sich mit möglichen Schwierigkeiten in der stationären Behandlung auseinandersetzen: der therapeutischen Begegnung mit stark ambivalent motivierten Patientinnen (▶ Kap. 3.9) und der sorgfältigen Einordnung möglicher somatischer Komplikationen (▶ Kap. 4). Auch in diesen beiden Kapiteln soll die Leserin Anleitungen und Anregungen bekommen, wie diese schwierigen Phasen der Therapie bewältigt werden können.

Den externen Unterstützungsangeboten und wie man sie mit einbeziehen und für die Patientin nutzbar machen kann, widmet sich das Kapitel Externe Informations- und Unterstützungsangebote und digitale Interaktionen (▶ Kap. 5).

Im Kapitel Anorexie und Geschlecht (▶ Kap. 6) wird auf den für junge Erwachsene immer komplizierter werdenden Aspekt der Genderzugehörigkeit und auf die daraus folgenden Implikationen für die Behandlung von Menschen mit Anorexie eingegangen.

Die Weigerung der Patientinnen, ihre Anorexie aufzugeben, konfrontiert das Behandlungsteam mit Entscheidungen bis hin zur Zwangsbehandlung. Dabei stellt sich die Frage, inwieweit bei den Patientinnen von einem freien Willen auszugehen ist (▶ Kap. 7) und wie mit Konflikten zwischen freiem Willen und medizinisch Notwendigem umgegangen werden soll.

Verwandt mit dem Thema der Willensentscheidung ist die Auseinandersetzung damit, ob, wann und wie auch eine Behandlung mit einer palliativen Zielsetzung (▶ Kap. 8) bei Patientinnen angedacht werden kann.

Am Ende des Buches ist ein Anhang mit relevantem Therapiematerial (siehe Materialsammlung und Arbeitsblätter) zu finden.

Wir hoffen, dass das Buch in anschaulicher Form eine Hilfe bei der stationären psychosomatischen Behandlung von Patientinnen mit Anorexia nervosa sein kann und zugleich zur Auseinandersetzung mit damit verbundenen ethischen und sozialen Fragen anregt. In jedem Fall soll es dabei unterstützen, die Behandlung der Anorexie als Herausforderung anzusehen, die in einem guten Setting strukturiert, erfolgreich und auch mit Freude angenommen werden kann, und den Betroffenen mit Offenheit und Respekt zu begegnen.

1 Diagnostik

Katrin Imbierowicz und Ingo Wegener

Die Diagnosestellung der Anorexia nervosa (AN) erfolgt in Deutschland zumeist anhand der ICD-Kriterien. Die deutsche Version der ICD-11 steht für den Bereich der psychischen Diagnosen zum Zeitpunkt der Bucherstellung kurz vor der Einführung. Aus diesem Grund stellen wir die Veränderungen der ICD-11 (WHO, 2022) gegenüber der aktuell noch gültigen ICD-10 (WHO/Dilling et al., 2015) tabellarisch dar. Ergänzt wird diese Gegenüberstellung um die, für internationale wissenschaftliche Projekte ebenfalls genutzten, DSM-5-Kriterien (American Psychiatric Association, 2013).

Tab. 1.1: Gegenüberstellung der Diagnosekriterien der Anorexia nervosa (AN) von ICD-10, ICD-11 und DSM-5 (Abdruck erfolgt mit Genehmigung vom Hogrefe Verlag Göttingen aus dem Diagnostic and Statistical Manual of Mental Disorders, Fifth Edition, © 2013 American Psychiatric Association, dt. Version © 2018 Hogrefe Verlag)

ICD-10 F50.0	ICD-11 6B80	DSM-5
Gewicht		
Körpergewicht mind. 15 % unter dem erwarteten Gewicht oder Body-Mass-Index ≤ 17,5 kg/m²	Untergewicht (BMI < 18,5 kg/m² oder < 5. Altersperzentile), welches nicht auf eine andere Erkrankung oder die Nicht-Verfügbarkeit von Nahrung zurückzuführen ist, rascher Gewichtsverlust	(A) Eine in Relation zum Bedarf eingeschränkte Energieaufnahme, welche unter Berücksichtigung von Alter, Geschlecht, Entwicklungsverlauf und körperlicher Gesundheit zu einem signifikant niedrigen Körpergewicht führt. *Signifikant niedriges Gewicht* ist definiert als ein Gewicht, das unterhalb des Minimums des normalen Gewichts oder, bei Kindern und Jugendlichen, unterhalb des minimal zu erwartenden Gewichts liegt
Verhalten und Affekt		
Der Gewichtsverlust ist selbst herbeigeführt durch: • Vermeidung hochkalorischer Speisen und/oder • selbstinduziertes Erbrechen, • selbstinduziertes Abführen,	Durchgehendes Muster an Verhaltensweisen, die die Wiederherstellung eines normalen Körpergewichts verhindern (restriktives Essverhalten, selbst-induziertes Erbrechen, Abführmittelmiss-	(B) Ausgeprägte Angst vor einer Gewichtszunahme oder davor, dick zu werden oder dauerhaftes Verhalten, das einer Gewichtszunahme entgegenwirkt, trotz des signifikant niedrigen Gewichts

1 Diagnostik

Tab. 1.1: Gegenüberstellung der Diagnosekriterien der Anorexia nervosa (AN) von ICD-10, ICD-11 und DSM-5 (Abdruck erfolgt mit Genehmigung vom Hogrefe Verlag Göttingen aus dem Diagnostic and Statistical Manual of Mental Disorders, Fifth Edition, © 2013 American Psychiatric Association, dt. Version © 2018 Hogrefe Verlag) – Fortsetzung

ICD-10 F50.0	ICD-11 6B80	DSM-5
• übertriebene körperliche Aktivität, • Gebrauch von Appetitzüglern, Diuretika, Schilddrüsenhormonen u. a.	brauch, exzessiver Sport u. a.), welches typischerweise von einer Angst vor Gewichtszunahme begleitet ist	

Wahrnehmung

Körperschemastörung, überwertige Idee, dick zu sein/zu werden, es wird eine sehr niedrige Gewichtsschwelle festgelegt	Störung der Wahrnehmung der eigenen Figur bzw. des Körpergewichts oder übertriebener Einfluss des Körpergewichts und der Figur auf die Selbstbewertung. Ständige Beschäftigung mit Figur und Gewicht	(C) Störung in der Wahrnehmung der eigenen Figur oder des Körpergewichts, übertriebener Einfluss des Körpergewichts oder der Figur auf die Selbstbewertung oder anhaltende fehlende Einsicht in Bezug auf den Schweregrad des gegenwärtig geringen Körpergewichts

Endokrinologie

Endokrine Störung (Hypothalamus-Hypophysen-Gonaden-Achse), findet Ausdruck z. B. in Amenorrhoe, Libidoverlust, sek. Amenorrhoe; bei Beginn vor der Pubertät ist die Abfolge pubertärer Entwicklungsschritte verzögert		

Unterformen

F50.00 (ohne aktive Maßnahmen zur Gewichtsabnahme außer Sport): kein Erbrechen, kein Abführmittel- oder Diuretikamissbrauch F50.01 (AN mit aktiven Maßnahmen zur	6B80.0 AN mit signifikant niedrigem Körpergewicht: BMI zwischen 18,5 und 14,0 kg/m² (zwischen 5. und 0,3. Perzentile bei Kindern und Jugendlichen)	**(F50.01) Restriktiver Typ:** Während der letzten 3 Monate hat die Person keine wiederkehrenden Essanfälle gehabt oder kein »Purging«-Verhalten (d. h. selbstinduziertes Erbrechen oder Missbrauch von Laxanzien, Diuretika oder Klistieren) gezeigt. Dieser Subtyp beschreibt Erscheinungsformen, bei denen der Gewichtsverlust in erster Linie durch Diäten, Fasten und/oder

Tab. 1.1: Gegenüberstellung der Diagnosekriterien der Anorexia nervosa (AN) von ICD-10, ICD-11 und DSM-5 (Abdruck erfolgt mit Genehmigung vom Hogrefe Verlag Göttingen aus dem Diagnostic and Statistical Manual of Mental Disorders, Fifth Edition, © 2013 American Psychiatric Association, dt. Version © 2018 Hogrefe Verlag) – Fortsetzung

ICD-10 F50.0	ICD-11 6B80	DSM-5
Gewichtsreduktion): selbstinduziertes Erbrechen, Abführmittelmissbrauch o. ä., evtl. Essanfälle	6B80.00: restriktiver Typ (Kalorienrestriktion, Sport) 6B80.01: Binge-Purging Typ (mit Erbrechen, Abführmittelmissbrauch, Schilddrüsenhormoneinnahme, Amphetaminmissbrauch, Einnahme pflanzlicher Produkte zur Gewichtsreduktion, Insulinmissbrauch, Essanfällen u. a.) 6B80.1 AN mit gefährlich niedrigem Körpergewicht: BMI <14,0 kg/m² (Alterssperzentile bei Kindern und Jugendlichen < 0,3. Perzentile) 6B80.11: restriktiver Typ (s. o.) 6B80.12: binge-purging Typ (s. o.) 6B80.2 In Remission mit normalem Körpergewicht	übermäßige körperliche Bewegung erreicht wird **(F50.02) Binge-Eating/Purging-Typ:** Während der letzten 3 Monate hat die Person wiederkehrende »Essanfälle« gehabt oder »Purging«-Verhalten (d. h. selbstherbeigeführtes Erbrechen oder Missbrauch von Laxanzien, Diuretika oder Klistieren) gezeigt **Teilremittiert:** Nachdem zuvor alle Kriterien für Anorexia Nervosa erfüllt waren, wird Kriterium A (niedriges Körpergewicht) seit einem längeren Zeitraum nicht erfüllt, während entweder Kriterium B (starke Angst vor Gewichtszunahme oder davor, dick zu werden, oder dauerhaftes Verhalten, das einer Gewichtszunahme entgegenwirkt) oder Kriterium C (Störung in der Wahrnehmung der eigenen Figur und des Körpergewichts) weiterhin erfüllt ist **Vollremittiert:** Nachdem zuvor alle Kriterien für Anorexia nervosa erfüllt waren, wird keines der Kriterien seit einem längeren Zeitraum erfüllt. **Schweregrad: Leicht:** BMI ≥ 17 kg/m² **Mittel:** BMI 16–16,99 kg/m² **Schwer:** BMI 15–15,99 kg/m² **Extrem:** BMI <15 kg/m²

Eine wesentliche Zielsetzung der aktualisierten Diagnosekriterien im ICD-11 war es, die Diagnose einer atypischen Anorexia nervosa nicht mehr stellen zu müssen, was oft dann der Fall war, wenn der BMI schon im untergewichtigen Bereich war, aber noch nicht 17,5 kg/m unterschritten hatte oder aber bei ansonsten erfüllten Diagnosekriterien keine sekundäre Amenorrhoe zu diagnostizieren war. So wird, anders als noch in der ICD-10, das Unterschreiten eines BMI von 18,5 kg/m² angesetzt, die Grenze ist demnach um einen BMI-Punkt nach oben verschoben. Für Kinder und Jugendliche gilt das Unterschreiten der 5. BMI-Perzentile als Richtwert. In der ICD-11 wird noch deutlicher betont, dass die Gewichtsabnahme nicht durch eine andere, mit Gewichtsverlust einhergehende Erkrankung, oder realen Nahrungsmangel verursacht sein darf.

Bei einer sehr schnellen Gewichtsabnahme (mehr als 20% des Ausgangsgewichtes innerhalb eines halben Jahres), kann die Diagnose laut ICD-11 auch dann gestellt werden, wenn der BMI von 18,5 kg/m² noch nicht unterschritten ist, aber alle anderen Kriterien erfüllt sind.

Eine wichtige Veränderung in der ICD-11 ist das Wegfallen der endokrinen Störung als Diagnosekriterium. Diese war oft aufgrund einer Kontrazeptivumeinnahme nicht feststellbar, was dann bei ansonsten vorliegendem Vollbild zur Diagnose einer atypischen Anorexie führte.

1.1 Weitere diagnostische Merkmale

Das Verhalten der Betroffenen wirkt für Außenstehende nicht dem körperlichen Zustand entsprechend, bei dem eher Müdigkeit, Krankheitsgefühl und Schonverhalten zu erwarten wären. Stattdessen ist das Verhalten auf Maßnahmen ausgerichtet, die das Gewicht weiter absenken, wie Kalorienrestriktion, Bewegungssteigerung, Kälteexposition u. a. (s. a. ▶ Tab. 1.1). Sport in jeglicher Form dient vor allem der Steigerung des Kalorienumsatzes, von ihm abgehalten zu werden, erzeugt Anspannung und Symptomdruck. Hintergrund dieses Verhaltens ist die extreme Angst vor der Gewichtszunahme. Gedanken um Gewicht und Figur dominieren den Alltag. Die Bedeutung eines niedrigen Körpergewichts für den Selbstwert und die soziale Akzeptanz wird überbewertet. Dass das eigene Körpergewicht zu niedrig ist, wird z. T. als Beobachtung anderer theoretisch anerkannt, aber von der Patientin selbst emotional nicht wirklich so bewertet.

Eine Gewichtsphobie ist im Gegensatz zur Bulimia nervosa kein explizites Diagnosekriterium im ICD-11, liegt aber meistens vor. Sie wird von einigen Patientinnen in der Anamnese verneint, das Verhalten lässt aber den Schluss zu, dass eine Gewichtzunahme gefürchtet wird. Aus klinischer Sicht sollte deshalb auch bei Fehlen einer explizit berichteten Gewichtsphobie die Diagnose einer Anorexie gestellt werden, wenn die Gewichtsabnahme als beabsichtigt eingestuft wird und eine übermäßige Beschäftigung mit dem eigenen Körpergewicht vorliegt.

Dem Kontrollverhalten bezüglich des eigenen Körpers wird viel Zeit eingeräumt. Hierzu gehören das sog. Body-Checking (Körperempfindungen und -formen durch ritualisiertes Abtasten), ritualisiertes Abtasten exponierter Knochen (Schlüsselbein, Hüftknochen, Rippen), häufiges, oft mehrmals tägliches Wiegen, das Vermessen des eigenen Körpers mittels Maßbands und das Betrachten definierter Körperbereiche (v. a. Bauch, Oberschenkel).

Ebenso zeitintensiv wird das Zählen von Kalorien, die Planung der Nahrungsaufnahme und Suche nach Informationen darüber, wie noch mehr Gewicht verloren werden kann, betrieben.

Neben der Überbeschäftigung mit dem eigenen Körper gibt es körperbezogenes, vermeidendes Verhalten, bei dem das Tragen enger Kleidung, das Wiegen und die Betrachtung in Spiegeln umgangen werden. Auch soziale Situationen, die mit gemeinsamen Mahlzeiten oder Kommentaren zum Aussehen verbunden sein könnten, werden vermieden.

Ausprägung und Anzahl der beschriebenen Verhaltensweisen grenzen die Anorexie von temporärem Diätverhalten ohne Essstörung ab.

Aufgrund der Korrelation zwischen Untergewicht und Prognose bei Erwachsenen nimmt die ICD-11, ebenso wie das DSM-5, noch eine Unterteilung in verschiede BMI- bzw. Perzentilgruppen vor (▶ Tab. 1.1).

Zuordnungen zu den Ziffern 6B80.Y und 6B80.Z (spezifische und unspezifische andere Anorexieformen) sollten die Ausnahme sein.

1.2 Abgrenzung zu anderen Diagnosen

Ist die Abgrenzung zwischen Anorexie und einer Bulimia nervosa erschwert, weil Essanfälle und Maßnahmen wie Erbrechen oder Abführmitteleinnahme vorliegen, entscheidet das Vorliegen von Untergewicht darüber, ob die Diagnose einer Anorexie zu stellen ist. Sollte es im Verlauf einer Anorexie mit Essanfällen und Purging-Verhalten zu einer Gewichtskonsolidierung über einen BMI von 18,5 kg/m^2 kommen und diese hält ein Jahr lang an, dann wird die Diagnose von Anorexie in Bulimie verändert. Eine Doppeldiagnose ist nicht möglich.

Bei der *restriktiv-vermeidenden Essstörung (6B83)* liegt ebenfalls eine Vermeidung der Nahrungsaufnahme und damit einhergehend auch eine Gewichtsabnahme vor. Das Anorexiekriterium der übermäßigen Beschäftigung mit der eigenen Figur und dem Gewicht ist jedoch nicht erfüllt. Eine Doppeldiagnose ist nicht möglich.

Darüber hinaus wirft die Unterscheidung von anderen Störungsbildern klinisch gelegentlich Fragen auf. So können bei Erkrankungen aus dem Formenkreis der *Psychosen* zwar auch auf Figur, Gewicht und Nahrungsaufnahme bezogene, überwertige und oft bizarr anmutende Ideen auftreten, man findet dort aber zusätzlich darüber hinausgehende Inhalte (z.B. Beziehungen, Beruf, Weltanschauungen betreffend) sowie andere zu den Psychosen gehörige Symptome, wie Wahnwahrnehmungen und psychosetypische Ich- und Denkstörungen. Auch die Selbstwahrnehmung als zu dick, trotz bestehenden Untergewichts, ist typisch für die Anorexie und nicht typisch für Psychosen. Eine Doppeldiagnose ist zu stellen, wenn beide Vollbilder erfüllt sind.

Patientinnen mit Anorexia nervosa erleben wiederkehrende und anhaltende Gedanken und auch Verhaltensweisen, die sich um Essen, Figur und Gewicht drehen und zwanghaft anmutenden Charakter haben. Diese drehen sich aber, anders als bei den *Zwangsstörungen*, ausschließlich um die o.g. Themen. Sollten zusätzlich zu den anorexietypischen Gedanken und Verhaltensweisen noch z.B. Wasch-, Zähl-

oder Kontrollzwänge und andere Zwangsgedanken auftreten, ist eine Doppeldiagnose zu stellen.

Bei der *körperdysmorphen Störung* dreht sich die übermäßige Beschäftigung um andere Merkmale als Gewicht und Figur (z. B. stattdessen um die Form der Nase oder die Hautbeschaffenheit). Eine Störung des Essverhaltens mit Gewichtsabnahme zur Veränderung der abgelehnten Merkmale liegt meist nicht vor. Schwierig kann jedoch die Abgrenzung zu in der Regel männlichen Betroffenen sein, die übermäßig damit beschäftigt sind, nicht genügend Muskeln oder aufgrund von zu hohem Körperfettanteil (subjektiv) nicht genügend sichtbare Muskeln zu haben. Hier kann eine Veränderung des Essverhaltens beobachtet werden. Bei daraus resultierender, signifikanter Gewichtsabnahme und Idealisierung eines zu niedrigen Gewichts sollte dann eher die Diagnose einer Anorexia nervosa gestellt werden.

> **Merke**
>
> Die in der ICD-11 beschriebenen Kriterien und die Charakteristika sollten im Rahmen einer ausführlichen Anamnese erhoben und immer um das Nachmessen von Gewicht und Körpergröße sowie die körperliche Untersuchung ergänzt werden! Die Diagnose der Anorexie-Unterform (in ICD-11) und ihr Schweregrad soll so präzise wie möglich gestellt werden. Eine Abgrenzung zu anderen Störungsbildern ist in den allermeisten Fällen möglich.

1.3 Psychische Komorbiditäten

Bei Patientinnen mit Anorexia nervosa werden erhöhte Raten anderer psychischer Störungen beobachtet (Männer und Frauen unterscheiden sich dabei gering, Ulvebrand et al., 2015), sodass in vielen Fällen von einer ausgeprägten psychischen Belastung auszugehen ist. Bei der Betrachtung komorbider Störungen spielt die Stichprobenselektion eine wichtige Rolle. Patientinnen mit schwerer Anorexie-Erkrankung haben mehr psychische Komorbiditäten (Kessler at al., 2005). Besserung und Heilung der Anorexia nervosa führen zu einer Reduktion komorbider Symptome (Coulon et al., 2009; von Wietersheim, 2022).

Bei erwachsenen Patientinnen mit Anorexia nervosa sind depressive Störungen mit 31–89 % Lebenszeitprävalenz die häufigste Komorbidität (Godart et al., 2007), gefolgt von Angststörungen mit ca. 65 % lebenszeitbezogenem Vorkommen. Unter den Angststörungen dominiert die soziale Phobie (Kaye et al., 2004). Zwangsstörungen kommen bei ca. 20 % der anorektischen Patientinnen vor (von Wietersheim, 2022), wobei Männer mit Anorexie mehr als doppelt so häufig betroffen sind wie Frauen (Cederlöf et al., 2015). Unter den Persönlichkeitsstörungen finden sich bei Patientinnen mit Anorexia nervosa am häufigsten zwanghafte, vermeidende, abhängige und Borderline-Persönlichkeitsstörungen (Martinussen et al., 2017). Eine

Komorbidität mit einer Psychose ist selten, die Prävalenz psychotischer Störungen aus dem schizophrenen Formenkreis scheint bei Anorexia nervosa nicht erhöht zu sein (Brodrick et al., 2020).

1.4 Epidemiologie

Nach Jacobi et al. (2014) liegt die Prävalenz der Anorexia nervosa entsprechend der DSM-IV-Diagnosekriterien (American Psychiatric Association, 1994) in Deutschland bei 0,7 % der Bevölkerung. Udo und Grilo (2018) geben die Häufigkeit für die USA auf der Basis der DSM-5®-Diagnosekriterien (American Psychiatric Association, 2013), die etwas weiter gefasst sind als im DSM-IV, mit 0,8 % an, wobei ca. 92 % der Betroffenen weiblich sind. Während es Hinweise darauf gibt, dass die Häufigkeit der Anorexia nervosa in den letzten Dekaden in Europa nicht weiter angestiegen ist (Hoek, 2016), ist global eine Zunahme der Häufigkeit zu verzeichnen, v.a. im Mittleren Osten und Asien (Pike & Dunne, 2015; Schaumberg et al., 2017). Über die letzten Jahrzehnte zeichnet sich in Europa ein zunehmend früherer Beginn der Anorexia nervosa ab, und in einer großen deutschen Stichprobe berichten beinahe die Hälfte der Probandinnen mit Anorexia nervosa einen Beginn der Symptome vor dem 13. Lebensjahr (Nagl et al., 2016).

Die hohe psychische Belastung der Patientinnen mit Anorexia nervosa spiegelt sich in einer erhöhten Suizidalität wider. Nach einer Übersichtsarbeit von Smith et al. (2018) sind Suizide im Vergleich zu alters- und geschlechtskontrollierten Vergleichsgruppen 18-fach erhöht. Dies führt zusammen mit den in ▶ Kap. 4 dargestellten, häufigen somatischen Komplikationen zu einer stark erhöhten Sterblichkeit, wobei in einer Stichprobe von Sullivan (1995) der Anteil der Todesfälle aufgrund somatischer Komplikationen an allen Todesfällen bei 54 % liegt, dabei suizidierten sich 27 % und 19 % verstarben an anderen oder ungeklärten Ursachen. Zur Beurteilung der Sterblichkeit von Patientinnen mit Anorexia nervosa im Vergleich zur Normalbevölkerung wird oftmals die standardisierte Mortalitätsrate (SMR) herangezogen, da diese die Sterblichkeit der jeweiligen Altersgruppen und Zeiträume berücksichtigt, wobei ein Wert über 1 eine Übersterblichkeit anzeigt. Fichter und Quadflieg (2016) berichten auf der Basis einer großen Stichprobe eine SMR von 5,4, was eine hohe Übersterblichkeit bedeutet. Damit rangiert die Anorexia nervosa bezüglich der Sterblichkeit an der Spitze der psychischen Störungen, noch vor den Abhängigkeitserkrankungen (Fichter & Quadflieg, 2016).

In einer Übersichtsarbeit finden Solmi et al. (2024) für Patientinnen mit Anorexia nervosa Remissionsraten von durchschnittlich 45 % im Anschluss an eine Behandlung, wohingegen 24 % als gebessert und 23 % weiterhin als anorektisch eingestuft werden. Betrachtet man den Krankheitsverlauf über einen längeren Zeitraum, so wird innerhalb von 20 Jahren bei etwa 50 % der Betroffenen eine vollständige Remission beobachtet, während bei 30 % Residualsymptome verbleiben und 20 % einen chronischen Krankheitsverlauf haben (Steinhausen, 2002).

> **Merke**
>
> Die Prävalenz der Anorexia nervosa beträgt in Deutschland etwa 0,7 %. Im Vergleich zur Normalbevölkerung, aber auch im Vergleich zu anderen psychischen Erkrankungen sticht besonders die deutlich erhöhte Mortalität aufgrund von somatischen Komplikationen und Suiziden hervor.

Es gibt Hinweise auf biologische und psychosoziale Risikofaktoren, die mit der Diagnose einer Anorexia nervosa assoziiert sind. So wurden acht Genloci gefunden, die mit Anorexia nervosa in Zusammenhang gebracht werden (Watson et al., 2019). Zwillingsstudien weisen auf eine Erblichkeit von 50–60 % hin (Yilmaz et al., 2015). Jacobi et al. (2004) geben einen Überblick über weitere potenzielle Risikofaktoren, für die i. d. R. ein korrelativer Zusammenhang, bislang jedoch kaum belastbare Evidenz für Kausalitäten vorliegen. Zu den Markern mit hohen Assoziationen gehört neben weiblichem Geschlecht auch ein ausgeprägtes Trainingsverhalten. Zu Faktoren mit mittleren Assoziationen gehören Frühgeburtlichkeit und Geburtstraumata, übermäßig besorgte Erziehung, Schlafstörungen im Kindesalter, Fütterstörungen und gastrointestinale Probleme im Kindesalter, zwanghafte Persönlichkeitsstörung, negative Selbstbewertung sowie Perfektionismus. Eine Darstellung weiterer potenziell prädisponierender Faktoren findet sich in ▶ Kap. 3.4.1.

1.5 Diagnostische Interviews und Fragebögen

Zur Diagnostik anhand des DSM-5® (American Psychiatric Association, 2013) steht mit dem SCID-5-CV (Beesdo-Baum et al., 2019b) ein halbstrukturiertes Interview in deutscher Sprache zur Verfügung, das für die Diagnose der Essstörungen inklusive der Anorexia nervosa jedoch lediglich ein Screening-Modul beinhaltet. Zusammen mit dem SCID-5-PD (Beesdo-Baum et al., 2019a) zur Erfassung von Persönlichkeitsstörungen, eignet es sich vor allem zur Erfassung der Komorbiditäten. Spezifisch zur Diagnostik von Essstörungen eignen sich die Eating Disorder Examination (EDE, Fairburn & Cooper, 1993) und das Strukturierte Inventar für anorektische und bulimische Störungen (SIAB-EX, Fichter & Quadflieg, 1999). Für die EDE ist bereits eine neue Auflage für eine Diagnostik entsprechend DSM-5® erhältlich, das SIAB-EX orientiert sich an den DSM-IV- (American Psychiatric Association, 1994) bzw. ICD-10-Kriterien (World Health Organization, 1992). Zu beiden Interviews gibt es zudem Selbstbeurteilungsfragebögen: EDE-Q (Fairburn & Beglin, 1994) und SIAB-S (Fichter & Quadflieg, 1999). Zwischen Expertinnen besteht Konsens, dass die Diagnosestellung nicht allein auf Selbstbeurteilungsfragebögen beruhen sollte, sondern dass diese vornehmlich zu Screeningzwecken herangezogen werden sollten.

1.5 Diagnostische Interviews und Fragebögen

Um Symptomatik, Verhaltensweisen und Kognitionen mittels Fragebögen zu erfassen, bieten sich das umfangreiche Eating Disorder Inventory 2 (EDI-2, Garner, 1991) oder der kürzere Eating Attitudes Test (EAT, Garner & Garfinkel, 1979) an. Einen stärkeren Fokus auf das Essverhalten hat der Fragebogen zum Essverhalten (FEV, Stunkard & Messick, 1985). Spezifischer auf die Symptomatik der Anorexia nervosa zugeschnitten ist das ebenfalls kurze Anorexia nervosa Inventar zur Selbsteinschätzung (ANIS, Fichter & Keeser, 1980). Noch umgrenzter auf das Körperbild sowie Einstellungen, Gefühle und Verhaltensweisen in Bezug auf den Körper fokussieren beispielsweise der Fragebogen zur Beurteilung des eigenen Körpers (FBeK, Strauß & Richter-Appelt, 1996) und der kürzere Fragebogen zum Körperbild (FKB-20, Clement & Löwe, 1996). Körperbezogene Aspekte auf Verhaltensebene können durch den Body Image Avoidance Questionnaire (BIAQ, Rosen et al., 1991) und den Body Checking Questionnaire (BCQ, Reas et al., 2002) erfasst werden. Eine ausführliche Darstellung körperbezogener Instrumente ist bei Vocks et al. (2018) zu finden. Dort werden auch Verfahren mit nonverbalen Techniken, die z. B. das Körperschema mittels Konturzeichnungen erfassen, vorgestellt. Eine Übersicht über die hier beschriebenen Instrumente und der jeweiligen Subskalen sowie der deutschen Übersetzungen gibt ▶ Tab. 1.2.

> **Merke**
>
> Zur Unterstützung der Diagnostik der Anorexia nervosa bieten sich strukturierte Interviews wie EDE (Fairburn & Cooper, 1993) und SIAB-EX (Fichter & Quadflieg, 1999) an. Eine breitere Erfassung von Symptomen, Verhaltensweisen und Kognitionen ermöglichen beispielsweise EDI-2 (Garner, 1991) oder EAT (Garner & Garfinkel, 1979).

Zur Erhebung komorbider Symptomaspekte können zudem Fragebögen zu Depressivität, Ängstlichkeit (insbesondere sozialen Ängsten), Selbstwertgefühl, Zwangssymptomatik, Zwanghaftigkeit, Perfektionismus, Substanzkonsum usw. sinnvoll eingesetzt werden. Dies übersteigt jedoch den Fokus des vorliegenden Buches. Neben der symptomorientierten Diagnostik ist zur Vorbereitung der Therapie bei Anorexia nervosa stets eine umfassende Anamneseerhebung erforderlich, in der u. a. der Behandlungsanlass, die Biografie, die Vorgeschichte der Essstörung, therapeutische Vorerfahrungen, Therapieabbrüche, Folgen der Essstörung (somatisch, psychisch, sozial), Erwartungen an die Therapie und der erwartete Umgang mit Gewichtszunahme im Rahmen der Therapie erhoben werden sollten.

Tab. 1.2: Interviews und Fragebögen zur Anorexia nervosa

Interview/Fragebogen	Kurzbeschreibung	Skalen
EDE – Eating Disorder Examination (Fairburn & Cooper, 1993; deutsche Version Hilbert & Tuschen-Caffier, 2006a, 2016a)	Strukturiertes Experteninterview mit 40, teils komplexen Items zur Erfassung von Anorexia nervosa, Bulimia nervosa und Binge Eating Störung gemäß DSM-5®	»Restraint« »Eating Concern« »Weight Concern« »Shape Concern«
EDE-Q Eating Disorder Examination – Questionnaire (Fairburn & Beglin, 1994; deutsche Version von Hilbert & Tuschen-Caffier, 2006b, 2016b)	Selbstbeurteilungsfragebogen mit 28 Items zur Erfassung der Psychopathologie bei Essstörungen; Kurzfassung mit acht Items	»Restraint« »Eating Concern« »Weight Concern« »Shape Concern«
SIAB-EX – Strukturiertes Inventar für anorektische und bulimische Störungen – Interview für Experten (Fichter & Quadflieg, 1999)	Strukturiertes Experteninterview mit 87 Fragen zur Erfassung von Anorexia nervosa, Bulimia nervosa, nicht näher bezeichneter Essstörung, einschließlich Binge Eating Disorder gemäß ICD-10 und DSM-IV inkl. häufiger Komorbiditäten	»Körperschema und Schlankheitsideal« »Allgemeine Psychopathologie und soziale Integration« »Sexualität« »Bulimische Symptome« »Gegensteuernde Maßnahmen, Fasten, Substanzmissbrauch« »Atypische Essanfälle«
SIAB-S – Strukturiertes Inventar für anorektisch und bulimische Störungen – Fragebogen (Fichter & Quadflieg, 1999)	Selbsteinschätzungsfragebogen mit 87 Items zur Erfassung von Anorexia nervosa, Bulimia nervosa, nicht näher bezeichneter Essstörung, einschließlich Binge Eating Disorder gemäß ICD-10 und DSM-IV inkl. häufiger Komorbiditäten	»Körperschema und Schlankheitsideal« »Allgemeine Psychopathologie und soziale Integration« »Sexualität und Körpergewicht« »Bulimische Symptome« »Gegensteuernde Maßnahmen, Fasten, Substanzmissbrauch« »Atypische Essanfälle«
EDI-2 – Eating Disorder Inventory 2 (Garner, 1991; deutsche Fassung von Paul & Thiel, 2004)	Selbsteinschätzungsfragebogen mit 91 Items zur mehrdimensionalen Beschreibung der spezifischen Psychopathologie von Patientinnen mit Anorexia und Bulimia nervosa sowie anderen psychogenen Essstörungen; Kurzfassung mit acht Skalen	»Schlankheitsstreben« »Bulimie« »Unzufriedenheit mit dem Körper« »Ineffektivität« »Perfektionismus« »Misstrauen« »Interozeptive Wahrnehmung« »Angst vor dem Erwachsenwerden« »Askese« »Impulsregulation« »soziale Unsicherheit«

Tab. 1.2: Interviews und Fragebögen zur Anorexia nervosa – Fortsetzung

Interview/Fragebogen	Kurzbeschreibung	Skalen
EAT – Eating Attitudes Test (Garner & Garfinkel, 1979; deutsche Fassung von Paul & Thiel, 2004)	Selbstbeurteilungsfragebogen zu Verhaltensweisen und Einstellungen in Zusammenhang mit Essstörungen mit 40 Items; Kurzform mit 26 Items (deutsche Version: EAT-26D)	»Diätverhalten« »Bulimie« »übermäßige Beschäftigung mit dem Essen« »orale Kontrolle«
FEV – Fragebogen zum Essverhalten (Stunkard & Messick, 1985; deutsche Fassung von Pudel & Westenhöfer, 1989)	Selbstbeurteilungsfragebogen zum Essverhalten mit 60 Items	»Kognitive Kontrolle des Essverhaltens, gezügeltes Essen« »Störbarkeit des Essverhaltens« »Erlebte Hungergefühle«
ANIS – Anorexia nervosa Inventar (Fichter & Keeser, 1980)	Selbstbeurteilungsfragebogen zu charakteristischen Aspekten der Anorexia nervosa mit 32 Items	»Figurbewusstsein« »Überforderung« »Anankasmus« »negative Auswirkungen des Essens« »sexuelle Ängste« »Bulimie«
FBeK – Fragebogen zur Beurteilung des eigenen Körpers (Strauß & Richter-Appelt, 1996)	Selbstbeurteilungsfragebogen zu subjektiven Aspekten des Körpererlebens mit 52 Items	»Körperliche Attraktivität und Selbstvertrauen« »Akzentuierung des körperlichen Erscheinungsbildes« »Unsicherheiten und Besorgnis im Zusammenhang mit dem Äußeren« »Körperliche Reaktionen und körperlich-sexuelles Missempfinden«
FKB-20 – Fragebogen zum Körperbild (Clement & Löwe, 1996)	Selbstbeurteilungsfragebogen mit Fokus auf Körpererscheinung sowie bewegungsbezogenen Aspekten des Körperbildes mit 20 Items	»Ablehnende Körperbewertung« »Vitale Körperdynamik«
BIAQ – Body Image Avoidance Questionnaire (Rosen et al., 1991; deutsche Fassung von Legenbauer et al., 2007)	Selbstbeurteilungsfragebogen zu körperbezogenem Vermeidungsverhalten mit 19 Items	»Kleidung« »Soziale Aktivitäten« »Gezügeltes Essverhalten« »Pflegen und Wiegen«
BCQ – Body Checking Questionnaire (Reas et al., 2002, deutsch von Vocks et al., 2008)	Selbstbeurteilungsfragebogen zur Häufigkeit von körperbezogenem Kontrollverhalten mit 23 Items	»Gesamterscheinung« »Spezifische Körperteile« »Idiosynkratisches Kontrollieren«

2 Indikationen zur stationären Behandlung

Katrin Imbierowicz

Zunächst ist es naheliegend, die Indikation zur stationären Behandlung vom Schweregrad der Erkrankung abhängig zu machen, wobei der BMI nur einer von mehreren Faktoren ist, die den Schweregrad einer Anorexie ausdrücken.

Im vorangegangenen Kapitel wurden die formalen Diagnosekriterien, inklusive Möglichkeiten einer Risikoeinschätzung zum Schweregrad, vorgestellt. Diese Risikoeinschätzung nach ICD-11 in »niedriges« (6B80.0) und »gefährlich niedriges« (6B80.1) Körpergewicht ist bereits eine wichtige Entscheidungshilfe für die stationäre Therapieempfehlung.

Die Deutsche Gesellschaft für Essstörungen empfiehlt darüber hinaus folgende Indikationen, die jede für sich eine stationäre Behandlung erforderlich machen (Herpertz et al., 2019):

- Verlust von mehr als 30 % des Ausgangsgewichts, vor allem bei rascher Gewichtsabnahme (innerhalb von drei Monaten oder weniger)
- Unterschreiten eines Gewichts von BMI < 14 kg/m^2
- Ausgeprägte körperliche Folgeerscheinungen, z. B. Elektrolytentgleisungen, Hypothermie, Hinweise auf ein erhöhtes kardiales Risiko, Niereninsuffizienz
- Schwerwiegende Begleiterscheinungen, z. B. durch die Essstörung bedingte schlechte Stoffwechselkontrolle bei Diabetes mellitus

Natürlich kann aber auch ohne diese Kriterien eine Indikation zur stationären Behandlung vorliegen. So lehnen niedergelassene Therapeutinnen eine ambulante Behandlung unterhalb eines BMI von 15 kg/m^2 meist ab, sodass schon ab einem BMI < 15 kg/m^2 stationär behandelt werden muss. Für Patientinnen im BMI-Bereich zwischen 14 kg/m^2 und 16 kg/m^2 ist die Indikation zur teilstationären Behandlung zu prüfen, wenn eine ambulante Therapie nicht erfolgreich war, nicht verfügbar ist oder von den ambulanten Kolleginnen aufgrund der Symptomschwere abgelehnt wird. Trägt das soziale Umfeld deutlich erkennbar zur Aufrechterhaltung der Symptome bei, ist aber auch in diesen Fällen eher an eine stationäre Behandlung zu denken. Bezüglich der BMI-Grenzen gilt es, klinikinterne Besonderheiten zu beachten und diese vorab zu erfragen, um Zeitverzögerungen zu minimieren.

Das Lebensumfeld ist auch mittelfristig mitzubetrachten. Finden hier krankheitsaufrechterhaltende Interaktionen statt, kann die stationäre Behandlung zunächst eine Zäsur und einen Einstieg in die Therapie ermöglichen, muss dann aber auch die nachstationäre Planung der Wohn- und Lebenssituation frühzeitig durch Sozialarbeit und Angehörigengespräche einleiten.

Die im vorangegangenen Kapitel beschriebenen, häufig vorliegenden Komorbiditäten, können ebenfalls eine stationäre Behandlungsnotwendigkeit bedingen, z. B. eine depressive Antriebsstörung oder eine soziale Phobie, die eine ambulante Therapie verzögern oder unmöglich machen können oder den Schweregrad erheblich erhöhen. Im Falle einer ausgeprägten komorbiden Substanzabhängigkeit oder einer Psychose, sollten diese zunächst suchttherapeutisch, bzw. psychiatrisch vorbehandelt werden, wenn kein internistischer Behandlungsvorrang besteht.

Bei Kindern, Jugendlichen, langjährig Erkrankten und bei Betroffenen mit komorbidem Alkoholgebrauch, sollte die Indikation zur stationären Behandlung eher früh gestellt werden, um ungünstige Verläufe, psychosozial wie körperlich, zu vermeiden (Papadopoulos, 2009).

Beim Binge-Purging-Typ muss das höhere Risiko von Elektrolytentgleisungen gegenüber dem restriktiven Typ beachtet werden (Baenas et al., 2024). Auch die Schwere weiterer Symptome spielt für die körperliche Verfassung neben dem BMI für die Behandlungsindikation eine wichtige Rolle (Herpertz et al., 2019). So sind die Frequenz der Fastentage, der Trinkmenge (da manche Patientinnen auch das Trinken einstellen oder exzessiv betreiben), des Erbrechens sowie Art und Menge einer missbräuchlichen Medikamenteneinnahme dringend detailliert zu explorieren, um eine Einschätzung vornehmen zu können. Sind die physiologischen Reserven der Patientin so erschöpft, dass eine starke motorische Verlangsamung auffällt, sie sich z. B. selbst kaum die Schuhe zubinden oder eine Jacke anziehen kann, ist ebenfalls Vorsicht geboten.

> **Merke**
>
> Für die Frage, wie rasch bei Vorliegen einer Indikation für eine stationäre Behandlung die stationäre Aufnahme zeitlich erfolgen muss, ist überwiegend die körperliche Gefährdung ausschlaggebend.

Die Beurteilung der körperlichen Situation sollte umfassen:

- Wiegen,
- Messen der Körpergröße,
- körperliche Untersuchung inklusive Erfassung von Größe und Gewicht,
- Laboruntersuchungen (Elektrolyte, Blutzuckertagesprofil, Transaminasen, Gesamteiweiß, Nierenfunktionswerte, Differentialblutbild),
- und bei stark untergewichtigen Patientinnen oder anderen Hinweisen, wie peripheren Ödemen oder Störungen im Eiweißhaushalt einen Herzultraschall zur Einschätzung eines Perikardergusses (vgl. auch ▶ Kap. 4.6: Somatisches Work-Up).

Besteht aus körperlichen Gründen eine sofortige Behandlungsnotwendigkeit oder sollte wegen der Gefahr eines Refeeding-Syndroms das Ernährungsmanagement in den ersten Tagen unter somatischem, und bei symptomatischem Refeeding-Syndrom sogar intensivmedizinischen Monitoring stattfinden, ist eine internistische oder, falls verfügbar, internistisch-psychosomatische stationäre Behandlung vorzuschalten (▶ Kap. 4.6: Das Refeeding-Syndrom).

Ist die Erkrankung *sofort* vollstationär behandlungspflichtig und die Patientin weigert sich entschieden, ist eine Behandlung auch gegen den Willen der Patientin einzuleiten, bis zumindest eine Teilmotivation zur freiwilligen internistischen oder psychosomatischen Therapie vorliegt (▶ Kap 7: Anorexia nervosa und freie Willensentscheidung).

Da es gerade beim Krankheitsbild der Anorexie aufgrund der internistischen Komplikationen und Komorbiditäten manchmal nicht nur schwer ist zu entscheiden, wann eine stationäre Behandlung sinnvoll ist, sondern auch, welche Fachdisziplin dafür zum Entscheidungszeitpunkt erforderlich ist, möchten wir basierend auf unseren klinischen Erfahrungen mit der Übersicht im folgenden Kasten eine orientierende Entscheidungshilfe geben.

> **Vorschläge für Differentialindikationen zu Art und Dringlichkeit der stationären Behandlung in verschiedenen Settings**
>
> 1. Indikationen zur stationären Behandlung in einer Psychosomatischen Klinik mit Wartelistenoption (mind. ein Kriterium muss erfüllt sein):
>   - Gewichtsverlust > 30% in < drei Monaten
>   - BMI < 14 kg/m2
>   - Internistische Komplikationen, die nicht Punkt 2 erfüllen
>   - Dysfunktionelles häusliches Umfeld
>   - Ambulant nicht ausreichend behandelbare psychische Komorbidität, v. a. Depression, Angststörung oder Traumafolgestörung
>   - Gewichtsabnahme unter ambulanter Behandlung
>   - Ambulante Psychotherapie nicht ausreichend zeitnah und erreichbar verfügbar
> 2. Indikationen zur sofortigen stationär internistischen Behandlung (mind. ein Kriterium muss erfüllt sein):
>   - Akut bedrohlicher Elektrolytmangel
>   - Hinweise auf gravierende Organinsuffizienzen
>   - Ausgeprägte körperliche Schwäche
>   - Unmittelbare und hohe Gefahr eines Refeeding-Syndroms
> 3. Indikationen zur sofortigen stationären Behandlung in beschütztem Setting bzw. zur stationär psychiatrischen Behandlung oder (je nach Symptomatik elektiven) suchttherapeutischen Behandlung, ggf. mit internistischer und/oder psychosomatischer konsiliarischer Begleitung (mind. ein Kriterium muss erfüllt sein):
>   - Akute Lebensgefahr ohne Behandlungseinsicht und -bereitschaft
>   - Akute psychotische Symptomatik
>   - Suchterkrankung, nicht abstinent (außer Nikotin oder essstörungsassoziierte Süchte wie Laxanzienabusus)

An dieser Stelle muss eine Besonderheit der Versorgungssituation angefügt werden. Im Erwachsenenbereich finden sich spezialisierte Behandlungsprogramme für Patientinnen mit Anorexia nervosa in Deutschland, in der Regel in Kliniken für Psychosomatische Medizin und Psychotherapie. Diese sind finanziell und strukturell jedoch (leider) bisher nur selten ausreichend ausgestattet, um Notbetten vorzuhalten, eine umfassende und lückenlose internistische Überwachung sicherzustellen oder eine Zwangsbehandlung durchzuführen. Zudem sind Indikationen zur sofortigen Aufnahme bei Anorexie in der Regel durch internistische Komplikationen oder durch akute Eigen- bzw. Fremdgefährdung oder psychiatrische Probleme bedingt. Deshalb wird eine Notaufnahme meist in internistischen oder psychiatrischen Fachabteilungen erfolgen, möglichst mit einer Weiterbehandlung in einem, auf Essstörungen ausgerichteten, psychosomatischen Setting. Eine gute Kooperation der drei Fachdisziplinen verbessert die Behandlungsqualität!

Aufgrund der besonderen Dynamik der Anorexie, wie der Angst der Patientinnen vor institutioneller Kontrollübernahme, dem oft hohen primären und sekundären Krankheitsgewinn und der phobischen Komponente, haben Patientinnen viele Vorbehalte gegenüber einer stationären Behandlung. Eine gute Aufklärung über den körperlichen Zustand und die Überlegungen zur Indikationsstellung sowie Informationen über die stationären Behandlungsansätze sind Grundlage, um überhaupt erst Vertrauen in das medizinische Behandlungssystem zu fassen.

Die Patientin sollte zu einem möglichst frühen Zeitpunkt eingeladen werden, in den Diskurs zu Pro und Contra einer vollstationären Behandlung einzusteigen. Nach Möglichkeit sollte sie darüber hinaus aktiv bei der Auswahl der Behandlungseinrichtung beteiligt sein. Dabei hilft das Angebot vieler Kliniken, diese im Vorfeld besichtigen zu können. Zugleich braucht es von ambulanter Seite entschiedenes Handeln, wenn die körperliche Gefährdung der Patientin keinen Behandlungsaufschub zulässt. Ein Handout des Therapiekonzeptes hilft den Patientinnen dabei, den Überblick über die oft zahlreichen Informationen zu behalten und stellt zudem sicher, dass aus Sicht der Patientinnen kritische Therapieinhalte des Konzeptes (z. B. Gewichtszunahmevereinbarungen, Zusatznahrung, Ausgangseinschränkungen) bei Aufnahme neu diskutiert werden müssen.

Eine stationäre, psychosomatisch-psychotherapeutische Behandlung sollte aufgrund der Gefahr körperlicher Komplikationen wie auch einer manchmal erforderlichen Therapiedichte, um die meist ambivalente Therapiemotivation zu stärken, frühzeitig geplant und nicht als »letzte Option« gesehen werden (Zeeck, 2022). Ein wöchentliches ein- bis zweistündiges Therapieangebot kann inhaltlich völlig leitlinienkonform und in stabilem therapeutischem Bündnis durchgeführt werden, aber aufgrund der zu geringen Therapiedosis dennoch erfolglos bleiben. In diesem Fall verstreicht wertvolle Zeit und die Erkrankung chronifiziert weiter.

Die Behandlungsdauer im stationären Setting richtet sich nach der Schwere der Erkrankung, da ein niedriger Entlass-BMI mit einer höheren Rückfallgefahr einhergeht (Hebebrand et al., 1997). Eine zu lange Behandlung erschwert wiederum den Übergang in den Alltag. Zur durchschnittlichen Behandlungsdauer in Deutschland gibt es wenig empirisches Material, sie wird für volljährige Patientinnen bei ca. 8–14 Wochen liegen. Eine aktuelle Multicenterstudie an Universitätskliniken für Psychosomatische Medizin und Psychotherapie ergab in einem gemischten erwachsenen Störungskollektiv (mit 20 % Essstörungen) eine mittlere Behandlungsdauer von 54 Tagen, wobei angemerkt wird, dass die Behandlungsdauer für schwere Essstörungen darüber liegt (Döring et al., 2023a; Döring et al., 2023b). In einer Studie aus der Kinder- und Jugendpsychiatrie mit adoleszenten Patientinnen mit Anorexie lag die mittlere Behandlungsdauer bei 115 Tagen (Meule et al., 2021). Eine andere Studie zeigte interessanterweise, dass Patientinnen mit schlussendlich partialer Remission länger behandelt wurden als jene mit voller oder ohne Remission (Mairhofer et al., 2021). Dies ist nachvollziehbar, wenn man bedenkt, dass bei partialer Remission eine Verlängerung der Behandlung mehr Benefit verspricht als bei bereits gutem oder bei ausbleibendem Therapieerfolg.

Der Wechsel zwischen ambulanter, teilstationärer und vollstationärer Behandlung im Krankheitsverlauf ist bei den meisten Patientinnen die Regel und erfordert von Patientinnen, Angehörigen und Behandlerinnen viel Geduld, zumal die sich oft über Leistung definierenden Erkrankten bei aller Ambivalenz schnelle Erfolge verzeichnen möchten. Auch für Angehörige ist der lange Weg der Besserung oft schwer auszuhalten (▶ Kap. 3.8: Der Umgang mit Angehörigen). Kooperation und Absprachen zwischen ambulanten und stationären Behandlerinnen, gemeinsam mit der Patientin, erleichtern die Übergänge zwischen den verschiedenen Therapieabschnitten enorm. Auch Absprachen über realistische Ziele der stationären Psychotherapie können hier gewinnbringend miteinander kommuniziert werden. So ist bei einer stark kachektischen und vielleicht noch ambivalent motivierten Patientin eine Gewichtsnormalisierung innerhalb eines Behandlungszeitraums von 12 Wochen, in denen erwartungsgemäß etwa 6–10 kg Gewichtszunahme erzielt werden können, ein wenig realistisches Ziel. Hier sind die Planung einer Intervallbehandlung und die Förderung eines stabilen, therapeutischen ambulanten Netzes vonnöten. Im Langzeitverlauf zeigen auch kürzere Intervallbehandlungen vermutlich einen Vorteil gegenüber einzelnen, langen stationären Behandlungen (Peters et al., 2021).

> **Merke**
>
> Bei der Entscheidung zu einer stationären Behandlung sollte nicht nur das »Ob«, sondern auch das »Wohin« erörtert werden. Am besten gelingt dies im interdisziplinären Austausch zwischen ambulanten Behandelnden und der in Frage kommenden Klinik. Die Patientin muss in diesen Entscheidungsprozess einbezogen werden, sie hat das Recht auf größtmögliche Transparenz, zumal diese angstmindernd ist.

3 Therapiebausteine

Katrin Imbierowicz und Franziska Geiser

Neben der engmaschigen therapeutischen und somatischen Begleitung der erkrankten Patientin bietet die stationäre Behandlung den Vorteil der Kombination verschiedener Therapieverfahren und das Zusammenführen der Erfahrungen und Interventionsrichtungen im Team.

Stationäre Therapieprogramme zur Behandlung der Anorexia nervosa sind in der Regel methodenintegrativ und multimodal ausgestaltet. Das beinhaltet symptomorientierte Bausteine, eine medizinische Betreuung und Komponenten, die auf die psychischen Schwierigkeiten der Patientinnen abzielen. Es zeigt sich eine Entwicklung weg von starren, hin zu flexibleren Vorgehensweisen, die die individuelle Entwicklung der einzelnen Patientin berücksichtigen. Welche Behandlungsbausteine in stationären Behandlungsprogrammen vorgehalten werden müssen, ist empirisch schwer zu prüfen. Es besteht ein Konsens darüber, dass nachfolgende Verfahren von einem erfahrenen Behandlungsteam vorgehalten werden sollten (s. Herpertz et al., 2019):

- eine medizinische Betreuung,
- Ernährungsmanagement,
- körpertherapeutische Verfahren,
- spezifisch auf eine Veränderung des Essverhaltens und Gewichts ausgerichtete Elemente,
- Therapieangebote mit einem non-verbalen Zugang (wie Kunsttherapie, Musiktherapie),
- Einzel- und Gruppenpsychotherapie.

Ein stationärer Aufenthalt ist trotz seiner besonderen Chancen für viele Betroffene ein »Worst-Case-Szenario« und mit sehr viel Angst und Unsicherheit verbunden. Das Stabilität gebende, soziale Umfeld ist entfernter, die essstörungsbedingten Routinen müssen unterbrochen werden, die oft maximal angstbesetzte Gewichtszunahme scheint unvermeidlich.

Hier gilt, wie schon bei der Indikationsstellung zur stationären Behandlung, dass größtmögliche Transparenz bezüglich aller Schritte und Strukturen den Patientinnen und nach Möglichkeit auch den Angehörigen gegenüber, die wichtigste Grundlage für eine gute Compliance und Kooperation darstellt.

Anmerkung in eigener Sache: Wegen des integrativen Einsatzes verschiedener Therapieverfahren, Methoden und Techniken in der stationären Behandlung der Anorexie kommt es in diesem Buch dazu, dass sich themenübergreifende Inhalte teils in verschiedenen Kapiteln wiederfinden. Im Zweifel war uns die Kohärenz des jeweiligen Kapitels wichtiger als das Vermeiden jeglicher Redundanz. Für alle dargestellten Psychotherapieverfahren und -methoden gilt selbstverständlich, dass für deren Anwendung eine psychotherapeutische Weiter- und Ausbildung erforderlich ist. Die allgemeinen Grundlagen der Verfahren werden hier deshalb nicht dargestellt, wir verweisen auf die angegebene Literatur. Die Länge der Kapitel hängt mit der Darstellung einzelner Methoden zusammen und korreliert nicht mit der Bedeutung des jeweiligen Verfahrens im Therapieprozess.

3.1 Gewichtskonsolidierung und Therapiephasen

Katrin Imbierowicz

So unterschiedlich interindividuell die Genese der Anorexie ist, so eindeutig ist es, dass die Gewichtszunahme im Zentrum ihrer Behandlung stehen muss, um körperlich und psychisch zu gesunden. Dies geschieht naheliegenderweise über eine Steigerung der Kalorienzufuhr.

Der orale Kostaufbau gilt als First-Line Behandlung. Eine Magensonde ist bei schweren Krankheitsverläufen dann in Betracht zu ziehen, wenn die orale Nahrungsaufnahme durch die Patientinnen nicht ausreichend gesteigert werden kann und mit ernsten somatischen Komplikationen unmittelbar zu rechnen ist (Crone et al., 2023). Nach Kells und Kelley-Weeder (2016) manipulieren ca. 30 % der Patientinnen die Magensonde, sodass die Nahrungszufuhr möglichst in Begleitung erfolgen sollte. Ein erhöhtes Vorkommen von Elektrolytentgleisungen gegenüber der oralen Ernährung wurde nicht beobachtet (Hale und Logomarsino, 2019). Zu poststationären Verläufen nach Magensondenanwendung liegen nur wenige Untersuchungen vor. (Martini et al., 2024).

Bei der Steuerung der Kalorienaufnahme existiert ein anorexietypisches Paradoxon. Während nämlich für die Aufrechterhaltung des kachektischen Gewichtes oft nur sehr geringe Kalorienmengen benötigt werden, erfordert die Gewichtszunahme innerhalb der begrenzten Zeit einer stationären Behandlung erstaunlich hohe Kalorienaufnahmen von bis zu 4500 kcal/Tag (Mehler et al., 2010). Dies ist für die Patientinnen sehr belastend und die überproportional große Steigerung der Nahrungsmenge erfordert gerade in der ersten Therapiehälfte eine stabile psychotherapeutische Begleitung. Die stark kachektischen Betroffenen brauchen außerdem ein engmaschiges somatisches Monitoring möglicher Kachexiekomplikationen (vgl. ▶ Kap. 2: Indikationen zur stationären Behandlung und ▶ Kap. 4.6: Das Refeeding-Syndrom).

> **Merke**
>
> Sehr niedriggewichtige Patientinnen brauchen ein entsprechendes somatisches Monitoring.

3.1.1 Die erste Phase: Commitment und Gewichtszunahmeplanung

Kaum eine Patientin mit Anorexie kommt frei von Ambivalenz in die stationäre Behandlung.

Besonders die Planung der Gewichtszunahme und der dafür nötige Nahrungsaufbau verursachen Angst und Abbruchgedanken. Abbruchraten liegen für Erwachsene bei bis zu 56% (Roux et al., 2016), wobei Aufnahmegewicht, Anorexie-Subtyp, Symptomschwere und Komorbiditäten die Abbruchwahrscheinlichkeiten beeinflussen (Wallier et al., 2009).

Ein Stationsklima der Wertschätzung, verbunden mit Transparenz zum therapeutischen Vorgehen der ersten Therapietage hilft, sich auf die Therapie einzulassen und Kontrolle an das Stationsteam abzugeben. Bereits im Aufnahmegespräch, besser schon im vorstationären Gespräch, muss das Rational der Interventionen zur Gewichtszunahme verständlich und empathisch erläutert werden.

Die therapeutischen Einzelkontakte sollten in der ersten Phase der Therapie häufiger und dafür kürzer (z. B. 25 Minuten) stattfinden, vor allem wenn noch stark an der Motivation gearbeitet werden muss und zugleich kachexiebedingt eine 50-minütige Therapieeinheit eine Überforderung darstellen kann. Auch bei guter Motivationslage entsteht in dieser Phase eine hohe Anspannung dadurch, dass zugleich die Kalorienzahl gesteigert und die gegenregulatorischen Maßnahmen eingeschränkt werden (müssen). Patientinnen profitieren von einer therapeutischen Haltung, in der diese Belastung als unumgängliche, aber schwere Phase des Heilungsprozesses validiert und als gemeinsam überwindbar eingeordnet wird. Die Gewichtszunahme und damit auch körperliche Veränderung kann etwas leichter fallen, wenn von Beginn der Therapie an körpertherapeutisch gearbeitet wird und der Fokus der Wahrnehmung von den besonders phobisch erlebten, auf neutral oder vielleicht sogar positiv wahrgenommene Körperbereiche gelegt werden kann (▶ Kap. 3.6: Am Körper orientierte Verfahren).

> **Merke**
>
> Ein stabiles Commitment und Vertrauen in die Therapie entstehen oft erst im Verlauf der Behandlung und erfordern über die gesamte Therapiedauer Empathie, Verständnis und Aufklärung. Sie sind eine gemeinsame Leistung von Patientin und Behandlungsteam.

Das Entlassgewicht ist ein wichtiger prognostischer Faktor und Rückfallindikator (Baran et al.,1995; Hebebrand et al., 1997). Auch das ist eine für die Betroffene wichtige Information: nicht das niedrig bleibende Gewicht senkt mittel- und langfristig die Angst, sondern die Gewichtssteigerung und -normalisierung. Daher sollte direkt zu Behandlungsbeginn Nahrungssteigerung und Gewichtskonsolidierung fokussiert werden.

Die angestrebten wöchentlichen Gewichtszunahmen liegen in Deutschland für die stationäre Behandlung meist bei 500 g/Woche (Föcker et al., 2017; Herpertz et al., 2019) und damit unter der wöchentlichen Zunahmeempfehlung der amerikanischen APA-Leitlinien (Crone et al., 2023) und der englischen NICE-Leitlinien (National Guideline Alliance, 2017). Die APA-Guidelines empfehlen wöchentliche Gewichtszunahmen für eine stationäre Behandlung zwischen 0,9 und 1,4 kg (entspricht 2–3 Pounds/Woche), die NICE Leitlinien von 0,5 und 1 kg pro Woche.

Empfehlungen bezogen auf die Kalorienzahl zur Gewichtskonsolidierung variieren in der Literatur stark (Herpertz et al., 2019). Sie im stationären psychotherapeutischen Setting vorzugeben kann sinnvoll sein, wenn Mahlzeiten therapeutisch begleitet werden und die aufgenommene Ist-Kalorienzahl objektiv gut eingeschätzt und mit der Soll-Kalorienzahl verglichen werden kann. Ein Fixieren auf eine »richtige« Kalorienzahl birgt jedoch die Gefahr, sich weiter zu stark im Restriktiven, Kontrollierenden zu bewegen.

Die für die Gewichtszunahme optimale Kalorienmenge schwankt von Patientin zu Patientin und kann sich je nach metabolischer Lage im Laufe der Gewichtszunahme verändern. Zudem muss das postprandiale Erbrechen, wenn es vorliegt, einbezogen und nach Möglichkeit durch eine Essensnachbetreuung in den ersten 30 Minuten nach Nahrungsaufnahme ausgeschlossen, bzw. verzögert werden. In der aktuellen deutschen Leitlinie wird keine, am Ausgangsgewicht ausgerichtete, tägliche Kalorienvorgabe empfohlen, aber es wird auf die aktuelle Studienlage hingewiesen, die besagt, dass hohe Kalorienzahlen mit insgesamt besserem Zunahmeergebnis für die Gesamtbehandlung verbunden sind (Herpertz et al., 2019). Die untersuchten Kalorienzahlen liegen zwischen ca. 1000 und 3000 kcal pro Tag. Für die Einordnung: Der tägliche Kalorienbedarf einer gesunden jungen Frau mit einem Gewicht von 65 kg, die einer sitzenden Tätigkeit nachgeht und moderat Sport betreibt, liegt bei ca. 1900 kcal. In der praktischen Umsetzung heißt das für uns, dass wir die Patientinnen motivieren dürfen und müssen, immer wieder über deren gefühlte Toleranzgrenze an Nahrungsmengen hinauszugehen und sich mit energiedichten Nahrungsmitteln zu konfrontieren. Wir können davon ausgehen, dass ihre Ernährungsroutine, die vor der Behandlung oft schon mehrere Jahre stark katabol gestaltet war, von ihnen als »normal« eingestuft wird, und dass eine Veränderung Angst induziert. Diese therapeutische Motivationsarbeit, vor allem, wenn sie während begleiteter Mahlzeiten erfolgt, erfordert eine innere therapeutische Haltung, wie man sie bei begleiteten Expositionen einnimmt: das gemeinsame Ziel ist es, die Angst zu überwinden, indem man sich ihr stellt. Der Angst aus dem Weg zu gehen, verstärkt und festigt sie. Die therapeutische Aufgabe besteht darin, die Patientin in der Situation zu halten und Vermeidungsverhalten zu unterbinden.

Ob Nahrungsmenge und Kalorienzahl im stationären Verlauf ausreichend sind, kann anhand von Essprotokollen (s. Materialsammlung und Arbeitsblätter) eingeschätzt und zusammen mit der Gewichtsveränderung auf Plausibilität geprüft werden. Nimmt die Patientin ab, muss die Nahrungsmenge vor allem um energiedichte Nahrungsmittel gesteigert werden. Auch ein erneutes Klären des aktuellen Symptomverhaltens, z. B. das Neuauftreten oder Fortsetzen von Erbrechen, Abführmitteleinnahme oder exzessiver Sport, was der Gewichtszunahme bei eigentlich ausreichender Kalorienmenge entgegenwirkt, ist in diesem Fall wichtig. Einige Betroffene versuchen, der Steigerung der Nahrungsmenge auszuweichen, indem sie durch vermehrte Flüssigkeitsaufnahme vor dem Wiegen eine scheinbare Gewichtszunahme simulieren. Besteht dieser Verdacht, sollte er umgehend angesprochen werden. Eine kontinuierliche Gewichtszunahme in dieser Form vorzutäuschen, ist aufgrund des begrenzten Magenfüllvolumens nur wenige Wochen aufrechtzuerhalten und macht es der Patientin dann schwerer, die vorgegebene Gewichtskurve (s. u.) einzuhalten. Zugleich kann das dafür nötige exzessive Trinken zu einer klinisch relevanten Natriummangel im Blut, einer Hyponatriämie führen, die im Extremfall mit einem Hirnödem und entsprechenden Symptomen einhergehen kann. Es kann zur Vorbeugung helfen, dies vorab empathisch mit der Patientin zu besprechen. Führt das Ansprechen nicht zur Klärung, können unangekündigte Zwischenwiegungen einen Hinweis geben. Dass diese möglich sind, sollte zu Beginn besprochen werden, oder z. B. in der Behandlungs- oder Gewichtszunahmevereinbarung stehen. Stets sollte das Verhalten aber als Symptom und nicht als Betrugsversuch gedeutet werden.

Praktikabel und bezogen auf die Gewichtszunahme erfolgreich ist der Einsatz von hochkalorischer Flüssignahrung zusätzlich zu den Hauptmahlzeiten (Imbierowicz et al., 2002). Diese liefert z. B. mit zusätzlichen 1200 kcal/Tag, verteilt auf drei Zwischenmahlzeiten mit je einer Portion Trinknahrung, eine überprüfbare Kaloriengrundlage für die Gewichtszunahme (zu Zwischenmahlzeiten s. a. unten und siehe Materialsammlung und Arbeitsblätter: Anhang Gewichtsvereinbarung). Zusätzlich gewährleistet der Einsatz von Flüssignahrung durch die ausgewogene Nährstoffzusammensetzung eine Verbesserung von Mangelzuständen. Trinknahrung gibt es von verschiedenen Firmen in einer breiten Palette von Geschmacksrichtungen und unterschiedlichen Zusammensetzungen.

Die somatische Gefahr der ersten Therapiephase, vor allem der ersten ein bis zwei Wochen der Nahrungssteigerung, ist das Refeeding-Syndrom (▶ Kap. 4: Management somatischer Komplikationen). Das Risiko ist erhöht bei Patientinnen, die fünf bis zehn Tage vollständig auf Nahrung verzichtet haben, die weniger als 70 % des idealen Körpergewichtes (entspricht etwa einem BMI von weniger als 15 kg/m^2) wiegen sowie im Falle von parenteraler Wiederauffütterung (Herrin & Larkin, 2013). Alkohol- und Drogenkonsum, Antazidaeinnahme, Insulinunterdosierung oder Diuretikamissbrauch erhöhen außerdem die Auftretenswahrscheinlichkeit (Mehler & Andersen, 2010).

Typische Symptome des mit einer erhöhten Mortalität verbundenen Refeeding-Syndroms sind plötzliche abdominelle Schmerzen, Übelkeit, Erbrechen und ein aufgeblähter Bauch sowie ein sich rasch verschlechternder Allgemeinzustand.

Da sich mittlerweile die Einschätzung festigt, dass selbst bei kachektischen Patientinnen die Kalorienzahl unter oraler Nahrungsaufnahme rasch gesteigert werden kann, ohne dass das Refeeding-Syndrom häufiger auftritt als bei einer langsamen

Kaloriensteigerung (Petterson et al., 2016; Voderholzer et al., 2020), kann unter zunächst täglicher Laborkontrolle der Elektrolyte (inkl. Phosphat) und Transaminasen von Anfang an, zusätzlich zur Trinknahrung, die Kalorienmenge der Hauptmahlzeiten gesteigert werden. Der BMI scheint eher relevant zu sein für das Risiko eines Refeeding-Syndroms als die zugeführte Kalorienmenge in der Wiederauffütterungsphase (Mosuka et al., 2023). Ein bulimischer Subtyp birgt ein höheres Risiko für somatische Komplikationen, auch in der Wiederauffütterungsphase (Guinhut et al., 2021).

Auch wenn sich ein normales Hunger- und Sättigungsgefühl wieder einstellt, kann es nützlich sein, die Patientinnen zu ermutigen, Nahrungsmittel über einen längeren Zeitraum noch als notwendige und hilfreiche »Medizin« zu betrachten und, zumindest was die Gesamtmenge betrifft, nach Plan zu essen.

Befindet sich die Patientin über mindestens drei Wochen recht kontinuierlich innerhalb ihrer Sollkurve der Gewichtszunahme, sollte der Fokus der ausreichenden Kalorienmenge um die Betrachtung der Nahrungsmittel im Essprotokoll auf Vielfalt und Ausgewogenheit ergänzt werden. Ziel ist dann eine Steigerung der Variabilität und eine zunehmende Hinwendung zu interozeptiven Wahrnehmungen.

Essprotokolle und Gewichtszunahmevereinbarungen

Zentrale formale Elemente des ersten Therapieabschnittes sind die Essprotokolle, die Gewichtszunahmevereinbarungen (beides siehe Materialsammlung und Arbeitsblätter) und Psychoedukation (▶ Kap. 3.4: Verhaltenstherapie der Anorexia nervosa). Essprotokolle dienen der Übersicht über die Nahrungsaufnahme, möglicherweise vorangegangenen Essdruck bzw. Essattacken, nachfolgende gewichtsregulierende Maßnahmen wie Erbrechen und die zugehörigen Gefühle und Gedanken. Weiterhin können angstbesetzte Nahrungsmittel durch deren Vermeidung erkannt und schrittweise in den Ernährungsplan eingebaut werden. Sie werden vom ersten Behandlungstag an geführt, mindestens zweimal pro Woche in der Bezugspflege oder den ärztlich-therapeutischen Einzelsitzungen besprochen und auf Möglichkeiten der Nahrungssteigerung und anorexiebedingte Verzerrungen hin untersucht.

Patientinnen erleben und schildern ihr Symptomverhalten oft auch in den Protokollen als einzig mögliche Konsequenz bestimmter Umstände, wie zum Beispiel einer Zahl auf der Waage, einem Blick in den Spiegel, einem Vergleich mit Mitpatientinnen und vieles mehr. Bei der Besprechung der Protokolle ist die Reflexion darüber möglich, dass jedem Symptomverhalten eine Entscheidung vorangeht und dass die Grundlage von Entscheidungen Wahlmöglichkeiten sind. Die Patientin sollte ermutigt werden, sich an aktive Entscheidungen gegen das Symptomverhalten heranzuwagen und in sich hineinzuhören, wie sich die hinzugewonnene Entscheidungsfreiheit anfühlt.

Die Betrachtung des Symptomverlaufes mit Hilfe der Essprotokolle ergibt oft, dass Essattacken und Erbrechen in der Häufigkeit mit Aufnahme der stationären Therapie seltener auftreten, weil die externe Kontrolle größer ist. Ein ähnlicher Effekt wird von den Patientinnen auch dann beobachtet, wenn sie in ihrem vertrauten Umfeld in Gesellschaft sind. Auch hier treten Essattacken und anschließendes Erbrechen kaum auf. Für die Patientinnen ist dies oft eine Selbstverständlichkeit. Therapeutisch sinnvoll ist an dieser Stelle der Hinweis, dass sich hier bereits zeigt, dass das Symptomverhalten sehr wohl einer Steuerungsmöglichkeit unterliegt und kein imperativer Zwang ist, dem nachgegangen werden muss.

Zum Wirkprinzip des zweiten wichtigen Bausteins der ersten Therapiephase, den Gewichtszunahmevereinbarungen verweisen wir auf das ▶ Kap. 3.4: Verhaltenstherapie der Anorexia nervosa. Gewichtszunahmevereinbarungen werden in den meisten Kliniken im deutschsprachigen Raum eingesetzt, eine einheitliche Vorgabe existiert derzeit nicht. Gemeinsam ist den meisten Vereinbarungen, dass über sie die wöchentliche Zunahmeanforderung und entsprechende Konsequenzen bei Nichteinhaltung vereinbart sind (Ziser et al., 2018). Die Vereinbarungen liegen jederzeit einsehbar der Patientin und dem Behandlungsteam vor.

Die Gewichtszunahmevereinbarung (kurz: Gewichtsvereinbarung) regelt eine wöchentliche Gewichtszunahme von mindestens 500 g/Woche. Die wöchentliche Gewichtszunahme ist als durchschnittliche Gewichtszunahme festgelegt, also nicht: immer 500 g mehr als in der Vorwoche, sondern eine vorgegebene, ansteigende Gewichtslinie über die Zeit, ausgehend vom Aufnahmegewicht. So ist sichergestellt, dass Gewichtssprünge, z. B. durch Flüssigkeitseinlagerungen, die keiner realen Gewichtszunahme entsprechen, nicht zu einer Notwendigkeit führen, in der Folgewoche trotz zwischenzeitlicher Flüssigkeitsausscheidung 500 g gegenüber dem Vorgewicht zunehmen zu müssen. Das Nichterreichen des Gewichtsziels in einer Woche führt dazu, dass in der Folgewoche mehr als 500 g zugenommen werden müssen« um wieder »in der Kurve« zu sein. Es ist für Patientinnen möglich und auch zumutbar, manchmal sogar therapeutisch erwünscht, in einem solchen Fall durch vermehrte Nahrungsaufnahme einmal z. B. 1–2 kg in einer Woche zuzunehmen.

Zur Veranschaulichung für Patientinnen und Behandlungsteam wird eine Gewichtskurve (Ist und Soll, siehe Materialsammlung) geführt. Sie kann, wie ebenfalls dort aufgeführt, auch direkt in die Gewichtsvereinbarung eingebaut werden.

In unserem Anorexie-Setting führt eine erfolgreiche Gewichtszunahme, entsprechend der in der Gewichtsvereinbarung festgelegten Stufen, zu einer wochenweisen Erweiterung des von Beginn an durchgeführten Basistherapieprogramms (ärztliche und bezugspflegerische Einzeltherapien, postprandiale Kleingruppe, Entspannungstherapie, Anorexie-Körperbildtherapie, tiefenpsychologische Gruppentherapie wenn möglich) um die Gestaltungs-/Kunsttherapie, das verhaltenstherapeutische Training sozialer Kompetenzen und die Körperwahrnehmungsgruppe sowie einer Steigerung des Bewegungsradius (Bettruhe, Zimmerruhe, Stationsruhe, gestaffelte Ausgangszeiten) und der Besuchszeiten.

Wir empfehlen, je nach Kachexieschwere, unterschiedliche Gewichtsvereinbarungen einzusetzen.

Praktikabel ist nach unserer Erfahrung der Einsatz von vier verschiedenen Gewichtsvereinbarungen, ausgehend vom Aufnahme-BMI, wobei z. B. Patientinnen mit einem BMI unter 11 kg/m^2 immer mit Bettruhe (heparinisiert) und hochkalorischer Trinknahrung (unter täglicher Elektrolytkontrolle) zusätzlich zu den Hauptmahlzeiten starten und Patientinnen mit einem BMI über 16 kg/m^2 mit mehr

Freiheiten (Stationsruhe statt Bett- oder Zimmerruhe) und selbst gestalteten, festen Zwischenmahlzeiten beginnen.

Die Gewichtsvereinbarung wird am zweiten Behandlungstag auf Basis des ersten, in der Klinik nüchtern und in Unterbekleidung gewogenen Gewichts erstellt, und der Patientin zum Lesen, Besprechen und Unterschreiben ausgehändigt. Für das Arbeitsbündnis und die Compliance ist wichtig, dass die Patientin der Gewichtsvereinbarung mindestens als notwendiges und zielführendes Übel zustimmen kann, ihn als Teil des Behandlungsvertrags begreift und unserer Versicherung, dass dieser mit unserer Hilfe erfüllbar sein wird, zumindest etwas Glauben schenken kann. Fragen sollten deshalb geduldig beantwortet und Raum für den Ausdruck von Ängsten gegeben werden. Hingegen raten wir davon ab, von einem bewährten Modell einer Gewichtsvereinbarung auf Wunsch von oder aus Mitgefühl mit der Patientin individuell wesentlich abzuweichen. Die ohnehin schon vorhandene Neigung der Patientin, Rahmenbedingungen zu verhandeln, würde dadurch eher verstärkt, und die Komplexität der Verträge für das Behandlungsteam, das sie auch monitorieren und durchsetzen muss, wird zu hoch. Zudem kann es zu »Gerechtigkeitsdiskussionen« unter Patientinnen kommen (s. u. »Besonderheiten«). Die Frage, ob komplett individualisierte Zunahmevereinbarungen aber tatsächlich bezogen auf den Behandlungserfolg nachteilig sind, ist bisher wissenschaftlich nicht beantwortet worden. Unter Umständen verbessern sie die Therapiequalität in erster Linie durch die bessere Übersichtlichkeit für das Team.

Bei ausreichender Gewichtszunahme und einer glaubhaften Steigerung der Nahrungsmenge und -variabilität kann die Trinknahrung in feste Zwischenmahlzeiten umgewandelt und die Gewichtszunahme in dieser Form fortgesetzt werden.

Gewogen wird in unserem Setting zweimal pro Woche, wobei ein fester Wochentag mit Wiegetermin für die Gewichtsvereinbarungen als verbindlich festgelegt wird. Wird die geforderte Gewichtszunahme drei Mal in Folge (also innerhalb von drei Wochen) unterschritten, erfolgt in der Regel die Entlassung der Patientin mit der Option zur Wiederaufnahme nach einem Intervall von einigen Wochen, falls das angewendete Setting Patientin und Team grundsätzlich als zielführend erscheint. Die Entlassung sollte nicht als Strafe vermittelt werden, sondern als Konsequenz daraus, dass die Therapie derzeit offensichtlich nicht ausreichend wirksam ist. Einmal festgesetzt sollte sie nach Möglichkeit auch durchgeführt werden. Zwar wissen die Patientinnen nicht zuletzt durch die Gewichtsvereinbarung, dass eine Entlassung möglich ist, es kommt aber immer wieder vor, dass sie diese Konsequenz erst dann nicht mehr verdrängen, wenn sie wirklich eingetreten ist und durchgeführt wurde. Bei einer erneuten Therapie kann dies dann produktiv genutzt werden. Bei einer vorzeitigen Entlassung ist ein gutes Entlassmanagement mit Besprechung der nachstationären Versorgung unter Einbezug von Sozialarbeit und Pflege, wie auch ggf. der Angehörigen und ambulanten Behandlerinnen und eine realistische Besprechung der Bedingungen und Möglichkeiten einer Wiederaufnahme besonders relevant (s. ▶ Kap. 3.8 »Schnittstellen«).

Informationsvermittlung und Dialog

In psychoedukativen Gruppen- oder Einzeltherapien erhalten die Patientinnen Informationen:

- Dazu, dass Magenentleerungsstörungen häufig sind und zu erheblichen Beschwerden nach der Nahrungsaufnahme führen können und dass die Steigerung der Nahrungsmenge an diesem Punkt die Lösung und nicht das Problem ist.
- Dazu, dass Laxanzieneinnahme durch die Elektrolytverluste gefährliche Folgen und zugleich (aufgrund des Wirkorts im Darm) wenig Effekt auf die Kalorienresorption hat.
- Dazu, dass bezüglich der Essattacken, Gefühle und Gedanken durch das daraus resultierende Anspannungserleben zu kompensatorischem Essdruck und Essattacken führen können, diese wiederum zu erneut innerer Anspannung führen und durch das gegenregulatorische Verhalten und die daraus folgende Unterzuckerung die Wahrscheinlichkeit von Essattacken steigt.
- Dazu, dass bezüglich des restriktiven Essverhaltens, dem Einstieg in das Hungern meist eine Unzufriedenheit und ein Veränderungswunsch zugrunde liegen, der »Erfolg« der Gewichtsabnahme kurzfristig selbstwertsteigernd wirkt, aber die nun verborgen liegende, ursprüngliche Unzufriedenheit nicht verändert wird und die Kachexie depressive Symptome begünstigt.
- Dazu, dass die Konfrontation mit dem Essen einer Exposition entspricht, die das Ziel hat, dass die Angst überwunden werden kann, jedes Ausweichen der Angst verstärkt diese mittel- und langfristig.
- Dazu, dass die Körperschemastörung sich nur langsam verändert und deswegen gerade in den ersten Wochen der Gewichtszunahme die Angst vor Nahrungssteigerung und Gewichtszunahme erfahrungsgemäß ansteigen wird, aber überwindbar ist.
- Dazu, dass Appetit, Hunger und Sättigung in dieser Phase der Therapie selten, bereits verlässliche Impulsgeber für die Nahrungsaufnahme sind und deswegen das Ziel ist, zunächst nach Uhrzeit und die vorgegebenen Portionen zu essen.
- Dazu, dass Essdruck zuerst ansteigt und dann wieder nachlässt, wenn man ihm lange genug standhält.

Die Patientinnen sollten ausdrücklich eingeladen werden, Fragen und Befürchtungen auszusprechen.

Häufige Fragen in dieser Phase sind:

»Kommen Hunger, Appetit und Sättigung zurück?«
Antwort: Hunger, Appetit und Sättigung sind sehr komplex organisierte Innenreize, die im Laufe der Anorexie – stark vereinfacht – vermutlich kognitiv »überschrieben« werden. Sinkt die Angst vor Gewichtszunahme, erhöht sich die Wahrscheinlichkeit, Hunger, Appetit und Sättigung wieder wahrzunehmen. Die Einhaltung ausreichender Portionsgrößen fördert diesen Prozess auf physiologischer Ebene. Dies

kann aber längere Zeit dauern, bis dahin kann das Essen auch ohne Hunger/Appetit als gesundheitsfördernd (»wie Medizin«) betrachtet werden.

Warum nehme ich zuerst am Bauch zu und geht das weg?«
Antwort: Die zunächst überproportionale Zunahme des Bauchfettes bei Gewichtszunahme aus einer Kachexie heraus bestätigt scheinbar – verstärkt durch die Körperschemastörung – oft die Befürchtungen vor unsteuerbarer Zunahme. Untersuchungen unterstützen den klinischen Eindruck, dass sich eine verstärkte abdominelle Zunahme bei Gewichtsnormalisierung und -stabilisierung über etwa ein Jahr rückbildet (Lund et al., 2009; Mayer et al., 2009).

Werde ich mich nicht mehr kontrollieren können?
Es kann gelegentlich der Wunsch auftreten, unkontrolliert alles an Nahrung nachholen zu wollen. Dies ist üblicherweise nur eine kurze Phase und wird therapeutisch begleitet, im Langzeitverlauf entwickeln nur 2 % aller Patientinnen mit Anorexia nervosa eine Binge-Eating-Störung (Rydberg Dobrescu et al., 2020).

»Warum darf ich nicht in meinem eigenen Tempo zunehmen?«
Antwort: Durch die Zunahmevereinbarung wird eine schnelle und möglichst kontinuierliche Gewichtszunahme angestrebt, um möglichst früh mit therapeutischer Hilfe an der Gewichtsphobie und Körperschemastörung arbeiten zu können. Sind diese bei Entlassung noch sehr stark, ist die Rückfallgefahr sehr hoch (Junne et al., 2019, siehe auch ▶ Kap. 3.6: Am Körper orientierte Verfahren). Studien zeigen, dass eine schnellere Gewichtszunahme während der Therapie mit einem höheren nachhaltigeren Therapieerfolg korreliert. (s. a. Wade et al., 2021).

»Muss ich weiter essen, auch wenn ich nach zwei Bissen schon ein Völlegefühl habe?«
Antwort: Ja! Durch die Magenentleerungsstörung und die Angst beim Essen entsteht sehr schnell ein Völlegefühl, das nicht anzeigt, dass bereits genug gegessen wurde. Die Magenentleerungsstörung bessert sich durch die Steigerung der Portionsgrößen.

»Ist es nicht besser, wenn ich vor allem die eiweißreiche Nahrung steigere, um eher Muskeln statt Fettgewebe aufzubauen?«
Antwort: Das wichtigste Ziel in der ersten Therapiephase ist zunächst die Steigerung der Energieaufnahme. Dann folgt die Auswahl abwechslungsreicher und durchaus mit Genuss verbundener Nahrungsmittel. Dies ist für den Verlauf wichtiger, als sich an strenge oder einseitige Ernährungsregeln zu halten, die unter Umständen noch Ausdruck anorexietypischer Gedanken sein können. Fetthaltige Nahrungsmittel sind Teil einer normalen Ernährung.

»Bewegung ist eine Ressource für mich, ich kann das nicht einstellen!«
Antwort: Ressourcen sind wichtig, wir schauen gemeinsam, wie in Ihrem Fall der Unterschied zwischen Ressource und Symptomverhalten aussieht (▶ Kap. 3.6: Am Körper orientierte Verfahren). Wir werden mit Ihnen die Art und Dauer der Be-

wegung, abhängig von Ihrem Gewicht, festlegen und versuchen dabei, eine gute Lösung zu finden.

»Ich möchte die ständigen Gedanken an Essen und Gewicht und die negativen Gefühle loswerden, aber ich möchte nicht zunehmen.«
Antwort: Bei normaler Konstitution ist es nicht möglich, sein Gewicht ständig im Untergewicht zu halten, ohne anorektisches Verhalten, Denken und Fühlen. Ihr Wunsch ist nachvollziehbar, aber nicht machbar. Die Essstörung aufgeben heißt auch, ein höheres Gewicht zu akzeptieren. Das ist keine leichte Entscheidung, aber sie ist unumgänglich, wenn Sie etwas verändern wollen.

Fragen, die wir als Behandlerinnen den Patientinnen im Rahmen des Informationsaustausches bereits stellen dürfen, sind:

- Für was würde es sich in Ihrem Leben lohnen, die Anorexie aufzugeben, bzw. die Anstrengung dieser Therapie auf sich zu nehmen?
- Woran können Sie unterscheiden, ob Gedanken oder Gefühle Ausdruck Ihrer Anorexie sind (z.B. bezogen auf Nahrungsmittelauswahl und Portionsgröße) oder Ausdruck Ihres Ich-Anteils, der gesund werden möchte?
- Welchen inneren Zustand (z.B. ruhiger sein, weniger Gedankenkreisen, weniger Kalorienberechnung) wünschen Sie sich unmittelbar vor und nach der Nahrungsaufnahme und wie könnten Sie diesen erreichen (z.B. Einsatz von Achtsamkeitsübung, Atemübungen, Biofeedback)?

Hier sind eigene Überlegungen der Patientin Vorschlägen durch die Therapeutin vorzuziehen.

Eine Zusammenfassung der Maßnahmen der ersten Therapiephase zeigt ▶ Tab. 3.1.

Tab. 3.1: Übersicht der Maßnahmen in der ersten Therapiephase

Aufnahmetag	- Begrüßung - Vorstellung des Teams und Kennenlernen der Räumlichkeiten - körperliche Untersuchung inkl. EKG - Blutabnahme - Erklärung der Gewichtsvereinbarung und der damit verbundenen Einschränkungen
Zweiter Tag	- Erstellung der Gewichtsvereinbarung mit dem Nüchterngewicht als Startgewicht - Besprechung der Nahrungsmenge und -zusammensetzung sowie evtl. notwendige Elektrolyt- und Thiaminsubstitution (s. ▶ Kap. 4: Somatische Komplikationen) - Festlegung der Häufigkeit der Blutabnahmen - Einschätzung, ob zusätzliche Untersuchungen, z.B. Herzultraschall durchgeführt werden sollten - bei Bettruhe ab dem zweiten Tag Heparinisierung

Tab. 3.1: Übersicht der Maßnahmen in der ersten Therapiephase – Fortsetzung

Täglich	• Kurzkontakte mit dem Behandlungsteam mit Möglichkeit des Austauschs zum aktuellen Befinden • ggf. tägliche Ödem-, Dekubitus- und Laborkontrollen • ggf. tägliche Essensvor- und Nachbesprechung oder begleitete Mahlzeiten
Zweimal/Woche	• nüchtern wiegen in Unterbekleidung • ausführliches Besprechen der Essprotokolle • Psychoedukation
Einmal/Woche	• Gewichtssprechstunde zum Besprechen der Gewichtsvereinbarung und der, aufgrund des aktuellen Gewichts eintretenden, positiven oder negativen Konsequenzen
Entsprechend der Gewichtsvereinbarung	• gestufte Teilnahme an den Basis- und Spezialtherapiebausteinen

Da das gleichzeitige Vorliegen einer Depression ein Prädiktor für eine geringere Gewichtszunahme ist (Eskild-Jensen et al., 2020), sollte diese Komorbidität schon im ersten Therapiedrittel erstmals und im Verlauf wiederholt abgeklärt und in die Behandlung mit einbezogen werden. Dies gilt auch für andere Komorbiditäten (▶ Kap. 1: Diagnostik). Bei der Psychopharmakatherapie depressiver und kachektischer Patientinnen ist allerdings von einer eingeschränkten Wirkung der Medikamente auszugehen, sodass diese manchmal erst nach einer ausreichenden Gewichtszunahme erfolgen kann (s. u.).

Besonderheiten

Sind mehrere Patientinnen mit Anorexie zeitgleich auf einer Station, findet unweigerlich ein Vergleich der jeweiligen Behandlungsvereinbarungen untereinander statt. Dies kann Gefühle von Benachteiligung oder Verleugnung der Erkrankungsschwere begünstigen, was im schlimmsten Fall eine deutliche Verschlechterung der Zusammenarbeit zur Folge hat. Aus diesem Grund sollte den Patientinnen erläutert werden, warum es unterschiedliche Vereinbarungen gibt (z. B. bei unterschiedlichem Aufnahme-BMI) und dass in seltenen, therapeutisch besonders begründeten Fällen auch von allgemeingültigen Vereinbarungen abgewichen wird (z. B. bekommt eine Patientin mit Anorexie und sexueller Traumatisierung trotz sehr niedrigem BMI keine Trinknahrung vom Milch-Shake-Typ, oder eine Patientin darf entgegen der üblichen Regeln, dass wir die Ausgangsbeschränkungen streng handhaben, an der Geburtstagsfeier ihrer alten Großmutter teilnehmen, weil diese ihre einzige Bezugsperson ist und nicht zu Besuch kommen kann).

3.1.2 Die zweite Phase: Vertiefung des Therapiebündnisses und Arbeit an Hintergründen bzw. aufrechterhaltenden Faktoren der Anorexie

Im Therapieverlauf wird das Vorgehen bei Patientinnen immer wieder zu Fragen und auch zu Verhandlungswünschen über Therapieänderungen führen. Dies erfordert oft Geduld und Eindeutigkeit vom Team. Von klaren und verlässlichen Absprachen profitieren Patientinnen und das gesamte Behandlungsteam gleichermaßen. Patientinnen werden ihre Therapievereinbarungen zu Recht kritisch prüfen. Stehen wir als Behandlerinnen nicht hinter diesen oder sind selbst von ihnen verwirrt, kann kaum etwas Heilsames daraus hervorgehen. Findet sich diese Verwirrung beim Behandlungsteam bzw. einzelnen Mitarbeiterinnen, so braucht das Team eine interne Klärung in einer Teamsitzung, bevor weitere Absprachen mit den Patientinnen getroffen werden können. So kann es z. B. vorkommen, dass eine Patientin mit Zimmerruhe über depressive Stimmung und Einsamkeit klagt, und der zuständige Wochenenderprobungs-Dienst ihr erlauben möchte, das Zimmer zu verlassen, weil sie unter der Beschränkung so sehr leidet und Kontakt ihr guttäte. Dann muss besprochen werden, was das Ziel der Einschränkung ist (Anreiz zu essen, um mehr Freiheit zu bekommen; Einschränkung von Bewegung), und warum eine momentane Entlastung diese Intervention und die Glaubwürdigkeit des Vertrags schwächen würde. Andererseits kann z. B. die Beobachtung, dass eine Patientin ein Therapieelement ganz besonders anstrebt, zur Überlegung führen, dieses im Vertrag so zu platzieren, dass es für sie erreichbar ist.

Generell erfordert das Arbeiten mit Gewichtsvereinbarungen und Essprotokollen eine hohe Informiertheit und Zusammenarbeit sowie den regelmäßigen Austausch im gesamten Behandlungsteam. Die Patientinnen sind hochambivalent, dies überträgt sich auf uns und fordert uns. Für einen Therapieerfolg bedarf es eines multidisziplinären Teams, in dem alle in die gleiche Richtung gehen, aber auch aufeinander und die Patientin hören.

Während Verhandlungen über das Setting in der Anfangsphase oftmals als Ausdruck ambivalenter Therapiemotivation (und zugrundeliegender Ängste) gedeutet werden können, sollte dies in der fortgeschrittenen Phase der Therapie bereits in den Hintergrund getreten sein. Verharrt eine Patientin dennoch in Diskussionen zum Setting, kann dies psychodynamisch als Zeichen für einen Therapiewiderstand gedeutet werden, der die emotionale Öffnung der Patientin und oft auch die Offenheit bezüglich des Symptomverhaltens meist deutlich erschwert (▶ Kap. 3.3: Psychodynamischer Ansatz). Dann bedarf es der Analyse möglicher Gründe im Team und mit der Patientin.

Die Arbeit an den individuellen Hintergründen und aufrechterhaltenden Faktoren der Erkrankung erfolgt zumeist mit psychodynamischen wie auch verhaltenstherapeutischen Methoden. Diese werden in den folgenden Kapiteln ausführlich dargestellt, sodass wir an dieser Stelle darauf verweisen möchten (▶ Kap. 3.3: Psychodynamischer Ansatz und ▶ Kap. 3.4: Verhaltenstherapie der Anorexia nervosa).

Wichtige Themen, die verfahrensunabhängig aufgegriffen werden sollten, sind:

- Die individuelle Entstehungsgeschichte der Anorexie.
- Die subjektive Bedeutung der Anorexie für die Patientin und wie diese sich u. U. auch im Laufe der Erkrankung verändert haben kann.
- Psychische Faktoren oder äußere Umstände, die krankheitsaufrechterhaltend wirken.
- Welche Funktionen, die die Anorexie für die Patientin übernommen hat (z. B. Kontrollerleben, Belohnung, Ausdruck für den Wunsch nach Beachtung oder Sorge) erfordern Handlungsalternativen, sodass die Krankheit ihre Bedeutung verlieren kann?
- Reflexionen darüber, durch welche Dinge (außer der Anorexie) die Patientin sich noch stärker und selbstbewusster fühlen könnte und woran sie diese Eigenschaften bei anderen Menschen festmacht.
- Reflexionen darüber, was eigentlich Identität ausmacht, wie diese entsteht und welche Lücke die Anorexie im Identitätserleben der Patientin hinterlässt, wenn sie nicht mehr da ist.

Die Gewichtsvereinbarung hat auch in der zweiten Therapiephase grundsätzlich unverändert weiter Gültigkeit. Bei den Essprotokollen kann sich der Schwerpunkt der Besprechungen oft schon von der Erweiterung des Nahrungsspektrums auf die Gefühle und Gedanken beim Essen verschieben, welche dann in den Einzel- und Gruppentherapien vertieft bearbeitet werden können.

Die Angst vor Gewichtszunahme kann bereits etwas geringer geworden sein oder aber wieder steigen, weil sich die Patientin einer für sie besonders angstbesetzten Gewichtsgrenze nähert. In diesem Fall braucht die Patientin Raum dafür, über ihre, mit dem Gewicht verknüpften, Assoziationen zu sprechen. Diese Verknüpfungen sind interindividuell unterschiedlich. So finden sich, bezogen auf eine gewisse Gewichtsgrenze, hinter der Angst vor einer Veränderung des Körpers auch zum Beispiel die Angst vor dem Erwachsensein, vor der Verantwortungsübernahme, vor der Aktualisierung partnerschaftlich-sexueller Themen, dem Verlust von sozialer Zuwendung und mehr. Emotionen werden oft für die Patientinnen klarer spürbar, was wiederum die Grundlage dafür bietet, nun am Verständnis der individuellen Entstehung und Bedeutung der Anorexie zu arbeiten. Hierfür sind die Patientinnen zumeist sehr offen. Es entsteht ein gemeinsames Bewusstsein dafür, dass die Anorexie eine Geschichte hat, die bearbeitet werden kann.

> **Merke**
>
> Die bewusste Wahrnehmung davon, dass es eine nicht-essgestörte Lebensphase gab, die zumindest zeitweise mit Zufriedenheit einhergegangen sein mag, macht eine Perspektive möglich, in der es auch eine nicht-essgestörte Zukunft geben kann.

Bestehen im zweiten Drittel der stationären Therapie noch Vermeidung ganzer Mahlzeiten und/oder Essattacken mit Erbrechen (oder anderen gegenregulatorischen Maßnahmen), wird sich dies vermutlich in einer ausbleibenden oder schwankenden Gewichtszunahme zeigen. Essattacken werden häufiger, wenn durch Restriktion verursachte Unterzuckerungen auftreten. Manchmal entwickeln sich starke Ängste, dass Veränderungen der katabolen Nahrungsroutine zu einem vollständigen Kontrollverlust führen und »alle Dämme brechen« werden, welche aktiv erfragt und besprochen werden müssen.

Diese Angst ist häufig, der Übergang von einer Anorexie in eine Bulimie oder eine Binge Eating-Störung im Rahmen einer Therapie ist aber nach unserer Erfahrung sehr selten. Es kann vorkommen, dass Heißhungergefühle oder Essattacken auftreten, vor allem wenn – wie oben beschrieben – die Nahrungsmengen zu klein sind. Eine befürchtete Verselbständigung der Gewichtszunahme mit anhaltendem Kontrollverlust tritt selten ein, und die ständige Beschäftigung damit kann als Ausdruck der Angst vor der eigenen Machtlosigkeit verstanden werden. Oft hilft es, darauf hinzuweisen, dass die Patientin kompetent darin ist, ihr Essen zu kontrollieren, und diese Kompetenz bestehen bleibt, auch wenn sie eine Gewichtszunahme zulässt. Bestand eine Adipositas in der Vorgeschichte, muss die Patientin ihre Angst vor einer Rückkehr dorthin aussprechen dürfen und es kann wichtig sein, zu besprechen, welche Möglichkeiten sie haben wird, ihr Gewicht später im Normalbereich zu halten. Auch kann besprochen werden, dass unsere Hilfe sich auch darauf erstreckt, bei Gewichtssprüngen oder gelegentlichem Kontrollverlust, wenn nötig regulierend einzugreifen.

Die Arbeit an einer ausgewogenen und ausreichend umfangreichen Mahlzeitenstruktur ist hier sehr wichtig. Auch hier möchten wir auf die Bedeutung der therapeutischen Haltung hinweisen, die am ehesten als interessiert und zur Kenntnis nehmend beschrieben werden kann. Vorwürfe, auch nonverbaler Art, sind kontraproduktiv und führen zu Rückschritten in der therapeutischen Arbeit.

3.1.3 Die dritte Phase: Konsolidierung, Klärung der poststationären Situation und Versorgung, Alltagserprobungen

Im letzten Drittel der Therapie wird neben der weiteren Gewichtszunahme, Körperbildtherapie (▶ Kap. 3.6: Am Körper orientierte Verfahren) und Arbeit an (biografischen) Hintergründen und aufrechterhaltenden Faktoren darauf geschaut, welche Veränderungen der Wohn-, Berufs- bzw. Ausbildungssituation noch geplant werden müssen. Eine ambulante Psychotherapie ist in den allermeisten Fällen erforderlich und sollte, falls nicht bereits begonnen, frühzeitig geplant werden. Auch die Teilnahme an einer Selbsthilfegruppe nach der stationären Therapie erleben viele Patientinnen als sehr hilfreich. Angehörigengespräche können auch auf biografisch unverarbeitete Themen fokussieren, sollten aber nach Möglichkeit das Ziel der Verbesserung der Beziehungen in der Gegenwart haben (▶ Kap. 3.5: Familientherapie). Ist dies mit der Herkunftsfamilie oder mit Lebenspartnerinnen nicht realistisch, können verlässlichere Beziehungspartnerinnen, z. B. aus dem Freundeskreis, zu den Gesprächen eingeladen werden, damit die Patientinnen mit ihnen besprechen, was ihnen in Zukunft helfen kann, symptomfrei zu werden oder zu bleiben. Die Angehörigen und Patientinnen erleben im besten Fall, dass die Essstörung in den Hintergrund tritt und nicht mehr Zentrum der Interaktionen ist.

Da auch die Patientinnen mit sehr niedrigem Startgewicht Erfahrungen mit selbst gestalteten Zwischenmahlzeiten sammeln sollten, wird bei diesen, auch wenn der BMI noch unter 14 kg/m^2 liegt, im letzten Therapiedrittel die Gewichtsvereinbarung entsprechend von Zwischenmahlzeiten aus Trinknahrung zu teilweise selbst gestalteten Mahlzeiten geändert. Ebenso sollte in den letzten Therapiewochen mindestens einmal, besser zweimal die Möglichkeit zu einer vorher geplanten Alltagserprobung im gewohnten Umfeld mit Übernachtung geplant werden. Die Alltagserprobungen erfordern eine solide Vor- und Nachbesprechung, weil sich in ihnen der noch vorhandene Symptomdruck zeigt und die Patientinnen oft in alte Essstörungsmuster zurückfallen. Dies löst zumeist Beschämung aus. Entlastend kann jedoch wirken, wenn wir den Patientinnen klar machen, dass die Alltagserprobungen genau dafür da sind, zu sehen, wo sie stehen und mit diesen Beobachtungen weitergearbeitet wird. Dies könnte zum Beispiel in Form von »Rückfallplänen« (der Begriff des Rückfalls kann auch durch »Vorfall« ersetzt werden) oder Strukturplänen erfolgen, die der Patientin einen schnelleren Zugriff auf hilfreiche Verhaltensweisen in Alltagssituationen ermöglichen. Die Patientin hat zu diesem Zeitpunkt bereits Erfahrungen damit gesammelt, wie ihre Portionsgrößen aussehen sollten, welche Nahrungsmittel eine ausgewogene Ernährung ausmachen, aber auch, welche Nahrungsmittel unter Umständen Essattacken provozieren, welche Übungen ihr helfen, die Grundanspannung vor dem Essen zu senken, welche Gefühle und Gedanken den Symptomdruck verstärken, was sie dagegen machen kann, dass Essen in der Gemeinschaft angenehm sein kann, und nach welchem Zeitintervall sie Hunger auf die nächste Mahlzeit bekommt. All dies könnte in die Vorbereitung der Alltagserprobungen und die Rückfallprophylaxe einfließen.

Die Gewichtszunahme sollte während der gesamten Therapiedauer fortgesetzt werden, damit die Patientin die Chance hat, sich einem gesunden BMI zu nähern. Dies ist für die Prognose wichtig (Lund et al., 2009). In der Regel ist nachstationär eine weitere Gewichtszunahme im ambulanten Setting aus therapeutischer Sicht erforderlich. Häufig kommt es auch zu einer späteren stationären Wiederaufnahme; dies sollte nicht als Versagen, sondern als normaler Verlauf betrachtet werden. Aus unserer Sicht ist auch bei deutlichem, aber nicht bedrohlichem Untergewicht eine Intervallbehandlung mit mehreren mittellangen Aufenthalten (acht bis zehn Wochen) sinnvoller als eine ununterbrochene Langzeitbehandlung, die die Gefahr einer Hospitalisierung birgt. Sollte Normalgewicht erreicht worden sein, kann der Gewichtszunahme- in einen Gewichtshaltevertrag umgewandelt werden, oder es kann erprobt werden, ob die Patientin auch ohne Vertrag selbstständig ihr Gewicht halten kann.

3.1.4 Medikamentöse Behandlung

Der Einsatz von Psychopharmaka mit dem Ziel, das Gewicht zu steigern und damit einen, meist als unerwünschte Wirkung empfundenen Effekt zu nutzen, ist bei Patientinnen mit Anorexie grundsätzlich nicht erfolgreich (de Zwaan & Svitek, 2022). Dies gilt sowohl für trizyklische Antidepressiva als auch für Serotoninwiederaufnahmehemmer und Neuroleptika. Auch die antidepressive Wirkung der Medikamente tritt im Starvationsmodus nicht zuverlässig genug auf, sodass eine pharmakologische Behandlung einer begleitenden Depression mit Antidepressiva erst nach einer Gewichtszunahme und nach Überprüfung, ob diese bereits eine Besserung der komorbiden Depression bewirkt, erfolgen sollte (ebd.). Bei Untergewicht muss zudem bei medikamentöser Therapie mit mehr Nebenwirkungen gerechnet werden. Nach der Gewichtsrestitution können weiter bestehende depressive Syndrome oder andere psychische Komorbiditäten nach den üblichen fachlichen Standards behandelt werden. Die aktuelle S3-Leitlinie rät zudem, den Einsatz von atypischen Neuroleptika auf Einzelfälle mit ansonsten nicht steuerbaren essensbezogenen Ängsten und Bewegungsdrang zu beschränken (Herpertz et al., 2019).

> **Merke**
>
> Die Planung von Gewichtszunahme und Nahrungsaufbau muss frühzeitig und parallel erfolgen und beginnt zunächst nach einem standardisierten Vorgehen. Die Vereinbarungen sind so einfach wie möglich, aber so konkret wie nötig zu gestalten. Die Behandlerinnen verhalten sich eindeutig, kohärent und verlässlich. Das gesamte Behandlungsteam muss die individuellen Therapieverträge und Therapieziele kennen und an deren Einhaltung und Verwirklichung mitarbeiten. Im weiteren Verlauf der Therapie wird an Hintergründen und aufrechterhaltenden Faktoren der Symptomatik sowie der Rückfallprophylaxe gearbeitet. Im letzten Therapiedrittel können therapeutisch sinnvolle Anpassungen der Gewichtsvereinbarung im Hinblick auf die nachstationäre Phase erfolgen.

3.2 Integration von Therapieverfahren

Franziska Geiser

Seit den frühen Therapiekonzepten von Hilde Bruch (»Der goldene Käfig«, 1982) wurden das Verständnis und die Behandlung der Anorexia nervosa durch Vertreterinnen verschiedener psychotherapeutischer »Schulen« oder Verfahren weiterentwickelt und in den letzten Jahrzehnten auch empirisch überprüft. Dabei prägen schulenspezifische Herangehensweisen die Modelle und Begriffe. So beschreiben neuere psychodynamische Konzepte die Anorexie als Versuch der Abwehr von Verunsicherung durch die Pubertät sowie der Abgrenzung bzw. Autonomiebildung, und als Garant für emotionale Sicherheit und Kontrolle (Friederich et al. 2014, ▶ Kap. 3.3: Psychodynamischer Ansatz). Aus lern- oder verhaltenstherapeutischer Sicht werden neben allgemeinen disponierenden und auslösenden Faktoren als spezifische aufrechterhaltende Faktoren für eine Anorexie gezügeltes Essverhalten, erhöhtes Belastungsempfinden bei geringen Bewältigungsfähigkeiten, defizitäre Emotionsregulationsfähigkeiten sowie dysfunktionale Informationsverarbeitungsprozesse genannt (Legenbauer & Vocks, 2014, ▶ Kap. 3.4: Verhaltenstherapie der Anorexia nervosa). Schon früh kam bei der Anorexia nervosa auch eine systemische Perspektive zur Anwendung, welche die Betroffene als »Indexpatientin« eines gestörten Systems betrachtet und auf Beziehungsstörungen im familiären Umfeld fokussiert (z. B. Minuchin, 1978, ▶ Kap. 3.5: Familientherapie und Transition).

Die meisten Wirksamkeitsprüfungen fanden zu ambulanten Psychotherapiesettings, z. T. manualbasiert, statt, wobei zu kognitiv-behavioralen Programmen die meiste Evidenz vorliegt. Es gibt kaum Vergleichsstudien zu verschiedenen Therapieverfahren (Solmi et al., 2021). Zipfel und Kolleginnen fanden bei ambulanter Behandlung der Anorexia nervosa eine schnellere Gewichtszunahme unter einer erweiterten kognitiv-behavioralen Therapie, aber in Bezug auf die anorektische Symptomatik nach zwöf Monaten einen Vorteil bei einer fokalen psychodynamischen Therapie. Nach fünf Jahren gab es keine signifikanten Unterschiede zwischen den Verfahren in Bezug auf die Veränderung von BMI oder Essstörungssymptomatik (Zipfel et al., 2014; Herzog et al., 2022).

Im ambulanten Setting ist eine möglichst hohe Adhärenz an nur ein Psychotherapieverfahren oft sinnvoll, um die Ausbildung der Therapeutin und die Vorteile dieses Verfahrens möglichst effektiv zu nutzen. Die stationäre Behandlung der Anorexia nervosa ermöglicht hingegen nicht nur die Zusammenarbeit verschiedener Berufsgruppen (▶ Kap. 3.7: Zusammenarbeit im stationären Team) und eine integrative psychosomatische Behandlung, sondern auch die Integration verschiedener Psychotherapieverfahren. So, wie sich im Verlauf der Therapie die Behandlungsfokusse ändern (▶ Kap. 3.1: Gewichtskonsolidierung), können hier auch die Stärken unterschiedlicher Verfahren einander im Therapieprozess gewinnbringend ergänzen. Gleichzeitig besteht dabei aber auch ein Risiko der Konfusion und Beliebigkeit, welche den Therapieerfolg gefährden können. Deshalb ist eine Verfahrens- und Methodenintegration in der stationären Behandlung der Anorexie zwar gängig, aber kein »Selbstläufer«, sondern erfordert ein klares Konzept und eine kontinuierliche Reflektion des Zusammenspiels von Methoden und Akteurinnen.

Aufgrund der Eigenheiten jedes Kliniksettings gibt es dazu kein »Idealmodell«. Fragen, die sich stellen, und jeweils Beispiele dazu aus unserem Setting, sind:

1. Hat die Klinik eine klare »Grundausrichtung« in einem Verfahren? Wie wird diese im Therapiealltag umgesetzt, und welche Rolle wird Therapieelementen eines anderen Verfahrens zugewiesen? In welcher »Verfahrenssprache« werden Fälle besprochen; wie ist sichergestellt, dass alle diese verstehen?

Unsere Klinik hat ein psychodynamisches Grundkonzept. Dies bedeutet, dass die Weiterbildung von Ärztinnen in der Regel im tiefenpsychologisch fundierten Hauptverfahren stattfindet, und Fortbildungen für das Pflegepersonal oder Spezialtherapeutinnen ebenfalls einen tiefenpsychologischen Hintergrund haben. So ist es möglich, in Teamsitzungen Grundbegriffe wie »Struktur« oder »Konflikt« und »Übertragung« oder »Gegenübertragung« zu verwenden, die allen bekannt sind. Für die Anorexie kann die Anwendung der Achsen der Operationalisierten Psychodynamischen Diagnostik OPD-3 (Arbeitskreis OPD 2024, ▶ Kap. 3.3: Psychodynamischer Ansatz) viel zum gemeinsamen Verständnis der individuellen Störung und möglichen therapeutischen Haltungen beitragen. Die Zeiten, in denen komplexe psychoanalytische Diskussionen in Teambesprechungen jüngere Kolleginnen (zu denen die Autorin gehörte) zum ratlosen Verstummen brachten, sind allerdings lange vorbei.

Verhaltenstherapeutische Interventionen werden in unserem integrierten Setting nicht, wie früher üblich, »ergänzend« angewendet, sondern sind fester Bestandteil des Therapiekonzepts und stehen beim symptomorientierten Fokus im Vordergrund; systemische Elemente werden mit der Stärkung familienbasierter Ansätze (▶ Kap. 3.5: Familientherapie und Transition) zunehmend wichtig. Mitglieder des Pflegeteams haben sich in Fortbildungen zu verhaltenstherapeutischer Co-Therapie und personenzentrierter Gesprächsführung weiter qualifiziert. Deshalb verstehen wir unser Konzept heute als grundlegend verfahrensübergreifend und »multimodal«. Da jedes Verfahren seine eigene »Logik« hat, besteht die Herausforderung darin, im Team stets transparent zu machen, in welchem Begriffssystem gerade gesprochen und gedacht wird. Es macht wenig Sinn, ständig zu springen und damit bei allen Verfahren nur an der Oberfläche zu bleiben. Wohl aber können verschiedene Prinzipien nebeneinandergestellt oder gegeneinander abgewogen werden. Der Nachteil ist, dass für ein gegenseitiges Verständnis die Grundzüge und -begriffe verschiedener Therapieverfahren allen im Team bekannt sein sollen; dies ist insbesondere bei häufigeren Personalwechseln und angesichts der Diversität der Berufsgruppen nicht leicht zu erreichen. Den ärztlichen und pflegerischen Teamleitungen kommt dann die Aufgabe zu, Übersetzungsarbeit zu leisten, die Fokusse zu bündeln, und zu benennen, auf welche Weise mit unterschiedlichen Methoden am aktuellen Therapiefokus gearbeitet werden kann.

2. Entstehen Widersprüche oder Brüche in Therapiezielen und therapeutischen Haltungen, wenn verschiedene Verfahren zur Anwendung kommen?

Je mehr verschiedene Verfahren angewendet werden, desto wichtiger ist es, im Team wie auch gegenüber der Patientin das Rationale der jeweiligen Intervention verständlich zu erläutern.

> **Merke**
>
> Bei der gleichzeitigen Anwendung unterschiedlicher Psychotherapieverfahren werden sich deren Zielsetzungen häufig ergänzen. Es können sich aber situativ

> unterschiedliche Handlungsoptionen ergeben, die nicht gleichzeitig umsetzbar sind. Dann ist abzuwägen, welches Ziel aktuell im Vordergrund steht und wie dies methodenintegrativ umgesetzt werden kann.

Wenn beispielsweise eine Anorexiepatientin im oben beschriebenen Beispiel laut Gewichtsvereinbarung noch Zimmerruhe hat, aber sich am Wochenende sehr einsam und niedergeschlagen fühlt und darum bittet, etwas Zeit mit Mitpatientinnen im Aufenthaltsraum verbringen zu dürfen, so steht das Ziel der Verstärkung erwünschten Verhaltens durch die Gewichtsvereinbarung (die Zimmerruhe wird erst beendet, wenn die Patientin so isst, dass sie zunimmt; die Patientin braucht diese äußere Kontrolle, um das zu schaffen) zunächst im Widerspruch zum empathisch-supportiven und aktivierenden Auftrag des Pflegepersonals. Es ist also elementar, dass das Wirkprinzip der Gewichtsvereinbarung für das Personal nachvollziehbar ist, um nicht selbst in ein Dilemma zu kommen, sondern die aktuelle Priorität der Gewichtsvereinbarung gegenüber der Patientin klar vertreten zu können. Andererseits kann es sein, dass z. B. eine sehr starke Aktualisierung eines Autarkie-Versorgungskonflikts (Arbeitskreis OPD, 2024) im Übertragungsgeschehen dazu führt, dass die Pat. sich den Vorgaben des Esssettings widersetzt. Dann ist abzuwägen, ob eine (ggf. zeitweise) Lockerung von Vorgaben es ihr ermöglichen könnte, eine korrigierende emotionale Erfahrung zu machen, sodass die Pat. sich auf das Setting wieder einlassen kann, oder ob die Gefahr, dass dadurch ein Vermeidungsverhalten unterstützt wird, in der Entscheidung schwerer wiegt. Der Einbezug verschiedener Verfahren eröffnet also mehr Spielräume, macht aber auch Abwägungsprozesse komplizierter. Insbesondere dann, wenn herausfordernde Patientinnen viele Emotionen im Team auslösen, wird oft das Bedürfnis nach sehr eindeutigen Vorgaben laut, die die Ambivalenz bei den Teammitgliedern reduzieren könnten. Hilfreich kann es dann sein, in der Supervision darauf hinzuweisen, dass neben den Elementen, die die Patientin ins Geschehen einbringt, auch unser multimodaler Ansatz unvermeidbar zu Ambivalenzen führt, die besprochen und ausgehalten werden müssen.

3. Wie kommt die Patientin mit unterschiedlichen Rollenanforderungen in verschiedenen Therapieverfahren zurecht?

Die Trennungslinie zwischen den Therapieverfahren ist nicht mehr so eindeutig wie früher. Es ist Konsens, dass verschiedene Herangehensweisen an ein Problem nicht bedeuten müssen, dass eine davon falsch sei, sondern eher verschiedene Anstiegswege auf den gleichen Berg sind (ohne dass sie damit gleich wären). Dies spiegelt sich auch darin wider, dass in modernen Weiterentwicklungen von Therapieverfahren (z. B. Schematherapie, Akzeptanz- und Commitment-Therapie (ACT), fokale psychodynamische Therapie) zunehmend Elemente anderer Therapieverfahren integriert werden (z. B. Psychoedukation und Exposition, Korrektur dysfunktionaler Kognitionen, die Übertragung von Mustern aus der Kindheit, die therapeutische Beziehung als Therapiethema, die Affektaktivierung, der Einbezug systemischer Sichtweisen). Dennoch können an eine Patientin mit Anorexie in verschiedenen

Therapieelementen implizit oder explizit unterschiedliche Rollenerwartungen bestehen. In einer psychodynamischen Gruppentherapie wird erwartet, dass sie eigene Gedanken und Gefühle mit anderen teilt, ohne diese vorab strukturieren zu müssen und ohne aktive Lösungsvorschläge von Therapeutenseite. In einem verhaltenstherapeutischen Training sozialer Kompetenzen soll sie hingegen gezielt Veränderungsvorschläge übend umsetzen. Ähnliches gilt für ein tiefenpsychologisch fundiertes Einzelgespräch einerseits und z. B. die Besprechung von Essplänen andererseits; ganz besonders, wenn beide Interventionen bei der gleichen Therapeutin stattfinden. Auch kann es passieren, dass der Patientin psychoedukativ in verschiedenen Therapieelementen unterschiedliche ätiologische Modelle vermittelt werden. Dies kann bei ihr, bewusst oder unbewusst, zu Verunsicherung führen. Auch hier besteht die »Lösung« zunächst in einer Bewusstwerdung des Problems auf der Seite von Leitung und Team.

Des Weiteren ist es für alle Behandlerinnen wichtig, der Patientin gut zuzuhören: wie hat sie andere Therapieelemente erlebt, und was hat sie daraus mitgenommen? Ergeben sich daraus zu besprechende Diskrepanzen? Schließlich braucht es gegenüber Patientinnen zur Frage »Was wird von Ihnen in den Therapieelementen erwartet? Gibt es dabei Unterschiede?« eine möglichst große Transparenz, ohne sie mit zu komplizierten Erklärungen zu überfordern. Dies kann z. B. bei der Erläuterung der Therapiestruktur in einer Einführungsveranstaltung für neue Patientinnen erfolgen, oder in einer ersten Einzelsitzung.

4. Gibt es Konkurrenz zwischen den Verfahren?

Eine Konkurrenz in dem Sinne, dass Teammitglieder das »eigene« Therapieverfahren als wertvoller betrachten würden als andere, erleben wir in unserer Behandlung nicht. Es kommt aber vor, dass Patientinnen Präferenzen für ein Therapieverfahren entwickeln. So kann es für manche Patientinnen mit einer Anorexie leichter sein, die emotionalen und biographischen Hintergründe ihrer Störung zu betrachten, als konkreten Vorgaben beim Essverhalten zu folgen – andere setzen Veränderungen beim Essverhalten relativ rasch um, haben aber große Schwierigkeiten, sich mit ihren Gefühlen zu öffnen. Für das Team ist wichtig, dies zu würdigen, aber es im Team nicht zu einer konkurrierenden Wertung der Verfahren oder insbesondere der Behandlerinnen kommen zu lassen. Je nach Behandlungsphase kann es entweder hilfreicher sein, die Patientin zu unterstützen, ihre »Agency« (also die Fähigkeit, eigenes Handeln und dessen Konsequenzen als von sich verursacht zu erleben, Huber et al., 2019) zunächst vornehmlich in dem Therapieelement zu entwickeln, wo es für sie möglich ist, oder sie auch darin zu fordern, sich auf für sie schwierigere therapeutische Prozesse einzulassen.

> **Merke**
>
> Zusammenfassend ist die Verfahrensvielfalt eine Realität, die sich aus der stationären Behandlung der Anorexia nervosa nicht mehr wegdenken lässt. Ihre Integration birgt viele Chancen, die in anderen Settings so nicht gegeben sind,

aber ist kein »Selbstläufer«, sondern bedarf einer ständigen Reflexion auf Leitungsebene wie auch im Team.

3.3 Psychodynamischer Ansatz

Katrin Imbierowicz

Psychodynamik umfasst allgemeine, durch unbewusste Prozesse beschreibbare Gegebenheiten, wie unbewusste Konflikte, Abwehrmechanismen, Symptombildungen, Fantasien, Bewusstseinszustände, Modi der Verarbeitung von Konflikten und Traumata und Transformationen (Mertens, 2014). Diese werden in den psychodynamischen Therapieverfahren im Verlauf der Therapie bewusst verstehbar und fühlbar, indem z. B. sichtbares Verhalten, widersprüchliche Schilderungen, Fehlleistungen, chronologische Brüche, sehr starke, sehr abgeschwächte oder zur Situation nicht passend erscheinende Emotionen, Übertragung und Gegenübertragung aufgegriffen werden. Dahinter steht eine heuristische Haltung, die das Ziel verfolgt, durch das Bewusstwerden verborgener Hemmnisse und damit verbundene »Aha-Effekte«, Unsicherheiten, Komplexität und Mehrdeutigkeit zu reduzieren und zugleich die Wahrscheinlichkeit zu erhöhen, das im jeweiligen Moment Wesentliche zu verstehen (Thomä & Kächele, 2006). Dabei steht nicht nur die Patientin im Fokus, sondern auch die Therapeutin und das gesamte Team mit ihren Wahrnehmungen und Reaktionen auf die Interaktion mit der Patientin und auch auf das die Patientin behandelnde Team. Die therapeutische Haltung ist eine fragende, Verständnis generierende. Empathie auf Seiten der Therapeutin wurde als Prädiktor für das Therapieoutcome mit zumindest mittlerer Effektstärke über die Jahre wissenschaftlich immer wieder bestätigt (Elliott et al., 2018). Aktuelle wissenschaftliche Betrachtungen der Faktoren, die zu Veränderungen in psychodynamischen Therapieprozessen führen, beschreiben die therapeutische Agency als die absichtsvolle Einflussnahme von Patientinnen auf den therapeutischen Prozess und die Alliance als zielgerichtete Zusammenarbeit von Patientin und Therapeutin als zentrale veränderungsrelevante Faktoren (Huber et al., 2021).

Die psychodynamische Therapie in der Behandlung von Patientinnen mit Anorexie im Rahmen eines mehrdimensionalen Ansatzes ist erprobt, die Zahl aussagekräftiger Wirksamkeitsstudien wächst. Das in den Leitlinien für erwachsene Patientinnen empfohlene Verfahren ist derzeit noch die kognitive Verhaltenstherapie. In einem 5-Jahres-Follow-Up konnten jedoch keine Unterschiede zwischen Patientinnen, die mit psychodynamischer Fokaltherapie und Patientinnen, die mit kognitiver Verhaltenstherapie behandelt wurden, gefunden werden (Herzog et al., 2022).

Im mehrdimensionalen und interindividuell stark variierenden Entstehungshintergrund der Anorexia nervosa sollte die psychodynamische Arbeit als ein Baustein der Psychotherapie verstanden werden. Sie fokussiert, zusammen mit den weiteren Psychotherapiemethoden wie kognitive Verhaltenstherapie (▶ Kap. 3.4: Verhaltenstherapie der Anorexia nervosa), Körper- und Kunsttherapie (▶ Kap. 3.6: Am Körper orientierte Verfahren) im bio-psycho-sozialen Entstehungsmodell der Anorexia nervosa den psychischen Entstehungs- und Aufrechterhaltungsaspekt.

3.3.1 Die Grundhaltung

Im stationären Setting kann ein psychodynamischer Ansatz zunächst in einer gemeinsamen Grundhaltung im Team zum Ausdruck kommen. So kann ein gemeinsames Grundverständnis der individuellen Problematik der Patientin anhand der Operationalisierten Psychodynamischen Diagnostik (Arbeitskreis OPD, 2024, s. u.) erarbeitet werden, welche es dem Team erlaubt, die Reaktionen der Patientin und eigene Gegenübertragungen besser zu verstehen und therapeutisch angepasst darauf zu reagieren. Dies gilt sowohl für die Konfliktachse wie auch die Strukturachse. So wird z. B. ein ausgeprägter Autarkie-Versorgungskonflikt vorhersagbarer zu anderen Schwierigkeiten im Umgang mit dem Therapiesetting führen als ein Selbstwertkonflikt (s. u.). Eine schwächere Ich-Struktur mit Defiziten in der Emotionsregulation und Verhaltenssteuerung kann Modifikationen im Therapieprogramm erforderlich machen, z. B. um eine Überflutung durch Gefühle im Verlauf von Körper- oder Gruppentherapien vorzubeugen. Die psychodynamische Grundhaltung und Technik kann hier nur beschreibend dargestellt werden; für eine professionelle Anwendung ist, wie für jede Form der Psychotherapie, eine entsprechende Aus- bzw. Weiterbildung unerlässlich.

3.3.2 Hypothesenbildung und Anwendung

In der konkreten Arbeit mit der Patientin werden psychodynamische Interventionen wie z. B. die Arbeit an biografisch angelegten Konfliktmustern erst nach dem ersten Fokussieren auf Gewichtszunahme und körperliche Stabilisierung bedeutsam. Grund hierfür ist, dass die Fokussierung auf die Gewichtsstabilisierung, inklusive Gewichtszunahmevereinbarung und Normalisierung des Essverhaltens, die physiologische Grundlage für reflexives Arbeiten herstellt. In vielen Fällen ist erst nach einer körperlichen Stabilisierung die für die psychodynamische Arbeit erforderliche, emotionale Öffnung und Weitung der Perspektive auf Themen hinter der Essstörung möglich. Zeeck et al. (2022) beschreiben eine Zunahme des Reflektionsvermögens (»reflective functioning«) im Laufe der Therapie und den Zusammenhang mit dem Starvationsgrad.

Dies bedeutet auch, dass in der begrenzten Zeit der stationären Behandlung, je nach Schwere der Kachexie, vielleicht nur erste psychodynamische Hypothesen gebildet werden können, die wiederum Grundlage für die weiterführende ambulante Therapieentscheidung sind und im Falle einer anschließenden ambulanten psychodynamischen Psychotherapie vertieft werden können.

Zugleich sind Faktoren, die in einer psychodynamischen Theorie treffend beschrieben werden können, von Anfang an in therapeutischen Interaktionen bedeutsam. Cloak und Powers (2010) plädieren für eine aufmerksame Beobachtung der Übertragung und damit der Frage, welche Interaktionsrolle die Patientin der Therapeutin unbewusst zuschreibt und welche Empfindungen die therapeutischen Interventionen vor diesem Hintergrund bei der Patientin am wahrscheinlichsten auslösen. Ebenso sollten sich Therapeutinnen fragen, welchen Anteil an den eigenen Interventionen eher Ausdruck der Gegenübertragung sein könnte, als dass sie sich an den aktuellen Bedürfnissen der Patientinnen ausrichten. (Mit »Therapeutin« sind in diesem Zusammenhang alle Mitglieder des therapeutischen Teams gemeint; aktive Deutungen gegenüber der Patientin sollten psychodynamisch ausgebildeten Psychotherapeutinnen vorbehalten bleiben).

In den zum Teil für beide Seiten sehr aufreibenden Interaktionen zu Auslegung und Einhaltung von Therapievereinbarungen können erste, psychodynamisch relevante Übertragungs- und Gegenübertragungskonstellationen sichtbar werden. Sie zu verstehen ist für die therapeutische Haltung elementar, eine Deutung gegenüber der Patientin und Miteinbeziehung in die Therapie ist aus unserer Sicht zu diesem Zeitpunkt jedoch meist zu früh, vor allem wenn das Therapiebündnis noch nicht gefestigt ist und die krankheitsbezogenen Ängste stark sind.

Zentral für die therapeutische Beziehung ist jedoch, die Symptomatik zu jedem Zeitpunkt (neben anderen wie z. B. biologischen oder sozialen Komponenten) auch als manchmal einzige Möglichkeit der Patientinnen zu sehen, Gefühle oder Ideen zu kommunizieren, die sie noch nicht in Worte fassen können (Brisman, 1996). Dies erlaubt der Therapeutin auch, eine grundsätzliche Empathie gegenüber der Patientin trotz Belastungen der Beziehung wie z. B. ambivalentem Verhalten, Misserfolgen, Widerständen oder Täuschungen aufrechtzuerhalten.

Auch in einem Setting, das verschiedene Psychotherapieansätze kombiniert, ermöglichen die Reaktionen der Patientinnen auf Interventionen oft Rückschlüsse auf unbewusste Prozesse. Vor allem, wenn sie in verschiedenen Interaktionen ähnlich sind, drücken sie vermutlich etwas für die Patientin Typisches aus, das sich von ihr noch nicht in Worte bringen lässt. Um dies zu erkennen, ist der gezielte Austausch im Team unerlässlich. Vor einer Deutung der Übertragung sollte die Prüfung der Evidenz, also der Parallele in einer weiteren aktuellen, sowie einer bedeutsamen frühen Beziehung erfolgen. Das therapeutische Team entscheidet nach Möglichkeit gemeinsam, ob, wann und in welcher Therapieeinheit (bei entsprechend ausgebildeten Therapeutinnen) die Arbeit an den unbewussten Inhalten erfolgen kann.

Einige häufige psychodynamische Bedeutungen der Essstörungssymptome fasst ▶ Tab. 3.2 zusammen.

Tab. 3.2: Psychodynamische Bedeutungen der Essstörungssymptome (Auswahl nach Cloak und Powers, 2010; eigene Übersetzung und Ergänzung von klinischen Beispielen)

Essstörungssymptome	Psychodynamische Bedeutung
Eine im Kontakt höfliche und angepasst wirkende 20-jährige Betroffene aus einer Familie mit hohen moralischen und/oder leistungsorientierten Ansprüchen schafft sich heimliche »Nischen«, in denen sie im Verborgenen Stationsvereinbarungen nicht einhält,	Rebellion gegen strenge Erziehung/ Über-Ich-Introjekte und Ausdruck von

Tab. 3.2: Psychodynamische Bedeutungen der Essstörungssymptome (Auswahl nach Cloak und Powers, 2010; eigene Übersetzung und Ergänzung von klinischen Beispielen) – Fortsetzung

Essstörungssymptome	Psychodynamische Bedeutung
vor dem Wiegen Wasser trinkt, um Gewicht zu manipulieren, unerlaubt die Station verlässt, um Sport zu betreiben u. a.	Autonomie (Zerbe, 1998).
Die oben beschriebene Patientin tritt mit ihrem Verhalten aus dem Verborgenen heraus. Das Nichteinhalten der Vereinbarungen bzw. selbstdestruktives Verhalten wird sichtbarer und in den Therapien aktiv thematisiert. Die Patientin prüft – weitgehend unbewusst – ob und wie darauf eingegangen wird.	Test, ob Therapeutin sich verhält, wie sich frühere Bezugspersonen verhalten haben (Weiss & Sampson, 1986).
Eine 19-jährige Betroffene ist in ihrer Kindheit und Jugend Opfer von Mobbing und körperlicher Gewalt unter Gleichaltrigen geworden. Die Erinnerungen daran sind sehr angst- und schambesetzt, dabei der Affekt nicht oder kaum benennbar. In den Therapiestunden berichtet sie nicht davon, sondern stattdessen von der extremen Angst vor dem nächsten Wiegetermin.	Verschiebung von Angst und Scham auf die Furcht vor Gewichtszunahme und Ablehnung des eigenen Körpers (Mintz, 1985).
Eine 18-jährige Patientin stammt aus einer Familie von Juristen und Hochschullehrern. Für die Familie ist es selbstverständlich (bzw. die Patientin vermutet dies), dass sie ebenfalls Jura studieren wird. Die Patientin möchte eine Ausbildung zur Tierpflegerin machen und scheut die Aussprache mit der Familie. Thematisierte Konflikte gibt es nur im Zusammenhang mit der Anorexie.	Widerstand gegen überfordernde Leistungsansprüche (Mintz, 1992).
Eine 24-jährige Betroffene ist in ihrer Kindheit als »Kindermodel« aufgetreten, die Eltern waren sehr stolz auf ihre kleine, niedliche Tochter und haben sich damit oft im Beisein der Tochter vor anderen geschmückt. Die Tochter fühlt sich überfordert damit, für die Zufriedenheit anderer verantwortlich sein zu müssen. Die Erkrankung ermöglicht ihr einen Ausstieg aus dieser Dynamik. Sie sucht in der Behandlung nach einer eigenen Motivation für die Gesundung und kann sie nicht finden, zugleich möchte sie aber nicht mehr für die Zufriedenheit anderer, auch nicht der Therapeutinnen verantwortlich sein. Sie verharrt in der Symptomatik.	Widerstand gegen narzisstische Bestätigung der Therapeutin (Reich & Cierpka, 1998).
Eine 31-jährige Patientin war in ihrer Kindheit und Jugend ohne Schutz durch die Mutter – auch sexuell – übergriffigem Verhalten ihres alkoholabhängigen Stiefvaters ausgesetzt, den sie zugleich für seine, im nüchternen Zustand, spürbare Warmherzigkeit geliebt hat. Dieser innere Konflikt ist für sie nicht auflösbar, die Erinnerungen an früher sind zum Teil furchtbar, zum Teil fragmentiert, zum Teil verdrängt. Sie spürt keine Wut, Angst, Scham, erbricht sich aber immer häufiger, reduziert ihr Körpergewicht auf ein Minimum und »kämpft« gegen ihren Körper.	Befreiung von einer intrusiven/missbräuchlichen internalisierten Bezugsperson (Zerbe, 1993).
Oben beschriebene Patientin erinnert sich daran, dass sie von ihrem Stiefvater immer gelobt wurde, wenn sie abgenommen hatte.	Aufrechterhaltung der Beziehung zu einer internalisierten Bezugsperson (Zerbe, 1996).

Tab. 3.2: Psychodynamische Bedeutungen der Essstörungssymptome (Auswahl nach Cloak und Powers, 2010; eigene Übersetzung und Ergänzung von klinischen Beispielen) – Fortsetzung

Essstörungssymptome	Psychodynamische Bedeutung
Oben beschriebene Patientin erlebt im Rahmen einer stationären Behandlung, dass sie nach jeder Gewichtsabnahme ein zusätzliches therapeutisches Einzelgespräch erhält. Sie genießt das Gefühl, in ihrem Leid ernst genommen zu werden. Das Pflegeteam berichtet, dass sie bereits zweimal mit Einkaufstüten voller Lebensmittel auf der Station gesehen wurde und auch dafür kurze Gesprächskontakte erfolgten. Die Patientin erlebt, dass mehr Krankheitsverhalten zu mehr Fürsorge führt, nach der sie sich immer gesehnt hatte.	Induktion von Fürsorge, inkl. Grenzsetzungen, die früher fehlten (Zerbe, 2001).
Oben genannte Patientin hat im weiteren Therapieverlauf erlebt, dass der Zusammenhang zwischen Symptomen und therapeutischer Zuwendung durch das Team erkannt und aufgelöst wurde, stattdessen wird nun das Symptomverhalten in den regulären Therapiesitzungen besprochen. In den Therapiesitzungen erfährt sie Wärme und Verständnis für ihren Schmerz. Sie weiß, dass die therapeutische Beziehung ein Ende haben wird, wenn es ihr besser geht. Diese Vorstellung verursacht Angst, was sie aber nicht benennen kann. Stattdessen betont sie, wie schlecht es ihr gehe.	Widerstand gegen Heilung, weil dies den Verlust der Therapeutin bedeutet (Garner et al., 1982).
Oben genannte Patientin erinnert sich nach einer Gruppentherapie an ein biografisches Fragment. Sie entwickelt eine starke innere Unruhe, zählt erneut verstärkt Kalorien und stellt das Ziel ihres Fitness-Trackers auf 20.000 Schritte am Tag. Die Therapeutin erkennt im Rahmen der Selbsterfahrung, dass in ihrer eigenen Biografie übergriffiges Verhalten vorgekommen ist und fühlt sich unsicher. Sie thematisiert mit der Patientin in der nächsten Sitzung nur das Kalorienzählen.	Ablenken von schmerzhafteren Themen – sowohl für Patientin als auch für Therapeutin (Thompson & Sherman, 1989).
Eine 40-jährige Patientin ist seit dem 14. Lebensjahr an einer Anorexie erkrankt. Sie hat fünf stationäre Behandlungen und vier ambulante Therapien hinter sich. Ihr Freundeskreis setzt sich vor allem aus ehemaligen Mitpatientinnen zusammen. Ihre beste Freundin aus Schulzeiten ist verheiratet und hat eine Familie gegründet. Die Patientin hat noch nie eine Partnerschaft erlebt. Sie arbeitet im Call-Center einer Versicherung. Auf die Frage, wie sie sich ihr Leben als 14-Jährige erträumt hat antwortet sie: »Keine Ahnung«.	Besonders bei langjährig Erkrankten Vermeidung des Betrauerns der verlorenen Jugend (Zerbe, 2008); Abwehr von Gefühlen von Hilflosigkeit und Ineffektivität (Bruch, 1982).
Oben genannte Patientin thematisiert in der Therapiestunde nach den Fragen danach, was sie sich als Jugendliche erträumt hat und was davon auf der Strecke geblieben ist, dass sie beim letzten Wiegetermin 1,5 Liter Wasser vor dem Wiegen getrunken hat. Sie befürchtet, dass die Therapeutin die o. g. Fragen gestellt hat, weil sie sie kritisieren möchte. Gleichzeitig hat sie Angst, die Therapeutin danach zu fragen, weil sie spürt, dass sie selbst sie mit »Ja« beantworten würde. Sie bewertet sich selbst sehr negativ und fühlt sich erleichtert, wieder über ihre Symptome sprechen zu können.	Vorantreiben der Ablehnung durch die Therapeutin wegen nicht akzeptablem (Symptom-)verhalten als weniger schmerzvolle Erfahrung gegenüber der Ablehnung der Gesamtperson (Garner, et al., 1982).

Tab. 3.2: Psychodynamische Bedeutungen der Essstörungssymptome (Auswahl nach Cloak und Powers, 2010; eigene Übersetzung und Ergänzung von klinischen Beispielen) – Fortsetzung

Essstörungssymptome	Psychodynamische Bedeutung
Oben genannte Patientin möchte über die Frage, was sie in ihrem Leben alles verpasst hat, nachdenken und gerät in eine Krise. Sie kann nicht mehr denken, ihre Gefühle verschmelzen zu einem Gefühl der Leere, sie fängt an, die Kalorien des Tages auszurechnen. Die abendliche Mahlzeit erbricht sie, erstmals nach langer Zeit.	Regulation von Gefühlen und Schutz vor Fragmentation und Leere (Krueger, 1997).
Eine 18-jährige Patientin hat als Fünfjährige ihre Mutter durch Suizid verloren. Der Suizid der Mutter ist in der Familie ein Tabuthema geblieben. Beim Mittagessen wird immer noch ein Teller für die Mutter mitgedeckt und im Wohnzimmer steht ein Schränkchen voller Erinnerungen an die Mutter wie ein »Altar«. Die Patientin kann keine Gefühle benennen, wenn sie an die Mutter denkt. Sie spürt sich selbst am besten, wenn sie hungrig ist.	Ausdruck emotionalen Schmerzes, für den noch keine Worte gefunden werden können (Bloom & Kogel, 1994b).
Oben genannte Patientin erinnert sich im Verlauf der Therapie an Szenen aus ihrer Kindheit, bei denen sich die Eltern sehr gestritten haben und es auch zu handgreiflichen Auseinandersetzungen gekommen ist. Nach dieser Therapiestunde quält sie sich regelrecht mit einem Fitnessprogramm. Im Laufe der Therapie spürt sie immer mehr ihre Wut auf den Vater, den sie für schuldig am Suizid der Mutter hält.	Ausdruck von Wut oder Racheimpulsen (Stern, 1982).
Eine 39-jährige Patientin mit komorbider Borderline Persönlichkeitsstörung überzieht regelmäßig die Therapiesitzungen, indem sie am Ende der Therapiestunde berichtet, dass sie jetzt Brechdruck habe und so nicht gehen könne. Nachdem die Therapeutin dies thematisiert, verstummt die Patientin und verlässt die Sitzung vorzeitig. Sie verweigert das nächste Gespräch mit der Therapeutin. Das bis dahin stabil erscheinende Bündnis trägt nicht mehr, die Therapeutin fühlt extreme Hilflosigkeit, die sie so nicht von sich kennt und schwankt zwischen dem Wunsch, die Patientin vorzeitig zu entlassen oder ihr zusätzliche Einzeltermine zu geben.	Kommunikation von Gefühlen an die Therapeutin mittels projektiver Identifikation (Mintz, 1992).
Eine 30-jährige Patientin berichtet beim Besprechen der Essprotokolle, dass sie Butter ekelhaft fände, schmierig, klebrig, unnötig. Die Fülle der Adjektive lässt die Therapeutin an das Angehörigengespräch denken, bei dem die Patientin die »gut gemeinte« Übergriffigkeit ihrer Mutter stoisch erträgt und nicht aussprechen kann, was sie denkt.	Symbolisierter Ausdruck konflikthafter Objektbeziehungen, z.B. kann die Qualität der Beziehung zu Nahrungsmitteln Parallelen zu der Beziehung zu Bezugspersonen entsprechen (Rozen, 1993).
Oben genannte Patientin erlebte in ihrer Biografie sexuelle Übergriffe durch eine Schwimmtrainerin. An diese kann sie sich nur fragmentiert erinnern. Sie benennt als Auslöser für ihr Diätverhalten mit 15 Jahren einen Blick in den Spiegel im Badeanzug.	Ausdruck dissoziierter Traumaerinnerungen (Gutwill & Gitter, 1994).

Tab. 3.2: Psychodynamische Bedeutungen der Essstörungssymptome (Auswahl nach Cloak und Powers, 2010; eigene Übersetzung und Ergänzung von klinischen Beispielen) – Fortsetzung

Essstörungssymptome	Psychodynamische Bedeutung
Oben genannte Patientin magerte nach Beginn des Diätverhaltens schnell ab, sie trug weite Kleidung, um dies zu verbergen. Vom Schwimmtraining wurde sie wegen des Untergewichtes ausgeschlossen. Sie wich partnerschaftlichen Annäherungen aus.	Unattraktivität (oder Infantilisierung des Äußeren) als Schutz des Selbst vor Retraumatisierung (Gutwill & Gitter, 1994).
In ihrer Familie wurde die Gewichtsabnahme bemerkt und es wurde besorgt reagiert. Beide Eltern kümmerten sich um regelmäßige Mahlzeiten und wogen ihre Tochter wöchentlich. Die Patientin entzog sich tiefergehenden Gesprächen.	Herstellen von Versorgung und Verbindung unter Vermeidung zu großer Nähe (Rozen, 1993).
Oben genannte Patientin hat eine ambivalente Beziehung zu ihrer Therapeutin. Sie spürt deren Interesse und das macht ihr zugleich Angst, ohne dass sie dies benennen könnte. Die Therapeutin spürt in der konkordanten (= den Gefühlen der Patientin entsprechenden) Gegenübertragung eine große Vorsicht und die Sorge, zu schnell zu viel zu wollen. Nach der Klärung für sich in der Supervision thematisiert die Therapeutin gegenüber der Patientin, dass sie diese Vorsicht in sich wahrnimmt, und überlegt mit ihr, ob dies vielleicht auch eine Reaktion auf ein ähnliches Gefühl der Patientin sein könnte.	Kommunikation von Übertragungsgefühlen, die zu angstbesetzt sind, um sie zu kommunizieren (Hamburg, 1989).

Die Vielzahl der psychodynamischen Aspekte kann noch erweitert werden. Dass mehrere unbewusste Anteile zusammenspielen. ist wahrscheinlicher, als dass es ausschließlich eine isolierte, unbewusste Hintergrundthematik gibt. Es erfordert Offenheit für die Individualität der Patientin und eine »innere Beweglichkeit«, um nicht in monokausalen, psychodynamischen Hypothesen zum Hintergrund der Erkrankung zu verharren.

Friederich et al. (2014) beschreiben, wie mithilfe der Operationalisierten Psychodynamischen Diagnostik (OPD-3, Arbeitskreis OPD, 2024) ein beziehungsdynamisches Therapiethema unter Berücksichtigung zentraler Konfliktthemen und struktureller Schwächen formuliert werden kann. Krankheitserleben, Beziehungsgestaltung, Konfliktthematik und psychische Struktur werden dafür im Rahmen eines diagnostischen Gesprächs manualisiert exploriert. Die Autorinnen beschreiben als dominierende Konflikte von Patientinnen mit Anorexie den Versorgung-vs.-Autarkie-Konflikt und den Kontrolle-vs.-Unterwerfung-Konflikt. Das Strukturniveau der Patientinnen (ihre Fähigkeit, sich selbst und ihr Umfeld realistisch wahrzunehmen und zu regulieren) wird als zumeist mäßig integriert beschrieben, kann im Einzelfall aber auch deutlich davon abweichen, v. a. wenn komorbide Persönlichkeitsstörungen vorliegen. Das Symptomverhalten wird aktiv mit in die Therapiesitzungen integriert. Auch wenn das Manual für den ambulanten Bereich konzipiert ist, sind die psychodynamischen Interventionen ebenso in der stationären Therapie anwendbar.

Allgemeine psychodynamische Interventionsprinzipien (aus Friederich et al., 2014) sind:

- Respektvolle, empathische, akzeptierende und abstinente (d. h. nicht an eigenen Interessen und Bedürfnissen orientierte) Grundhaltung der Therapeutin
- Fördern des »freien Sprechens« der Patientin
- Einfühlen in inneres Erleben von Affekten und Ängsten und deren Verbalisierung
- Thematisieren von Gefühlen, die die Patientin für nicht akzeptabel oder unaushaltbar hält
- Fokussieren auf interpersonelle Beziehungen, insbesondere sich wiederholende ungünstige Beziehungsmuster
- Verknüpfung aktuellen und vergangenen Erlebens
- Verdeutlichen von symptomauslösenden Situationen
- Erarbeiten eines alternativen Verständnisses konflikthafter Situationen
- Beachten habitueller Abwehrmechanismen und deren angemessene Thematisierung (z. B. angesichts Vermeidung schwieriger Themen in der Therapie)
- Aufklären über medizinische Komplikationen und Konsequenzen der Erkrankung (und der Abwehr von Angst in Form von Bagatellisierung oder Verleugnung als Teil der Erkrankung – Anm. der Autorin)
- Ggf. vorsichtige Erarbeitung un- bzw. vorbewusster Wünsche, Impulse und Befürchtungen (u. a. durch Arbeit an Träumen)
- Ggf. Thematisierung von Spannungen in der therapeutischen Beziehung (Wünsche und Befürchtungen gegenüber der Therapeutin)

Wir behandeln Patentinnen mit Anorexie auf einer störungsgemischten Station mit psychodynamischer Grundorientierung. In den Einzeltherapien findet entsprechend der verschiedenen Therapiephasen (s. ▶ Kap. 3.1) ein gleitender und individuell angepasster Übergang von eher symptomorientierten zu eher psychodynamisch geprägten Interventionen statt. Die Teilnahme an der halboffenen, psychodynamischen Gruppentherapie (mehrfach wöchentlich 75–100 min.) ist möglich, wenn durch die Kachexie Konzentration und kognitive Flexibilität nicht zu stark beeinträchtigt sind. Dann empfiehlt es sich, diese für eine ausreichende Wirkdauer eher früh im Verlauf vorzusehen. Vorteile einer störungsgemischten Gruppe sehen wir darin, dass anorexietypische Sichtweisen nicht nur seitens der Therapeutinnen, sondern auch der Mitpatientinnen um andere Perspektiven erweitert werden, und ein Einüben des Umgangs mit nicht-essgestörten Gruppen, wie später im Alltag erforderlich, möglich ist. Auch findet so eine bessere Diversifizierung hinsichtlich Alter und Geschlecht statt, die sich für uns als hilfreich erwiesen hat. Zu speziellen gruppentherapeutischen Verfahren bei Anorexie s. Schauenburg et al., 2009.

3.3.3 Die therapeutische Interaktion unter psychodynamischen Gesichtspunkten

Wie bereits beschrieben, ist die therapeutische Haltung gegenüber den Patientinnen eine empathische, Verständnis generierende, die therapeutische Allianz festigende. Wir möchten noch auf einen besonderen Aspekt der Behandlung hinweisen: Die Eigenübertragung (manchmal als weitere Form der Gegenübertragung definiert) der Therapeutinnen auf die Patientinnen. Wir behandeln stationär zumeist stark kachektische junge Frauen, deren Anblick und Berührung bei der körperlichen Untersuchung und Versorgung Schrecken und Verstörung auslösen können. Je nach eigenen biografischen Konstellationen können Versorgungsimpulse, Abgrenzungswünsche, Konfrontation mit familiären Erfahrungen von Siechtum und Tod bis hin zu transgenerationalen Angst-, Wut-, sowie Scham- und Schuldthemen, die mit Krieg und Holocaust verknüpft sind, aktiviert werden. Hinzu kommen eigene Erfahrungen mit Körperunzufriedenheit und Diätversuchen. Eigene familien- oder berufsbiografisch angelegte hohe Ansprüche können zu blinden Flecken führen, dazu, Leistungsorientierung und Perfektionismus bei Patientinnen nicht zu erkennen oder zur Überfokussierung im Sinne einer Projektion. Die Rigidität der anorektischen Symptomatik wird je nach entsprechender eigener Disposition mit noch mehr Rigidität in Form von Überregulierung beantwortet, was in Resignation und Sarkasmus gegenüber den Betroffenen enden kann. Hier kommt der Supervision für das therapeutische Team mit einem psychodynamischen Fokus eine besondere Bedeutung zu. In ihr wird ein Raum eröffnet, in dem die Gegen- und Eigenübertragungen der Behandlerinnen nicht Ausdruck einer Komplikation sind, sondern ein menschliches Phänomen, das gehört und verstanden werden möchte.

Der schon von Sigmund Freud beschriebene »furor sanandi«, gerade zu Beginn der beruflichen Professionalisierung, fordert schnelle Erfolge und erschwert den Behandlerinnen den Umgang mit dem (zeitweisen oder vollständigen) Scheitern einer Therapie. Das »Nein« zum Essen steht oft neben einem »Nein« zum Leben und damit auch dem Zurückweisen therapeutischer Interventionen. Gerade in Gruppen kann sich dieser Effekt potenzieren und zu Ohnmachtserleben der Therapeutinnen führen, die darauf ihrerseits mit Resignation oder pädagogischer Strenge reagieren und damit dysfunktionale Beziehungsgestaltungen und Konfliktdynamiken verstärken können. Im Rahmen eines Übertragungsgeschehens als verfolgendes oder versagendes Objekt erlebt zu werden, ist schwer auszuhalten und trägt ohne Reflexion zur Belastung der Beziehung bei.

Ein weiterer – oft unbewusster – Aspekt der Interaktion kann Folge der selektierten Patientinnengruppe sein, mit der stationär tätige Therapeutinnen zu tun haben. Effekte der Therapie sind aufgrund der Erkrankungsschwere und -dauer manchmal nicht oder erst nach Entlassung verlässlich erkennbar, sodass sich immer stärker ein Gefühl der Vergeblichkeit einstellen kann, das auf die folgenden Therapieprozesse übertragen wird. Auch wenn die empirischen Befunde kein eindeutiges Ergebnis liefern, bestätigt sich klinisch immer wieder, dass die glaubhafte Vermittlung von Hoffnung einen positiven Effekt auf den Heilungsprozess nehmen kann (Schrank et al., 2008). Hier würde die resignative therapeutische Grundhaltung zu einer Art sich selbst erfüllender Prophezeiung werden. Die Aufgabe der therapeutischen und pflegerischen Leitung liegt darin, solche Entwicklungen zu erkennen und benennbar zu machen. Manchmal bedarf es auch theoretischen Inputs zu einer Prognose der Patientinnen und supervisorischer Fallarbeit.

Diese Prozesse zu erkennen und verstehbar zu machen, ist ein wichtiger Bestandteil psychodynamischen Arbeitens.

3.3.4 Grenzen der Methode

Gerade in stationären Einrichtungen werden oft sehr langjährig Erkrankte und stark kachektische Patientinnen behandelt. Der andauernde soziale Rückzug, die nicht erfolgten altersentsprechenden Entwicklungsschritte und das fehlende Verständnis Außenstehender für die Nahrungsverweigerung schaffen neue Beziehungsdynamiken. Die veränderte Prozessierung der Affekte (Halls et al., 2021) erschwert die Interaktion zusätzlich und führt zu Phänomenen im therapeutischen Miteinander, die nicht unmittelbar mit unbewussten Wünschen oder Ängsten erklärt werden können. So haben Patientinnen mit Anorexie Schwierigkeiten, komplexe emotionale Zustände zu erkennen und einzuordnen (Saure et al., 2022). Deshalb ist es immer wichtig, neben psychodynamischen Konzepten die Gesamtheit der früheren und aktuellen Lebenssituation, aber auch pathophysiologische Prozesse mit in das Krankheitsmodell einzubeziehen, welches für diese Patientin erstellt wird.

Nicht alle Patientinnen, für die eine psychodynamische Hypothese dem Team einleuchtend und klar erscheint, sind zudem für einen tiefenpsychologischen oder psychoanalytischen Ansatz offen. Das kann als Widerstandsphänomen verstanden werden, ist aber zu akzeptieren, um – auch anschließend im ambulanten Bereich – Therapieabbrüche und Rückfallgefährdung zu minimieren.

> **Merke**
>
> Der psychodynamische Ansatz im stationären Setting erweitert den Blick auf die Symptomatik, indem er versucht, einen individuellen Bedeutungsgehalt zu entschlüsseln – und dadurch bearbeitbar zu machen – und dafür auch Dynamiken zwischen Patientin und Team hinzuzieht.

3.4 Verhaltenstherapie der Anorexia nervosa

Ingo Wegener

3.4.1 Kognitiv-behaviorale Erklärungsansätze

In verhaltenstherapeutischen Erklärungsmodellen werden oftmals prädisponierende, auslösende und aufrechterhaltende Faktoren differenziert. Welche Faktoren im Einzelfall wirksam sind und in welchem Ausmaß, ist von Individuum zu Individuum unterschiedlich. Im Folgenden werden einige wichtige, aber bei weitem nicht alle Faktoren aufgezählt, die eine Rolle spielen können. Dabei muss berücksichtigt werden, dass für viele der diskutierten Faktoren lediglich korrelative Zusammenhänge mit der Diagnose Anorexia nervosa belegt sind. Ob auch direkte kausale Einflüsse wirksam sind, ist oftmals nicht eindeutig nachgewiesen. Ein gutes Hintergrundwissen zur Entstehung und Aufrechterhaltung von Essstörungen ist allerdings eine Voraussetzung für die therapeutische Arbeit, da sowohl die Psychoedukation als auch weitere Behandlungsmodule unmittelbar auf diesem Wissen basieren.

Prädisponierende Faktoren

Als potenziell prädisponierend werden neben den in ▶ Kap. 1 diskutierten Risikofaktoren (weibliches Geschlecht, ausgeprägtes Trainingsverhalten, Frühgeburtlichkeit, Geburtstraumata, übermäßig besorgte Erziehung, Schlafstörungen im Kindesalter, Fütterstörungen, gastrointestinale Probleme im Kindesalter, zwanghafte Persönlichkeitsstörung, negative Selbstbewertung sowie Perfektionismus, Jacobi et al., 2004) u. a. folgende Faktoren diskutiert:

- Gesellschaftlich:
  - *Schlankes Schönheitsideal* in der Gesellschaft (Culbert et al., 2015) und in den Medien (Hausenblas et al., 2013).
  - *Hänseleien* bzgl. der Figur durch Gleichaltrige scheinen anfällig für Essstörungen zu machen (Menzel et al., 2010).
  - *Ausüben von Sportarten*, in denen Schlankheit von Vorteil sein kann wie z. B. Langstreckenlauf oder Ballett (Tseng et al., 2007).
- Familiär:
  - *Vermehrte elterliche Kritik* (Holtom-Viesel & Allan, 2014).
  - *Entkopplung von Hungergefühlen und Essenszeiten* (de Zwaan, 2003).
  - *Erschwerte Autonomieentwicklung* (Gander et al., 2015).
- Personenbezogen:
  - *Genetik*, z. B. Auffälligkeiten bzgl. des Serotonin- sowie Dopamin-Rezeptor-Gens (s. Übersicht bei Yilmaz et al., 2015).
  - *Geschlecht und Geschlechtsrolle* (▶ Kap. 6: Anorexie und Geschlecht).

- *Neurobiologie,* z. B. Regulation von Hunger und Sättigung durch Hormone (bspw. Corticotropin-Releasing-Hormon) vermittelt durch den Hypothalamus.
- *Persönlichkeitsfaktoren,* z. B. negatives Selbstkonzept (Jacobi et al., 2004) und hohe Zwanghaftigkeit (Anderluh et al., 2003).
- *Kognitive Grundannahmen,* z. B. »Ich muss allen Erwartungen entsprechen«, »Ich muss von allen geliebt werden und dafür muss ich perfekt sein«. Frühe adaptive, kognitive Schemata bleiben auch erhalten, wenn sie nicht mehr adaptiv sind können aber im Sinne von Fehlinterpretationen, Aufmerksamkeitsfokussierung oder Gedächtnisverzerrungen die Informationsverarbeitung beeinflussen und dadurch maladaptiv wirken (Young, 1994).
- *Erfahrungen sexualisierter Gewalt* werden von Betroffenen überproportional häufig berichtet. Zwar erhöht das Erfahren sexualisierter Gewalt auch die Wahrscheinlichkeit, eine andere psychische Störung zu entwickeln und gilt damit als unspezifischer Faktor. Sofern sexualisierte Gewalt in der Vorgeschichte vorgekommen ist, beeinflusst diese Erfahrung aber i. d. R. das eigene Körperempfinden maßgeblich und muss dementsprechend in der Therapie der Anorexia nervosa mitberücksichtigt werden.

Die genannten Prädispositionen sind in der Mehrzahl nicht kognitiv-behavioral im engeren Sinne, stellen aber oft wichtige Faktoren für Wirkmechanismen in einem kognitiv-behavioralen Modell dar. Beispielsweise kann ein durch Hänseleien mitbedingter, besonders niedriger Selbstwert, bei einer Neigung zum Perfektionismus vor dem Hintergrund eines ausgeprägten Schlankheitsideals besonders anfällig für gezügeltes Essverhalten machen, da erfolgreiche Gewichtsreduktion unter diesen Voraussetzungen in besonderem Maße verstärkend auf das Essverhalten wirken kann. Umgekehrt würde eine Person mit positivem Selbstwert, für die die Figur nur eine untergeordnete Rolle spielt, eine Gewichtsreduktion weniger positiv erleben.

Auslösende Faktoren

Neben prädisponierenden Faktoren lassen sich oft Auslöser für den Beginn einer anorektischen Symptomatik feststellen. Dies können kritische Lebensereignisse oder andere Stressoren sein, die z. B. erhöhten Leistungsdruck bewirken oder Gefühle von Kontrollverlust oder Selbstabwertungen zur Folge haben. In solchen Lebenssituationen können beabsichtigte wie unbeabsichtigte diätische Verhaltensweisen, die potenziell eine subjektive Verbesserung von Figur und Gewicht zur Folge haben, zu einer emotionalen Entlastung führen. Selbstwert und Selbstwirksamkeit steigen und damit das Gefühl, wieder mehr Kontrolle über einen Lebensbereich zu haben, wodurch das Diätverhalten verstärkt wird, sodass erste aufrechterhaltende Rückkoppelungen wirksam werden (operante Konditionierung). Dementsprechend berichtet die Mehrzahl der Betroffenen über eine Phase mit Diätverhalten im Vorfeld der anorektischen Symptomatik. Es gibt jedoch auch Fälle, in welchen kein expliziter psychosozialer Auslöser eruierbar ist und eine unwillkürliche Gewichtsabnahme der Anorexie vorausgeht (z. B. ein Magen-Darm-Infekt).

Aufrechterhaltende Faktoren

Legenbauer und Vocks (2014) unterscheiden drei Bereiche aufrechterhaltender Faktoren:

- *Informationsverarbeitung:* Dysfunktionale kognitive Schemata, wie sie beispielsweise bei Depressionen untersucht wurden, spielen auch für die Aufrechterhaltung der Anorexie eine wichtige Rolle. So konnten Legenbauer et al. (2011) bereichsspezifische Zusammenhänge zwischen dysfunktionalen Kognitionen und problematischen Verhaltensweisen belegen. Beispielsweise hing ein Rückgang von diätbezogenen Gedanken mit einer Reduktion von restriktivem Essverhalten zusammen.
- *Emotionsregulation:* Stress kann die Wahrscheinlichkeit für das Auftreten von Essattacken (Crowther et al., 2001), aber auch von restriktivem Essverhalten (vgl. Abschnitt Auslösende Faktoren) erhöhen, da beide Verhaltensweisen emotionsregulierend wirken können. Unabhängig davon kann eine intensive Beschäftigung mit Essen und Gewicht von anderen Belastungen ablenken und einen vermeidenden Coping-Stil unterstützen (Koo-Loeb et al., 2000). Diese vorübergehende Entlastung wirkt negativ verstärkend, macht also zukünftige Beschäftigung mit Essen und Gewicht wahrscheinlicher. Langfristig wird eine aktive Problemlösung aber unwahrscheinlicher.
- *Restrained Eating* (zurückhaltendes, restriktives Essverhalten): Patientinnen mit Anorexia nervosa können verunsichernden Gedanken, evtl. zu viel gegessen zu haben, entgegenwirken, indem sie die Nahrungsmenge begrenzen. Die Betroffene fühlt sich mit der zu geringen Nahrungsaufnahme »auf der sicheren Seite«, es wird lieber zu wenig als zu viel gegessen. Das restriktive Essverhalten wird u. a. durch die Reduktion der Unsicherheit negativ verstärkt, sodass die Wahrscheinlichkeit zukünftiger Nahrungsrestriktion steigt. Für viele Betroffene spielen zudem Motive der Kontrolle, des Verzichts oder des Überlegenheitserlebens eine Rolle. Werden diese Motive durch Diätverhalten erfüllt, entstehen zusätzliche Verstärkungsbedingungen, sodass auch diese Rückkoppelungen das restriktive Essverhalten verstärken können.

Restrained Eating spielt zudem für die Auslösung von Heißhungerattacken eine wichtige Rolle, da die kalorische Deprivation das Auftreten von Heißhungerattacken wahrscheinlicher macht (Herman & Polivy, 1980; s. auch die nicht unumstrittene Set-Point-Theorie, nach der der Körper stets das individuell relativ stabile Set-Point-Gewicht anstrebt). Restrained Eating wird nicht nur als Auslöser für objektive Heißhungerattacken betrachtet, bei denen die aufgenommene Nahrungsmenge objektiv über die angemessene Menge hinausgeht. Vielmehr wird Restrained Eating auch als Folge von subjektiven Heißhungerattacken diskutiert, bei denen die aufgenommene Nahrung nach objektiven Maßstäben als angemessen zu bewerten ist, subjektiv aufgrund des erlebten Kontrollverlusts aber oft als Essanfall erlebt wird. In der Regel sind Ängste vor Gewichtszunahme sowie Scham- und Schuldaffekte die Folge von objektiven wie auch subjektiven Essattacken, was wiederum zu gegenregulatorischem Verhalten führen kann, also z. B. restriktivem Essverhalten oder selbstinduziertem Erbrechen. Die resultierende kalorische Deprivation wiederum erhöht die Wahrscheinlichkeit für das Auftreten weiterer Heißhungerattacken, sodass ein Teufelskreis entsteht.

Die Trennung zwischen prädisponierenden und aufrechterhaltenden Faktoren ist oft nicht eindeutig (vgl. Jacobi et al., 2016). Manche aufrechterhaltenden Faktoren können auch schon prämorbide aufgetreten sein und im Sinne einer Prädisposition wirken, und umgekehrt wirken die hier als prädisponierend eingeordneten Faktoren, wie beispielsweise das Schlankheitsideal, oft auch aufrechterhaltend.

> **Merke**
>
> Vor dem Hintergrund von verschiedenen prädisponierenden Faktoren auf gesellschaftlicher, familiärer und individueller Ebene können auslösende Bedingungen wie kritische Lebensereignisse aber auch alltägliche Belastungen oder Selbstabwertungen zu ersten Symptomen wie diätischem Essverhalten oder dysfunktionalen Kognitionen führen. Wirken in der Folge weiterhin verstärkende Bedingungen auf diese Symptome, da z.B. eine Gewichtsreduktion selbstwertstabilisierend wirkt, kann es zur Chronifizierung kommen.

3.4.2 Kognitiv-behaviorale Therapiemodule

Vor dem Beginn der Therapie sollte eine ausführliche Diagnostik (▶ Kap. 1: Diagnostik), Anamneseerhebung und Indikationsstellung (z.B. angepasstes Setting bei starkem Untergewicht oder somatischen Komplikationen) erfolgt sein. Eine detaillierte Anleitung für die Verhaltenstherapie bei Anorexia nervosa inklusive deutschsprachiger Materialien ist in den Therapiemanualen von Jacobi, Thiel und Beintner (2016) sowie Legenbauer und Vocks (2014) zu finden. Letzteres ist etwas umfassender, u.a. weil es auch störungsunspezifische Therapiemodule, z.B. zu Emotionsregulation, sozialen Fertigkeiten sowie Arbeit an Selbstwert und Ressourcen beinhaltet. Im Folgenden werden die einzelnen Therapiemodule kurz vorgestellt. Zu allen vorgestellten Therapiemodulen finden sich bei Jacobi et al. (2016) und Legenbauer und Vocks (2014) aber auch in den Therapie-Tools Essstörungen (Wunderer, 2019) und dem Manual zur Körperbildtherapie von Vocks, Bauer und Legenbauer (2018) eine Vielzahl an Arbeitsblättern, Informationsmaterialien und Übungen. In unserer Kurzdarstellung der verhaltenstherapeutischen Behandlungsmodule folgen wir im Aufbau in vielen Bereichen der Struktur von Legenbauer und Vocks (2014), haben aber viele eigene Erfahrungen eingebracht sowie Inhalte weiterer, entsprechend zitierter Veröffentlichungen ergänzt sowie aus Platzgründen viel weglassen müssen.

Therapiemodule, die auf eine Änderung des Essverhaltens abzielen, sollten entsprechend der Leitlinie zu Essstörungen (Herpertz et al., 2019) für eine erste Therapiephase eingeplant werden, während Faktoren, die mit der Entstehung der Essstörung im Zusammenhang stehen, erst in einer zweiten Phase angegangen werden sollten.

Therapiemotivation

Die Änderungsmotivation von Patientinnen mit Anorexia nervosa ist in der Regel ambivalent. Oft werden Symptome wie die dauernde gedankliche Beschäftigung mit Essen beklagt, während eine Gewichtszunahme abgelehnt wird. Ein Zuwarten, bis die Änderungsmotivation sich verbessert, weil den Betroffenen die Auswegslosigkeit deutlich wird oder körperliche Folgen den Leidensdruck erhöhen, ist keine vertretbare Option, denn mit zunehmender Chronifizierung kommt es oft zu möglicherweise irreversiblen körperlichen Folgen sowie zu ggf. weiterer Gewichtsabnahme. Vielmehr muss die Verbesserung der Therapiemotivation v. a. bei Erstbehandlung Teil der Therapie sein. Eine gute Therapiemotivation ist nicht nur wichtig, um Fortschritte in der Therapie zu erzielen, sondern beugt auch Therapieabbrüchen vor (vgl. auch ▶ Kap. 3.9: Management ambivalenter Therapiemotivation).

Zur Arbeit an der Änderungsmotivation hat sich in der Verhaltenstherapie das *Stufenmodell der Veränderung* von Prochaska und Di Climente (1984, 2005) etabliert, das u. a. auch im Therapiemanual von Legenbauer und Vocks (2014) Anwendung findet. In dem Modell werden die Phasen »Precontemplation«, »Contemplation«, »Preparation«, »Action« und »Maintenance« unterschieden. Therapeutischerseits sollte abgeglichen werden, ob die geplanten Interventionen zur Verbesserung der Therapiemotivation zu der Phase passen, in der sich die Patientin jeweils befindet. Zur Verbesserung der Änderungsmotivation eignen sich beispielsweise folgende Ansatzpunkte und Techniken (vgl. Legenbauer & Vocks, 2014):

- Eine *Psychoedukation* dient nicht nur der Schaffung einer theoretischen Grundlage, sie stellt auch eine wichtige Basis für die Therapiemotivation dar, da sie das Verständnis für die Zusammenhänge des eigenen Erlebens und Verhaltens fördert und zudem die negativen Folgen der Essstörung deutlich werden lässt. Dementsprechend sollen neben Informationen zu den Mechanismen des *Restrained Eating* auch die vielen negativen somatischen, psychischen und sozialen Konsequenzen von restriktivem Essverhalten und einseitiger Ernährung thematisiert werden. Für die Betroffenen stellt die Erarbeitung der negativen Folgen ihres Handelns i. d. R. eine Konfrontation dar, insbesondere, wenn es Bagatellisierungstendenzen gibt. Daher ist es wichtig, dass die negativen Folgen zwar unverblümt erläutert werden, um die Änderungsmotivation zu erhöhen, dies aber mit einer fürsorglichen und verständnisvollen Grundhaltung geschieht, damit die Patientin sich nicht abgewertet fühlt und das therapeutische Bündnis nicht gefährdet wird.
- Erstellen einer Liste mit Pros und Contras des dysfunktionalen Essverhaltens, z. B. in Tabellenform (s. Materialsammlung und Arbeitsblätter).
- Schreiben von »Briefen an die Anorexie«: die Anorexie als Freundin und als Feindin, z. B. zur Bearbeitung von Funktionalitäten und negativen Langzeitkonsequenzen (vgl. Legenbauer & Vocks, 2014)
- Perspektivwechsel: »Was würden Sie Ihrer Freundin raten, wenn sie unter Magersucht leiden würde?«
- Aktivierung von Erinnerungen an die Zeit vor der Anorexie.

- Zukunftsprojektion: »Wie sähe Ihr Leben aus, wenn Sie noch weitere fünf Jahre so weitermachen würden?«

Zudem sollte die Funktion der Essstörung nicht übersehen werden: Wenn bei hinreichend guter Motivation symptomatisches Verhalten aufgegeben wird, sollten der Patientin alternative Strategien an die Hand gegeben werden, die diese Funktion erfüllen.

> **Merke**
>
> Aufgrund der oft hohen Therapieambivalenz bei Anorexia nervosa ist eine hinreichende Therapiemotivation nicht die Voraussetzung für eine Psychotherapie, sondern stellt ein wichtiges erstes Ziel der Therapie dar.

Erarbeitung eines Störungsmodells mit Ableitung von Therapiezielen

Ein Störungsmodell bildet die Basis für die Ableitung von Therapiezielen und Interventionen. Die Plausibilität des Modells für die Patientin ist zudem ein wichtiger Faktor für die Entwicklung einer guten Therapiemotivation und eines hohes Commitments.

Im Rahmen der Erarbeitung des Störungsmodells werden *prädisponierende, auslösende und aufrechterhaltende Faktoren identifiziert.* Hierbei sind Kenntnisse der Therapeutin bezüglich dieser Faktoren wichtig, um Hypothesen zu generieren und die Patientin auf potenziell relevante Zusammenhänge aufmerksam zu machen. Beispielsweise kann gezielt nach dem Umgang mit Misserfolgen, Konflikten und der Figur sowie den Einflüssen von Ausbildung, Beruf, Sport und Freunden gefragt werden, sofern die Patientin sich dazu nicht spontan geäußert hat. Die Identifikation von Auslösern kann erleichtert werden, wenn zusammen mit der Patientin eine *Gewichtskurve* über den Verlauf des Lebens (siehe Materialsammlung und Arbeitsblätter) erstellt wird, in die auch wichtige Lebensereignisse, die jeweiligen Lebensumstände und Diätversuche eingetragen werden. In gleicher Weise können die in ▶ Kap. 3.4.2 dargestellten *Essprotokolle* (siehe Materialsammlung und Arbeitsblätter) herangezogen werden, um sowohl innere als auch äußere Auslöser, aber auch aufrechterhaltende Faktoren zu identifizieren. Weil das individuelle Störungsmodell die Basis für das weitere Vorgehen darstellt, ist dieses Modul i.d.R. in der Anfangsphase der Therapie vorgesehen. Gelegentlich kommt es in dieser Phase allerdings dazu, dass Patientinnen noch nicht bereit sind, auch negative Aspekte enger Bezugspersonen zu offenbaren. Beispielsweise mag es schwerfallen, den Leistungsdruck zu artikulieren, den die Eltern mit ihren hohen Erwartungen begünstigten, da diese u.U. in bester Absicht handelnd erlebt werden. Es empfiehlt sich, therapeutischerseits nicht druckvoll zu agieren, sondern derartige Zusammenhänge zu einem späteren Zeitpunkt erneut und ohne Druck zu thematisieren. Die Arbeit mit *familiären Einflüssen*, die eine zentrale Rolle spielen können, kann z.B. anhand mitgebrachter Fotoalben aus der Kindheit erfolgen. Zur Erkundung weiterer Erfahrungen kann z. B. eine *Lebenslinie* erstellt werden (z. B. Rabaioli-Fischer, 2015). Für den weiteren Therapieverlauf ist es zielführend, wenn aus den Einflüssen von Bezugspersonen und anderen Erfahrungen *kognitive Grundannahmen*, die hilfreich oder dysfunktional sein können, abgeleitet werden können. Die individuellen Einflussfaktoren wie auch die abgeleiteten Grundannahmen werden in einem *integrativen Erklärungsmodell* zusammengeführt, beispielsweise in einem Modell, das prädisponierende, auslösende und aufrechterhaltende Bedingungen unterscheidet, wie wir es der Materialsammlung dargestellt haben.

Bei der Ableitung der *Therapieziele* auf der Basis des Störungsmodells sollte darauf geachtet werden, dass keine überhöhten Ansprüche gesetzt werden, sondern die Ziele gemeinsam realistisch und konkret schriftlich formuliert werden. Laut den Behandlungsleitlinien (Herpertz et al., 2019) sind ein für Alter und Größe angemessenes Gewicht, die Normalisierung des Essverhaltens, die Behandlung körperlicher Folgen, die soziale Integration sowie Schwierigkeiten auf kognitiver, emotionaler und interaktioneller Ebene wichtige Behandlungsziele. Aufgrund der ambivalenten Therapiemotivation kann es vorkommen, dass Betroffene Ziele formulieren, wie: »Ich will nicht mehr dauernd an Essen und meine Figur denken, aber zunehmen möchte ich auf keinen Fall!«. Dann sollten die in diesen Zielen immanenten Widersprüche sowie negativen Folgen des Untergewichtes so ausführlich besprochen werden, dass eine angemessenere Gewichtszunahme als Ziel formuliert werden kann. Um weder die therapeutische Beziehung zu gefährden noch das zentrale Ziel der Gewichtszunahme zu vernachlässigen, ist hier eine entsprechende therapeutische Haltung erforderlich, die einfühlsam, verständnisvoll und unterstützend ist und sich gleichzeitig durch Fachkompetenz, Transparenz und Beharrlichkeit auszeichnet.

Normalisierung des Essverhaltens

Ein regelmäßiges, ausgewogenes Essverhalten stellt einen zentralen Schritt auf dem Weg Richtung Genesung dar (s. ▶ Kap. 3.1: Gewichtskonsolidierung). Zugleich ist dieser Schritt für die Betroffenen oft besonders schwer, weshalb von manchen Betroffenen die Arbeit an Kognitionen oder biografischen Faktoren bevorzugt wird. Trotzdem sollte daran festgehalten werden, das Essverhalten bereits zu Beginn der Therapie zu fokussieren (Herpertz et al., 2019), wobei dieses Vorgehen gegenüber der Patientin begründet werden sollte. Als hilfreich für die Veränderung des Essverhaltens haben sich neben allgemeineren Interventionen zur Verbesserung der Änderungsmotivation (s. o.) folgende Therapiebausteine erwiesen:

1. Essprotokolle

Auf der Basis von *Essprotokollen* (siehe Materialsammlung und Arbeitsblätter) werden Menge, Zeitpunkte und Zusammensetzung der Mahlzeiten gemeinsam mit der Patientin analysiert. In diesem Rahmen treten regelmäßig zwanghafte und vermeidende Verhaltensweisen zu Tage:

- zwanghaft z. B. bzgl. Essenszeiten, Kalorienzählen, ritualisiertem Essverhalten
- vermeidend z. B. bzgl. hochkalorischer Speisen (»verbotene Nahrungsmittel«) oder Essensmengen.

Ängste und die dahinterstehenden dysfunktionalen Kognitionen werden deutlich und können hinterfragt werden (Abschnitt Veränderung kognitiver Prozesse und Strukturen). Hierzu ist es vorteilhaft, in den Essprotokollen auch Kognitionen und Affekte *vor* sowie *nach* den Mahlzeiten zu erheben. Zudem sollten Flüssigkeitsaufnahme, Essattacken, die Sättigung vor Essattacken, deren Auslöser und alle Arten von gegenregulatorischem Verhalten erfragt werden. Da das detaillierte Aufschreiben von Nahrungsmengen, Gedanken und Gefühlen für die Betroffenen oft aversiv ist und zudem gelegentlich Leistungsängste bzgl. der korrekten Protokollführung hinzukommen, kommt es immer wieder dazu, dass Essprotokolle sehr spärlich ausgefüllt werden. Dann sollte die Patientin dazu angehalten werden, ausführlicher zu protokollieren, und erläutert werden, dass die Protokolle ein wichtiger Bestandteil der Therapie sind und verschiedene Funktionen erfüllen (z. B. Dokumentation von Essensmengen und -zeiten sowie automatischen Gedanken; Verdeutlichung von Auslösern und Zusammenhängen). Essprotokolle müssen durch hierfür speziell geschulte Kräfte (Pflegekräfte, Ärztinnen, Psychologinnen, Ernährungstherapeutinnen) regelmäßig (ein- bis zweimal/Woche) mit der Patientin besprochen werden, um wirksam sein zu können.

2. Ernährungsberatung

Informationen über eine gesunde Nahrungsaufnahme (Essenszeiten, Zwischenmahlzeiten, Mengen und Zusammensetzung der Nahrungsmittel, z. B. entsprechend den Vorschlägen der Deutschen Gesellschaft für Ernährung, DGE) werden besprochen. Patientinnen mit Anorexia nervosa haben oft die Ernährungsempfehlungen für die tendenziell übergewichtige Bevölkerung verinnerlicht (wenig Fett, wenig Kohlenhydrate etc.), die für untergewichtige Personen jedoch nicht angemessen sind (siehe hierzu bspw. Baumer & Wunderer, 2009). Unbedingt erforderlich ist bei einer Ernährungsberatung eine gute Kenntnis des Krankheitsbilds, um »orthorektische« Tendenzen, d. h. eine zwanghafte Überbetonung einer vermeintlich »gesunden«, oft einseitig niedrigkalorischen Ernährungsweise nicht zu fördern. Ziel ist vielmehr, eine vielseitige und situationsangepasste Ernährung als normal und gesund zu verstehen, hierzu gehört z. B. auch die gelegentliche Pizza im Freundeskreis. Patientinnen mit Anorexie bevorzugen nicht selten eine vegetarische oder vegane Ernährung, wobei manchmal schwer abzugrenzen ist, inwieweit neben gut begründeten ökologisch-ethischen und gesundheitlichen Aspekten, auch anorektische Gedanken eine Rolle spielen. Dies ist, soweit es keine medizinischen Defizite gibt, kein Hinderungsgrund für eine ausgewogene Ernährung, die auch ausreichend Fette und Kohlenhydrate beinhaltet. Es gibt inzwischen auch vegane hochkalorische Trinknahrung.

3. Planung der Mahlzeiten

Essensregeln, die über die Zeiten und Mengen der Mahlzeiten hinausgehen, können helfen, das Essverhalten zu normalisieren. Jacobi et al. (2016) formulieren Regeln zur Essensdauer, Esssituation, Ablenkungen (z. B. durch Medienkonsum), Planung der Zeit nach dem Essen etc. Oft benötigen die Patientinnen auch Unterstützung bei der Planung und Durchführung von Einkäufen. Stark vermeidende Verhaltensweisen, z. B. nur Salat bestellen, oder Süßstoff verwenden, sollten möglichst von vornherein unterbunden werden.

Für jede Patientin werden *Essenspläne* mit drei Haupt- und zwei bis drei Zwischenmahlzeiten in ausgewogener Zusammensetzung erstellt. Hierzu benötigen die Betroffenen anfangs oft Vorgaben durch ein Mitglied des therapeutischen Teams, im Therapieverlauf sollte die Verantwortung für die Essenspläne nach und nach von der Patientin übernommen und die Pläne schließlich auch flexibilisiert werden. Zu Beginn wird vor allem die zeitliche Struktur etabliert, in einem zweiten Schritt dann an einer ausgewogenen Kost gearbeitet (vgl. ▶ Kap. 3.1: Gewichtskonsolidierung).

Zudem ist es hilfreich, eine Liste von, im Rahmen der Anorexie, »verbotenen« Lebensmitteln zu erstellen (siehe Materialsammlung und Arbeitsblätter), um auf dieser Basis das Vermeiden von meist hochkalorischer Nahrung schrittweise zu reduzieren, ohne dass es zu einer Überforderung kommt. Einerseits ist darauf zu achten, dass die Nahrungsmengen ausreichend sind, andererseits sollte ein zwanghaftes Kalorienzählen vermieden oder zumindest schrittweise reduziert werden. Es empfiehlt sich deshalb, nicht überdetailliert mit Kalorien zu planen, sondern eher mit »erfahrenem Blick« die Angemessenheit des geplanten Essens mit der Patientin zu besprechen.

Bei ausgeprägten Ängsten kann es bei der Planung günstiger sein, erst eine einzelne Mahlzeit, z. B. das Frühstück, zu fokussieren, da ein ganzer neu strukturierter Tag überfordernd sein kann. Nach erfolgreicher Umsetzung sollten sich die Betroffenen selbst belohnen.

4. Gewichtszunahmevereinbarungen

Gewichtszunahmevereinbarungen stellen eine zentrale Intervention in der Behandlung der Anorexia nervosa dar und sind im vorliegenden Buch in ▶ Kap. 3.1 ausführlich dargestellt. Aus verhaltenstherapeutischer Perspektive ist es besonders wichtig, dass die vereinbarten Konsequenzen im Falle einer Gewichtszu- oder abnahme klar formuliert werden und nicht als Bestrafungssystem, sondern als Folge von Eigenverantwortung (die Patientin hat es selbst in der Hand) und Fremdfürsorge (wir wissen, wie schwer es ist, und wollen damit einen Anreiz setzen, aus der Essstörung herauszukommen) kommuniziert werden. Je nach Ausgangsgewicht startet die Patientin mit Einschränkungen der Aktivität (Zimmerruhe, Bettruhe, Stationsruhe, stundenweiser Ausgang) und der Besuchsregeln, einer festgelegten Menge hochkalorischer Trinknahrung (z. B. Fresubin®) und der Teilnahme an bestimmten Therapieelementen, welche nach fest kommuniziertem Schema, gestuft in Abhängigkeit vom gewonnenen/verlorenen Gewicht, verändert werden (s. auch Gewichtszunahmevereinbarung in Materialsammlung und Arbeitsblätter). Die Belohnungen durch Zugewinn von Freiheiten und Therapieelementen wirken so als operante Verstärker für die Gewichtszunahme.

Mit zunehmendem Gewicht erfährt die Patientin schrittweise Erleichterungen; auch individuelle Verstärker für Gewichtszunahme können dabei berücksichtigt werden. Beispielsweise kann vereinbart werden, dass die Patientin sich für jedes Kilo Gewichtszunahme belohnt, indem sie sich ein neues Buch kauft und jeweils für 300 g Gewichtszunahme eine Folge ihrer Lieblingsserie schauen darf. Die Gewichtszunahmevereinbarung wird im Sinne einer freiwilligen Selbstverpflichtung schriftlich fixiert und von Patientin und Therapeutin unterschrieben. Bei Erreichen des Zielgewichtes wird i. d. R. eine Gewichts*halte*vereinbarung abgesprochen und verschriftlicht, um die weitere Stabilisierung zu unterstützen.

Das Wiedererlernen einer differenzierten *Wahrnehmung von Hunger und Sättigung* setzt ein regelmäßiges Essverhalten ohne ausgeprägte Mangelzustände voraus und ist nicht in den ersten Therapiewochen zu erwarten. Es kann therapeutisch unterstützt werden, indem Körpersignale für verschiedene Intensitäten von Hunger und von Sättigung, z. B. mit Hilfe von Protokollen und entsprechender Psychoedukation erarbeitet werden.

5. Gemeinsames Einkaufen, Kochen und Essen

Gemeinsames Einkaufen, Kochen und Essen wird in vielen Kliniken praktiziert und dient dazu, einen selbstfürsorglicheren und entspannteren Umgang mit Nahrungsmitteln zu üben und Sicherheit bei der Auswahl angemessener Mengen zu gewinnen. Therapeutischerseits bieten sich in diesem Rahmen Möglichkeiten zu beiläufigen kognitiven Interventionen, und zudem können Informationen zum Umgang der Patientinnen mit Nahrungsmitteln gewonnen werden. Ein gemeinsames, therapeutisch begleitetes, Einkaufen und Kochen in einer Gruppe von Patientinnen mit Essstörungen kann z. B. ein- oder mehrmals pro Woche angeboten werden. Im Sinne von Modelllernen ist es für Betroffene hilfreich, mit anderen gemeinsam zu essen, auch wenn das für einige Patientinnen schwierige Aspekte beinhaltet, weil sie sich z. B. zu Beginn beobachtet fühlen. Dies gilt auch für die Teilnahme an gemeinsamen Mahlzeiten in störungsgemischten Settings.

6. Reduktion von Essanfällen

Eine *Reduktion von Essanfällen oder kompensatorischem Verhalten* (z. B. exzessiver Sport, s. ▶ Kap. 1: Diagnostik), sofern vorhanden, setzt voraus, dass auslösende Bedingungen für dieses Verhalten erarbeitet wurden. Legenbauer und Vocks (2014) fokussieren hierbei folgende Auslöser:

- *Mangelzustände (v. a. Unterzuckerung) durch restriktives Essverhalten* sind einer der Hauptauslöser von Essanfällen. Dementsprechend ist es wichtig, regelmäßig und ausreichend zu essen, wozu z. B. die oben beschriebenen, strukturierten Essenspläne herangezogen werden können.
- *Automatisierte Gewohnheiten*, die zu regelmäßigen Essanfällen oder kompensatorischem Verhalten führen, können durch frühzeitige Unterbrechung und an-

schließende Handlungen, die mit Heißhungerattacken inkompatibel sind, reduziert werden.
- Sofern starke, *aversive Gefühlszustände* Essanfälle oder kompensatorisches Verhalten triggern, können Skills zur Emotionsregulation (Linehan, 1996; Bohus & Wolf-Arehult, 2017) eingesetzt werden (s. Abschnitt Emotionsregulation).

Folgen einer Normalisierung des Essverhaltens

Folgen einer erfolgreichen Änderung des Essverhaltens sind,

- dass der somatisch ungesunde Zustand der Unterernährung reduziert wird und die Wahrscheinlichkeit von somatischen Komplikationen, bis hin zur Mortalität abnimmt,
- dass sich psychische Folgen der Unterernährung, wie beispielsweise Konzentrationsstörungen, negative Stimmung, Veränderungen der Persönlichkeit, vermehrte Beschäftigung mit dem Essen (Keys et al., 1950), zurückbilden können,
- dass katastrophisierende Gedanken (z. B. »Wenn ich einen Riegel Schokolade esse, wird mein Gewicht extrem ansteigen«) widerlegt werden,
- dass die durch Diätverhalten gestörte Hunger- und Sättigungs-Wahrnehmung sich normalisiert,
- dass automatisierte, dysfunktionale Gewohnheiten durchbrochen und alternative Verhaltensweisen etabliert werden können,
- dass Essanfälle seltener werden,
- dass Ängste bzgl. Nahrungsaufnahme und Gewichtszunahme mittelfristig zurückgehen. Die angemessene Aufnahme von Nahrung und die darauffolgende Gewichtszunahme haben für die Patientinnen meist den Charakter einer Exposition mit einem angstauslösenden Stimulus. Therapeutischerseits sollte daher mit der Patientin erarbeitet werden, dass befürchtete Katastrophen nicht eingetreten sind, also z. B. weder der befürchtete völlige Kontrollverlust noch negative Reaktionen anderer auf die Gewichtszunahme gefolgt sind.

> **Merke**
>
> Die Normalisierung des Essverhaltens sollte möglichst früh im Therapieverlauf stattfinden, da sie von zentraler Bedeutung ist. Daher ist hier eine gleichermaßen fürsorgliche sowie beharrliche therapeutische Haltung bei der Arbeit am Essverhalten besonders wichtig.

Veränderung kognitiver Prozesse und Strukturen

Im vorliegenden Abschnitt werden Interventionen fokussiert, die kognitive Prozesse und Strukturen explizit zum Thema machen, mit dem Ziel, dysfunktionale Kognitionen zu verändern. Einen theoretischen Rahmen kann dabei die allgemeine Schematheorie (Bartlett, 1932; Smith & Queller, 2004) bieten, aber auch die Ansätze von Beck et al. (2017) oder Young et al. (1994) können herangezogen werden. Die Veränderung von kognitiven Schemata spielt bei der Verhaltenstherapie von Essstörungen eine zentrale Rolle (Leung et al., 2000). Selbstverständlich führen nicht ausschließlich die in diesem Abschnitt beschriebenen Interventionen zu kognitiven Veränderungen. Insbesondere die in ▶ Kap. 3.3 beschriebenen, psychodynamischen Interventionen, haben ebenso einen wichtigen Einfluss auf kognitiv-emotionale Prozesse. Darüber hinaus ist davon auszugehen, dass weitere therapeutische Erfahrungen solche Schemata verändern können, z. B. neue Informationen im Rahmen der Psychoedukation oder neue Erfahrungen durch strukturierte Esspläne. Letztendlich wird jede therapeutische Veränderung (auch z. B. durch Körpertherapie oder Familiengespräche) eine Auswirkung auf kognitive Schemata haben. Auch für dieses Kapitel gilt, dass die Anwendung von therapeutischen Techniken einer psychotherapeutischen Grundausbildung bedarf.

Im Rahmen von verhaltenstherapeutischen Therapiemodulen, bei denen die Veränderung kognitiver Prozesse im Vordergrund steht, sollen zusammen mit den Patientinnen *kognitive Grundüberzeugungen* identifiziert werden, die sich krankheitsverstärkend auf die Symptomatik auswirken können, z. B. indem sie zu *einseitigen Interpretationen* von Situationen oder Informationen führen, wobei oftmals *automatische Gedanken* eine Rolle spielen. Während Grundüberzeugungen als situationsunabhängige Glaubenssätze zu verstehen sind, werden automatische Gedanken situativ ausgelöst, basieren aber meist auf korrespondierenden Grundüberzeugungen. Dabei wird davon ausgegangen, dass sich die Grundüberzeugungen durch soziokulturelle Lernprozesse herausgebildet haben (z. B. durch Umgang der Eltern mit schulischen Leistungen oder Mobbing durch Peers als »fett«). Doch Wertesysteme, die in Familien oder anderen sozialen Bezügen Gültigkeit zu haben schienen, können sich im späteren Leben, bzw. in anderen Bezügen, als unpassend, einseitig, zu dogmatisch und dysfunktional erweisen. Dementsprechend ist es das Ziel der Therapie, diese dysfunktionalen Grundüberzeugungen, darauf basierende Interpretationen und automatische Gedanken zu hinterfragen und zu verändern.

Legenbauer und Vocks (2014) unterscheiden dabei anorexiespezifische (z. B. »Nur wenn ich dünn bin, bin ich etwas wert«) als auch unspezifische Grundannahmen (z. B. »Ich muss perfekt sein, um gemocht zu werden«). Entsprechend können auch automatische Gedanken anorexiespezifisch (z. B. in der Mensa: »Keiner spricht mit mir. Ich bin einfach zu dick.«) oder unspezifisch sein (z. B. nach einem Referat: »Ich habe mich mehrfach verhaspelt. Ich bin eine Versagerin«). Anorexiespezifische, dysfunktionale Grundüberzeugungen finden sich nach Legenbauer und Vocks (2014) z. B. in den Bereichen Figur, Essen und Sport. Unspezifische dysfunktionale Grundüberzeugungen treten beispielsweise in den Bereichen Leistung, Selbstwert und Freundschaften auf. Um dysfunktionale Kognitionen zu identifizieren, zu überprüfen und zu ändern, können verschiedene Techniken eingesetzt werden:

- *Sammlung von dysfunktionalen Kognitionen* anhand von Informationen zur Familie aus der Anamnese oder anhand von Gedanken und Gefühlen, die sich aus den Essprotokollen oder extra angefertigten Gedankenprotokollen ergeben. Dabei können den identifizierten Grundüberzeugungen die korrespondierenden, automatischen Gedanken zugeordnet werden. Zusätzlich kann es zur Sammlung

der dysfunktionalen Gedanken hilfreich sein, schwierige Situationen zu imaginieren und die aufkommenden Gedanken zu protokollieren (Jacobi et al., 2016). Welche Gedanken treten vor und nach einer Mahlzeit auf? Welche Gedanken kommen vor und nach dem Wiegen? Was denkt man, wenn jemand anderes einen positiven oder negativen Kommentar zur Figur abgegeben hat?
- Die Durchführung einer *Plananalyse* hilft, Kognitionen und Grundüberzeugungen zu ordnen und in einen größeren Zusammenhang zu stellen. Hierdurch werden auch Zielkonflikte (s. ▶ Kap. 3.4.2) besser nachvollziehbar. Im Rahmen einer Plananalyse könnte beispielsweise ein in der Biografie erlernter Oberplan »Vermeide Ablehnung« lauten, der Plan »Vermeide Fehler«, der Unterplan »Vermeide Übergewicht«, was schließlich in Diätverhalten resultieren könnte. Aber auch der Oberplan »Sei erfolgreich« könnte über den Plan »Sei attraktiv« mit dem Unterplan »Vermeide Übergewicht« und damit auch mit dem Diätverhalten verbunden sein (▶ Abb. 3.1).

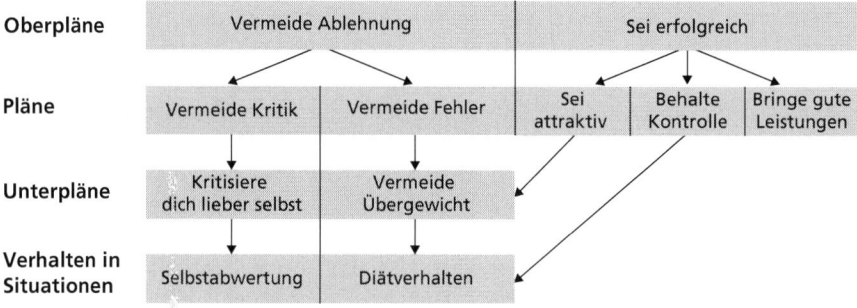

Abb. 3.1: Beispielhafter Ausschnitt aus einer Plananalyse

- Im Rahmen von symptomorientierter Gruppentherapie können *Pro- und Kontra-Diskussionen* zu den kognitiven Grundannahmen und alternativen Sichtweisen durchgeführt und die jeweiligen Argumente gesammelt werden (s. Legenbauer & Vocks, 2014, für entsprechende Übungen). Im Einzelsetting bieten sich Pro- und Kontra-Listen an. Zudem können mithilfe von Stuhlübungen (z.B. anorektische Seite vs. gesunde Seite) auch im Einzelsetting die Argumente emotional erlebbar werden (s. hierzu auch Methoden der Gestalttherapie). Es sollte zudem die Bedeutung der Pro- und Kontra-Listen für die automatischen Gedanken erörtert werden. Idealerweise stellen sich durch das Infragestellen der Grundüberzeugungen auch die zugehörigen, automatischen Gedanken als unangemessen dar. Es ist jedoch oft nötig, auch die einzelnen automatischen Gedanken (immer wieder) zu hinterfragen, da sie auf überdauernden Wertesystemen beruhen und zudem oft ritualisiert ablaufen.
- Mithilfe eines *Mehrspaltenschemas* (siehe Materialsammlung und Arbeitsblätter) können Betroffene lernen, Triggersituationen, dysfunktionale Gedanken und deren unerwünschte Konsequenzen zu sammeln und ihnen in weiteren Spalten funktionale Kognitionen und deren erwünschte Konsequenzen gegenüberzustellen.

- Den einzelnen dysfunktionalen Kognitionen können in Anlehnung an Beck et al. (2017) verschiedene *Denkfehler* zugeordnet werden, beispielsweise Alles-oder-nichts-Denken (z. B. »Wenn ich nicht perfekt bin, bin ich eine Versagerin«) oder Katastrophisierungen (z. B. »Wenn ich eine Süßigkeit esse, werde ich morgen mindestens ein Pfund mehr wiegen, und jeder wird es sehen«). Siehe auch Stavemann (2003) zu einer hilfreichen Erweiterung dieser Denkfehler. Die Denkfehler können in das Mehrspaltenschema integriert werden (s. Legenbauer & Vocks, 2014, für entsprechende Materialien).
- Durch *Perspektivwechsel* (z. B. »Was würden Sie Ihrer Freundin entgegnen?«) kann eine Distanzierung von der eigenen Perspektive unterstützt werden, und oft fällt es dann leichter, funktionale Alternativgedanken zu formulieren.
- Eine kritische *Diskussion des Schlankheitsideals* für Frauen in der Gesellschaft kann z. B. Themen umfassen, wie:
  - die Rolle der Medien bei der Darstellung von Frauenkörpern,
  - die Frage, inwieweit das Schlankheitsideal realistisch ist,
  - welche Attribute oft mit einer schlanken Figur verknüpft werden (z. B. Leistungsfähigkeit, Intelligenz, soziale Anerkennung, Erotik),
  - inwieweit eine Übernahme dieser Werte wünschenswert ist,
  - welche Rollenmodelle zugrunde liegen und welche Alternativen Orientierung geben könnten (▶ Kap. 6: Anorexie und Geschlecht).

Mit der Zeit soll das Identifizieren und Hinterfragen der dysfunktionalen Kognitionen immer selbständiger durch die Betroffenen selbst durchgeführt werden. Durch die Reflektion und Lockerung der dysfunktionalen Kognitionen werden neue, korrigierende Erfahrungen möglich: Beispielsweise hätte sich eine Person auf einer Party, auf der sie erstmal allein steht, früher aufgrund dysfunktionaler Kognitionen wie »Keiner spricht mit mir. Ich bin zu dick und langweilig. Besser ich gehe wieder,« direkt zurückgezogen. Nach Korrektur der dysfunktionalen Kognition wird sich diese Person wahrscheinlich nicht direkt zurückziehen, wodurch im weiteren Verlauf positive Interaktionen möglich werden, die die negative Kognition zusätzlich widerlegen. Dies wird sich wiederum auf die dahinterstehenden Grundüberzeugungen positiv auswirken.

> **Merke**
>
> Dysfunktionale Grundüberzeugungen und situationsspezifische, automatische Gedanken können sich zwar auch ändern, ohne im Therapieverlauf direkt thematisiert worden zu sein. Die explizite Benennung dieser kognitiven Prozesse sowie das empathische Herausarbeiten der Dysfunktionalität der Kognitionen unterstützt die Betroffenen dabei, sich bewusst von diesen Gedanken zu distanzieren.

Zielkonflikte

Im Rahmen der Arbeit an dysfunktionalen Kognitionen werden oftmals Zielkonflikte deutlich. In der psychodynamischen Tradition werden vergleichbare Konstellationen i. d. R. als sekundärer oder primärer Krankheitsgewinn eingeordnet. Beispielsweise kann es vorkommen, dass eine Patientin mit Anorexia nervosa eigene Kontrollbedürfnisse aus Angst vor der Kritik durch dominante Eltern nicht erfüllen kann. Der Zielkonflikt besteht hier zwischen dem Ziel, Kontrolle zu haben und dem Ziel, nicht von den Eltern kritisiert zu werden. Die anorektische Symptomatik kann in derartigen Konstellationen zu einer Lösung oder Abmilderung dieser Konflikte beitragen und dadurch eine Funktionalität gewinnen. Im genannten Beispiel kann durch eine Verweigerung des Essens Kontrolle erlebt werden, ohne dass die Eltern die Betroffene direkt dafür verantwortlich machen können, da es sich ja um eine Krankheit handelt. Durch die sich daraus ergebende Abmilderung der Konflikte wird die anorektische Symptomatik negativ verstärkt, oftmals ohne, dass diese Zusammenhänge den Betroffenen bewusst sind. Die Zusammenhänge sollten daher behutsam und eher in der zweiten Hälfte der Therapie thematisiert werden. Es sollte bei den Betroffenen nicht der Eindruck erweckt werden, dass sie die Essstörung gezielt oder gar manipulativ einsetzen. Vielmehr sollten diese Zusammenhänge wertfrei, allerdings als ungünstige – weil symptomverstärkende – Problemlösungen, betrachtet werden. In der Folge sollten mit der Patientin alternative Lösungen gesucht werden, die nicht auf anorektischer Symptomatik basieren.

Interventionen zur Veränderung des Körperbildes

Regelmäßig werden auch *Interventionen zur Veränderung des Körperbildes* im Rahmen der Behandlung der Anorexia nervosa eingesetzt, die im vorliegenden Buch in einem eigenen Kapitel dargestellt werden (▶ Kap. 3.6: Am Körper orientierte Verfahren) und die zudem im Therapiemanual von Vocks et al. (2018) ausführlich dargestellt werden.

Weitere Interventionen

Folgende Therapiemodule haben sich neben den bereits beschriebenen, diagnosespezifischen Therapiemodulen im Rahmen der kognitiven Verhaltenstherapie der Anorexia nervosa als besonders relevant erwiesen (vgl. Legenbauer & Vocks, 2014). Eine Auswahl dieser Module kann in Abhängigkeit von der Thematik der Betroffenen und den zur Verfügung stehenden Ressourcen erfolgen.

Emotionsregulation

Es wird davon ausgegangen, dass viele Patientinnen mit einer Anorexia nervosa restriktives Essverhalten auch einsetzen, um negative Gefühlszustände zu regulieren (Legenbauer & Vocks, 2014). Um restriktives Essverhalten reduzieren zu können, sind daher alternative Strategien zur Emotionsregulation hilfreich. Beispielsweise können Interventionen wie kognitive Umbewertungen im Rahmen kognitiver Interventionen (▶ Kap. 3.4.2: Veränderung kognitiver Prozesse und Strukturen) wesentlich zur Emotionsregulation beitragen oder sogar dazu führen, dass bestimmte negative Emotionen gar nicht erst auftreten. Darüber hinaus werden im Rahmen der Behandlung der Anorexia nervosa Techniken eingesetzt, die sich spezifisch auf die Verbesserung der Emotionsregulation beziehen, beispielsweise:

- *Psychoedukation* zu Emotionen, Emotionsverarbeitung, Grundemotionen, kombinierten Emotionen, Funktion von Emotionen etc.
- *Emotionsprotokolle*, die die Wahrnehmung und Differenzierung der eigenen Emotionen unterstützen.
- *Skills zur Anspannungsreduktion*, wie sie beispielsweise bei der dialektisch-behavioralen Therapie der Borderline-Störung eingesetzt werden (Linehan, 1996; Bohus & Wolf-Arehult, 2017), werden vor allem zur Prävention von Essattacken eingesetzt.
- Körperliche oder emotionale Abreaktionen durch Sport, Haushaltstätigkeiten, Bewegungsübungen, Boxsack schlagen, Musik hören etc.
- Ablenkung von besonders starken Anspannungen z. B. durch Alltagstätigkeiten, Filme schauen, Imaginationsübungen, Rechenaufgaben, intensive Sinnesreize (z. B. an Ammoniak riechen, ein Ingwerbonbon lutschen).
- Bei leicht bis mittleren aversiven Gefühlszuständen ist es oft hilfreich, die Betroffenen bei der Differenzierung und im Umgang mit Gefühlen zu unterstützen und die Selbstverbalisation sowie Selbstöffnung zu fördern.
- *Entspannungstechniken* wie progressive Muskelrelaxation, autogenes Training oder Atemtechniken

Training sozialer Kompetenzen

Auch ein Training sozialer Kompetenzen kann ein wichtiger Ansatzpunkt in der Behandlung der Anorexia nervosa sein. Generell spielt ein unzufriedenstellendes Selbstwertgefühl sowohl für die Anorexia nervosa als auch für die wahrgenommenen sozialen Kompetenzen eine wichtige Rolle. Dementsprechend können vermehrt positive Erfahrungen in sozialen Situationen das Selbstwertgefühl stabilisieren und dadurch positive Einflüsse auf die Essstörungssymptomatik haben. Automatische negative Gedanken können in sozialen Situationen zudem zu Fehlinterpretationen führen und ein Gefühl der Ablehnung bewirken, das von Patientinnen mit Anorexia nervosa oft auf Äußerlichkeiten und die Figur zurückgeführt wird (s. Abschnitt Veränderung kognitiver Prozesse und Strukturen). Soziale Stressoren können zu aversiven Gefühlszuständen führen, sodass es vermehrt zu einer Emotionsregulation über restriktives Essverhalten oder Essattacken kommen kann (s. Abschnitt Emotionsregulation). Ein Training sozialer Kompetenzen ist daher oft Bestandteil der Behandlung von Essstörungen (z. B. bei Legenbauer & Vocks, 2014). Da es aber ein unspezifisches Behandlungselement darstellt, soll hier lediglich auf das etablierte Manual zum Gruppentraining sozialer Kompetenzen von

Hinsch und Pfingsten (2023) verwiesen werden. Ein verkürztes Training sozialer Kompetenzen findet sich bei Legenbauer und Vocks (2014).

Genusstraining

Hilfreich ist auch ein Genusstraining zur Integration hedonistischen Verhaltens in einen oft sehr disziplinierten Tagesablauf, z. B. nach Koppenhöfer (2018; s. a. Lutz, 1999). Menschen mit psychischen Störungen berichten oft von verminderter Genussfähigkeit. Dies gilt für Patientinnen mit Anorexia nervosa in besonderem Maße, da der Genuss von Nahrungsmitteln stark beeinträchtigt ist. Zudem können potenziell euthyme, also für die meisten Menschen angenehme Sinneswahrnehmungen, die den Körper betreffen (z. B. Bewegungen, sich eincremen, Sexualität), ebenfalls belastet sein. Dementsprechend beginnt man das Genusstraining nach einer Psychoedukation zu den Themen Genuss und Sinneswahrnehmung sowie der Einführung der Genussregeln mit ersten angeleiteten Übungen mit möglichst unbelasteten Sinneserfahrungen (z. B. Klänge, Farben, Oberflächen ertasten etc.). Im Verlauf können dann schrittweise auch schwierigere Übungen, z. B. mit dem Geschmackssinn, hinzugenommen werden.

Rückfallprophylaxe

Um die Wahrscheinlichkeit von Rückschlägen oder Rückfällen im Anschluss an die Therapie zu reduzieren, schlagen Legenbauer und Vocks (2014) einige der folgenden Strategien vor, die möglichst schriftlich fixiert werden sollten, damit sie im Krisenfall verfügbar sind:

- *Rückblick und Reflexion des Therapieverlaufs*, um wichtige Änderungsprozesse, neue Erfahrungen, hilfreiche Kognitionen etc. explizit zu machen, sodass diese gefestigt und in zukünftigen Krisensituationen besser abrufbar sind. Negative Konsequenzen der Essstörung können wiederholt werden, um die Motivation zu erhöhen.
- *Identifizieren möglicher zukünftiger Krisensituationen* auf der Basis bisheriger Krisen und Rückschläge sowie anhand der absehbaren und geplanten Zukunft. Neben Belastungen, die durch andere oder durch Lebensumstände verursacht sind, betrifft das auch innerpsychische Belastungen, z. B. durch eine Zunahme an Depressivität, verringertes Selbstwertgefühl oder unerwartete Gewichtszu- oder abnahme. Auch Residualsymptome oder Unregelmäßigkeiten in den Mahlzeiten stellen i. d. R. Rückfallrisiken dar.
- *Erstellen einer Liste von Frühwarnsymptomen* anhand von früheren Rückschlägen.
- *Erarbeiten von Hilfsmaßnahmen*, ggf. unter Einbeziehung von Gewichtsgrenzen für die einzelnen Maßnahmen.
  - Was hat in früheren Krisen geholfen?
  - Welche Selbsthilfemaßnahmen lassen sich aus dem Therapieverlauf ableiten? Hierzu sollten die Therapieunterlagen aufbewahrt werden und im Krisenfall herangezogen werden. Beispielsweise können im Falle einer Gewichtsabnah-

me wieder Essprotokolle (s. Materialsammlung und Arbeitsblätter) geführt werden. Sollten im Rahmen der Krisenbewältigungsstrategien auch weitere Materialien notwendig sein, ist es sinnvoll, eine »Notfallkiste« zu packen.
- Welche hilfreiche Personen können im Krisenfall kontaktiert werden? Ggf. kann ein konkretes Anliegen an diese Person bereits vorformuliert werden.
- Welche professionelle Hilfe gibt es? (z. B. Klinik-Ambulanzen, ambulante Therapie, Booster-Sitzungen, Telefon-Hotlines).
- Ab welchem BMI, bzw. ab wie viel Kilogramm Gewichtsverlust sollte eine erneute stationäre Behandlung eingeleitet werden? Die Kliniken und dazu erforderlichen Schritte sollten konkret formuliert werden. (▶ Kap. 3.1: Gewichtskonsolidierung, ▶ Kap. 5: Schnittstellen)
- Legenbauer und Vocks (2014) schlagen zudem die Verabredung von Bilanzierungszeitpunkten, z. B. ein, drei und sechs Monate nach Abschluss der Therapie vor, für die jeweils konkrete Ziele festgelegt werden.

Neben der Rückfallprophylaxe sollte am Ende der Therapie abgesprochen werden, welche stabilisierenden Maßnahmen und Verhaltensweisen auch nach der Therapie dauerhaft aufrechterhalten werden sollen. Dies betrifft z. B. häufig die regelmäßige Mahlzeitenstruktur, die Variabilität der Nahrungsmittel, Wiege-Intervalle und das Führen einer Gewichtskurve (s. Materialsammlung und Arbeitsblätter).

3.5 Familientherapie und Transition

Marcel Lüssem

3.5.1 Was ist Familientherapie/systemische Therapie?

Die Familientherapie gehört zum Kern der systemischen Therapie, die ein wissenschaftlich anerkanntes Verfahren darstellt. Im Mittelpunkt steht die Bearbeitung von Problemen, die Personen innerhalb ihres sozialen Umfelds und insbesondere in Bezug auf ihre Familie und nahestehende Personen erfahren. Dieser Ansatz konzentriert sich auf die Familie als Ganzes und betrachtet Schwierigkeiten nicht als isolierte Eigenschaften einzelner Mitglieder, sondern als Teil der Interaktions- und Kommunikationsmuster innerhalb des familiären Systems. Symptome werden dabei als Hinweise auf mögliche Entwicklungsstörungen im System gedeutet. Die Familientherapie fokussiert die Familie als zentrale soziale Einheit, die aktiv beteiligt wird (Ausnahmen s. u.) und unterscheidet sich dadurch von anderen Therapieformen wie der psychodynamischen Therapie oder der kognitiven Verhaltenstherapie, die primär das Individuum in den Mittelpunkt stellen.

Das Ziel der Familientherapie ist es, die Wahrnehmungs- und Handlungsmöglichkeiten sowohl des Einzelnen als auch des gesamten Familiensystems zu erweitern. Dabei wird ein ressourcenorientierter Ansatz verfolgt, der bestehende Muster und Annahmen hinterfragt und neue Perspektiven sowie Interaktionsmuster fördert, um Veränderungen und eine bessere Lebensqualität zu ermöglichen. Zu den zentralen Methoden der systemischen Arbeit gehören:

- Auftragsklärung: Definition der Ziele und Erwartungen an die Therapie
- Kontextualisierung: Einordnung der Probleme in den Lebenskontext der Beteiligten
- Zirkuläres Fragen: Eröffnung neuer Sichtweisen durch spezielle Fragestellungen (Fragen, die auf den vermuteten Standpunkt Dritter (auch Anwesender) abzielen)
- Ressourcenorientierung: Fokussierung auf die Stärken und Potenziale der Beteiligten
- Reframing: Umdeutung von Situationen, um neue Lösungswege zu ermöglichen
- Soziogramm: Visualisierung der Beziehungsstrukturen innerhalb der Familie
- Hypothetische ziel- und lösungsorientierte Fragen: Anregung zum Nachdenken über mögliche Zukunftsszenarien
- Kleinschrittige Zielvereinbarungen: Festlegung von erreichbaren Zwischenzielen
- Wertschätzende Feedbacks: Positive Rückmeldungen

Für ausführliche und vertiefende Informationen zu Familientherapie/systemischer Therapie wird auf die Lehrbücher von von Schlippe und Schweitzer (von Schlippe & Schweitzer, 2016) sowie von Borst und von Sydow (2019) hingewiesen.

Seit den 1970er Jahren wird Familientherapie auch zur Behandlung der Anorexia nervosa durchgeführt. Verschiedene Ansätze haben sich im Laufe der Zeit entwickelt, darunter als frühe Beispiele der systemische Ansatz der Mailänder Schule (Palazzoli, 1974) und der Strukturansatz von Minuchin (Minuchin et al., 1975), dann neuere narrative Formen (Epston et al., 1995), die elternfokussierte Behandlung als getrennte Familientherapie (Eisler et al., 2000; Le Grange et al., 2016), die Mehrfamilien-Gruppentherapie (Eisler, 2005 & 2016b), das Home Treatment, das therapeutische Maßnahmen im häuslichen Umfeld umfasst (Herpertz-Dahlmann et al., 2014), oder die speziell für Anorexia nervosa entwickelte Familientherapie (FT-AN) (Eisler et al., 2016a; s. für einen Überblick Naab, 2022).

Weiterentwickelte evidenzbasierte Konzepte beziehen sich dabei auf Kinder und Jugendliche, für Erwachsene gibt es hingegen kaum evidenzbasierte Empfehlungen, insbesondere nicht für teil- und vollstationäre Behandlungssettings.

3.5.2 Die Rolle der Angehörigen in der Behandlung

Aus der täglichen klinischen Praxis, wie auch der Forschung, wissen wir, dass eine Essstörung immer auch interpersonelle Herausforderungen (Auswirkungen auf Familienangehörige, Partnerinnen und Freundinnen) mit sich bringt. Häufig ist von dysfunktionalen Interaktionsmustern zwischen der Patientin und anderen Angehörigen auszugehen, weshalb die wechselseitigen Einflüsse im familiären Kontext bereits in der Diagnostik abzuklären sind. Angehörige stehen einer Essstörung häufig hilflos und verzweifelt gegenüber (▶ Kap. 3.8: Der Umgang mit Angehörigen). Diese Hilflosigkeit, verbunden mit durch die Essstörung ausgelösten

Konflikten im Zusammenleben, führt nicht zuletzt zu verschiedenen Verhaltensmustern, Gefühlen und Einstellungen gegenüber den Patientinnen wie Schuldgefühlen und/oder Vorwürfen, die die Interaktionen auf beiden Seiten weiter erschweren können. Vor diesem Hintergrund sollte ein Einbezug der Angehörigen, unabhängig von der therapeutischen Ausrichtung, aus folgenden Gründen grundsätzlich erwogen werden:

- Detektion aufrechterhaltender Faktoren für die Symptomatik
- Gewinn fremdanamnestischer Informationen
- Informationsvermittlung
- Ursache(n), Verlauf und Prognose
- Behandlungsmöglichkeiten und Behandlungsplanung
- Psychotherapeutische Methoden
- Empfehlungen für den Umgang mit der Patientin

Cave: Der Einbezug der Angehörigen bei einer Magersucht kann neben positiven allerdings auch negative Auswirkungen mit sich bringen (z. B. bei familiären Problemkonstellationen wie sexuellem Missbrauch, Gewalterfahrungen, aber auch z. B. bei konflikthaften Ablöseprozessen vom Elternhaus, bei denen therapeutisch die Erlaubnis einer Distanzierung im Vordergrund steht, dies aber in der Familie nicht besprechbar ist).

> **Merke**
>
> Der Einbezug der Angehörigen ist deshalb im Einzelfall hinsichtlich des Ob und Wie zu prüfen. Auch wenn er grundsätzlich sinnvoll erscheint, kann der Verzicht auf die Einbindung der Angehörigen in die Behandlung im Einzelfall indiziert sein.

An dieser Stelle lohnt es sich, die Versorgungssituation von Patientinnen mit Anorexia nervosa noch einmal näher anzuschauen.

3.5.3 Altersspezifische Empfehlungen und Versorgungsangebote

Die meisten Empfehlungen zu familienorientierten Interventionen bei Anorexia nervosa betreffen die Behandlung von Kindern und Jugendlichen. Es ist allgemein anerkannt, dass sie in dieser Altersgruppe wesentlich zum Therapieerfolg beitragen, konkret z. B. in Form von Anleitung zur konkreten Hilfestellung durch die Bezugspersonen beim Essen (Herpertz-Dahlmann et al., 2014). Die aktuell in Überarbeitung befindliche S3-Leitlinie zur Diagnostik und Therapie von Essstörungen (Herpertz et al., 2019) benennt in den allgemeinen Empfehlungen zur Behandlung der Anorexia nervosa, dass bei Kindern und Jugendlichen die Sorgeberechtigten bzw. nahe Angehörige und Bezugspersonen ausführlich über die Erkrankung und

Behandlungsmöglichkeiten informiert und in die Behandlung mit einbezogen werden sollen, wenn nicht explizite Gründe dagegensprechen. In den (nicht altersspezifischen) Empfehlungen der gleichen Leitlinie zur stationären Behandlung der Anorexia nervosa ist formuliert, dass die Einbeziehung der Familie vorgehalten werden soll, als Teil eines spezialisierten Therapieprogramms, es folgt der Zusatz »zumindest bei Kindern und Jugendlichen«.

Die stärkere Präsenz familienorientierten Vorgehens im Kinder- und Jugendbereich spiegelt sich auch in den stationären Versorgungsangeboten wider. Die Versorgung der Behandlung Erwachsener in der Psychosomatischen Medizin und Psychotherapie ist vom Grunde her (nicht nur bei der Anorexia nervosa) gekennzeichnet durch eine stärker auf das Individuum ausgerichtete Diagnostik und Therapie und die Berücksichtigung der Autonomie der Patientinnen gegenüber der Herkunftsfamilie. Im Gegensatz dazu kennzeichnet die Behandlung von unter 18-jährigen Patientinnen in der Kinder- und Jugendpsychiatrie oder in wenigen spezialisierten Abteilungen für Psychosomatische Medizin und Psychotherapie eine stärker familienzentrierte Arbeitsweise. Die Eltern stellen hier wichtige Entscheidungsträger dar und haben eine bedeutende Rolle in der Behandlung des Kindes inne.

Obwohl es im Fachbereich Psychosomatische Medizin und Psychotherapie keine Altersbeschränkung gibt und eine Behandlung Minderjähriger (im Gegensatz zur Psychiatrie und Psychotherapie) berufs- und sozialrechtlich möglich ist und auch mancherorts durchgeführt wird, gibt es bei der stationären Behandlung hierfür hohe strukturelle Hürden vonseiten der Kostenträger. Traditionell gibt es in Deutschland eine starke strukturbedingte Trennlinie in der Behandlung von Jugendlichen und jungen Erwachsenen, die bei einer Anorexia nervosa angesichts des frühen Krankheitsbeginns in der Jugend und der langen Krankheitsdauer bis ins Erwachsenenalter im Behandlungsverlauf oft einen Wechsel zwischen Kinder- und Jugendpsychiatrie sowie Psychosomatischer Medizin und Psychotherapie erforderlich macht. Die Unterschiede in individuellem Entwicklungsstand, biographischen Aspekten und aktueller Lebenssituation sind in der Altersgruppe zwischen 15 und 25 Jahren groß und hängen nicht an einer Alterszahl unter oder über 18. Eine Patientin kann noch stärker der Unterstützung durch die Familie und der externen Führung bedürfen oder mehr Anerkennung und Stärkung für ihren Weg in eine selbstverantwortliche Identität als Erwachsene benötigen. Ein erzwungener Sprung in den Versorgungssystemen erschwert es, jeder Patientin eine verlässliche Begleitung und angemessene Behandlung auf ihrem individuellen Weg ins Erwachsenenalter zu bieten.

3.5.4 Transitionsaspekt (Übergang Jugendalter – Erwachsenenalter)

Vor dem Hintergrund der zunehmenden Dauer der Adoleszenz (Stichwort »Emerging Adulthood«, z. B. Seiffge-Krenke, 2015), verbunden auch mit späterem Ausziehen aus dem Elternhaus, einer veränderten Eltern-Kind-Dynamik und der Anerkennung spezifischer Belastungen in dieser sensiblen Phase, wird zunehmend die

Forderung gestellt, die scharfe strukturelle und inhaltliche Trennung zwischen Jugendlichen und Erwachsenen in der Behandlung psychischer und psychosomatischer Störungen zugunsten eines »Transitionskonzepts« aufzugeben (s. zur Forderung einer interdisziplinären Zusammenarbeit vom Jugendalter ins Erwachsenenalter und deren prognostischer Bedeutung z. B. Föcker et al., 2017). Dies zeigt sich auch daran, dass die Leitlinie zur Behandlung der Anorexia nervosa überwiegend altersübergreifend gestaltet ist. Wünschenswert wäre, in beiden Versorgungssystemen (Kinder- und Jugendpsychiatrie, -psychotherapie und Psychosomatische Medizin und Psychotherapie) die Möglichkeit für eine kontinuierliche Behandlung von der Pubertät bis zum 25. oder sogar 30. Lebensjahr leichter zu ermöglichen. In beiden Versorgungsbereichen sollten zudem die Empfehlungen für diese Altersgruppe zusammengeführt werden.

3.5.5 Aktuelle evidenzbasierte, familienorientierte Ansätze zur Behandlung der Anorexia nervosa

Zipfel et al. stellen in einer Übersicht über zwölf randomisierte Studien fest, dass der Einbezug der Familie für die Behandlung von Adoleszenten mit Anorexia nervosa den höchsten Evidenzlevel zeigt. Laut eines aktuellen Cochrane-Reviews bedarf es aber für eine gesicherte Evidenz weiterer Forschung (Zipfel et al., 2015; Fisher et al., 2019). Bei Kindern und Jugendlichen gelten familienbasierte Ansätze als erforderliches Element einer stationären Behandlung (Espie & Eisler, 2015; Zeeck et al., 2018). Aus unserer klinischen Erfahrung ist allerdings auch nach dem 18. Geburtstag bis zum Übergang ins mittlere Erwachsenenalter eine familienbasierte Behandlung, bzw. der engere Einbezug der Familie weiterhin wichtig, insbesondere dann, wenn junge Patienten noch absehbar bei den Eltern wohnen oder deren praktische Unterstützung benötigen. Mindestens sollten psychoedukative Angebote, möglichst innerhalb von Familiengesprächen, besser noch interaktive, familientherapeutische Sitzungen erfolgen.

Psychoedukation der Eltern ist ein zentraler Bestandteil familienbezogener Ansätze und kann bei minderjährigen Patientinnen ambulant gleich wirksam sein wie eine Familientherapie (Geist et al., 2000). Ein solches Vorgehen setzt natürlich das Einverständnis der Patientin voraus. Aus Sicht des Autors kann dies je nach Einzelfall auch bei über 18-jährigen Patientinnen zu einer Entlastung der Angehörigen, einer Veränderung der Perspektive auf die Erkrankung und weniger Unsicherheit im Umgang mit der Patientin beitragen (s. a. ▶ Kap. 3.8: Umgang mit Angehörigen; zu Beratungsangeboten außerhalb der Klinik & ▶ Kap. 5: Externe Informations- und Unterstützungsangebote).

Einen vorwiegend psychoedukativen Ansatz verfolgen z. B. kurze »single session interventions« (SSI) für Angehörige, die den Therapieerfolg stützen und verbessern können. Sie richten sich an Familien von Patientinnen mit Anorexia nervosa auf einer Warteliste vor der Behandlung oder werden begleitend zur laufenden Therapie oder im Anschluss an die Therapie zur Rückfallprophylaxe eingesetzt (Spettigue et al., 2015; Loeb et al., 2023; Wilksch, 2023). Bisher handelt es sich überwiegend um Begleitinterventionen zu einer ambulanten Behandlung, die aber auch für ein stationäres Setting anwendbar sind (Zitarosa et al., 2012). Wegen der Vielfalt möglicher Inhalte verweisen wir hierzu auf die angegebene Literatur.

Indikationen für getrennte Sitzungen mit der Patientin sowie mit den Eltern können z. B. negative Interaktion/Feindseligkeit und »high expressed emotions« sein (Eisler et al., 2007; Rienecke et al., 2016). Die »Parent focused therapy« (Le Grange et al., 2016) wendet sich an Eltern mit sehr kritischer Haltung.

Die meisten aktuell methodisch gut kontrollierten Wirksamkeitsstudien zum Einbezug der Familie bei Anorexia nervosa betreffen die sogenannten »familienbasierten, therapeutischen Interventionen« (FBT) im ambulanten Setting. Diese orientieren sich meist am Konzept des Maudsley-Hospitals in London (Lock & Le Grange, 2013) und wurden in der Regel an Stichproben von Kindern und Adoleszenten durchgeführt. Thematisiert werden dabei in den Familien aktiv der Umgang mit Gewicht und Essen sowie die für die Adoleszenz typischen Autonomieprozesse. Im Rahmen einer Pilotstudie führte eine Arbeitsgruppe von Le Grange eine Anpassung der FBT auf Patientinnen mit Anorexia nervosa im Alter von 16–25 Jahren durch (FBT-TAY, Dimitropoulos et al., 2018). Es konnte neben der Machbarkeit und Akzeptanz eine Verbesserung der Symptomatik mit Gewichtszunahme gezeigt werden. Auch das Maudsley Konzept selbst wurde für Erwachsene weiterentwickelt (Maudsley Model of Anorexia Treatment for Adults, MANTRA; Schmidt et al., 2014, s. u.).

Auch wenn dazu noch weitere Forschung erforderlich ist, gehen wir aufgrund der besonderen Herausforderungen im Transitionsalter davon aus, dass auch bei jungen Erwachsenen mit Anorexia nervosa ein enger Einbezug der Familie in eine stationäre (und teilstationäre) Behandlung die Wirksamkeit steigert. Das MANTRA-Konzept und davon abgeleitete Behandlungselemente in der stationären Therapie sollen daher im Folgenden vorgestellt werden.

Maudsley Model of Anorexia Nervosa Treatment for Adults (MANTRA)

Das Maudsley Konzept (Schmidt et al., 2014) integriert einzelpsychotherapeutische und systemische Elemente und wurde speziell als ambulanter Therapieansatz für Erwachsene mit Anorexia nervosa entwickelt. Die Autorinnen bezeichnen das Konzept selbst als kognitiv-interpersonellen Ansatz. Danach sind vier Faktoren, welche häufig mit zwanghaften und ängstlichen oder vermeidenden Persönlichkeitseigenschaften verbunden sind, von zentraler Bedeutung bei der Aufrechterhaltung der Anorexia nervosa:

1. Ein rigider, detailfokussierter Denkstil, der durch Angst vor Fehlern geprägt ist
2. Störungen im sozio-emotionalen Bereich
3. Positive Überzeugungen hinsichtlich der hilfreichen Funktion der anorektischen Symptomatik
4. Ungünstige Reaktionen nahestehender Personen

Das Ziel des therapeutischen Ansatzes ist es, starre Denkmuster zu verändern, die die Krankheit aufrechterhalten, Defizite im sozio-emotionalen Bereich sowie verzerrte

Kognitionen zu bearbeiten und gleichzeitig das Umfeld der Patientin in die Therapie zu integrieren. Der Ansatz bietet Flexibilität und ermöglicht es den medizinischen Fachkräften, das Tempo und die Maßnahmen an die individuelle Entwicklung der Patientin anzupassen.

Auch wenn es sich um ein Konzept für ein ambulantes Setting handelt, gelten viele Aspekte auch für eine teil- und vollstationäre Therapie. So können Kritik, Ablehnung oder Vorwürfe ebenso wie Überfürsorge der Familie (und/oder des Partners) den Krankheitsverlauf während und insbesondere auch nach dem Ende der stationären Behandlung mit Übergang in den häuslichen Alltag negativ beeinflussen. Auch nach dem 18. Lebensjahr liegen im Einbezug der Familie große Chancen für eine positive, insbesondere nachhaltige Beeinflussung der Symptomatik über die stationäre Behandlung hinaus.

> **Merke**
>
> Nach dem 18. Lebensjahr sollte grundsätzlich gemeinsam mit der Patientin beraten werden, ob ein Einbezug der Eltern (insbesondere wenn die Patientin noch im Haushalt der Eltern lebt) erfolgen soll. Dabei sollte eruiert werden, ob die Eltern eine unterstützende Rolle einnehmen dürfen und wollen. Nach entsprechender Vorbereitung mit der Patientin kann ein diagnostisches Familiengespräch dazu Aufschluss geben und für die weitere Planung von Familiengesprächen leitend sein.

Ein einziges Familiengespräch kann zudem diagnostisch bereits oft sehr wertvoll sein, um die Wahrnehmung der Welt der Eltern in Erfahrung zu bringen, einen Ausschnitt der Interaktion und die Qualität der Bindung zu erfahren. Dies kann im Nachgang in der stationären Einzelpsychotherapie nachbearbeitet werden und ermöglicht unter Umständen eine veränderte Betrachtungsmöglichkeit der Symptomatik.

Behandlungselemente in der stationären familienbasierten Therapie

Bedeutsame familienbezogene Behandlungselemente und Ziele im stationären Setting sind:

1. Im Rahmen von Familiengesprächen als fest verankertem Teil des Behandlungssettings:
   - Psychoedukation (ausführliche Aufklärung der Bezugspersonen z. B. über hilfreiche Strategien im Umgang mit einem an Anorexie erkrankten Familienmitglied)
   - Verständnis für das Krankheitsbild erarbeiten
   - Ansprechen, Bearbeiten und Abbau von Schuldgefühlen insbesondere auch auf Elternseite

- Identifikation und Beeinflussung/Bearbeitung der, dem Störungsbild zugrundeliegenden, systemisch relevanten, aufrechterhaltenden Faktoren, bevor eine Entlassung in den ursprünglichen Rahmen erfolgt
- Je nach Entwicklungsalter der Patientin Abwägen von Unterstützungsmöglichkeiten der Patientin durch die Eltern während und nach der stationären Behandlung, ggf. »Ausbildung der Angehörigen« zu »Co-Therapeuten«, analog zum Vorgehen im Setting in der Kinder- und Jugendpsychiatrie, -psychotherapie (Herpertz-Dahlmann et al., 2014; v. a. wie können die Eltern bei der Essenssituation hilfreich unterstützen)
- Konkrete ernährungstherapeutische Unterstützung der Familie (z. B. gemeinsames Modellessen in der Klinik, ggf. im häuslichen Rahmen, sofern personell und zeitlich möglich)

2. Gleichzeitig Förderung des Ablöseprozesses und der Autonomieentwicklung:
   - Erlaubnis der Abgrenzung, angemessene Verantwortungsübernahme durch die Patientin für eigene Angelegenheiten und im Familienleben
   - Unterstützung auch der Eltern hinsichtlich eines altersadäquaten Ablöseprozesses
   - Thematisierung ggf. vorhandener psychisch/psychiatrischer Belastung auf Elternseite und ggf. Initiierung erster Hilfen
   - Frühzeitige Klärung der entscheidenden Frage, ob eine Reintegration in das vorherige Lebensumfeld, das vor der stationären Aufnahme oder vor der Erkrankung bestand, erfolgen kann und soll
   - wenn sich zeigt, dass eine Reintegration in das vorherige Lebensumfeld, das vor Beginn der Erkrankung bestand, prognostisch ungünstig ist, empfiehlt es sich nach ausführlicher Beratung unter Einbezug des Sozialdienstes und wenn möglich auch in Absprache mit den Angehörigen, die Patientin in Bezug auf eine ambulante oder stationäre Eingliederungshilfe (therapeutische Wohngruppe) nach § 35a SGB VIII i. V. m. § 41 SGB VIII zu unterstützen (Exkurs: über das 18. Lebensjahr hinaus können Eingliederungshilfen als Unterstützung für junge Erwachsene (§ 41 SGB VIII) beantragt und über das 21. Lebensjahr hinaus fortgeführt werden)

3. Zur Vorbereitung der Entlassung:
   - Alltagserprobungen: Vorbereitung der Einnahme gemeinsamer Mahlzeiten in der Familie bzw. mit Freundinnen im Rahmen von therapeutisch vorbereiteten und indizierten Beurlaubungen für einen Tag oder für ein Wochenende (wenn unter den Vorgaben der Gewichtszunahmevereinbarung möglich, ▶ Kap. 3.1: Gewichtskonsolidierung und ▶ Kap. 3.4: Verhaltenstherapie)
   - Indikation zur ambulanten Familientherapie prüfen und gegebenenfalls organisieren
   - Absprachen für ggf. erforderliche Wiederaufnahme mit der Patientin bezüglich des Aufnahmegewichtes und des Intervalls treffen (s. ▶ Kap. 3.8: Schnittstellen)
   - Installierung eines weiterführenden, kooperierenden, ambulanten Helfersystems, bestehend aus Hausärztin (wöchentliche Wiegetermine), ambulanter Psychotherapie mit Gewichtsmanagement, ggf. ambulante Ernährungstherapie, eventuell Selbsthilfegruppe

- ggf. Organisation ambulanter oder stationärer Eingliederungshilfen in Zusammenarbeit mit dem Sozialdienst (s. o.)

3.5.6 Chancen und Grenzen der familientherapeutischen Interventionen

Studien zeigen, dass die Prognose bei einer adulten Anorexia nervosa schlechter ist als bei einer adoleszenten Anorexia nervosa (Zerwas et al., 2013; Vall & Wade, 2015). Neben krankheitsbezogenen Ursachen könnten weitere Gründe auch in den unterschiedlichen Versorgungssystemen zu suchen sein (s. oben ▶ Kap. 3.5.3). Im Kinder- und Jugendbereich kann ein erhöhter Personalbedarf vorgehalten werden. Hier werden systemische Ansätze, familienorientiert wie auch in Bezug auf das Sozialsystem, genutzt, um einer schweren und häufig chronifizierenden Erkrankung etwas entgegenzusetzen. Man könnte die (noch zu überprüfende) Hypothese aufstellen, dass das Risiko einer Chronifizierung und damit schlechteren Prognose, neben entwicklungspsychologischen Aspekten, auch mit einer Reduktion systemorientierter Ansätze und weniger Ressourcen im Versorgungssystem im Übergang zum Erwachsenenalter assoziiert ist. Ohne eine stärker transitionsorientierte Perspektive wird den jungen Menschen im Erwachsenenbereich ab dem 18. Lebensjahr eine hohe Eigenverantwortung in der Arbeit gegen die Erkrankung abverlangt, die sie oftmals (noch) nicht in der Lage sind zu übernehmen.

An Grenzen stoßen familientherapeutische Interventionen, ergänzend zu den unter ▶ Kap.3.5.5 genannten Konstellationen, aus systemischer Sichtweise, wenn die Behandlerinnen in dieser Therapieform nicht ausreichend qualifiziert sind, wenn am Ende eines ersten Gesprächs kein tragfähiger gemeinsamer Konsens für weitere Gespräche erzielt werden kann, oder wenn die Gefahr droht, dass offene Mitteilungen im Familiengespräch im Nachgang mit Repressionen beantwortet werden (z. B. von Schlippe & Schweitzer, 2016).

> **Merke**
>
> Sollte es eindeutige Hinweise auf schwere familiäre Problemkonstellationen geben, ist im Hinblick auf den Einbezug der Familie Vorsicht geboten. Hier ist gemeinsam mit der Patientin zu überlegen, wie das weitere Vorgehen geplant wird und welche Maßnahmen ergänzend ergriffen werden können (wie z. B. Einbindung Sozialdienst, Organisation ambulanter oder stationärer Hilfen).

3.5.7 Zusammenfassung

Zusammenfassend ist gerade im Transitionsalter, von der Pubertät bis zum Ende des jungen Erwachsenenalters, der Einbezug der Familie bei der Behandlung von Patientinnen mit Anorexia nervosa für den Therapieerfolg besonders wichtig. Für den Altersbereich der jungen Erwachsenen ab dem 18. Lebensjahr besteht zwar noch

Forschungsbedarf, aber vor dem Hintergrund einer verlängerten Adoleszenz (»Emerging Adulthood«), mit späterem Auszug aus dem Elternhaus, haben nach unserer Erfahrung bis um das 30. Lebensjahr familienbasierte Interventionen mit der Herkunftsfamilie in der stationären (ebenso in der teilstationären und ambulanten) Behandlung eine hohe Relevanz.

Für uns als psychotherapeutische Behandlerinnen erfordert die Therapie von Patientinnen mit Essstörungen das Mitdenken gesellschaftlicher Veränderungen, flexibles Handeln sowie das kritische Hinterfragen und Erweitern herkömmlicher Behandlungsprogramme.

3.6   Am Körper orientierte Verfahren

Katrin Imbierowicz

Die Körperschemastörung wird beschrieben als Störung der Wahrnehmung, der Gefühle und Gedanken sowie des Verhaltens bezogen auf den eigenen Körper (Cash, 2004), geht also über das »sich nicht als dünn empfinden« hinaus. Sie ist ein zentrales Diagnosekriterium der Anorexie und zeigt fließende Übergänge zur noch nicht diagnoserelevanten Körperunzufriedenheit vieler Menschen, aber auch zur diagnosewertigen körperdysmorphen Störung (▶ Kap. 6: Anorexie und Geschlecht). Die Körperunzufriedenheit ist ein Risikofaktor für die spätere Entwicklung einer Essstörung (Jacobi et al., 2004) und eine starke Ausprägung der Körperschemastörung ist prognostisch ungünstig für den Verlauf der Anorexie (Junne et al., 2019).

Die Verzerrung der Wahrnehmung des eigenen Körpers zeigt sich bei den Betroffenen in einer Überschätzung der Körperbereiche, z. B. der Bauchform und des Bauchumfanges, der Hüften oder auch der Oberschenkel. Die dominierenden Gefühle in Bezug auf den eigenen Körper sind Angst, Wut, Traurigkeit und Ekel (Vocks & Bauer, 2022), Störungen auf der Verhaltensebene sind Body Checking, ritualisiertes Wiegen, Vermeidung des eigenen Anblicks oder direkte Berührung des eigenen Körpers. Auf neuronaler Ebene finden sich Hinweise für eine gesteigerte Aktivität bei Konfrontation mit sensorischen und Körperbild-Stimuli als Ausdruck eines »angstbesetzten Körper-Selbstes« (Lucherini Angeletti et al., 2022).

So ist es naheliegend, dass Therapieelemente, die nah an körperbezogener Wahrnehmung, Gedanken und Gefühlen sowie zugehörigen Verhaltensweisen ansetzen, Bestandteil einer störungsspezifischen Behandlung sein müssen, auch wenn die aktuellen Leitlinien noch keine Aussagen darüber treffen können, in welcher Form dies genau geschehen sollte.

3.6.1 Körperwahrnehmungs- und Körperbildtherapie

Die Teilnahme an einer störungsunspezifischen Körperwahrnehmungsgruppe kann für Patientinnen mit Anorexie je nach Krankheitsschwere und Integrationsniveau des Körperselbst (s. Operationalisierte Psychodynamische Diagnostik, Arbeitskreis OPD 2024) ein zentraler Therapiebaustein sein, muss aber vor allem bei körperlich traumatisierten Patientinnen gelegentlich angepasst werden. Sie fokussiert die zunächst neutrale, aber im Verlauf zunehmend positive Wahrnehmung des eigenen Körpers durch Betrachtung, Berührung Beschreibung und Bewegungserleben.

Vocks, Bauer und Legenbauer (2018) stellen eine spezielle kognitiv-verhaltenstherapeutische Körperbildtherapie für Anorexia nervosa vor, zu der eine Körperkonfrontation mit Spiegel und Video gehört. Diese wird hier beschrieben, die Durchführung erfordert aber unbedingt Erfahrung in der Körpertherapie mit Anorexiepatientinnen und die Durcharbeitung des Manuals. Ohne ausreichende Kompetenz können Konfrontationsübungen die Patientinnen auch überfordern beziehungsweise in den Widerstand bringen.

Zunächst werden die Körperbereiche in negative, positive und neutrale Bereiche eingeordnet. Vor einem Ganzkörperspiegel betrachten die Patientinnen – möglichst in einem Bikini – ihren Körper systematisch und werden mithilfe von durch die Therapeutin gestellten Fragen aufgefordert, negative und positive, bzw. neutrale Bereiche, möglichst genau in eigenen Worten zu beschreiben. Nach unserer Erfahrung ist der Beginn in enganliegender Kleidung bereits herausfordernd, man sollte eher nicht im Bikini beginnen. Oft brauchen die Patientinnen Unterstützung dabei, die Konfrontation nicht mit ausschließlich negativen Adjektiven schnell zu beenden. Dies ist Ausdruck von Vermeidung einer wirklichen Konfrontation. So helfen Fragen nach Form, Beschaffenheit, Begrenzung, Anordnung im Raum oder dem räumlichen Verhältnis zu anderen Körperteilen, um die Konfrontation fortzusetzen. Die Übungen müssen regelmäßig wiederholt werden und haben das Ziel, negative Gefühle abzubauen, körperbezogenes Vermeidungsverhalten zu reduzieren, verzerrte Körperwahrnehmungen zu korrigieren und den Körper insgesamt positiver zu bewerten. Dies geschieht dadurch, dass bislang negativ bewertete Körperbereiche mit neutralen, vielleicht sogar irgendwann positiven Adjektiven beschrieben werden können. Beispielsweise können einzelne Aspekte einer kritischen Region, wie die Hautoberfläche, die Farbe oder ein Teilbereich der Region neutral oder positiv beschrieben werden, wodurch der begleitende Affekt positiver wird und generell die Varianz an neutralen und positiven Adjektiven in Bezug auf den eigenen Körper größer wird.

Ist das Körperbild sehr negativ, fällt es den Betroffenen überaus schwer, positive oder auch nur neutrale Körperbereiche zu definieren. Auch hier ist Unterstützung notwendig, damit vielleicht Augen, Wimpern, Haare oder Fingernägel als nicht negativ bewertete Bereiche identifiziert werden können. Eine eigenständige Konfrontation vor dem Spiegel sollte nicht beginnen, solange die Bewertungen ausschließlich negativ sind. Das Ziel ist dabei nicht, den eigenen Körper akkurater, oder »richtiger« wahrzunehmen, sondern die Bewertung und affektive Begleitreaktion zu verändern (Cornelissen & Toyle, 2021). In dem Manual von Vocks et al. (2018) werden zudem eine Vielzahl weiterer Interventionen beschrieben, die sich spezifisch auf das Körperbild beziehen, beispielsweise die Arbeit mit dysfunktionalen und automatischen Gedanken, der Abbau von Vermeidungs- und Kontrollverhalten und der Aufbau positiver. körperbezogener Tätigkeiten.

3.6.2 Weitere Verfahren

Im klinischen Alltag mit den Patientinnen fällt auf, wie stark diese ihren Körper als Objekt erleben, welches negativ bewertet und wie »Material« behandelt wird, das in Form gebracht werden muss. »Herrin im Haus« ist dann eine autoritäre Ich-Instanz, die den Körper antreibt, begrenzt, aushungert, überhört, mechanisch füllt und wieder leert.

Aus unserer Erfahrung sind deswegen körpertherapeutische Erfahrungen, die den Körper in ruhiger Bewegung wieder als Teil des Selbst erfahrbar machen, wichtig. Vor allem bei den Betroffenen, die ihrem Körper bis dahin maximale Leistung abverlangt haben, sind diese Bewegungserfahrungen, wie sie z. B. beim Yoga (s. kritische Diskussion bei Rizzuto et al., 2021) , der konzentrativen Bewegungstherapie (z. B. Graute et al., 2023), in der Tanztherapie (z. B. Khvostova & Willmann, 2018) oder auch beim Qi Gong (z. B. Gueguen et al., 2017) gemacht werden können, anfangs sehr ungewohnt. Sie können mit unangenehmen Körperwahrnehmungen, vor allem der negativ repräsentierten Körperbereiche, einhergehen. Manchmal kommt auch Ungeduld und Verärgerung auf. Ziel ist in allen Fällen, den Körper als Ganzes bewusster wahrzunehmen und den Fokus wegzulenken von den negativ besetzten Körperzonen. Durch ruhige Bewegungen kann wieder ein Kohäsionsgefühl zwischen Körper und der steuernden Ich-Instanz wachsen und Vertrauen in den eigenen Körper entstehen.

Auch Übungen, die eine Nähe z. B. zum gestalttherapeutischen Arbeiten haben und die die Themen der Erfahrung mit Nähe und Distanz zu anderen, der Gestaltung des eigenen Raumes und der dafür erforderlichen Grenzen fokussieren, adressieren sehr zentrale Themen der Patientinnengruppe.

Ein weiterer, für uns wichtiger Bereich der Körpertherapie, betrifft das im wörtlichen Sinne »Berührt werden«. Die Patientinnen ziehen sich zum einen selbst aus sozialen Interaktionen, in denen zum Beispiel Umarmungen erfahren werden können, zurück. In ihrem Umfeld lösen sie zusätzlich manchmal Verunsicherung und Abstandswünsche aus, sodass Berührungen immer seltener werden, das wiederum kann das Entfremdungsgefühl gegenüber dem eigenen Körper aufrechterhalten und verstärken.

Wir beobachten bei den von uns behandelten Patientinnen eine Ambivalenz gegenüber Berührung, wobei die Sehnsucht nach Berührung oft sehr stark ist. Möglichkeiten therapeutischer Berührung in einem körpertherapeutischen Setting (nicht in anderen therapeutischen Sitzungen) können zum Beispiel Interventionen sein, bei denen in liegender Körperhaltung der Kopf der Patientin ruhig gehalten oder sanft massiert wird. Auch eine Massage der Hände kann als sehr angenehm erlebt werden. Ebenso kann in sitzender Position eine stützende Hand zwischen den Schulterblättern Halt geben.

In unseren Therapien ist es in Gruppen anorektischer Patientinnen oft schwer, sich gegenseitig zu berühren, sodass die beschriebenen Interventionen meist im Rahmen von körpertherapeutischen Einzelsitzungen erfolgen.

Besonders sensibel muss therapeutischerseits bei Patientinnen mit körperbezogenen Traumata vorgegangen werden. Der Wunsch nach körperlichem Abstand ist in jedem Fall zu respektieren. Bei starker Angst vor Berührung ist eine behutsame Exploration möglicher Gründe in einem Einzelgespräch sinnvoll.

3.6.3 Umgang mit gestörter Innenwahrnehmung

Schwierigkeiten bereiten den Patientinnen nicht nur die Körperschemastörung, sondern auch die Einordnung einer körperlichen Reaktion, z. B. als Ausdruck eines emotionalen Zustandes oder als Wahrnehmung von Hunger. Phillipou et al. (2022) beschreiben eine erhöhte Aufmerksamkeit bezogen auf Körperreaktionen bei gleichzeitig erniedrigtem Vertrauen in die eigene Wahrnehmung von Patientinnen mit Anorexie, verglichen mit einer gesunden Kontrollgruppe. Die Fehlinterpretation körperlicher Wahrnehmung (z. B. wahrgenommenes Völlegefühl wird als Folge eines »verbotenen Nahrungsmittels« eingeordnet) kann im Verlauf negative Gefühle (z. B. Angst vor Nahrungsmitteln) provozieren oder verstärken. Thompson-Brenner et al. (2021) empfehlen daher Expositionsübungen wie Hyperventilation, aber auch Achtsamkeitsübungen, um die Akzeptanz von Körperwahrnehmungen zu steigern. Psychodynamisch ist ein Ziel von körperorientierten Übungen die bessere Integration des »Körperselbst« (oder »verkörperten Selbst«, s. Henningsen, 2022), welches in der OPD Bestandteil der Strukturachse ist.

3.6.4 Umgang mit Bewegungswunsch

Ein hoher Wunsch nach Bewegung wird von Behandlerinnen bei Patientinnen mit Anorexie meist kritisch und als Ausdruck des Symptomverhaltens gesehen, was er auch oft ist. Zugleich ist es natürlich richtig, dass Bewegung grundsätzlich gesund ist, und die Bewegung stellt für Patientinnen mit hohem innerem Druck auch eine Ressource dar. Wird über Bedeutung von, und Umgang mit, Bewegung nicht gesprochen, findet sie im Verborgenen statt und ist der Therapie nicht zugänglich. Die Thematisierung des Bewegungsdranges ist enorm wichtig, denn liegt ein dysfunktionaler, exzessiver Bewegungsdrang noch am Ende der Behandlung vor, erhöht dies die Wahrscheinlichkeit für Rückfälle und einen chronischen Verlauf (Strober et al., 1997). Auch wenn noch keine spezifischen Empfehlungen vorliegen, wird es als unwahrscheinlich angesehen, dass der dysfunktionale Bewegungsdrang von allein im Rahmen einer allgemeinen Symptomverbesserung sistiert (Calogero & Pedrotty-Stump, 2010).

In der Symptomanamnese sollte also dem Bewegungsverhalten bereits besondere Aufmerksamkeit geschenkt werden. Art, Umfang und Bedeutung der Bewegung werden erhoben, ebenso, ob es der Patientin bereits möglich ist zu entscheiden, welche Bewegungswünsche in Verbindung mit der Anorexie stehen (▶ Tab. 3.3).

Tab. 3.3: Einordnung Bewegungswunsch (BW)

Eher Anorexiesymptom	Eher Ressource
Beginn oder Verstärkung BW und Anorexiebeginn in zeitlicher Nähe	BW eher vor Essstörung bereits eine Ressource (Ausnahme Leistungssport, s. u.)
BW steigt nach Nahrungsaufnahme oder Körpertrigger (Bemerkung von anderen, Body-Checking, Gewichtszunahme etc.)	BW ist ein von Nahrungsaufnahme und Körperzufriedenheit eher unabhängiges Verhalten
Auswahl von intensiven Bewegungsformen unabhängig davon, ob sie gerne durchgeführt werden, inhaltlich der Kampf/Flucht-Ebene näher als der Spielebene	BW bezieht sich eher auf Vorlieben; Verstärker sind Spaß, verbessertes Fitnesserleben, Nähe zum Spielerleben
Ist es nicht möglich, dem BW nachzugehen, steigt die Körperunzufriedenheit stark und es werden andere Möglichkeiten zur Gewichtsregulation gesucht	Dem Nicht-Nachgehen des BW folgt eine kurze und schwächere emotionale Reaktion
BW wird trotz schlechter Tagesform oder Erschöpfung nachgegangen, Verletzungen führen nicht zu Schonverhalten	Körperwohl geht vor Bewegung
Bewegungsumfang wird eher bagatellisiert	Bewegungsumfang wird realistischer beschrieben
Bewegung wird eher im Verborgenen und einzeln als öffentlich und gemeinsam durchgeführt	Bewegung öffentlich und gemeinsam möglich

Leistungssport, oder mit hohem Leistungsanspruch durchgeführter Laiensport vor Beginn der Anorexie, stellen Besonderheiten dar, da diese zwar belohnend oder identitätsstiftend erlebt werden können, aber auch Risikofaktoren für die Entwicklung einer Essstörung sein können, vor allem wenn die Sportart mit einzuhaltenden Gewichtsgrenzen oder Notwendigkeit eines niedrigen Körpergewichtes verbunden ist. Inhaltlich ändert sich der therapeutische Umgang nicht. Wichtig ist eher, auch anamnestisch bei Leistungssportlerinnen die Bedeutung von Sport und Erfolg in der Entstehungsgeschichte der Anorexie zu beachten.

In der Therapie muss also eine Balance gefunden werden. Einerseits kann es sinnvoll sein, die Bewegung deutlich einzuschränken, damit auf diesem Weg keine Kalorien verbrannt werden, und damit gelernt wird, den Verzicht auf anorektisches Symptomverhalten auszuhalten. Die Erfahrung, wie stark die psychische Abhängigkeit ist, und das Aufkommen von, von der Patientin ungewünschten, Emotionen können therapeutisch genutzt werden. Auch folgt aus manchen Vorgaben der Gewichtsvereinbarung, z. B. der Zimmerruhe, dass Sport draußen nicht möglich ist. Andererseits macht es keinen Sinn, der Patientin eine nützliche Ressource über lange Zeit zu entziehen, wenn sie diese glaubhaft weit überwiegend zur Steigerung des Wohlbefindens abseits der Anorexie oder auch zur dosierten Spannungsregulation (ohne Exzesse) einsetzt. Hier kann eine gezielte Bewegungstherapie hilfreich sein. Ein stationäres, körperpsychotherapeutisches Gruppenkonzept für jugendliche

Patientinnen mit Anorexie auf Basis der konzentrativen Bewegungstherapie wurde von Graute et al. (2023) beschrieben und evaluiert. Dittmer et al. (2023) haben den nachhaltigen Benefit einer spezifischen Therapie, die einen an Körperübungen orientierten Ansatz mit kognitiv-behavioralen Inhalten integriert, beschrieben.

Im stationären Alltag helfen Bewegungsprotokolle, die Patientin besser zu verstehen und zu unterscheiden, inwieweit Art und Umfang der Bewegung verändert werden sollten. Eine hohe Sportaktivität sollte zu Beginn eingeschränkt und Lockerungen im Verlauf besprochen werden. In der therapeutischen Auseinandersetzung mit dem Thema braucht die Patientin Unterstützung im Sinne therapeutischer Aufgaben, langsamere, bewusstere Bewegungsformen für sich zu entdecken und diese von essstörungsspezifischen Bewegungstriggern zu entkoppeln, z. B. indem achtsame Bewegungsübungen fester Tagesbestandteil zu einem Zeitpunkt werden, der unabhängig von der Nahrungsaufnahme ist.

Braucht die Betroffene vermehrte Stimulation durch Bewegung, um inneren Druck zu regulieren, wie es bei komorbiden, emotional instabilen Persönlichkeitsanteilen vorkommen kann, braucht es Vereinbarungen zu Umfang und Ablauf. Die Bewegung sollte anfangs in therapeutischer Begleitung durchgeführt werden und kann intensive, aber achtsam durchgeführte Übungen gegen einen Widerstand, z. B. Boxsack, Schaumstoffmatte o. ä. beinhalten.

Immer sollte bei intensiveren Bewegungseinheiten auf die eventuell krankheitsbedingt bestehende Osteoporose und mögliche pathologische Frakturen geachtet werden.

> **Merke**
>
> Ein hoher Bewegungsdrang mit dem Ziel der Kalorienverbrennung ist Teil des Krankheitsbilds. Das individuelle Bewegungsprofil und die »Bewegungsgeschichte« der Patientinnen müssen exploriert und eingeordnet werden. Positive Aspekte des Bewegungswunsches von Patientinnen mit Anorexie sollten genutzt und dieser gegebenenfalls mit den Patientinnen gemeinsam »entschleunigt« werden.

3.7 Zusammenarbeit im stationären Team

Katrin Imbierowicz

Die Arbeit in einem multiprofessionellen Behandlungsteam ist ein zentraler Aspekt der stationären psychosomatischen und psychotherapeutischen Behandlung in Deutschland (Spitzer et al., 2008).

Die Vielfalt eines solchen Teams kann es den Patientinnen sehr viel leichter machen, ihren Einstieg in die Psychotherapie zu finden. Die Beobachtungen und

Ergebnisse der reflexiven und verhaltensbezogenen, körperorientierten, kunsttherapeutischen, soziotherapeutischen, supportiven und psychoedukativen Angebote zusammenzutragen, erweitert außerdem das Verständnis für die individuelle Persönlichkeit und Problematik und die individuellen Erfordernisse der Patientin.

Der Umgang mit Widerständen oder Blockaden auf Patientinnen- wie auf Behandlerinnenseite kann gemeinsam besser reflektiert und getragen werden.

Tiefenpsychologische, kognitiv-behaviorale und systemische Verfahren sowie supportive Interventionen können im Team von verschiedenen Therapeutinnen jeweils in verschiedenen Einheiten angewendet werden (▶ Kap. 3.2: Integrativer Therapieansatz).

Nach unserem Verständnis gelingt das Bündnis mit der Patientin insbesondere dann, wenn diese sich als »Partnerin« des Teams sehen kann. Patientin und Team verfolgen das Ziel der Symptomkontrolle und der Einordnung der Erkrankung in den ganz persönlichen, biographischen und aktuellen Lebenskontext. Die Übereinkunft, gemeinsam an der Erweiterung des Nahrungsspektrums und der Gewichtszunahme zu arbeiten, muss immer wieder geprüft werden und ist gerade in der ersten Hälfte der Therapie oft noch Verhandlungssache (▶ Kap. 3.1: Gewichtskonsolidierung und ▶ Kap. 3.9: Management ambivalenter Therapiemotivation).

3.7.1 Mögliche Aufgabenverteilung der Berufsgruppen

Den verschiedenen Berufsgruppen können verschiedene Aufgabenschwerpunkte zugeordnet werden:

Den *Ärztinnen* kommen die Einschätzung und Behandlung der Kachexie zu. Sie überwachen Blutwerte und mögliche somatische Komplikationen, stimmen körperlichen Zustand, Schnelligkeit der Gewichtszunahme und dafür erforderliche Nahrungsaufnahme ab. Meist erstellen sie die bereits beschriebene Gewichtsvereinbarung (▶ Kap. 3.1: Gewichtskonsolidierung und ▶ Kap. 3.4: Verhaltenstherapie).

Ärztinnen mit psychotherapeutischer Ausbildung können ebenso wie *psychologische Psychotherapeutinnen* die zunächst schwerpunktmäßig symptomorientierten psychotherapeutischen Einzelsitzungen übernehmen. Sie bieten Informationen zu anorexietypischen Kognitionen, Verhaltensmustern und Emotionen, Generalisierungen, katastrophisierenden und automatischen Gedanken und identifizieren mit den Patientinnen deren ganz individuelle Krankheitsmuster. Immer wieder wird es in der ersten Phase der Behandlung um Motivation und die Arbeit an Ängsten vor der Gewichtszunahme gehen, um daraus resultierendes Vermeidungsverhalten sowie um die Plausibilität von Angaben zu Nahrungsaufnahme und Gewichtsverlauf. Die therapeutische Rolle ist anfangs oft aktiver als im weiteren Prozess, wenn es um reflexive Arbeit geht. Dennoch ist die Arbeit an der Beziehung im Sinne eines »epistemischen Vertrauens« (Fonagy & Nolte, 2023), also dem Vertrauen, dass die Therapeutin ein ehrliches Interesse hat und ihre Aussagen vertrauenswürdig und relevant sind, ein zentraler Punkt, und Beziehungsstörungen müssen zumindest auf Therapeutinnenseite früh reflektiert werden.

Im weiteren Therapieverlauf wird der jeweilige Hintergrund der Erkrankung beleuchtet. Dieser ist interindividuell sehr vielgestaltig und kann z.B. bei der einen Patientin Ausdruck komplexer Traumaerfahrungen sein, bei der anderen die Möglichkeit, einem noch offenen Lebensentwurf eine Richtung zu geben. Hier ist therapeutinnenseitig Unvoreingenommenheit in alle Richtungen und eher Zurückhaltung bei Interpretationen gefragt. Als sinnvoll haben sich in unserem Setting mindestens zwei bis vier Einzelsitzungen pro Woche zwischen 25 und 50 min Dauer erwiesen.

Das *Pflegeteam* übernimmt in symptomorientierten und supportiven Einzelsitzungen von 2 * 20 min Dauer pro Woche die Besprechung der Mahlzeitenplanung und der Essprotokolle sowie die Motivation zur schrittweisen Erweiterung des Nahrungsmittelspektrums. Auch aktuelle Fragen wie Techniken zur Spannungsregulation oder interaktive Probleme mit der Familie oder Mitpatientinnen haben hier ihren Raum. Im Rahmen eines Bezugspflegesystems haben die Patientinnen eine feste Ansprechpartnerin aus dem Pflegeteam für diese Themen. Essensvor- und nachbesprechungen sowie begleitete Mahlzeiten, postprandiale Betreuung, Kochgruppen und begleitete Zwischenmahlzeiten werden ebenfalls oft vom Pflegeteam übernommen. Entsprechend weitergebildet können vom Pflegeteam auch weitere spezial- oder körpertherapeutische Angebote durchgeführt werden.

Die Berufsgruppe der Pflegenden ist abends und an den Wochenenden meist die einzige Ansprechpartnerin der Patientinnen und erlebt dadurch eine große Verantwortungslast, die selbstverständlich im Gesamtteam geteilt werden muss. Das Pflegeteam ist die Berufsgruppe, die in ihrer täglichen Arbeit am nächsten am Alltagsverhalten der Patientinnen ist. Sie erleben häufiger nicht-therapeutische Interaktionen mit Mitpatientinnen, können einschätzen, ob die Patientinnen über altersentsprechende Fertigkeiten, wie z.B. das Zimmer aufgeräumt zu halten, Wäsche selbstständig zu waschen u.a., verfügen und ob sie sich an die Vorgaben der Gewichtsvereinbarung halten, und erleben die Stimmung der Patientinnen z.B. beim Nachtrundgang in ihrem Zimmer. Alles zusammen hat eine große Bedeutung für die Therapieplanung.

Speziell für die Arbeit mit Patientinnen mit Anorexie weitergebildete *Ernährungstherapeutinnen* unterstützen zusammen mit dem Pflegeteam die Gestaltung des Kostaufbaus am Anfang und der weiteren Nahrungszusammenstellung im Verlauf. Anders als in der Ernährungsberatung normal- bis übergewichtiger Menschen, bei denen eine Steigerung der Gemüse- und Ballaststoffaufnahme fokussiert wird, brauchen die Patientinnen Unterstützung darin, sich an höherkalorische, von den Betroffenen und zum Teil auch gesellschaftlich oft als ungesund deklarierte Nahrungsmittel heranzuwagen und stärker genussorientiert zu essen. Psychoedukation zum Thema Hunger, Appetit und Sättigung, sowie die Hungerphysiologie sind darüber hinaus ein wichtiges Thema.

Körpertherapeutinnen übernehmen die in ▶ Kap. 3.6 beschriebene Körperbildtherapie. Darüber hinaus sind sie meist die Berufsgruppe, mit der die Patientinnen als erstes ganz basale »Kontaktaufnahmen« mit dem eigenen Körper erleben. Aber sie sind auch konfrontiert mit der rigorosen Ablehnung und existenziellen Strenge gegenüber dem eigenen Körper. Findet die Übung der Körperwahrnehmung in Gruppen mit mehreren Betroffenen statt, gilt es besonders hier, beobachtete Konkurrenz untereinander offen zu thematisieren und über die Identifizierung gemeinsamer Ziele und Schwierigkeiten ein Gemeinschaftserleben zu fördern.

Von den Körpertherapeutinnen wird ebenfalls meist die Einübung von Entspannungsverfahren übernommen, die in unserer Klinik in der Gewichtsvereinbarung von Anfang an im Therapieplan vorgesehen ist. Einzig ausgenommen sind hier Patientinnen mit einer PTBS, sofern bei ihnen Entspannung das Auftreten von Flashbacks auslöst. Wir streben bei allen anderen Patientinnen mit Anorexie das Erlernen der Progressiven Muskelentspannung nach Jacobson (Jacobson, 2021) an, da sie durch die Fokussierung auf An- und Entspannung auch für Patientinnen mit starker Grübelneigung gut geeignet ist. Je nach Zusammensetzung der Entspannungsgruppe können auch Imaginationen, wie sie z. B. in der Psychodynamisch Imaginativen Traumatherapie PITT (Lampe et al., 2008; Reddemann, 2021) zur Anwendung kommen, eingesetzt werden. Diese eignen sich aus unserer Erfahrung besonders gut auch für Patientinnen mit Essstörungen, da deren essstörungsspezifische Kognitionen und Emotionen oft als intrusiv und wenig steuerbar erlebt werden.

Die Ergänzung um eine weitere nonverbale Therapieeinheit stellen die *Gestaltungs- oder Kunsttherapie* und auch die Musiktherapie dar. Für die leistungsorientierten jungen Frauen unter den Patientinnen ist diese Therapieform Herausforderung und Chance zugleich, da sie authentischen Ausdruck zunächst in gestalterischer oder musikalischer Form beispielhaft lernen und sich mit dabei aufkommenden Leistungsgedanken und Vergleichstendenzen auseinandersetzen können. Da dies auch für Patientinnen mit anderen Krankheitsbildern sinnvoll ist, können Patientinnen mit Anorexie hier sehr gut in eine gemischte Gruppe integriert werden.

Die Mitarbeiterinnen der *Sozialarbeit* übernehmen die wichtigen Aufgaben der Planung von Berufs- bzw. Ausbildungs- und Wohnsituation, finanziellen Förderungsmöglichkeiten und gegebenenfalls Entschuldung. Bei stärker eingeschränkten Patientinnen sind darüber hinaus die Einleitung einer ambulanten psychiatrischen Pflege oder eines betreuten Wohnens zu erwägen. Vor der Entlassung der Patientin sollte geklärt sein, wo sie wohnen wird, wie sie sich finanziert und welches Unterstützungsnetz ambulant aufgebaut sein muss.

Wir ergänzen in unserem Setting ein *Training sozialer Kompetenzen*, bei der die Patientinnen mit Anorexie soziale Interaktionen unter Rollenspielbedingungen in der nicht störungsspezifischen Gesamtgruppe einüben. Sinnvoll können hier neben allgemeinen Übungen, die die Selbstsicherheit steigern, gezielte Übungen für das familiäre oder freundschaftliche Umfeld zu Themen um die Anorexie sein. So muss die Patientin oft mit der Familie besprechen, welcher Umgang mit dem Thema im Alltag für sie hilfreich ist. Diese Gruppe kann sowohl vom geschulten Pflegeteam als auch von psychologischen oder ärztlichen Therapeutinnen übernommen werden und sich im Ablauf z. B. am Gruppentraining Sozialer Kompetenzen nach Hinsch und Pfingsten (2023) orientieren.

Da Patientinnen mit Anorexie, auch nach dem 18. Lebensjahr, oftmals noch zur Schule oder Berufsschule gehen und bei gleichzeitig vorhandenem Leistungsanspruch an sich selbst große Sorge haben, Schulstoff zu verpassen oder ein Schuljahr nachzuholen, entlastet ein angepasstes klinikinternes Beschulungsangebot durch eine *Lehrerin* oder eine angeschlossene Schule enorm. In großen Kliniken, die eine pädiatrische oder kinder- und jugendpsychiatrische Abteilung haben, lohnt es sich, dort nach einem solchen Angebot nachzufragen. Ist das nicht möglich, kann manchmal auch nach therapeutischen Erwägungen eine Absprache mit engagierten Lehrerinnen getroffen werden, ob und wie das Üben einzelner Schulthemen während der Therapie sinnvoll ist. Bei einer schweren Anorexie sollte frühzeitig besprochen werden, ob zur Entlastung der Patientin und in der Abwägung zwischen aktuellem Leistungsanspruch und Zeit zum Aufbau eines gesunden Leistungsvermögens auch das Wiederholen oder Aufschieben eines Schul- oder Ausbildungsjahres oder Studiensemesters sinnvoll ist.

3.7.2 Teambesprechungen und Supervision

Interne und externe Supervision, Information, der institutionalisierte Austausch mit Möglichkeiten zu Entlastung und Abstimmung einer gemeinsamen therapeutischen Haltung sind wichtige Säulen der gemeinsamen Arbeit.

Regelmäßige (ein-bis zweimal wöchentliche) Teamsitzungen, in denen Informationen zum aktuellen Stand des Therapiebündnisses, der körperlichen Situation und gegebenenfalls Gefährdung, des Symptomverhaltens, des Gewichtsverlaufs sowie der Arbeit an den individuellen Hintergründen und aufrechterhaltenden Faktoren ausgetauscht werden, steigern die Sicherheit im Umgang mit den Patientinnen und natürlich die Qualität der Behandlung enorm. Das qualifizierteste Team kann sich unter Umständen gegenseitig in der Arbeit behindern, wenn es keine Zeit für Abstimmung findet. Dabei sollte beachtet werden, dass jede Berufsgruppe gleichberechtigt zu Wort kommt.

Es erfordert Übung, psychotherapeutische Prozesse in Worte zu fassen, sie zu verdichten, ohne oberflächlich oder weitschweifend zu werden. Eine Moderation der Teamsitzungen und ein Lernen von erfahrenen Kolleginnen kann hilfreich sein. Raum für die tiefergehende Reflexion einzelner Therapieprozesse bietet darüber hinaus eine (nach Möglichkeit externe) *Team- oder Fallsupervision*.

Die regelmäßige fachlich-therapeutische Supervision der ärztlichen und psychologischen, psychotherapeutischen Kolleginnen in Aus- und Weiterbildung wird üblicherweise intern bereitgestellt.

Gegenübertragungsprozesse gestalten sich in einem Team oft komplex. Da am Anfang der Behandlung bei den meisten Patientinnen mit deren Ambivalenzen gegenüber einer Behandlung gearbeitet werden muss, können sich im Team Ärger, Angst, Ermüdung, Resignation, aber natürlich auch ein Überaktionismus oder eine Laissez-Faire-Haltung auf verschiedene Personen verteilen. Hier gilt es als ärztliche und pflegerische Leitung, diese Reaktionen nicht als Problem der Behandlung, sondern als Ausdruck einer inneren Auseinandersetzung zu sehen und verstehbar zu machen. Die Gegenübertragungen sollten nach Möglichkeit identifiziert werden, bevor sie unreflektiert in die Beziehungsgestaltung einfließen, werden allerdings manchmal auch erst im Verhalten sichtbar und dadurch benennbar. Die Offenheit im Team, über eigene emotionale Reaktionen zu sprechen, sollte aktiv gefördert werden, ebenso wie das Bewusstsein dafür, dass ein Abweichen vom Behandlungsplan bei einzelnen Patientinnen Ausdruck einer Gegenübertragung sein kann. Daher sollten alle Abweichungen als Teamentscheidung beschlossen werden. Blickt ein Team gemeinsam auf den Einzelfall, können Verwicklungen viel leichter erkannt werden. Erfahrenere Mitarbeiterinnen werden diese vermutlich schneller erkennen als unerfahrene. Diese wiederum erkennen eingeschlichene, aber nicht in Frage gestellte Ungereimtheiten des Settings schneller und liefern damit die Grundlage für eine ständige Qualitätskontrolle. Ärztliche und pflegerische Leitung übernehmen die Verantwortung für Teamentscheidungen und auch für das rechtzeitige Einschreiten bei unsachgemäßen Behandlungsentscheidungen.

Nach unserer Erfahrung kann es manchmal nötig sein, eine getroffene Behandlungsentscheidung rückgängig zu machen, wenn diese sich als ungünstig für den Therapieprozess erweist. Dies sollte insgesamt die Ausnahme bleiben, und sowohl die Patientin als auch bei der Entscheidung nicht beteiligte Teammitglieder, benötigen eine Erklärung zum Hintergrund der Umentscheidung.

Arbeitet man auf einer Station, in der zusammen mit Patientinnen mit Anorexie auch Patientinnen mit anderen Krankheitsbildern behandelt werden, ist darauf zu achten, dass trotz der umfangreichen Zusatzerfordernisse im Anorexie-Setting allen Patientinnen genügend Zeit zukommt. Fällt dies schwer, kann es unter Umständen sinnvoll sein, die parallel behandelte Anzahl von Patientinnen mit Anorexie, zumindest mit sehr schwerem Symptombild oder sehr ambivalenter Motivation, auf einer Station zu steuern und die Teamkapazitäten dabei mit einzubeziehen.

Wie schon einleitend beschrieben, sehen wir in der Zusammenarbeit der Vertreterinnen unterschiedlicher Therapieschulen eine hervorragende Ergänzung. Verhaltenstherapeutische Elemente wie Gewichtsvereinbarungen und der Fokus auf das Essverhalten sind genauso integraler Bestandteil einer zeitgemäßen Behandlung der AN wie z. B. die psychodynamische Reflexion von Gegenübertragungen bei diesen hoch ambivalenten Patientinnen oder die systemisch konzipierte Einbindung der Eltern, vor allem bei jungen Patientinnen. Die verschiedenen Perspektiven der Therapieverfahren und -methoden wie auch die der beteiligten Berufsgruppen sind eine große Bereicherung, auch wenn eine Integration dieser Perspektiven manchmal Zeit kostet.

> **Merke**
>
> Ein multiprofessionelles Team nutzt sein volles Potenzial erst durch den Austausch über die Therapieinhalte und die Abstimmung des Behandlungsfokus. Das Einbeziehen der Gegenübertragung und die Diskussion über Abweichung bei Therapieentscheidungen sind wichtige qualitätssichernde Maßnahmen.

3.8 Schnittstellen – Der Umgang mit Angehörigen und der Kontakt zur Hausärztin im Rahmen der stationären Behandlung

Franziska Geiser

3.8.1 Einleitung

Angehörige von Patientinnen mit Anorexia nervosa, vor allem Eltern, erleben sich in der Zwickmühle zwischen Vertrauen und Kontrolle, Sorge und Ärger, Schuldgefühlen und Hilflosigkeit. Hier spiegeln sich einerseits die dem Krankheitsbild inhärente Ambivalenz und andererseits häufig konflikthafte Familienkonstellationen wider. Angehörige sind deshalb oft selbst stark belastet und suchen überdurchschnittlich häufig das Gespräch mit den behandelnden Therapeutinnen, teilweise mit hohem emotionalem Druck. Bei minderjährigen Patientinnen ist die Integration familienbasierter Interventionen unabdingbar (S3-Leitlinie Essstörungen, Herpertz et al., 2019). Aber auch bei jungen volljährigen Patientinnen, insbesondere wenn sie noch bei den Eltern wohnen, ist der Einbezug der Familie Bestandteil der Behandlung. Mindestens ein Familiengespräch sollte im Verlauf der stationären Therapie angeboten und die Familie in die Entlassvorbereitung einbezogen werden (▶ Kap. 3.5: Familientherapie).

3.8.2 Kontaktwunsch von Angehörigen während der Therapie

Eine besondere Konstellation während der stationären Therapie ist die Bitte von Angehörigen um ein persönliches Gespräch mit einer behandelnden Ärztin/Psychotherapeutin. Als erstes ist hier (bei volljährigen Patientinnen; auch bei einwilligungsfähigen Jugendlichen, wenn keine Gefahr für Leib und Leben vorliegt, s. Landespsychotherapeutenkammer B-W, 2021) natürlich auf die Schweigepflicht hinzuweisen. Für das Verständnis der Angehörigen ist es förderlich, zudem zu erläutern, dass Psychotherapie ein besonderes Vertrauensverhältnis erfordert und in einer vertrauensbasierten Psychotherapie eine feste Regel ist, mit Dritten über Therapieinhalte oder -fortschritte in Abwesenheit der Patientin zu sprechen. Dies sollte aber kein Vorwand sein, um potenziell anstrengenden Angehörigengesprächen grundsätzlich aus dem Weg zu gehen.

Wenn keine Hinderungsgründe für ein Familiengespräch vorliegen (z. B. weil die Patientin dies ablehnt oder die Therapeutinnen dies nicht für ratsam halten), sollte man mitteilen, wann im Therapieverlauf ein oder mehrere Familiengespräche angeboten werden (▶ Kap. 3.5: Familientherapie), und Angehörige bitten, ihren Wunsch nach einem solchen Gespräch mit der Patientin zu besprechen.

> **Merke**
>
> Es gilt die Regel, dass keine therapiebezogenen Gespräche mit Angehörigen oder Dritten (außer ambulanten Behandlerinnen, wenn hierfür eine Entbindung von der Schweigepflicht vorliegt) in Abwesenheit der Patientin stattfinden.

Dennoch beinhaltet eine hilfreiche therapeutische Haltung bei der stationären Behandlung von Patientinnen mit Anorexie auch, Sorgen belasteter Angehöriger nach Möglichkeit ernstzunehmen. Wenn enge Angehörige, die sich Sorgen machen, das Gefühl entwickeln, ohne für sie nachvollziehbaren Grund von Informationen über die Therapie ausgeschlossen zu werden, kann dies kontraproduktive Effekte haben und auch für die Patientin zu ambivalenten Situationen führen. Für die Therapie ist es hilfreich, wenn auch Angehörige Vertrauen in das Therapiesetting entwickeln. Dazu gehört mindestens, zu verstehen, warum eine Kommunikation mit den Behandlerinnen nicht ohne Weiteres möglich ist.

> **Merke**
>
> Günstig ist, wenn auch Angehörige unrealistische Sorgen oder Erwartungen abbauen können und fachlichen Rat erhalten.

Oft hilft es schon, gegenüber einem Angehörigen explizit anzuerkennen, dass die Familie immer auch mitbetroffen und im Heilungsverlauf ggf. wichtig ist, auch wenn sie nicht im Mittelpunkt der Therapie steht. Bei erkennbar hoher emotionaler Belastung kann, ohne über die Patientin zu sprechen, auf Entlastungsmöglichkeiten wie Gespräche mit anderen Nahestehenden, seriöse Informationsquellen, Beratungsstellen oder Selbsthilfegruppen für Angehörige (▶ Kap. 5: Externe Informations- und Unterstützungsangebote) wie auch auf die Möglichkeit eigener psychotherapeutischer Unterstützung (wenn es keine Angehörigengruppen gibt, dann an einer anderen Institution) hingewiesen werden.

Weitere Psychoedukation zum Krankheitsbild, wie auch alle therapiebezogenen Inhalte, gehören in ein Familiengespräch gemeinsam mit der Patientin. Nur als Ausnahmefall kann es aufgrund äußerer Bedingungen oder der therapeutischen Konstellation statthaft sein, über therapiebezogene Themen mit den Angehörigen allein zu sprechen. Dies setzt voraus, dass die Patientin dem aus freiem Willen gegenüber der Behandlerin zugestimmt hat (das sollte dokumentiert sein) und ein solches Gespräch als förderlich für die Behandlung eingeschätzt wird. So können z. B. bei einer sehr untergewichtigen oder krankheitsuneinsichtigen Patientin, bei der eine reguläre oder auch vorzeitige Entlassung zeitnah zu erwarten ist, Gespräche über Therapiealternativen und Hilfeangebote den Angehörigen Orientierung über mögliche nächste Schritte geben. Auch kann es trotz der damit verbundenen therapeutischen Problematik der Triangulierung hilfreich sein, fremdanamnestische Informationen zu erhalten (im Sinne einer zweiten Perspektive, nicht der »Objektivität«). Regelhaft sollte die Patientin im Anschluss an ein, mit ihrem Einverständnis ohne ihre Anwesenheit stattgefundenes Gespräch über die Inhalte informiert werden, um falschen Vermutungen oder Fantasien über Gesprächsinhalte vorzubeugen.

3.8.3 Einbezug von Angehörigen in das Entlassmanagement

Gerade von einer ersten stationären Behandlung erhoffen sich Patientinnen wie auch enge Angehörige häufig eine vollständige Genesung und Rückkehr zu einem »normalen« Familienleben. Der Weg zur vollständigen Remission einer Magersucht ist aber ein Prozess, der sich meist über Jahre zieht (▶ Kap. 1: Diagnose). Ein frühzeitiges Entlassmanagement beinhaltet deshalb die Erarbeitung einer realistischen Perspektive auf die nachstationäre Zeit, nicht nur mit der Patientin, sondern auch mit Angehörigen, v. a. Eltern (▶ Kap. 3.5: Familientherapie). Wichtig ist hierbei eine frühzeitige Einbeziehung des Sozialdienstes, um Themen wie Ausbildung, Wohnen, Finanzen zu klären. Auch sollte die Patientin frühzeitig motiviert und, soweit nötig, unterstützt werden, sich selbstständig um einen ambulanten Psychotherapieplatz zu kümmern.

Bei einem Familiengespräch im Hinblick auf die Zeit nach der Entlassung gilt es, eine zielführende Balance zu finden zwischen der Förderung von Selbstständigkeit und Selbstbestimmung bei der Patientin, der Mobilisierung hilfreicher Unterstützung durch die Eltern und der Entschärfung vorhersehbarer Konfliktsituationen. Dabei hat die Therapeutin eine strukturierende und auch anleitende Rolle. Es sollten Ziele formuliert und Regeln für das gemeinsame Zusammenleben festgelegt werden, denen möglichst alle zustimmen können. Ein wichtiges Thema im Rahmen des Individuation vs. Abhängigkeit-Konflikts (▶ Kap. 3.3: Psychodynamischer Ansatz) ist die gegenseitige Akzeptanz von Bedürfnissen und Rechten: das Bedürfnis der Patientin, ihr Leben nach eigenen Vorstellungen zu gestalten und als erwachsen respektiert zu werden, aber auch das Bedürfnis der Eltern, ein Minimum an Rückversicherung über die Gesundheit der Patientin zu erhalten und Regeln über das häusliche Zusammenleben maßgeblich mitzubestimmen. Neben einem transparenten Plan, wie die Patientin möglichst selbstverantwortlich ihr Gewicht halten oder weiter steigern wird, helfen feste Vereinbarungen: z.B. bei noch untergewichtigen Patientinnen eine Regelung, wie Eltern von einer kritischen Gewichtsabnahme erfahren (z.B. Erlaubnis eines wöchentlichen Nachfragens, oder eine Kontrolle über die Hausärztin, s. u.), verbunden mit der Zusage der Eltern, sich im Alltag mit Nachfragen zum Gewicht oder der Kontrolle des Essens zurückzuhalten. Hierzu gehört auch die feste Vereinbarung, dass die Patientin eine weiterführende ambulante Therapie in Anspruch nehmen wird, und ggf. ein Commitment von Familienmitgliedern zu einer ambulanten Familientherapie. Ebenso sollte besprochen werden, welche Schritte von wem eingeleitet werden (dürfen), falls die Vereinbarungen nicht eingehalten werden oder die Patientin wieder abnimmt. Die Bandbreite möglicher Konsequenzen reicht von der Verpflichtung beider Seiten, sich einem klärenden Gespräch zu stellen, über ein gemeinsames Gespräch mit der

Hausärztin oder einer Beratungsstelle, bis hin zur stationären Anmeldung in einer psychosomatischen Klinik oder der umgehenden Aufnahme auf eine internistische oder psychiatrische Station. Das Gespräch sollte dennoch nicht den Charakter eines »Kampfs um Kontrolle« erhalten, sondern von der Zuversicht auf eine (weitere) Verbesserung und Genesung getragen werden. Bei sehr schwerer Erkrankung mit hohem Risiko von Eigengefährdung kann es dennoch erforderlich sein, mögliche Maßnahmen wie die Einrichtung einer Betreuung oder die Kriterien und den Ablauf einer eventuell erforderlichen Zwangseinweisung zu erläutern.

Auch in der Entlassphase ist der Verweis auf Unterstützungsmöglichkeiten für Angehörige wichtig (Beratungsstellen, Selbsthilfe, Informationsquellen, ▶ Kap. 5: Externe Informations- und Unterstützungsangebote).

> **Merke**
>
> Familien, in denen keine schwerwiegenden Beziehungsstörungen vorliegen, reagieren in der Regel sehr positiv sowohl auf eine validierende Anerkennung von Therapeutinnenseite des Engagements, das alle Beteiligten zeigen, wie auch auf eine möglichst klare Erläuterung von möglichen Handlungsalternativen.

3.8.4 Kontakt zur Hausärztin

Es kommt immer noch vor, dass sich der Kontakt zwischen der Klinik und der Hausärztin im Verlauf einer stationären Behandlung einer magersüchtigen Patientin auf den Einweisungsschein und den Entlassbrief beschränkt. Hausärztinnen sind jedoch bei einer Anorexia nervosa wichtige Akteure in der Gesamtbehandlung, sowohl wegen ihrer langjährigen Rolle als medizinische Begleiterin und Lotsin, wie auch wegen des vor- oder nachstationären Managements von somatischen Symptomen und der Gefährdungseinschätzung.

> **Merke**
>
> Wenn die Patientin eine Hausärztin hat und der Kontaktaufnahme zustimmt (am besten formalisiert zu Beginn der Therapie), kann diese in einem frühzeitigen Telefonat nicht nur ergänzende Informationen zur Anamnese geben, sondern auch »ins Boot geholt« und ggf. beraten werden für die vor- oder nachstationäre Behandlung.

Hausärztinnen sind unserer Erfahrung nach sehr offen für eine solche Kooperation.

Eine häufig gut funktionierende Regelung für eine ambulante vor- oder nachstationäre Betreuung umfasst regelmäßige hausärztliche Termine in festen zeitlichen Abständen (meist wöchentlich) mit einem festen Programm (Wiegen in Unterkleidung, Gespräch, Untersuchung auf Ödeme als Anzeichen für ein Refeedingsyndrom, je nach körperlichem Zustand Vitalparameter, EKG, Elektrolyte, inkl.

Phosphat, ggf. weitere Laborparameter; ▶ Kap. 4: Management somatischer Komplikationen). Ein datierter und abgestempelter Zettel mit dem Gewicht kann von der Patientin dann der niedergelassenen Psychotherapeutin und, je nach Vereinbarung und Gefährdungszustand, auch den Eltern oder anderen Bezugspersonen vorgezeigt werden. Hierfür muss vorab eine klare Absprache zwischen den Beteiligten (Patientin, Hausärztin, Angehörige und/oder Psychotherapeutin) getroffen worden sein, die durch die stationären Behandlerinnen vorgeschlagen werden kann. Außerdem sollten mit allen Beteiligten eindeutige Regeln besprochen sein, ab welcher Gewichtszu- oder abnahme und durch wen welche Veränderungen der Behandlungsmaßnahmen einzuleiten sind.

3.9 Management ambivalenter Therapiemotivation

Katrin Imbierowicz

3.9.1 Mögliche Ursachen geringer Therapiemotivation

Im stationären Therapieverlauf fallen hohe Therapieabbruchraten von ca. 30 % der stationär behandelten Patientinnen mit Anorexie auf (Zeeck et al., 2005), wobei die Kriterien dafür, was letztlich als Therapieabbruch definiert ist, sehr unterschiedlich verwendet werden (Wallier et al., 2009).

So kann das schnelle Verlassen der Klinik gegen ärztlichen Rat genauso als Abbruch gesehen werden, wie die klinikseitige, vorzeitige Beendigung der Therapie aufgrund von Nichteinhalten der Therapievereinbarungen. Der letztgenannte Umstand hängt mit dem besonderen Therapiesetting zusammen und deckt sich nicht immer mit dem Wunsch der Patientin.

In jedem Fall spielt die therapeutische Beziehung, bezogen auf Wirksamkeit und Abbruchraten für die Patientinnen eine bedeutsame Rolle (Werz et al., 2022). Der Grad der Veränderungsmotivation und ein Vertrauen, selbst Veränderungen bewirken zu können, hängen ebenfalls mit der Abbruchwahrscheinlichkeit zusammen (Vall & Wade, 2015; Thaler et al., 2016).

Insgesamt gestaltet sich die Behandlung von Patientinnen mit Anorexie wegen ihrer Ambivalenz bezüglich einer Veränderung als herausfordernd.

Der Kontakt zu therapeutischen Angeboten findet oft zunächst auf Druck des alarmierten Umfeldes statt, während die Patientinnen selbst noch die Erkrankung verleugnen und die Angst vor Veränderung sehr hoch ist. Reiff und Reiff (1999) beschreiben, dass erst im Verlauf zu erwarten ist, dass Symptomdruck und -verhalten nachlassen und dies nicht kontinuierlich, sondern mit einem Wechsel aus Progression und Regression erfolgt. Dies dürfte auf die meisten Psychotherapieprozesse zutreffen. Das Ausmaß der Verleugnung hebt sich bei den anorektischen Patientinnen jedoch ab und ist nach unserer Erfahrung in dieser Beziehung mit Suchterkrankungen im engeren Sinn vergleichbar. Vandereycken und Meermann (2008) unterscheiden die »A-Motivation« als Ausdruck einer Entmutigung, selbst Veränderung bewirken zu können, von der Verleugnung einer Erkrankung, bei der diese nicht oder nicht in ihrer Schwere erkannt wird. Beides kann auf den ersten Blick als mangelnde Kooperation im Therapieprozess erscheinen, lässt sich aber durch Exploration differenzieren. Hinzu kommt noch die phobische Komponente der Anorexie, die das Unterlassen des Symptoms, z. B. in Form einer Lockerung des restriktiven Essverhaltens, erschwert.

Allgemein gilt, dass Veränderungsprozesse durch eine interne »Kosten-Nutzen-Bilanzierung« begleitet werden (Berking & Kowalsky, 2012). Üblicherweise sind die Kosten – zum Beispiel die Kraftanstrengung, Ängste zu überwinden und die Funktionalität der Symptome aufzugeben – im Vergleich zum »gefühlten« Nutzen für die Patientinnen mit Anorexie sehr hoch.

Frank et al. (2019) beschreiben als eine Besonderheit dieser Patientinnengruppe, dass der Konflikt zwischen bewusst getroffener Entscheidung zur Nahrungsrestriktion und nicht bewusst steuerbaren, komplexen physiologischen Prozessen im Dienste der Gewichtsstabilisierung zu einer inneren Spannung führt, die Angst auslöst. Diese Angst wird durch erneute Restriktion kontrolliert, aber nicht aufgelöst. Prämorbide Persönlichkeitseigenschaften wie Perfektionismus und Schadensvermeidung führen darüber hinaus zu einer Aufrechterhaltung der Symptomatik: Nur diejenigen mit hohem Perfektionismus und hoher Schadensvermeidung bringen hinreichend Disziplin auf, um den physiologischen Bedürfnissen zu widerstehen und das restriktive Essverhalten trotz der hohen inneren Spannung aufrecht zu erhalten.

In ▶ Tab. 3.4 möchten wir Ausdrucksformen eingeschränkter Motivation und den Umgang damit auflisten.

Tab. 3.4: Ausdrucksformen eingeschränkter Motivation bei AN und Möglichkeiten des Umgangs damit

Anamnestisch erhoben	Zu adressierendes Problem	Intervention
Grundsätzlich geringer Leidensdruck	Verleugnung der Krankheitsschwere (Abwehr von Angst), gestörte interozeptive Wahrnehmung der Körperveränderungen	Aufklärung über Krankheits- und Heilungsverlauf und körperliche Veränderungen sowie Folgen des Untergewichtes, Exploration möglicher Teilsymptome, die mit Leidendruck verbunden sind (s. u.), Austausch mit erfolgreich behandelten Patientinnen
Leidensdruck vorhanden, aber keine Veränderungsmotivation	Geringes Selbstwirksamkeitserleben, hohe Funktionalität der Erkrankung, starke Selbstabwertung mit Leidensdruck, Anorexie als ich-syntone Konsequenz ohne Leidensdruck	Einschätzung der allgemeinen Selbstwirksamkeit, Ressourcenaktivierung, Auffinden von lebensgeschichtlich erfolgreich bewältigten Krisen oder Reifungsschritten, Einordnung des primären und sekundären Krankheitsgewinns, Erarbeiten von möglichen Alternativen

Tab. 3.4: Ausdrucksformen eingeschränkter Motivation bei AN und Möglichkeiten des Umgangs damit – Fortsetzung

Anamnestisch erhoben	Zu adressierendes Problem	Intervention
Fehlendes Vertrauen in Behandlerinnen oder Behandlungsmethoden	Überhöhtes Autonomieideal bzw. starkes Kontrollverlusterleben	Klärung von Störungen in der therapeutischen Beziehung, gutes Aufklären über den Therapieablauf, über Art und Sinn von Einschränkungen durch Gewichtsvereinbarungen und über eigenverantwortliches Handeln, autonomes Handeln soweit möglich zulassen
Fremdmotivation (v. a. durch Familie)	Funktionalität der Erkrankung innerhalb des Familiensystems	Systemische Betrachtung des Familiensystems: gibt es Widerstände oder Vorteile gerade dadurch, dass die Familie Veränderung wünscht?
Vermeidung von bestimmten Nahrungsmitteln	Phobische Besetzung von bestimmten Nahrungsmitteln oder Inhaltsstoffen	Erstellung einer Liste phobisch besetzter (aber vor der Erkrankung mit Genuss gegessener) Nahrungsmittel, Psychoedukation und schrittweise Exposition
Ausgeprägte Körperschemastörung mit sehr starker Angst vor Veränderungen und Gewichtszunahme	Affektive und kognitive Fehlwahrnehmung des eigenen Körpers Funktionalität für Selbst- und Körperbild, Reifungskrise, Gewichtsphobie	Körperbildtherapien mit kognitiv-behavioralen Elementen Auseinandersetzung mit den Themen Identität, Reifung, Ablösung, Psychoedukation bzgl. der Gewichtsphobie
Unehrlichkeit bzgl. des Symptomverhaltens	Unsicheres Therapiebündnis	Konfrontation mit Beobachtungen, gemeinsame Klärung der Beweggründe, erneute Besprechung des Therapiebündnisses, Suche nach Möglichkeiten für mehr Offenheit

Die sicher erweiterbare Übersicht verdeutlicht vielleicht, wie komplex das Phänomen des Behandlungswiderstandes ist und dass die motivationale Lage der Patientin gut verstanden werden will, um sie zu verändern. Oft sind die Ursachen der fehlenden Motivation auch den Patientinnen selbst noch nicht bewusst und sie brauchen therapeutische Unterstützung, um ihr »Nein« zur Behandlung besser verstehen zu können.

Aber nicht nur das »Nein« gilt es zu verstehen, sondern auch das »Ja« ausfindig zu machen, denn wir können davon ausgehen, dass jede mündige und volljährige Patientin, die sich an eine Behandlungseinrichtung wendet, zumindest eine Teilmotivation haben wird.

Da sich die Qualität der therapeutischen Beziehung als bedeutsam für den Verlauf gezeigt hat, geht es zu Therapiebeginn darum, am Anfang der Beziehung einen kleinsten gemeinsamen Nenner für veränderungswerte Ziele zu finden, an welche die Motivation zur Veränderung und das Eingehen eines Therapiebündnisses geknüpft werden können.

Diese Ziele müssen zunächst nicht primär auf die Aufgabe des Symptomverhaltens gerichtet sein, sondern können sich auf körperliche Nebenwirkungen des Untergewichts (z. B. den Haarausfall), psychische Komorbiditäten (z. B. Ein- und Durchschlafstörungen) oder soziale Implikationen (z. B. verunsicherte Eltern, die durch die Aufnahme einer Behandlung beruhigt werden) beziehen, die ihren eigenen Leidensdruck bei der Betroffenen auslösen. Fremdmotivation ist nicht grundsätzlich negativ zu werten und kann durchaus genutzt werden, vor allem wenn die Bezugspersonen verlässlich und wohlwollend sind.

Die therapeutische Kunst liegt in dieser Situation darin, einerseits die Patientin da abzuholen, wo sie steht (»Wir möchten gern mit Ihnen in der Behandlung zusammenarbeiten, wir wissen um die hohe Ambivalenz bei einer Magersucht, wir schätzen Ihre Ehrlichkeit, und es ist für uns in Ordnung, wenn Sie zum jetzigen Zeitpunkt »nur« aus den genannten Gründen teilnehmen«) ohne von den klaren Zielen und Rahmenbedingungen der Therapie abzuweichen: »Wir sind überzeugt, dass es nicht möglich ist, ein derart niedriges Gewicht ohne alle körperlichen und psychischen Nachteile einer Magersucht zu halten. Das Therapieziel wird deshalb eine Gewichtszunahme und das Aushaltenkönnen der Gewichtszunahme sein, damit Sie wieder freier und gesünder leben können und Ihre Lebensqualität wieder steigt. Dafür wird es nötig sein, dass Sie den vorgegebenen Therapierahmen einhalten, der sich als wirksam erwiesen hat und dem aktuellen Therapiestandard entspricht.« Diese Formulierungen sind natürlich beispielhaft und sind nicht als Monolog zu verstehen, sondern als Bestandteile eines Aufklärungsgesprächs.

Wird die in ▶ Kap. 3.1 und ▶ Kap. 3.4 beschriebene Gewichtsvereinbarung erstellt und den Patientinnen ausgehändigt, zeigen sich die beschriebenen Motivationshindernisse besonders deutlich und können – parallel zur Konfrontation mit Nahrungsaufnahme und Körperbild – immer besser verstanden werden.

3.9.2 Vorzeitige Beendigung der Therapie

In der von uns vorgeschlagenen Formulierung der Gewichtsvereinbarung, droht bei Nichterreichen der vereinbarten wöchentlichen Gewichtszunahme dreimal in Folge die Beendigung der Therapie (▶ Kap. 3.1: Gewichtskonsolidierung und ▶ Kap. 3.4: Verhaltenstherapie). Selbst mit zunächst sehr ambivalent motivierten Patientinnen besteht innerhalb dieses Rahmens die Möglichkeit, etwa drei Wochen lang gemeinsam am Nutzen einer Veränderung und einer Haltung, diese selbst herbeiführen zu können, zu arbeiten. Wird in diesem Zeitraum mehr Motivation innerhalb eines tragfähigeren therapeutischen Bündnisses erarbeitet, aber das erforderliche Gewicht nicht erreicht, beenden wir die Therapie mit der Option einer Wiederaufnahme. Werden dreimal in Folge die Gewichtsziele nicht erreicht und es konnte sich auch kein tragfähiges, therapeutisches Bündnis entwickeln, entlassen wir die Patientinnen mit der Empfehlung, sich zeitnah an eine Behandlungseinrichtung mit anderem Vorgehen, z. B. mit mehr Verantwortungsabgabe (auch in Form einer Magensonde), zu wenden. Hierfür empfiehlt sich eine gute Vernetzung und Absprache mit den ambulanten Behandlerinnen. Vor allem bei sehr kachektischen Patientinnen müssen die Begründung für die Nichtfortsetzung der (nicht effektiven) Therapie und eine ambulante Überwachung der körperlichen Verfassung sowie mögliche Behandlungsalternativen (s. ▶ Kap. 2: Indikationen zur stationären Behandlung, ▶ Kap. 3.8: Schnittstelle – Kontakt zur Hausärztin, ▶ Kap. 4: Management somatischer Komplikationen) gut mit den hausärztlichen Kolleginnen abgesprochen werden.

Die sequenzielle Wiederaufnahme hat den Vorteil, dass sich die Patientin durch die erste Behandlung mit dem Setting vertraut machen konnte und besser weiß, worauf sie sich einlässt. Die konsequente Unterbrechung der Therapie bei Nichteinhaltung der Gewichtsziele kann sich aus mehreren Gründen als zielführend erweisen: Sind Motivation und damit einhergehend eine fehlende Gewichtszunahme Ausdruck einer Bagatellisierung, könnte ein Nachkorrigieren der Gewichtsziele in der Gewichtsvereinbarung nach unten die Bagatellisierung verstärken. Weiterhin gilt es anzuerkennen, dass die Prognose in einem Setting nicht günstig ist und nach medizinischen Grundsätzen nicht fortgeführt werden sollte, wenn sich ein Behandlungsansatz als nicht hilfreich erwiesen hat.

Der beste Prädiktor für ein gutes Behandlungsoutcome ist eine rasche Symptomveränderung (Vall & Wade, 2015). Kann diese in einem definierten Behandlungssetting und Behandlungsteam nicht erzielt werden, ist eine klare Intervention, bzw. ein Wechsel des Therapieangebotes indiziert, bevor die Patientin noch weiter an Gewicht verliert.

Die Entlassung ist ein »scharfes Schwert« und löst bei Patientin wie auch im Team sowie ggf. bei Angehörigen und ambulanten Behandlerinnen viele Emotionen aus. Nach unserer Erfahrung schätzen die Patientinnen in einer stationären, psychosomatisch-psychotherapeutischen Therapie trotz aller Einschränkungen durch das Setting die Zuwendung durch Team und Mitpatientinnen und die zeitweise Entlastung vom Behandlungsdruck durch das Umfeld sehr, und fürchten ein »Versagen«, weshalb sie eine Weiterbehandlung wünschen. Sie sichern aus diesen Gründen eventuell zu, nun zunehmen zu wollen, verändern vielleicht auch ihr Verhalten punktuell, aber nicht genügend für eine anhaltende Gewichtszunahme. Auch Angehörige und ambulante Behandlerinnen sehen sich bei einer Entlassung erneut mit den Ohnmachtsgefühlen konfrontiert, die eine mangelnde Behandlungsmotivation auslöst. Eine stationäre Weiterbehandlung ohne anhaltende Einstellungsänderung und Gewichtszunahme würde aber ein gewichtsvermeidendes Verhalten positiv verstärken, den Status quo festigen und die therapeutischen Vereinbarungen und das therapeutische Bündnis schwächen. Oft »glauben« die Patientinnen erst nach der Erfahrung einer konsequenten Therapiebeendigung wirklich, dass diese Konsequenz eintreten kann und sie Verantwortung für das Therapieziel übernehmen müssen. Dies kann bewirken, dass eine Therapievereinbarung in einer Folgetherapie (in der gleichen oder einer anderen Einrichtung) eine höhere Chance auf Erfolg bekommt. Parallel dazu ist es wichtig, die in diesem Fall ausgelösten vielfältigen Gegenübertragungsphänomene, im Team gut zu besprechen und nicht auszuagieren.

Ausnahmen von der Regel sind zwar auch hier möglich, wenn z. B. eine deutlich entwicklungsverzögerte Patientin mehr Behandlungszeit für die Vertrauensbildung braucht. Diese sollten aber immer sehr gut gegen die Gefahr abgewogen werden, oft aus Mitgefühl ein nicht zielführendes Verhalten auf Seiten von Patientin und Behandlerinnen zu festigen.

Bei sehr kachektischen Patientinnen mit somatischen Komplikationen, die keinerlei Behandlungsmotivation entwickeln können, ist hier auch die Einrichtung einer gesetzlichen Betreuung und/oder Veranlassung einer zwangsweisen Behandlung als Ultima Ratio zu erwägen (vgl. ► Kap. 7.1.6: Zwangsmaßnahmen).

3.9.3 Anorektisches Verhalten als Traumafolgestörung kann den Verlauf verkomplizieren

Sowohl bei anhaltenden Beziehungstraumata als auch als Folge von körperlichen Traumatisierungen können zu einer zum Teil ausgeprägten anorektischen Symptomatik beitragen deren (Nicht-) Ansprechen auf die Therapie nur im Zusammenhang mit der Traumadynamik verstanden werden kann. Schuld, Scham und Selbstbestrafung, aber auch Verschiebung von Wut und Projektion auf den eigenen Körper können sich dann im anorektischen Handeln und Denken ausdrücken und einer therapeutischen Bearbeitung zunächst nicht zugänglich sein.

Eine signifikante Belastung durch traumatische Erfahrungen kann bei etwa der Hälfte der Patientinnen gefunden werden, wobei Patientinnen mit dem bulimischen Subtyp etwas häufiger betroffen sind als Patientinnen mit anorektischem Subtyp (Sjögren et al., 2023).

Bei vielen, von Traumatisierung betroffenen Patientinnen, ist es möglich, das bereits beschriebene Setting mit standardisierten Gewichtszunahmevereinbarungen anzuwenden.

Kommen aber weitere Traumafolgesymtome wie z. B. emotionale Instabilität, Selbstverletzungen und dissoziative Symptome hinzu, muss u. U. die aktuell am meisten selbstschädigende Symptomatik in den Vordergrund gestellt werde. Das Gewicht und das Essverhalten als Ausdruck innerer Prozesse sollten die ganze Zeit erfasst und mitberücksichtigt werden.

Ist die Patientin psychisch ausreichend stabil und entschieden, sich mit der Traumabiografie auseinanderzusetzen, kann ein Mindestgewicht vereinbart werden, bei dessen Unterschreitung wieder die Anorexie der Hauptfokus wird und die inhaltliche Traumaarbeit ruht. Meist fordert diese Arbeit dem Team viel ab, da es kaum positiv besetzte Introjekte gibt, was den Beziehungsaufbau zusätzlich erschwert.

Auch Täterübertragungen auf Behandlerinnen sind eine Herausforderung. So kann das Nicht-Beachten des Untergewichtes als »Übersehen« des Leides wahrgenommen werden und somit als Wiederholung der mangelnden Obhut im Rahmen der Traumageschichte erlebt werden. Andererseits können Gewichtsvereinbarungen und damit verbundene Einschränkungen (zum Beispiel des Bewegungsspielraumes) als gewaltvoll und übergriffig erlebt werden. Um nicht in eine Handlungsunfähigkeit zu geraten, empfiehlt sich die Thematisierung dieser Übertragungsaspekte mit der Patientin sowie die Reflexion der Gegenübertragungen im Team.

In Fällen oraler sexualisierter Traumatisierung weichen wir von der üblichen Trinknahrung vom Milchshaketyp ab. Wir versuchen auch hier, soweit es geht, im allgemeinen Anorexiesetting zu bleiben, wobei bei allen Formen sexualisierter Traumata die Körperbildtherapie unter Umständen sehr viel behutsamer erfolgen muss. Im Rahmen einer Intervalltherapie können bei komplexen Traumatisierungen abgrenzbare, thematische Abschnitte vereinbart und bearbeitet werden, sofern dies möglich ist und von der Patientin gewünscht wird.

> **Merke**
>
> Eine ambivalente Therapiemotivation ist meist der Ausgangspunkt der Behandlung. Sie zu managen ist eine therapeutische Aufgabe, die Zeit und Kooperation benötigt. Manchmal gelingt es nicht, die Patientinnen in eine Haltung der Offenheit gegenüber einer Veränderung zu bringen. Dann ist ein Setting- bzw. Klinikwechsel erforderlich.

4 Management somatischer Komplikationen der Anorexie

Ambra Marx

4.1 Einleitung

Körperliche Komplikationen bei Anorexia nervosa sind häufig. Sie resultieren aus der permanent eingeschränkten Nahrungszufuhr mit konsekutiver Malnutrition (Mangel an Nährstoffen) und Kachexie oder sind Folgeerscheinungen bulimischer Verhaltensweisen (z. B. Erbrechen oder Laxanzienabusus). Prinzipiell kann jedes Organsystem betroffen sein. Die meisten Veränderungen sind reversibel.

Es sind die medizinischen Komplikationen, die neben der Suizidalität zur erhöhten Mortalität der Patientinnen beitragen (vgl. ▶ Kap. 1: Diagnostik). Vor allem pulmonale und/oder septisch verlaufende Infektionen und kardiovaskuläre Komplikationen aufgrund von Elektrolytverschiebungen zählen zu den häufigsten Todesursachen.

Nicht zuletzt wegen der eingeschränkten Krankheitseinsicht findet der Erstkontakt anorektischer Personen mit dem professionellen, medizinischen Hilfesystem häufig im Bereich der haus- und kinderärztlichen Primärversorgung oder der stationären Inneren Medizin und Notfallmedizin statt, was eine besondere Ausbildung des dort tätigen, medizinischen Personals erfordert.

> **Merke**
>
> Die wichtigsten therapeutischen Schritte zur Behandlung somatischer Komplikationen sind die rasche Reduktion bzw. Beendigung des Purging-Verhaltens und die Gewichtsrestitution.

Besondere Aufmerksamkeit gilt der Phase der Wiederauffütterung, in welcher es in seltenen Fällen zu schweren therapieassoziierten Komplikationen bis hin zur Todesfolge kommen kann (Refeeding-Syndrom).

4.2 Die Pathophysiologie der Starvation

Im Laufe des anorektischen Hungerprozesses kommt es regelmäßig zu Malnutrition (Mangel an Nährstoffen), Katabolismus (Abbau von Körpergewebe zur Energiegewinnung), Marasmus (Proteinmangel) und Kachexie (Abmagerung).

Zu Beginn des Hungerns sinkt der Blutglukosespiegel; die Insulinsekretion sinkt, der Glukagonspiegel steigt. Auch die Insulinantagonisten Cortisol und Katecholamine werden vermehrt sezerniert. Hierdurch kann der der Körper die notwendige Energie zunächst aus den vorhandenen Glykogenreserven (v. a. aus Leber, Nieren und Muskeln) beziehen, die schnell (innerhalb von 24 bis 48 Stunden) erschöpft sind. Danach beginnt die Energieversorgung durch Glukoneogenese. Aus der Skelettmuskulatur werden durch Proteolyse Aminosäuren freigesetzt und aus dem Fettgewebe freie Fettsäuren und Glycerin. Die β-Oxidation der Leber führt zur Bildung von Ketonkörpern, die zu Acetyl-Coenzym A zurückgewandelt werden können, um über den Citratzyklus Energie zu erzeugen.

Energie in Form von Glukose wird auch aus Glycerin und glukogenen Aminosäuren (hauptsächlich Alanin und Glutamin) sowie Lactat und Pyruvat, die durch Glykolyse über den Cori-Zyklus produziert werden, synthetisiert.

Als Adaptation an den Nährstoffmangel schaltet der Körper bereits innerhalb weniger Tage nach Beginn der Nahrungsreduktion auf den Hungerstoffwechsel um: der Stoffwechselumsatz sinkt, es kommt zu einer Absenkung der Körpertemperatur (Hypothermie durch reduzierte Thermogenese) und einer Verlangsamung der Blutzirkulation.

Um den Mangel an Mikro- und Makronährstoffen weiterhin zu kompensieren, werden im Rahmen der zunehmend katabolen Stoffwechsellage auch die Speicherfettdepots metabolisiert. Muskeln und andere Gewebe nutzen nicht nur Ketonkörper als Energiesubstrate, sondern verwenden freie Fettsäuren als Hauptenergiequelle. Die konsekutiv erhöhte Konzentration von Ketonkörpern im Blut bewirkt im Gehirn die Umstellung von Glukose auf Ketonkörper als Hauptenergiesubstrate. Damit kann der zerebrale Energieverbrauch lange gedeckt werden, ohne dass es zu dauerhaften neurologischen Schäden kommt. In der Leber wird die Rate der Gluconeogenese gedrosselt. Klinisch kann sich die Ketose unter Umständen als veränderter Körpergeruch zeigen.

Der Umstieg von Glukose- auf Ketonstoffwechsel zielt darauf ab, die für den Körper integral notwendigen Strukturproteine während (kurzer) Phasen des Nährstoffmangels zu schützen, die zu den evolutiven Erfahrungen der Art Mensch gehören. Bei länger anhaltendem Hungern wird jedoch auch das Eiweiß der Skelettmuskulatur verstoffwechselt. Durch das katabole Missverhältnis zwischen Proteinsynthese und Proteolyserate ist die Stickstoffbilanz negativ. Hypoproteinämie kann dazu führen, dass sich Hungerödeme ausbilden. Von Starvation spricht man, wenn die Proteolyse die einzig verbleibende Energiequelle des Körpers ist.

Hält die Mangelernährung an, kommt es zur weiteren Atrophie von Organen: Im Knochenmark kommt es zur Fettzellatrophie und fokalem Verlust blutbildender Zellen, was laborchemisch zu einer Zytopenie der drei Blutreihen führen kann. Die extrazelluläre Ablagerung von Hyaluronsäure wird als gelatinöse Transformation bezeichnet. Auch die glatte Muskulatur und die Herzmuskulatur können autolytisch angegriffen werden, was vorrangig für die Herzmuskelfunktion bedeutsam ist.

Das intrazelluläre Volumen ist deutlich reduziert. Auf Mikronährstoffebene sind vor allem die Reduktion der intrazellulären Reserven von Kalium, Magnesium und Phosphat, aber auch Hypovitaminosen (allem voran Thiaminmangel) bedeutsam, die sich über lange Zeit im Serum nicht abbilden lassen und deren Mangel ein wichtiger Pathomechanismus für das Refeeding-Syndrom ist.

Zur weiterführenden Literatur verweisen wir auf die Grundlagenarbeiten von George Cahill (1976), Palesty und Dudrick (2006) sowie Berg et al. (2017).

4.3 Körperliche Folgen der Starvation

Die körperlichen Folgen sind vielgestaltig und häufig. Durch Anorexia nervosa können prinzipiell Komplikationen in jedem Organsystem verursacht werden. Es gibt keine definierte BMI-Grenze, ab welcher spezifische Körpersymptome zu erwarten sind. Das objektive Ausmaß und die subjektiv empfundene Intensität der Beschwerden sind immer individuell, auch wenn mit zunehmender Schwere des Untergewichts die Komplikationen zunehmen.

Die somatischen Komplikationen des Untergewichts sind oftmals schwer zu trennen von denen, die durch Purging-Verhalten entstehen. Dennoch haben wir uns im Folgenden bemüht, Komplikationen der Starvation und des Erbrechens (sowie deren Behandlungsoptionen) dezidiert darzustellen.

4.3.1 Subjektive Beschwerden

Wenn die Patientin ihr restriktives Essverhalten in der hausärztlichen Primärversorgung nicht von sich aus thematisiert, dann können unspezifische Frühsymptome wie Müdigkeit, Schwindel oder Muskelschwäche ein Anlass sein, auch das Essverhalten anzusprechen. Hier gelingt der Gesprächseinstieg über Laborwerte und Körpersymptome oft besser als über Gewicht und Ernährung.

Aber auch im stationär-psychosomatischen Kontext klagen Patientinnen mit Anorexia nervosa häufig über (oftmals als ausschließlich körperlich wahrgenommene) Beschwerden, die – anders als das Untergewicht – deutlichen Leidensdruck verursachen. Häufig schwanken Patientinnen zwischen Bagatellisierung von Symptomen und akutem Leidens- und Handlungsdruck. Neben sichtbaren körperlichen Veränderungen durch den Hungerzustand, z. B. Haarausfall, sind im Rahmen des Wiederaufütterns oft vor allem gastrointestinale Symptome wie Verdauungsstörungen oder Völlegefühl angstbesetzt. Hinzu kommen vegetative Beschwerden, die direkt mit der Essstörung zusammenhängen können, aber auch im Rahmen der Stresssituation im therapeutischen Setting psychosomatisch verstanden werden können. Dabei kann es für Patientinnen leichter sein, über die Symptome den Kontakt zum Behandlungsteam zu suchen, als sich mit ihrem anorektischen Denken und Fühlen auseinanderzusetzen.

Häufige vegetative und muskuläre Beschwerden sind Schlafstörungen, innere Unruhe, Konzentrationsprobleme, gastrointestinale Beschwerden, Müdigkeit/Adynamie/Schwäche, Kopfschmerzen, Schwindel, Synkopen und Muskelkrämpfe (Treasure et al., 2010).

Als psychosomatisches Krankheitsbild stellt die Anorexia nervosa Behandlerinnen vor die Herausforderung, Symptome innerhalb eines biopsychosozialen Modells zu verstehen und zu behandeln. Das bedeutet, somatische Zusammenhänge gut zu kennen und zu verstehen, aber auch auf die Einbettung eines Symptoms in die aktuelle, emotionale und soziale Situation zu achten und diese mit der Patientin ggf. vorsichtig zu explorieren. Die Besprechung körperlicher Symptome wie auch möglicher Folgeerkrankungen der Anorexie kann manchmal dabei helfen, die Akzeptanz einer Erkrankung und die Behandlungsmotivation zu stärken. Es ist zudem die Aufgabe von Behandlerinnen, auch die Rolle der somatischen Behandlung für die therapeutische Beziehung psychotherapeutisch zu reflektieren.

In den folgenden Abschnitten finden sich tabellarisch mögliche somatische Komplikationen der Anorexia nervosa. Sofern nicht anders vermerkt, besteht die Behandlung stets in der Wiederherstellung eines gesunden Körpergewichts.

4.3.2 Gastrointestinale Komplikationen der Anorexia nervosa

Fast alle Betroffenen klagen über unspezifische abdominelle Beschwerden, ein postprandiales Völlegefühl, Oberbauchschmerzen, Übelkeit, Verstopfungen oder Blähungen. Diese Symptome haben einerseits eine nicht zu vernachlässigende biologische Komponente (z. B. gastrointestinale Motilitätsstörung durch Malnutrition oder abweichendes Mikrobiom durch veränderte Nahrungszusammensetzung), werden aber andererseits oft auch ‚durch die besondere, angstbesetzte Fokussierung, aller mit der Nahrungsaufnahme verbundenen Körpervorgänge, verstärkt (▶ Tab. 4.1).

Häufige gastrointestinale Komorbiditäten bei Anorexia nervosa

Oftmals sind prämorbid bestehende Verdauungsbeschwerden und die subjektive Annahme von (nicht diagnostizierten) Lebensmittelintoleranzen auch Ausgangspunkt einer sich etablierenden Anorexia nervosa. Andererseits kann es durch veränderte Ernährungsgewohnheiten und Fasten (sekundär und transient) zu Lebensmittelunverträglichkeiten kommen (▶ Tab. 4.2).

Tab. 4.1: Gastrointestinale (GI) Komplikationen der Anorexia nervosa

Phänomen	Häufigkeit	Symptome	Diagnostik	Behandlung	Literatur
Gastroparese/Motilitätsstörung	Häufig, betrifft gesamten GI-Trakt	Oberbauchschmerzen, postprandiales Völlegefühl oder Übelkeit, Meteorismus, ggf. Regurgitation	Meist nicht erforderlich	Dopaminrezeptorantagonisten (z. B. Domperidon oder Metoclopramid) vor den Mahlzeiten	Benini et al., 2004
Obstipation	Häufig	Blähungen, diffuser Bauchschmerz, ggf. Defäkationsschmerz	Ggf. klinische Untersuchung, Ausscheidungsprotokoll	Vorsichtige, ausreichende Rehydratation, zurückhaltend behandeln mit Ballaststoffen (auch Flohsamenschalen), bei anhaltenden Beschwerden ggf. Stufenplan mit 1. osmotisch wirksamen Laxanzien (z. B. Macrogol), 2. Stimulanzien (Bisacodyl, bevorzugt als Suppositorien), 3. Kombination aus beidem, 4. lokale Maßnahmen (Klysma)	Zipfel et al., 2006 Andresen et al., 2022
Starvationshepatitis	Häufig (ca. 50 % der hospitalisierten Patientinnen)	Asymptomatisch, ggf. Übelkeit, Appetitverlust, Schwäche sehr selten schweres Leberversagen mit Koagulopathie und	GOT/GPT auf das 2- bis 4-fache der Norm erhöht, selten INR-Erhöhung, Ultraschall der Leber (Leber verkleinert)	Ggf. Substitution von Vitamin K (bei Hinweisen auf Blutungsneigung)	Rautou et al., 2008 Tomita et al., 2014 Rosen, et al., 2016

4.3 Körperliche Folgen der Starvation

Tab. 4.1: Gastrointestinale (GI) Komplikationen der Anorexia nervosa – Fortsetzung

Phänomen	Häufigkeit	Symptome	Diagnostik	Behandlung	Literatur
Steatotische Hepatopathie	Als Teil des Refeeding-Syndroms (s. unten)	Asymptomatisch, ggf. Übelkeit, Appetitverlust, Schwäche, hepatischer Enzephalopathie	Leberwerte, Ultraschall der Leber (vergrößerte Fettleber) KEINE CT/Leberbiopsie in der Routinediagnostik	Begrenzung der Kohlenhydrataufnahme, ggf. Begrenzung der Gesamtkalorienzahl, s.a. Behandlung des Refeeding-Syndroms	Harris et al., 2013 Imaeda et al., 2016 Westmore-land et al., 2016
Dysphagie/Aspirationsneigung	Selten, v.a. bei schwerstem Untergewicht	Schluckstörungen, Verschlucken, ggf. Aspiration	Klinisch-logopädische Schluckuntersuchung	Logopädische Schlucktherapie, ggf. perorale Nahrung pausieren	Holmes et al., 2012
Gastroduodenale Ulcera	Sehr selten seit Einführung der Protonenpumpen-Inhibitoren	Oberbauchschmerzen, postprandiales Völlegefühl oder Übelkeit, Meteorismus	Atemtest auf Helicobacter, bei Persistenz der Beschwerden ÖGD	PPI hochdosiert, ggf. HP-Eradikation	Hall & Beresford, 1989
Gastrisches Dilatationssyndrom/SMA-Syndrom	Sehr selten durch Verlust paravasaler Fettpolster das distale Duodenum zwischen der A. mesenterica superior und der Aorta eingeklemmt und stenosiert; es kommt zur subakuten gastrischen Dilatation	Akute, stärkste Bauchschmerzen postprandial, ggf. Bild einer Pankreatitis	CT-Abdomen	Akute Dekompression durch nasogastrale Ablaufsonde	Mascolo et al., 2015

117

Tab. 4.2: Gastrointestinale Komorbiditäten der Anorexia nervosa

Phänomen	Häufigkeit	Symptome	Diagnostik	Behandlung	Literatur
Laktoseintoleranz	5–15 % (Europa) 65–90 % (Afrika, Asien)	Kolikartige Bauchschmerzen, Übelkeit, Erbrechen, Flatulenz, Diarrhoe	H_2- Atemtest, Laktose-Toleranztest	Laktosearme oder -freie Diät, ggf. Substitution von Laktase Interdisziplinäre Behandlung (Gastroenterologie, Ernährungsberatung, usw.)	Isenschmid, 2018 Buck et al., 2022
(Sekundäre) Fructosemalabsorption	10–20 % (kann transient oder dauerhaft sein)	Kolikartige Bauchschmerzen, postprandiales Völlegefühl, Flatulenz, Diarrhoe oder Obstipation	Auslassversuch, H_2-Atemtest	Fruktosearme, sorbitfreie Ernährung Interdisziplinäre Behandlung (s. o.)	
Zöliakie	0,1–0,5 % (Europa), bei Anorexia nervosa etwas häufiger als Normalbevölkerung	Diarrhoen, Fettstühle, Übelkeit, Erbrechen, aufgeblähter Bauch, Müdigkeit, Schwäche, ggf. Muskelschmerzen	Autoantikörper gegen Gewebstrans-glutaminase 2 der Klasse IgA (tTG-IgA), Gesamt-IgA (nur unter Glutenbelastung zuverlässig, also meist nach Beginn der Ernährungstherapie), ggf. Dünndarmbiopsie	Lebenslange glutenfreie Diät	Nacinovich et al., 2017 Felber et al., 2022

4.3.3 Kardiovaskuläre Komplikationen der Anorexia nervosa

Der plötzliche Herztod ist eine schwerwiegende letale Komplikation, der in der Literatur mit einer Häufigkeit von bis zu 60 % aller Todesursachen angegeben wird, wobei die genauen Ursachen unklar bleiben. Aber auch die nicht tödlichen kardiovaskulären Komplikationen sind häufig (Westmoreland et al., 2016) (▶ Tab. 4.3).

4.3.4 Pulmonale Komplikationen der Anorexia nervosa

Das pulmonale System ist im Vergleich zum restlichen Körper nur selten betroffen (▶ Tab. 4.4).

4.3.5 Hämatologische und immunologische Komplikationen der Anorexia nervosa

Durch die fortschreitende, starvationsbedingte, gelatinöse Transformation des Knochenmarks kommt es im Verlauf der Erkrankung zu einer trilinearen Hypoplasie mit konsekutiver Zytopenie (Chen et al., 2004) (▶ Tab. 4.5).

4.3.6 Störungen von Wasser- und Elektrolythaushalt sowie renaler Funktion bei Anorexia nervosa

Temporäre Nierenfunktionsstörungen sind bei Anorexia nervosa häufig. In der akuten Behandlungssituation zeigen bis zu 33 % der Betroffenen eine beeinträchtigte Nierenfunktion (Gurevich et al., 2021). Ein besonderes Risiko hierfür haben Patientinnen mit schnellem Gewichtsverlust und schwerwiegender Bradykardie.

In den meisten Studien wird nicht zwischen restriktivem und bulimischem Subtyp der Anorexie unterschieden. Wahrscheinlich hängen die meisten Nierenfunktionsstörungen mit den Auswirkungen von Purging-Verhalten zusammen. Dennoch gibt es Hinweise, dass auch Patientinnen mit restriktivem Subtypus von eingeschränkter Nierenfunktion betroffen sind.

Eine prärenale Nierenfunktionsstörung erholt sich meistens gut. Es kommen jedoch auch Schädigungen vor, die persistieren, meist im Zusammenhang mit hypokaliämischer Nephropathie. Es gibt nicht viele Studien zur Prävalenz von Nierenerkrankungen bei Anorexia nervosa; aus den verfügbaren Daten kann geschätzt werden, dass etwa 5 % aller Patientinnen nach > 20 Jahren eine terminale Niereninsuffizienz entwickeln (Stheneur et al., 2014) (▶ Tab. 4.6).

4 Management somatischer Komplikationen der Anorexie

Tab. 4.3: Kardiovaskuläre Komplikationen der Anorexia nervosa

Phänomen	Häufigkeit	Symptome	Diagnostik	Behandlung	Literatur
Sinusbradykardie	Sehr häufig (bis 95 %) = eher als Normalbefund zu werten	Asymptomatisch, ggf. posturaler Schwindel, Schwäche	EKG	Keine bei fehlender Symptomatik; bei höhergradigen Bradykardien und/oder Synkopen Monitorüberwachung und ggf. Volumenersatztherapie	Shamin et al., 2003 Yahalom et al., 2013 Burns et al., 2021
Weitere Arrhythmien	Sehr selten höhergradige AV-Blockaden oder AV-Ersatzrhythmen	Asymptomatisch, ggf. Schwindel, Müdigkeit, Neigung zu Synkopen	EKG, ggf. Belastungs-EKG	Bei AN oft durch körperliche Bewegung, Schrittmacher als Ultima ratio	Krantz et al., 2011
QTc-Verlängerung	Kontrovers: wahrscheinlich nicht per se vorhanden, bei Purging-Verhalten und Hypokaliämie möglich	Keine, bei zusätzlichen Elektrolytentgleisungen oder Medikation mit QTc-verlängernden Pharmaka Torsade-de-Pointes-Tachykardie möglich	EKG, Elektrolyte im Serum (Kalium, Natrium, Calcium, Magnesium)	Risikomedikamente vermeiden/absetzen, Elektrolytspiegel ausgleichen (eher hochnormal)	Lesinskiene et al., 2008 Burns et al., 2021
Arterielle Hypotonie	Sehr häufig, korreliert mit dem Ausmaß des Untergewichts	Asymptomatisch, ggf. (ortho-statischer) Schwindel, Schwäche, Müdigkeit	Blutdruckmessung nach Riva-Rocci	Meistens nicht erforderlich	Casiero & Frishman, 2006
Strukturelle Veränderungen	Sehr häufig, linksventrikuläre Hypotrophie, vermindertes enddiastolisches Volumen, dünneres Septum, korrelieren mit dem Aus-	Asymptomatisch	Herzultraschall	Nicht erforderlich, wenn asymptomatisch	Santangelo et al., 2022

4.3 Körperliche Folgen der Starvation

Tab. 4.3: Kardiovaskuläre Komplikationen der Anorexia nervosa – Fortsetzung

Phänomen	Häufigkeit	Symptome	Diagnostik	Behandlung	Literatur
Relative Herzinsuffizienz	Häufig durch Reduktion der Herzmuskelmasse	Asymptomatisch	Herzultraschall	Meistens nicht erforderlich	Romano et al., 2003
Mitralklappen-prolaps	Häufig (bis 25 %)	Asymptomatisch, selten Palpitationen, Brustschmerzen	Herzultraschall	Meistens nicht erforderlich	Oflaz et al., 2013
Perikarderguss	Häufig, sehr selten hämodynamisch relevant	Asymptomatisch, ggf. Belastungs-dyspnoe, Brustschmerz	EKG (Nieder-voltage), Herzultraschall	Meistens nicht erforderlich, aber kontrollbedürftig. Bei hämodynamischer Relevanz kardiologische Notfallbehandlung	Docx et al., 2010 Santangelo et al., 2022
Myokardfibrose	Selten	Asymptomatisch	Herz-MRT	Nicht bekannt	Oflaz et al., 2013

4 Management somatischer Komplikationen der Anorexie

Tab. 4.4: Pulmonale Komplikationen der Anorexia nervosa

Phänomen	Häufigkeit	Symptome	Diagnostik	Behandlung	Literatur
Pulmonale Funktionseinschränkung	Sehr selten	Variabel	Lungenfunktionsprüfung mit Bodyplethysmographie	Nach Klinik	Danzer et al., 2005 Gardini et al., 2009 Hochlehnert et al., 2010
Spontaner Pneumothorax	Sehr selten	Plötzlich auftretende Schmerzen im Thorax, Dyspnoe	Klinische Untersuchung, Röntgen Thorax	Intensiv-medizinische Behandlung	
Mediastinales Emphysem	Sehr selten	Ggf. Thoraxschmerz	Klinische Untersuchung, Röntgen Thorax	Nach klinischer Symptomatik	

Tab. 4.5: Hämatologische und immunologische Komplikationen der Anorexia nervosa

Phänomen	Häufigkeit	Symptome	Diagnostik	Behandlung	Literatur
Anämie	Häufig (30–40 % in unselektierten Kollektiven, bis zu 83 % bei schwerem Untergewicht, BMI < 13 kg/m²)	Asymptomatisch, ggf. Blässe, Schwäche, Müdigkeit	Blutbild: normozytäre, normochrome Anämie, meist kein Eisenmangel, selten kombinierter Eisen- & Folsäuremangel	Eisen- und Folsäuresubstitution nach Labor. Keine Knochenmarkbiopsie	Allende et al., 1998; Chen et al., 2004; Kennedy et al., 2004; Brown et al., 2005; Hütter et al., 2009; Sabel et al., 2013; Gibson et al., 2019
Leukozytopenie	Häufig (29–36 % in unselektierten Kollektiven, bis 79 % bei schwerem Untergewicht, BMI < 13 kg/m²)	Febrile Reaktion auf bakterielle Infektionen kann ausbleiben; nur leichtgradige Reduktion der zellulären & Zytokin-vermittelten Immunabwehr	Differentialblutbild: relative Lymphopenie, oft eingeschränkte Funktion der Lymphozyten, sehr selten schwere Agranulozytose (< 500/µl)	Keine Gabe von Wachstumsfaktoren. Bei schwerer Agranulozytose antiinfektive Prophylaxe erwägen (in Rücksprache mit Infektiologie)	
Thrombozytopenie	Häufig (5–11 % in unselektierten Kollektiven, bis 25 % bei schwerem Untergewicht, BMI < 13 kg/m²)	Meist ausreichende Plättchenfunktion, Neigung zur Purpura, extrem selten schwere Blutungen	Blutbild: meist moderat (zwischen 90.000 und 130.000/µl)		

Tab. 4.6: Störungen von Wasser- und Elektrolythaushalt sowie renaler Funktion bei Anorexia nervosa

Phänomen	Häufigkeit	Symptome	Diagnostik	Behandlung	Literatur
Gestörte Flüssigkeits-homöostase	Sehr häufig: entweder Hypovolämie durch Flüssigkeitsrestriktion oder Hypervolämie durch habituelle Polydipsie	Asymptomatisch, ggf. leichte Polyurie	Im Serum: Kreatinin, Harnstoff, ggf. Cystatin C, Elektrolyte (Na, K, Ca), Osmolalität, Gesamteiweiß, Albumin, CK, LDH	Nicht spezifisch, ggf. vorsichtige Rehydratation	Aperia et al., 1978 Sthenuer et al., 2014 Mehler & Walsh, 2016 Puckett, 2023
Niereninsuffizienz	In leichter bis moderater Ausprägung häufig (bis zu 33 %), häufiger bei schnellem Gewichtsverlust und schwerer Bradykardie Schwere Verläufe z. B. bei Rhabdomyolyse möglich, bei chronischer AN im Langzeitverlauf auch terminale NI möglich		Im Urin: Elektrolyte, Eiweiß, Albumin, Osmolalität Bilanzierung von Ein- und Ausfuhr		
Hyponatriämie	Als primäre Verdünnungshyponatriämie, z.B. bei Polydipisie, Cave: extremes Wassertrinken vor Wiegeterminen, oder als SIADH (Schwarz-Bartter-Syndrom)	Unspezifisch: Schwäche, Adynamie, Übelkeit, kognitive Einschränkung, Gangunsicherheit Bei schwerer Hyponatriämie cerebrale Krampfanfälle und Koma	s. o.	Leichte Ausprägung: keine spezifische Behandlung Moderate Ausprägung: Flüssigkeitsrestriktion Schwere Ausprägung: Infusion von 150 ml 3%-iger Kochsalzlösung (in 24 h nicht mehr als 10 mmol/l erhöhen)	Adrogué et al., 2008 Puckett, 2023

Tab. 4.6: Störungen von Wasser- und Elektrolythaushalt sowie renaler Funktion bei Anorexia nervosa – Fortsetzung

Phänomen	Häufigkeit	Symptome	Diagnostik	Behandlung	Literatur
				Ggf. intensiv-medizinisches Monitoring	
Nierensteine (Calcium-haltig)	Eher selten Pathomechanismus: Demineralisation des Skeletts, Laxantien-abusus	Asymptomatisch, ggf. Dysurie, Makrohämaturie, Nierenkoliken	Ultraschall der Nieren und Harnwege; Urin auf Mikrohämaturie, pH, Calcium, Harnsäure, Citrat, Oxalat; Steinanalyse	Keine spezifische Therapie	Leaf et al., 2012

4.3.7 Endokrinologische Komplikationen der Anorexia nervosa

Die endokrinologischen Veränderungen bei Patientinnen mit Anorexia nervosa sind zahlreich, wobei die Auswirkungen im klinischen Alltag bis auf wenige Ausnahmen überschaubar bleiben (▶ Abb. 4.1). Sämtliche Veränderungen werden als evolutive Anpassungsstrategien an Phasen des Nahrungsmangels interpretiert: Prozesse, die für das Überleben nicht unmittelbar notwendig sind, wie Wachstum und Reproduktion, werden verlangsamt zugunsten von Prozessen, die eine Euglykämie aufrechterhalten und Energie für lebensnotwendige Funktionen (z. B. des Gehirns) bewahren. Was kurzfristig einen Überlebensvorteil bringen kann, kann in manchen Fällen auch langfristig negative Folgen für den Organismus haben.

Bis auf die Veränderungen des Knochenstoffwechsels sind sämtliche Veränderungen der endokrinologischen Funktion reversibel. Das gilt auch für Störungen der Fertilität (Chaer et al., 2020) (▶ Tab. 4.7).

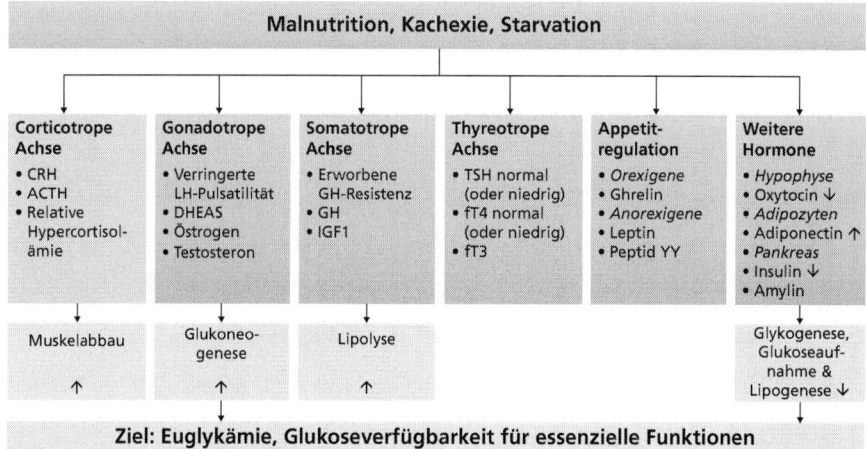

Abb. 4.1: Endokrinologische Veränderungen bei Anorexia nervosa (adaptiert nach Misra & Klibanski, 2014)
Legende: ↓ = erniedrigt, ↑ = erhöht, CRH = Corticotropin-Releasing-Hormon, ACTH = Adrenocorticotropes Hormon, LH = Luteinisierendes Hormon, DHEAS = Dehydroepiandrosteron, GH = Growth Hormone = Somatotropin, IGF-1 = Insuline-like Growth Factor 1 = Insulinähnlicher Wachstumsfaktor, TSH = Thyroideastimulierendes Hormon, fT3 = freies Trijodthyronin, fT4 = freies Thyroxin

4.3.8 Metabolische Komplikationen der Anorexia nervosa

(▶ Tab. 4.8)

Tab. 4.7: Endokrinologische Komplikationen der Anorexia nervosa

Phänomen	Häufigkeit	Symptome	Diagnostik	Behandlung	Literatur
Osteopenie & Osteoporose	Sehr häufig (bis zu 85 % Osteopenie, in Abhängigkeit von Krankheitsdauer und -schwere bis zu 44 % Osteoporose)	Asymptomatisch Bei langem Krankheitsverlauf: erhöhtes Frakturrisiko (lebenslang), frühe Osteoporose	DEXA-Messung: Nachweis verminderter ossärer Mineralisation (sollte nach 12 Monaten Amenorrhoe durchgeführt werden)	Behandlungsziel: Wiederherstellung der Menstruation Ggf. Calcium (1 bis 1,5 g tgl.) und Vitamin D (800 bis 1000IE tgl.) Bei Adoleszenten: transdermale Östradiolbehandlung mit zyklischer Progesteronzugabe Bei Erwachsenen mit chronischem Verlauf: Östradiolgabe erwägen	Zipfel et al., 2001 Bruni et al., 2006 Gatti et al., 2015 Robinson et al., 2016, 2017 Fazeli & Klibanski, 2018 Herpertz et al., 2019
Corticotrope Achse	Sehr häufig	Erhöhte Plasmacortisolspiegel, reduzierte Suppression im Dexamethason-Hemmtest KEINE klinischen Zeichen eines Hyperkortisolismus	Ggf. Messung des basalen Cortisols (morgens nach dem Erwachen in Ruhe)	Muss i.d.R. nicht gemessen werden Keine spezifische Therapie	Lo Sauro et al., 2008
Gonadotrope Achse	Sehr häufig (Teil der ICD-10 Diagnose-kriterien) Wichtige Determinante für den Knochenstoffwechsel!	Hypogonado-troper Hypogonadismus, Amenorrhoe, Libidoverlust Persistierende Amenorrhoe und Infertilität möglich	GnRH↓, LH↓, FSH↓		Misra & Klibanski, 2014

4 Management somatischer Komplikationen der Anorexie

Tab. 4.7: Endokrinologische Komplikationen der Anorexia nervosa – Fortsetzung

Phänomen	Häufigkeit	Symptome	Diagnostik	Behandlung	Literatur
Somatotrope Achse	Sehr häufig Wichtige Determinante für den Knochenstoffwechsel!	Resistenz gegen Somatotropin (Growth Hormone=GH) Ggf. reduziertes Längenwachstum bei frühem AN-Beginn	GH↑, IGF-1↓, Ghrelin↑		Hotta et al., 2000 Misra & Klibanski, 2014 Fazeli & Klibanski, 2018
Thyreotrope Achse: Euthyroid Sick Syndrome(ESS) Synonym: Low-T3-Syndrom	Sehr häufig	Asymptomatisch	TSH normal bis hochnormal, T3↓, T4 normal bis ↓	Keine spezifische Therapie	Misra & Klibanski, 2014
Weitere endokrinologische Veränderungen		Anorexigene: Leptin↓, Peptid YY↑ Hypophyse: Oxytocin↓ Adipozyten: Adiponectin↑ Pankreas: Insulin↓, Amylin↓		Keine spezifische Therapie	Misra & Klibanski, 2014

Legende: ↓ = erniedrigt, ↑ = erhöht, DEXA = Dual Energy X-ray Absorptiometry = Knochendichtemessung, GnRH = Gonadotropin-Releasing-Hormon, LH = Luteinisierendes Hormon, FSH = Follikel-stimulierendes Hormon, GH = Growth Hormone = Somatotropin, IGF-1 = Insuline-like Growth Factor 1 = Insulinähnlicher Wachstumsfaktor, TSH = Thyroidea-stimulierendes Hormon, T3 = Trijodthyronin, T4 = Thyroxin

4.3 Körperliche Folgen der Starvation

Tab. 4.8: Metabolische Komplikationen der Anorexia nervosa

Phänomen	Häufigkeit	Symptome	Diagnostik	Behandlung	Literatur
Hypoglykämie	In Abhängigkeit von Krankheitsdauer und -schwere zunehmend häufiger (als Ausdruck erschöpfter physiologischer Reserven)	Selten symptomatisch	Blutglukose ↓	Nahrungsaufnahme, Gabe von (komplexen) Kohlenhydraten per os, nur bei stark symptomatischer Hypoglykämie (oder Werten unter 40 mg/dl) i.v.	Usdan et al., 2008
Hypercholesterinämie	In Abhängigkeit von Krankheitsdauer und -schwere zunehmend häufiger	Asymptomatisch	Cholesterin↑, Triglyceride normal	Keine spezifische Therapie	

4.3.9 Neurologische Komplikationen der Anorexia nervosa

Als Folge von Malnutrition und Untergewicht können bei vielen Betroffenen mit schwerer Erkrankung strukturelle cerebrale Veränderungen bildgebend nachgewiesen werden. Korrespondierend dazu zeigen neurokognitive Untersuchungen Einschränkungen von Auffassung, Konzentration und Gedächtnisleistung (z. B. Lopez et al., 2008; Southgate et al., 2008; Tchanturia et al., 2012). Wahrscheinlich ist die sehr häufige Komorbidität der Depression neben anderen (psychischen) Gründen auch als Ausdruck der cerebralen Veränderungen und der Anpassung des Gehirns an die Starvation zu verstehen.

Nach Wiederherstellung des Gewichts scheinen sich die strukturellen Veränderungen sämtlich zu bessern, wobei es Berichte über persistierende cerebrale Veränderungen und anhaltende neurokognitive Defizite gibt (Joos et al., 2011) (▶ Tab. 4.9).

4.3.10 Dermatologische Komplikationen der Anorexia nervosa

Bei Patientinnen mit schwerem Krankheitsverlauf sind fast immer dermatologische Symptome erkennbar, die Ausdruck der Starvation oder des Erbrechens sind (▶ Tab. 4.10).

4.3.11 Ophtalmologische und otologische Komplikationen der Anorexia nervosa

Komplikationen im Bereich der Augen und Ohren sind insgesamt eher selten, sollen der Vollständigkeit halber aber erwähnt werden (▶ Tab. 4.11).

4.3 Körperliche Folgen der Starvation

Tab. 4.9: Neurologische Komplikationen der Anorexia nervosa

Phänomen	Häufigkeit	Symptome	Diagnostik	Behandlung	Literatur
Strukturelle cerebrale Veränderungen Globale Atrophie (graue & weiße Substanz), erweiterte Ventrikel	Nicht bekannt	Eingeschränkte neurokognitive Fähigkeiten (Auffassung, Konzentration, Gedächtnis, Flexibilität)	Keine bildgebende Diagnostik in der Routine	Keine spezifische Therapie, wahrscheinlich reversibles Phänomen	Wagner et al., 2006; Boghi et al., 2011; Joos et al., 2011; Tchanturia et al., 2012
Trockene Beriberi	Selten	Progressive axonale Neuropathie mit symmetrischen brennenden Schmerzen der distalen Akren, ggf. Gehschwierigkeiten	Verändertes Reflexniveau, nachweisbarer Thiaminmangel EKG Herzultraschall	Substitution von Thiamin (Vitamin B1)	Winston et al., 2000; Altinyazar et al., 2010; Mantero et al., 2021; Mrowicka et al., 2023
Feuchte Beriberi	Selten	Trockene Beriberi plus: Herz-Rhythmusstörungen, Perikarderguss, Herzinsuffizienz, Ödeme, Anasarka			
Periphere Mono- und Neuropathien	Sehr selten, z. B. Peronäusläsion	Symptomatik nach Lokalisation		Keine spezifische Therapie	Weber & Rost, 2009; Minghetti et al., 2024

4 Management somatischer Komplikationen der Anorexie

Tab. 4.10: Dermatologische Komplikationen der Anorexia nervosa

Phänomen	Häufigkeit	Symptome	Diagnostik	Behandlung	Literatur
Xerosis cutis	58–71 %	Trockene Haut		Feuchtigkeitspflege	Hediger et al., 2000 Strumia et al., 2001
Cheilitis	41–76 %	Entzündung der Lippen		Lippenpflege, ggf. topisches Vitamin E	ebd.
Hypertrichinosis lanuginosa	25–62 %	Lanugobehaarung		Keine spezifische Therapie	ebd.
Telogenes Effluvium	24–50 %	Generalisierter Haarverlust			
Periunguales Erythem	48 %				
Trockenes Kopfhaar	48 %			Feuchtigkeitspflege	ebd.
Akne	41 %			Topische Behandlung nach Leitlinie (z. B. mit anti-bakteriellen Substanzen, Retinoiden oder Azelainsäure)	ebd.
Akrozyanose	29–38 %	Ggf. kalte Hände und Füße		Passive und aktive Wärme an den Akren	ebd.
Nagelveränderungen	29–48 %	Brüchige Nägel		Ggf. Topisches Vitamin E	ebd.
Aurantiasis cutis	20 %	Gelbfärbung der Haut an Palmae, Plantae und im Gesicht		Ggf. Reduktion des zugeführten Beta-Carotin	ebd.
Generalisierter Pruritus	16 %	Juckreiz		Feuchtigkeitspflege der Haut, ggf. medikamentöse Antipruriginöse	ebd.

Tab. 4.10: Dermatologische Komplikationen der Anorexia nervosa – Fortsetzung

Phänomen	Häufigkeit	Symptome	Diagnostik	Behandlung	Literatur
Striae distensae	12 %	Dehnungsstreifen der Haut		Keine spezifische Behandlung	ebd.
Seborrhoische Dermatitis	8 %			Ggf. Topisches Ketokonazol	ebd.
Petechien, Purpura, Hämatomneigung	Unbekannt	Hauteinblutungen	Thrombozyten, Gerinnungsparameter	Keine spezifische Behandlung	ebd.
Verlangsamte Wundheilung	Unbekannt			Ggf. Substitution von Zink	ebd.
Livedo reticularis	Selten			Keine spezifische Behandlung	ebd.
Prurigo pigmentosa	Selten	Dermatitis mit papulovesikulären Effloreszenzen und Hyperpigmentation im Spätstadium		Minocyclin (100–200 mg tgl.) oder Doxycyclin (200 mg tgl.) über 2 bis 6 Wochen	ebd.
Pellagra	Selten	Photosensible Dermatitis mit kragenförmigem Erythem des Halses	Mangel an Niacin (Vitamin B3)	Substitution von Niacin, Zink und Magnesium	ebd.
Paronychie	Selten	Entzündung des Nagelwalls		Lokal antiseptische Behandlung, ggf. systemisch antimikrobiell, Substitution von Zink	ebd.

nosa (z. B. Antihistaminika)

Tab. 4.10: Dermatologische Komplikationen der Anorexia nervosa – Fortsetzung

Phänomen	Häufigkeit	Symptome	Diagnostik	Behandlung	Literatur
Dekubitus	Selten, vor allem bei schwerem Untergewicht und Bettlägerigkeit, ggf. Dekubitusprophylaxe	Druckgeschwüre der Haut, meist über einem Knochenvorsprung		Druckentlastung durch Lagerungs-maßnahmen, feuchte Wundbehandlung, Infektionsschutz, ggf. Schmerztherapie	ebd.

Tab. 4.11: Ophtalmologische und otologische Komplikationen der Anorexia nervosa

Phänomen	Häufigkeit	Symptome	Diagnostik	Behandlung	Literatur
Lagophtalmus	Selten	Inkompletter Lidschluss, ggf. korneale Trockenheit und Irritation	Ggf. Augenärztliche Vorstellung	Befeuchtende Augentropfen (tagsüber), Salbenverband (nachts)	Gaudiani et al., 2012
Syndrom der klaffenden Tube	Sehr selten	Druckgefühl der Ohren, atemsynchrone Ohrgeräusche, Autophonie	Ggf. HNO-ärztliche Vorstellung	Keine spezifische Therapie	Löhler & Walther, 2021

4.4 Körperliche Folgen von Purging-Verhalten

Etwa 5–30% aller Patientinnen mit Anorexia nervosa betreiben neben dem andauernden Fasten noch bulimisches Verhalten, was spezifischeKomplikationen zur Folge haben kann. Die häufigste Variante des sogenannten Purging-Verhaltens ist das selbstinduzierte Erbrechen, gefolgt von Laxanzienabusus. Seltener werden Diuretika zur Gewichtsabnahme genutzt. Die häufigste Methode zur Induktion des Erbrechens ist die manuelle Stimulation der Uvula, was bei einigen Betroffenen zu Hyperkeratosen an der Dorsalseite der Fingergrundgelenke führt (Russell-Zeichen). Einige Patientinnen können reflexhaft ohne Manipulation erbrechen; nur wenige nutzen Emetika (z. B. Ipecacuanha-Alkaloide) zu diesem Zweck.

Die Behandlung sämtlicher Komplikationen erfolgt primär durch Beendigung des Purging-Verhaltens (▶ Tab. 4.12).

4.4.1 Spezielle Komplikationen des Laxanzienabusus

Unter Laxanzieneinnahme kommt es zu wässrigen Diarrhoen, Dehydratation sowie Kalium- und Bikarbonatverlusten über den Stuhl. Neben den Elektrolytstörungen kann Laxanzienabusus gastrointestinale Nebenwirkungen wie Rektumprolaps, Hämorrhoiden und Hämatochezie verursachen (Roerig et al., 2010).

Werden antrachinonhaltige Laxanzien (z. B. Natriumpicosulfat oder Bisacodyl) über einen längeren Zeitraum eingenommen, kommt es zur Melanosis coli, einer in der Endoskopie sichtbaren, braunen bis schwarzen Pigmentierung der Kolonmukosa. Mit der Melanosis coli ist tendenziell eine Neigung zu kolorektalen Adenomen, nicht aber Karzinomen assoziiert (Abendroth et al., 2009).

Das Absetzen von Laxanzien sollte bei anhaltendem Missbrauch wegen der Gefahr einer plötzlichen Hypomotilität (bis zum Ileus) nicht abrupt, sondern schrittweise erfolgen. Die tatsächliche Dauer des Ausschleichens ist abhängig von der Dauer und der Dosis des vorangegangenen Abusus, was ein individualisiertes Vorgehen erfordert. Eine gute Faustregel ist ein Zeitraum von ein bis drei Wochen. Eine übergangsweise Umstellung von stimulierenden Laxanzien (die regelhaft mit Elektrolytverlusten einhergehen) auf osmotisch wirksame Substanzen (z. B. Macrogol) oder auf Prokinetika (▶ siehe Kap. 4.3.2) kann hilfreich sein. In der Phase des Ausschleichens ist eine ausreichende Hydrierung und Bewegung wichtig.

4.4.2 Sonderfall Insulinpurging

Eine Sonderform des Purging ist der Verzicht auf Insulininjektionen bei Typ-1-Diabetikerinnen (»Insulin-Purging«), um eine Gewichtsabnahme zu induzieren. Typ-1-Diabetikerinnen haben ein deutlich erhöhtes Risiko, eine Essstörung zu entwickeln. Die intensive Auseinandersetzung mit Essen und die, durch die Insulinbehandlung häufig auftretende Gewichtszunahme, kann vor allem in der Entwicklungsphase der Pubertät die Ausbildung einer Körperschemastörung begünstigen.

4.4 Körperliche Folgen von Purging-Verhalten

Tab. 4.12: Körperliche Folgen von Purging-Verhalten

Phänomen	Häufigkeit	Symptome	Diagnostik	Behandlung	Literatur
Elektrolyt-Störungen	Sehr häufig (Hypokaliämie, Hyponatriämie, Hypocalcämie, Hypomagnesiämie)		Regelmäßige Elektrolyt-kontrollen, EKG z. A. Rhythmusstörungen	Elektrolyt-Substitution nach Bedarf	Mehler & Walsh, 2016 Puckett, 2023
Pseudo-Bartter-Syndrom	Sehr häufig	RAAS-Aktivierung durch chronische Dehydratation: klinisch asymptomatisch, ggf. Ödeme (auch nach Beenden des Purging-Verhaltens)	Blutgasanalyse: metabolische Alkalose; Hypokaliämie, RR normal	Vorsichtige Rehydratation, ggf. Aldosteronantagonist (z. B. Spironolacton) für 2–3 Wochen	Bouquegneau et al., 2012 Puckett, 2023
Hypokaliämische Nephropathie	Bei chronischer Hypokaliämie in 10–20 % (!)	Asymptomatisch, ggf. Polyurie	Proteinurie, metabolische Alkalose, chronisch progrediente Niereninsuffizienz		Bouquegneau et al., 2012 Puckett, 2023
Gastro-ösophageale Refluxerkrankung	Häufig	Sodbrennen, saures Aufstoßen, retrosternales Brennen, Dysphagie, Dyspepsie, epigastrische Schmerzen, Regurgitation, Ösophagitis, ggf. Reizhusten und Heiserkeit	Ggf. Magenspiegelung (ÖGD)	Protonenpumpeninhibitoren (z. B. Pantoprazol 40 mg/Tag, Esomeprazol 20 mg/Tag) für vier Wochen, danach ggf. kurze Fortführung mit halber Dosis, keine Dauermedikation	Denholm & Jankowski, 2011 Pacciardi et al., 2015 Sato & Fukudo, 2015
Magendehnung und -perforation	Häufig (Magendehnung) Selten (Perforation)	Starke post-prandiale Oberbauch-schmerzen, spontanes Erbrechen (Dehnung)	Ultraschall Abdomen, Röntgen Abdomen (bei V. a. Perforation)	Je nach Symptomatik ggf. internistisch bzw. chirurgisch	Benini et al., 2004 Zipfel et al., 2006

Tab. 4.12: Körperliche Folgen von Purging-Verhalten – Fortsetzung

Phänomen	Häufigkeit	Symptome	Diagnostik	Behandlung	Literatur
		Diffuse Oberbauchschmerzen, ggf. Fieber (Perforation)			
Gingivitis und Parodontose	Sehr häufig (mehr als ein Drittel der Betroffenen)	Mundtrockenheit, Hypersensibilität der Zähne für Wärme- und Kältereize	Ggf. HNO-ärztliche Vorstellung (entzündliche Veränderungen der Stimmbänder)	Zahnpflege mit weicher Zahnbürste, fluoridhaltige Zahnpasta, einmal wöchentlich Fluoridgel, ggf. Fluoridlack-Versiegelung Direkt nach dem Erbrechen aufs Zähneputzen verzichten, ggf. Spülen mit Natriumhydrogenkarbonat Kauen von zuckerfreiem, harnstoffhaltigem Kaugummi bei Xerostomie, ggf. Pilocarpin	Touyz et al., 1993
Zahnschäden	Häufig				
Schluckbeschwerden	Häufig	Schmerzhaftes Schlucken, heisere Stimme		Keine spezifische Therapie	
Sialadenose	Häufig	Schmerzlose, symmetrische Schwellung der Speicheldrüsen	Ggf. leichte bis moderate Erhöhung der Serum-Amylase	Lokale Wärmebehandlung Ggf. Pilocarpin (1,25–5 mg tgl.) als Off-Label-Versuch Ggf. HNO-ärztliche Vorstellung	Mignogna et al., 2004

Tab. 4.12: Körperliche Folgen von Purging-Verhalten – Fortsetzung

Phänomen	Häufigkeit	Symptome	Diagnostik	Behandlung	Literatur
Verletzungen des Ösophagus	Selten (Mallory-Weiss-Syndrom) Sehr selten (Boerhaave-Syndrom)	Hellrote Blutbeimengungen im Erbrochenen, stechende retrosternale Schmerzen, Angst bis Panik, ggf. Schwindel, Schwäche, Tachykardie; einige Stunden bis Tage nach dem Ereignis Meläna	Mallory-Weiss-Syndrom: Lazeration der Schleimhaut, die nicht die gesamte Ösophagus-Wand durchdringt Boerhaave-Syndrom: Ruptur aller Wandschichten des Ösophagus	Bei kleinen Blutmengen ggf. kontrollierend abwarten Bei starker Blutung: endoskopische Blutstillung, notfall-medizinische Betreuung	Denholm & Jankowski, 2011
Nephrokalzinose	Selten	Asymptomatisch	Erhöhte Nierenretentionsparameter	Keine spezifische Therapie	Roberts et al., 2005

Wenn Insulindosen reduziert oder ganz ausgelassen werden, steigt zunächst der Blutzucker deutlich an. Bei Erreichen der individuellen Nierenschwelle erfolgt der Verlust von Glukose (und Wasser) über das renale Tubulussystem im Sinne einer osmotischen Diurese. Exsikkose mit Polydipsie und Polyurie sind die Folge.

Durch Insulinmangel findet ketogene Energiegewinnung statt; das Risiko für eine diabetische Ketoazidose steigt. Die mikrovaskulären Folgekomplikationen der ausgeprägten Hyperglykämie sind enorm; schon in jungen Jahren kann es zu Störungen der renalen oder kardialen Funktion, zur Polyneuropathie oder zum Verlust des Visus kommen.

Das Phänomen, dessen Häufigkeit nicht umfassend untersucht ist, betrifft vor allem junge Frauen. Es wird geschätzt, dass mehr als 10 % der jungen Frauen mit Typ-1-Diabetes ein Insulinpurging betreiben, eine hohe Dunkelziffer wird angenommen (Herpertz et al., 2019). Bei jungen Typ-1-Diabetikerinnen mit schlecht eingestelltem Blutzucker und hohen HbA1c-Werten sollte also differentialdiagnostisch an das Vorliegen einer Essstörung gedacht werden, zumal die Mortalität durch die Komorbidität der Erkrankungen deutlich erhöht ist.

4.5 Das Refeeding-Syndrom

Eine schwerwiegende, in voller klinischer Ausprägung aber seltene Komplikation ist das Refeeding-Syndrom (RFS), das typischerweise innerhalb der ersten Tage nach Beginn der Nahrungswiederaufnahme auftreten kann. Hierbei handelt es sich um eine Stoffwechselentgleisung, bei welcher es aufgrund einer Elektrolytverschiebung im Rahmen der Renutrition zu einer Störung der extra- und intrazellulären Flüssigkeitshomöostase (mit Natrium- und Flüssigkeitsretention) und zu schweren Organdysfunktionen kommt. Eine zentrale Rolle spielen die Blutsalze Phosphat, Kalium und Magnesium, sowie Vitamin B1 (Thiamin). Die klinische Symptomatologie ist vielgestaltig, die Letalität ist unerkannt und unbehandelt hoch (Mehanna et al., 2008; Wirth et al., 2018).

4.5.1 Definition

Es existieren für das RFS sehr viele unterschiedliche Definitionen, was die Vergleichbarkeit der wissenschaftlichen Untersuchungen des Phänomens erschwert.

Für einige Autorinnen ist der Nachweis eines sinkenden Phosphatspiegels unterhalb bestimmter Grenzwerte oder um ein gewisses Delta in einer definierten Zeit ausreichend für die Diagnose eines RFS (z. B. Marik & Bedigian, 1996). Allerdings zeigt die klinische Erfahrung, dass nicht jede Hypophosphatämie mit einem RFS gleichzusetzen ist. Manche Definitionen setzen darum die Veränderung von mindestens zwei Elektrolyten (Phosphat, Kalium oder Magnesium) voraus (z. B. Whitelaw et al., 2010).

Andere Autorinnen definieren das RFS daher so, dass zusätzlich zur Elektrolytentgleisung auch klinische Symptome auftreten müssen. Die Unterscheidung von Stanga und Kolleginnen zwischen einem »symptomatischen RFS« mit klinischen Symptomen und einem »biochemischen RFS«, bei dem ausschließlich Elektrolytveränderungen vorliegen, halten wir im klinischen Alltag für hilfreich, vor allem wenn es um die Risikoabschätzung vor Wiederaufnahme der Ernährung geht (Stanga et al., 2008).

Die amerikanischen Leitlinien definieren ein RFS als Abfall mindestens eines Serumelektrolyts (Phosphat, Kalium, Magnesium) und zusätzlich einer Organdysfunktion, die aufgrund des Elektrolyt- oder Thiaminmangels entstanden ist (da Silva et al., 2020). Dies entspricht dem Konzept des symptomatischen RFS.

Bei aller Definitionsunschärfe besteht Einigkeit darüber, dass sich das RFS in einem breiten klinischen Spektrum manifestiert, in dem die Symptome – abhängig von der bestehenden Malnutrition – von mild bis schwer variieren können, und dass die Kenntnis des Krankheitsbilds, ein achtsames Screening auf Frühwarnzeichen und eine rationale Prävention entscheidend zur Behandlung des RFS beitragen (Boateng et al., 2010).

4.5.2 Risikofaktoren

Bereits nach fünf Tagen fehlender oder nicht ausreichend kalorischer Ernährung steigt das Risiko für ein RFS nach Wiederaufnahme der Ernährung an. Dabei kommt ein RFS nicht nur bei Patientinnen mit Anorexie vor: Alle Menschen können nach länger bestehendem Energie- und Nährstoffdefizit (wegen verringerter Nahrungsaufnahme oder aufgrund erhöhten metabolischen Bedarfs) und »Refeeding«, d. h. erneuter Kalorienzufuhr, davon betroffen sein. Vor allem geriatrische oder onkologische kritisch kranke Patientinnen sind oft betroffen. Zu den Hochrisikopatientinnen gehören chronisch unterernährte Menschen mit verminderten physiologischen Reserven – so wie wir es bei vielen unserer anorektischen Patientinnen sehen.

Im folgenden Kasten finden sich die Kriterien des britischen National Institute for Health and Care Excellence (NICE, 2006) zur Identifikation von Hochrisikokonstellationen.

NICE-Kriterien zur Identifikation von Patientinnen mit hohem Risiko für das Refeeding-Syndrom bei der Ernährungstherapie

Entweder besteht eins der folgenden (Hauptkriterien):

- Body-Mass-Index < 16 kg/m^2
- (Unbeabsichtigter) Gewichtsverlust von > 15 % in den letzten 3–6 Monaten
- Geringe oder keine Nahrungsaufnahme für > 10 Tage
- Niedrige (bis niedrig normale) Serumspiegel von Kalium, Phosphat und/oder Magnesium vor Beginn der Wiederernährung

Oder zwei der folgenden (Nebenkriterien):

- Body-Mass-Index < 18,5 kg/m²
- (Unbeabsichtigter) Gewichtsverlust von > 10 % in den letzten 3–6 Monaten
- Geringe oder keine Nahrungsaufnahme für > 5 Tage
- Positive Anamnese für Alkoholmissbrauch oder Einnahme von Insulin, Chemotherapeutika, Antazida oder Diuretika

In der Literatur finden sich weitere Risikofaktoren wie höheres Lebensalter, vermindertes Serumalbumin, sowie die Applikationsform der enteralen Ernährung (Rio et al., 2013; Friedli et al., 2017). Ein RFS kann prinzipiell nach oraler, enteraler oder parenteraler Ernährung auftreten, aber das Risiko scheint bei peroraler Ernährung am geringsten zu sein.

Laut der international anerkannten NICE-Risikostratifizierung haben (fast) alle Patientinnen mit Anorexie, die sich in unsere stationäre Behandlung begeben, ein erhöhtes Risiko für ein RFS. Dabei darf nicht vergessen werden, dass dennoch nicht alle Risikopatientinnen auch tatsächlich ein klinisches RFS entwickeln. In der Untersuchung von Zeki und Kolleginnen (Zeki et al., 2011) entwickelten 25 % der Patientinnen, die nach den NICE-Kriterien als gefährdet eingestuft wurden, eine schwere Hypophosphatämie im Sinne eines biochemischen RFS. Die Häufigkeit eines symptomatischen RFS liegt deutlich darunter.

4.5.3 Häufigkeit

Nicht zuletzt wegen der uneinheitlichen Definition sind die in der Literatur angegebenen, epidemiologischen Daten sehr variabel. Ornstein und Kolleginnen beschrieben 2003 für anorektische Patientinnen eine Prävalenz von knapp 28 % für ein biochemisches Refeeding-Syndrom (Verminderung des Serumphosphatwerts).

Eine jüngere Metaanalyse von Cioffi zeigte eine Spannweite von 0 % bis 45 % für die RFS-Prävalenz bei Patientinnen mit AN, wobei die höchsten Raten für die Definition des biochemischen RFS gefunden wurden und die niedrigsten für ein symptomatisches RFS (Cioffi et al., 2021).

4.5.4 Pathophysiologie des Refeeding-Syndroms

Das RFS ist die metabolische Antwort auf eine rasche Umstellung der Stoffwechsellage von katabolen auf anabole Stoffwechselprozesse nach Wiederaufnahme der Nahrungszufuhr (= Refeeding). Auch wenn die exakte Pathophysiologie des RFS noch nicht restlos geklärt ist, scheinen hierfür vor allem folgende Mechanismen bedeutsam zu sein:

1. Elektrolytmangel (Phosphat, Magnesium & Kalium) durch Verschiebungen in den Intrazellularraum und metabolischen Mehrbedarf
2. Akuter Thiaminmangel

3. Natrium- und Wasserretention mit konsekutiver Hypervolämie

Im Zustand des langanhaltenden Fastens ist der Körper (neben Energie) auch mit Elektrolyten, Vitaminen und Spurenelementen unterversorgt. Über homöostatische Prozesse gelingt es zwar für lange Zeit, die Serumspiegel von Kalium, Magnesium und Phosphat aufrechtzuerhalten, indem die intrazellulären Reserven dieser Elektrolyte mobilisiert werden und die renale Exkretion vermindert wird. Im Verlauf erschöpfen sich diese Reserven jedoch, ohne dass sich der Mangel im Blut abbilden ließe. Dieser (maskierte) Elektrolytmangel ist die Voraussetzung für die Entstehung eines Refeeding-Syndroms (vgl. auch ▶ Kap. 4.2: Die Pathophysiologie der Starvation).

Bei Wiederaufnahme einer adäquaten, isokalorischen Ernährung – vor allem bei hoher Kohlenhydratzufuhr – nimmt die Aktivität der Gluconeogenese und des anaeroben Stoffwechsels ab. Glukose wird via Glykolyse wieder zum Hauptenergielieferanten, es kommt zu einer massiven Sekretion von Insulin, wodurch die Aufnahme von Glukose, Kalium, Magnesium und Phosphat in die Zelle induziert wird. Die extrazellulären Elektrolytspiegel sinken rasch, es kann zu einem deutlichen Absinken der Plasmaspiegel kommen.

Im Zustand ausgeprägter Unterernährung kann es durch transiente Atrophie der enteralen Mukosa und beeinträchtigte Pankreasfunktion nach oraler oder enteraler Wiederernährung zu Diarrhoen kommen, was den Elektrolytmangel noch verstärken kann.

Zugleich stimuliert Insulin die Synthese von Glykogen, Fett und Eiweiß, wofür auch die Elektrolyte Phosphat, Magnesium und Kalium benötigt werden. Phosphat wird unter anderem bei der nun verstärkt ablaufenden oxidativen Phosphorylierung und der Glykolyse als Energieträger (in Form von Adenosintriphosphat, ATP) gebraucht. Die Hypophosphatämie als Ausdruck des extra- und intrazellulären Phosphatmangels ist also ein Frühwarnzeichen des RFS und gilt als das Kardinalsymptom (Zauner et al., 2020).

Bei zunehmend anabolen Stoffwechselprozessen steigt auch der Magnesiumbedarf deutlich an, denn Magnesium ist als enzymatischer Cofaktor an allen ATP-abhängigen Prozessen (z. B. Proteinbiosynthese) beteiligt. Es kommt zu einem raschen Absinken der extrazellulären Konzentration, die bei depletierten Speichern ggf. nicht ausgeglichen werden kann, so dass sich eine Hypomagnesiämie manifestieren kann. Magnesium ist aber auch als ein wichtiger Cofaktor der Natrium-Kalium-Ionenpumpe an der Kaliumhomöostase beteiligt, sodass bei einer therapierefraktären Hypokaliämie zusätzlich Magnesium substituiert werden sollte.

Auch für Thiamin (Vitamin B1), das im Körper nur in geringen Mengen gespeichert werden kann, kommt es in der zunehmend anabolen Stoffwechsellage zu einem plötzlichen Mehrbedarf, weil Thiamin ein essenzieller Cofaktor im Kohlenhydratstoffwechsel ist: Es wird bei der Umwandlung von Pyruvat zu Acetyl-CoA benötigt. Die, durch langanhaltendes Fasten verminderten Reserven, und der vermehrte Bedarf führen zu einem akuten Thiaminmangel: Pyruvat kann nicht mehr regulär oxidiert werden, stattdessen erfolgt (über die Laktatdehydrogenase) die Reduktion zu Laktat. Eine Laktatazidose als Folge ist möglich. Nicht zuletzt unterstützt das Elektrolyt Magnesium die Konversion von Thiamin in seine aktive

Form (Thiaminpyrophosphat), sodass die oben beschriebenen Prozesse multiple wechselseitige Auswirkungen haben.

Der dritte relevante Pathomechanismus des RFS ist eine Störung des Flüssigkeitshaushalts. Der Anstieg von Insulin bewirkt durch Inaktivierung des natriuretischen Peptids eine Retention von Natrium und konsekutiv von Flüssigkeit im renalen Tubulussystem: Die Serumkonzentration von Natrium steigt und das Extrazellularvolumen nimmt zu.

Zusätzlich führt die Zufuhr von Glukose zu einem Anstieg der Plasmaosmolalität und einer zunehmenden Sekretion von Antidiuretischem Hormon (ADH). Wasser wird retiniert, das Durstgefühl nimmt zu. Es besteht die Gefahr einer Hypervolämie. Durch mit der Nahrung (oder durch Infusionen) zugeführtes Natrium kann der Effekt noch verstärkt werden.

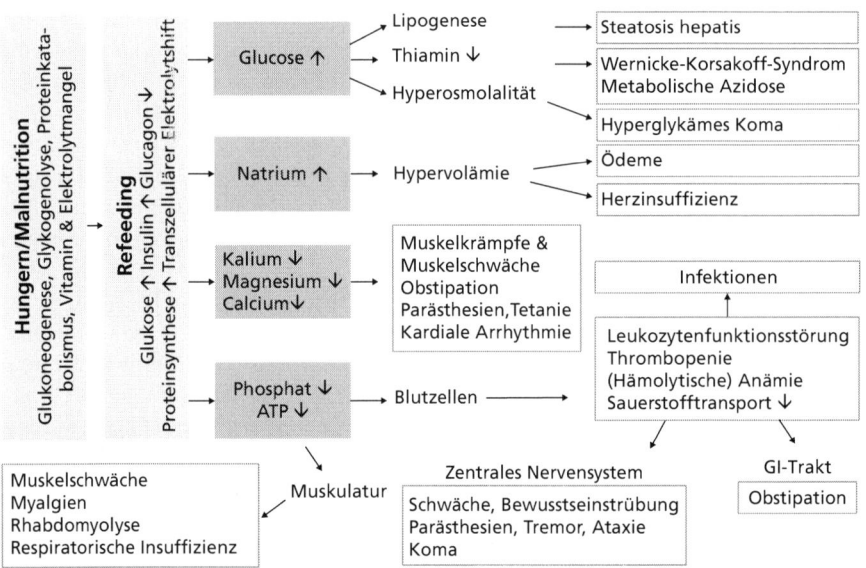

Abb. 4.2: Die Pathophysiologie des Refeeding-Syndroms (adaptiert nach Stanga et al., 2008 und Boateng et al., 2010)

Als Nebenbefund kann es zu Störungen des Kohlenhydratstoffwechsels kommen: Wegen Substratmangel (v. a. Phosphat und Thiamin) wird die Energiegewinnung aus Kohlenhydraten trotz adäquater Zufuhr reduziert, was zu einem Überschuss an Kohlenhydraten und nachfolgenden Hyperglykämien führen kann. Zugleich führt die massive Insulinsekretion zu postprandialen Hypoglykämien.

▶ Abb. 4.2 zeigt die Zusammenhänge in der Pathophysiologie des RFS. Für weitergehende Literatur empfehlen wir die Arbeiten von Cahill (1970, 1998), Weinsier & Krumdieck (1981), Crook et al. (2001), Kraft et al. (2005), Mehanna et al. (2008), Stanga et al. (2008), Boateng et al. (2010) sowie Wirth et al. (2018).

4.5.5 Klinische Manifestation

Die individuelle Symptomatik des RFS ergibt sich aus dem Mangel an Elektrolyten und Vitaminen einerseits und der Hypervolämie andererseits, was je nach Vulnerabilität der betroffenen Patientin zu relativ unspezifischen klinischen Zeichen führen kann (z. B. Schwäche und Vigilanzminderung). Es können im Prinzip alle Organsysteme betroffen sein; am häufigsten sind kardiale, respiratorische oder renale Insuffizienz, die oftmals von delirierten Zuständen begleitet werden. Ein RFS tritt in den meisten Fällen innerhalb der ersten 72 h nach Beginn der Wiederernährung auf, es sind jedoch auch späte Verläufe nach bis zu 10 Tagen berichtet worden (Friedli et al., 2017). Die häufigste Todesursache sind kardiale Arrhythmien. Eine Übersicht über mögliche klinische Symptome zeigt ▶ Tab. 4.13. Milde bis moderate Entgleisungen von Phosphat, Kalium oder Magnesium sind oft asymptomatisch.

Tab. 4.13: Klinische Zeichen und Funktionsstörungen des Refeeding-Syndroms (nach Kraft et al., 2005; Boateng et al., 2010; da Silva et al., 2020; Zauner et al., 2020; Zipfel et al., 2022)

	Kardial	**Respiratorisch**
Klinische Zeichen	Tachykardie, Arrhythmie Palpitationen Periphere Ödeme Schwindel Schwäche Plötzlicher Herztod	Tachydyspnoe Ateminsuffizienz
Funktionsstörungen	Verminderte Pumpfunktion Herzinsuffizienz Arterielle Hypotonie oder Hypertonie	Schwäche der Atemmuskulatur Lungenödem
	Neurologisch	**Muskuloskeletal**
Klinische Zeichen	Schwäche, Schwindel Parästhesien Tremor, Ataxie Hyperreflexie Krampfanfälle Verwirrtheit, Delir, Unruhe Wesensveränderung Bewusstseinstrübung Koma	Schwäche Gehstörungen Myalgien Muskelfaszikulationen Tetanie
Funktionsstörungen	Wernicke-Korsakoff-Syndrom Hämolytische Anämie Verminderte Sauerstoffaffinität von Hb	ATP-Mangel Verminderte Kontraktilität Rhabdomyolyse
	Gastrointestinal	**Hämatologisch**
Klinische Zeichen	Bauchschmerzen Obstipation Diarrhoen Übelkeit	Infektionen Schwäche Belastungsdyspnoe

Tab. 4.13: Klinische Zeichen und Funktionsstörungen des Refeeding-Syndroms (nach Kraft et al., 2005; Boateng et al., 2010; da Silva et al., 2020; Zauner et al., 2020; Zipfel et al., 2022) – Fortsetzung

	Erbrechen	
Funktionsstörungen	Eingeschränkte Darmkontraktilität Paralytischer Ileus	Leukozytenfunktionsstörung Hämolytische Anämie
	Renal	**Hepatisch**
Klinische Zeichen	Verminderte Harnkonzentration Polyurie, Polydipsie Akutes Nierenversagen	Übelkeit Erbrechen
Funktionsstörungen	Hypervolämie Hypokaliämische Nephropathie Metabolische Azidose Akute Tubulusnekrose bei Rhabdomyolyse	Steatosis hepatis Akutes Leberversagen

4.5.6 Behandlung und Prävention

Der erste wichtige Schritt für das Management des RFS liegt in der Prävention. Hierfür ist es zentral, das RFS bereits vor Beginn der Wiederernährung in Betracht zu ziehen, frühzeitiges laborchemisches Screening zu betreiben und bestehende Mangelzustände adäquat und ggf. prophylaktisch auszugleichen.

Bei der Wahl des Ernährungswegs ist, wann immer möglich, die perorale Ernährung vorzuziehen. Zwar kann es auch hierunter zu einem RFS kommen, jedoch scheint das Risiko geringer zu sein.

Während der Ernährungstherapie besteht die Herausforderung im Erkennen zunächst unspezifischer Symptome als »Vorboten« eines symptomatischen RFS.

Prävention des RFS durch angepassten Kostaufbau? Aktuelle Kontroversen und Stand der Wissenschaft

Die Ernährungstherapie der Anorexia nervosa bewegt sich im Spannungsfeld zwischen der dringenden Notwendigkeit einer raschen Gewichtskonsolidierung einerseits und der Minimierung des Risikos für ein RFS andererseits.

Über die optimale Geschwindigkeit des Kostaufbaus bei Anorexie gibt es in der wissenschaftlich-klinischen Gemeinschaft keine Einigkeit, was auch am Überwiegen von Fallberichten, unkontrollierten Studien und divergierenden Konzepten des RFS liegt (vgl. ▶ Kap. 4.5.1). Nicht zuletzt erleiden sehr unterschiedliche Patientinnen mit verschiedenen Grunderkrankungen und Altersstufen ein RFS und Studien, die sich ausschließlich mit Anorexie-Patientinnen befassen, sind selten.

Da sich seit den frühen Tagen der »Entdeckung« des RFS erste Fälle nach »übermäßiger Ernährungstherapie« (im Original »overzealous refeeding«) gezeigt hatten, hat sich international eine konservative Strategie der Wiederernährung etabliert: Die meisten Autorinnen empfehlen einen langsamen Kostaufbau, der je nach BMI mit 5–15 kcal/kg Körpergewicht beginnt (entspricht etwa 20–50 % der benötigten Kalorien des Grundumsatzes) und über einige Tage (meist 4–7) kontinuierlich gesteigert wird.

Neuere Untersuchungen berichten vor allem im Bereich adoleszenter Patientinnen mit Anorexia nervosa von guten Erfolgen durch Ernährungsregimes mit deutlich höherem Kalorienangebot, während derer es zu kürzerer Krankenhausverweildauer bei gleicher Rate an Komplikationen durch ein RFS kam wie bei einem konservativeren Vorgehen (z. B. Golden et al., 2013; Parker et al., 2016; Garber et al., 2021). Empfehlungen für eine Kalorienstartdosis variieren aktuell zwischen ca. 300 und ca. 2200 kcal täglich, wobei einschränkend festgestellt werden muss, dass in den meisten Studien, die ein rascheres Refeeding als sicher darstellen, Patientinnen mit einem IBW (Ideal Body Weight, vor allem in der US-amerikanischen Literatur häufig genutztes Gewichtsmaß) von weniger als 70 % (entspricht etwa einem BMI von 14 kg/m^2) ausgeschlossen wurden. In den meisten Literaturstellen gelten Patientinnen mit einem BMI < 14 kg/m^2 als schwerst unterernährt. In diesem Gewichtsbereich sehen wir jedoch das höchste Risiko für ein RFS bei Anorexie.

Auch über die Geschwindigkeit der Steigerung herrscht keine Einigkeit (Steigerung alle 2–5 Tage vs. tägliche Steigerung), ebenso wenig über die Zieldosis. In der Intensivmedizin wird bei kritisch kranken Patientinnen üblicherweise der kalorische Mehrbedarf mit dem Faktor 1,5 des Grundumsatzes berechnet, andere Studien gehen nur vom Grundumsatz (berechnet nach der Benedict-Harris-Formel) aus. Unserer Erfahrung nach geht der Kalorienbedarf in der Wiederauffütterung erheblich über den Grundumsatz hinaus.

Erfolge mit höherkalorischen Ernährungsprogrammen lassen den Schluss zu, dass möglicherweise nicht die Gesamtkalorienlast das Auftreten eines RFS begünstigt, sondern eher der Anteil der Kohlenhydrate an der Nahrung. Da diese Vorstellung gut zum pathophysiologischen Korrelat der überschießenden Insulinsekretion passt, berücksichtigen einige Ernährungstherapiekonzepte neben der Kalorienzahl auch die Zusammensetzung der Ernährung im Sinne einer Begrenzung der Kohlenhydratzufuhr. So wird empfohlen, die tägliche Menge der zugeführten Glukose in den ersten Tagen auf 150 g (ca. 5 g pro kg Körpergewicht) zu begrenzen, was dem Substratbedarf der glukoseabhängigen Gewebe (v. a. des ZNS) entspricht. Der Blutzuckerspiegel sollte im optimalen Bereich zwischen 100 und 150 mg/dl liegen (Zauner et al., 2020) (vgl. ▶ Tab. 4.16).

Bei engmaschiger medizinischer Überwachung und Elektrolytsupplementierung verbessern nach neueren Erkenntnissen beschleunigte Refeeding-Protokolle die Gewichtswiederherstellung, ohne das Risiko eines Refeeding-Syndroms zu erhöhen (Voderholzer et al., 2020). Auf der anderen Seite kommen einige Autorinnen zu dem Schluss, dass die Anwendung der eher zurückhaltenden Leitlinien das Auftreten eines RFS wirksam verhindert und über die Jahre das Überleben von Patientinnen mit RFS signifikant verbessert habe (z. B. da Silva et al., 2020; Zauner et al., 2020).

Zusammenfassend lässt sich sagen, dass vor allem bei jungen Patientinnen ohne nennenswerte Komorbiditäten, bei denen der Gewichtsverlust eher langsam vonstatten ging, der BMI über 14 kg/m^2 liegt und deren physiologische Reserven noch nicht erschöpft sind, ein rascherer Kostaufbau durchgeführt werden kann.

Je älter, chronisch erkrankter und untergewichtiger eine Patientin ist, je länger der Zustand des Fastens und der Malnutrition besteht, je rascher die Dynamik des

Gewichtsverlusts vollzogen wurde und je auffälliger die Laborbefunde sind, desto umsichtiger sollte die Ernährungstherapie durchgeführt und durch eine engmaschige (tägliche) Elektrolytkontrolle begleitet werden.

Risikoassessment

Vor Beginn der Ernährungstherapie steht daher die individuelle Risikoabschätzung, welche die folgenden Fragen beantworten sollen:

1. In welchem Setting soll die Ernährungstherapie begonnen werden (Psychosomatisch-psychotherapeutische Station vs. Überwachungs- oder Intensivstation)?
2. Und davon abhängig: Wie zügig kann der Kostaufbau erfolgen?

Da alle unsere Patientinnen nach den NICE-Kriterien ein erhöhtes Risiko für ein RFS haben, geht es im Fall stationärer Anorexietherapie um die Unterscheidung zwischen einem moderaten bis hohen und einem sehr hohen Risiko. Hilfreich hierfür sind die Kriterien von Treasure et al. (2010), die neben dem BMI auch die Dynamik des Gewichtsverlusts, Vitalparameter und laborchemische Werte in die Risikostratifizierung miteinfließen lassen (▶ Tab. 4.14).

In den englischen MARSIPAN-Kriterien (Management of Really Sick Patients with Anorexia nervosa) des Royal College of Psychiatrists werden zusätzlich dazu noch somatische Komorbiditäten, erhöhte Leber- und Nierenwerte sowie ein Serum-Glukose-Wert von weniger als 54 mg/dl als Hochrisikofaktoren erwähnt sowie ein Absinken des Serum-Albumins auf < 2,5 mg/dl als Indikator für die komplette Erschöpfung des viszeralen Eiweißpools (Robinson & Jones, 2018).

Auch das Auftreten kardialer Arrhythmien ist eine Indikation zur kontinuierlichen Monitorüberwachung. Letztlich ist auch der klinische Eindruck (einer erfahrenen Behandlerin) entscheidend für die Wahl des Therapiesettings.

Tab. 4.14: Beurteilungskriterien für das somatische Risiko bei Anorexie (Treasure et al., 2010)

	Mittleres bis hohes Risiko	Sehr hohes Risiko
Ernährungszustand		
BMI [Erwachsene]	< 15 kg/m²	< 13 kg/m²
BMI-Perzentile [Kinder & Jugendliche]	< 3	< 2
Gewichtsverlust pro Woche	> 0,5 kg	> 1,0 kg
Purpura oder Petechien	–	+
Zirkulation		
Systolischer Blutdruck	< 90 mmHg	< 80 mmHg
Diastolischer Blutdruck	< 60 mmHg	< 50 mmHg
Posturaler Blutdruckabfall	> 10 mmHg	> 20 mmHg

Tab. 4.14: Beurteilungskriterien für das somatische Risiko bei Anorexie (Treasure et al., 2010) – Fortsetzung

	Mittleres bis hohes Risiko	Sehr hohes Risiko
Puls	< 50	< 40
Sauerstoffsättigung	< 90 %	< 85 %
Zyanose der Extremitäten	–	+
Muskuloskeletal		
Unfähig, aus der Hocke aufzustehen, ohne mit den Armen zu balancieren	+	
Unfähig, aus der Hocke aufzustehen, ohne die Arme abzustützen		+
Körpertemperatur	< 35	< 34,5
Laborchemie	Jede Abweichung von der Norm	Kalium < 2,5 mmol/l Natrium < 130 mmol/l Phosphat < 0,5 mmol/l
EKG-Befund	–	Verlängerte QTc-Zeit

Ernährungstherapie bei mittlerem bis hohem Risiko für ein RFS

Patientinnen, die sich nach diesen Kriterien dem mittleren bis hohen Risiko für ein RFS zuordnen lassen (und das sind die meisten Patientinnen, die sich in unsere stationäre Behandlung begeben), können unter den üblichen Bedingungen einer psychosomatischen Psychotherapiestation (d.h. ohne kontinuierliche Monitorüberwachung) zügig wiederernährt werden (▶ Kap. 3.1: Gewichtskonsolidierung). Die Ernährung erfolgt in der Regel peroral. In therapeutisch begründeten Fällen kann in manchen Settings bei starkem Untergewicht mit Zustimmung der Patientin auch eine nasogastrale Sondenernährung zur Anwendung kommen. Inwieweit dies realisierbar ist, hängt nicht nur von strukturellen Bedingungen ab, sondern auch von grundsätzlichen Entscheidungen zum Therapiesetting, da davon neben organisatorischen Fragen auch Beziehungsaspekte zwischen der Patientin, Mitpatientinnen und dem Team berührt werden.

Die tägliche Kalorienzahl wird, unter anfangs täglicher Kontrolle der Elektrolyte, angepasst an die individuelle Verträglichkeit, rasch (täglich) gesteigert. Um die vorgesehene tägliche Zieldosis sicher zu erreichen und zugleich individuelle (prämorbide) Ernährungsgewohnheiten adäquat zu berücksichtigen, hat sich der mahlzeitenbasierte Ansatz mit einer Kombination aus frei wählbaren Hauptmahlzeiten und der Supplementation von hochkalorischer Trinknahrung zu den Zwischenmahlzeiten bewährt (Imbierowicz et al., 2002).

Zum Wiedereinstieg in eine geregelte Mahlzeitstruktur werden also, zusätzlich zu den drei Hauptmahlzeiten, zwei bis drei Zwischenmahlzeiten und ggf. begleitete Postprandialzeiten (v.a. für Patientinnen mit Purging-Verhalten) fest in den Therapieplan integriert. Die Verteilung der Gesamtkalorienzahl auf sechs statt drei Mahlzeiten trägt auch der Magenentleerungsstörung und der realen Verkleinerung der gastralen Kapazität von Anorexie Betroffenen Rechnung und führt unserer Erfahrung nach zu einer besseren Verträglichkeit und Akzeptanz der Ernährungstherapie. Abhängig vom Ausgangsgewicht und der aktuellen Stufe der Gewichtsvereinbarung (vgl. ▶ Kap. 3.1) werden die Zwischenmahlzeiten, die initial aus hochkalorischer Trinknahrung bestehen, nach und nach gegen von den Patientinnen selbst gestaltete, bezüglich der Makronährstoffe ausgewogene Mahlzeiten ersetzt.

Die Rehydratation erfolgt ebenfalls in der Regel peroral. Da diese Patientinnen keine Infusionstherapie erhalten, spielt die empfohlene Einschränkung der Salzzufuhr (zur Ödemprophylaxe) klinisch kaum eine Rolle.

Ernährungstherapie bei sehr hohem Risiko für ein RFS/metabolischer Instabilität

Patientinnen, die ein sehr hohes Risiko für ein RFS oder ein imminentes RFS aufweisen, die metabolisch instabil sind, schwere Herzrhythmusstörungen aufweisen oder weitere Anzeichen einer drohenden somatischen Dekompensation aufweisen, bedürfen einer intensiveren Überwachung am Monitor. In unserem Setting übernimmt die internistische Intensivstation (mit hochfrequenter, psychosomatisch-konsiliarischer Mitbetreuung) die Stabilisierung dieser Patientinnen, was jedoch, gemessen an der Anzahl von uns versorgter Patientinnen, sehr selten vorkommt. Wenn die Voraussetzungen für eine Überwachung gegeben sind, kann dies auch auf spezialisierten, internistisch-psychosomatischen Stationen erfolgen.

Auf der internistischen Intensivstation kann die Ernährungstherapie sowohl parenteral als auch enteral über eine nasogastrale Sonde erfolgen. Anders als auf der psychosomatisch-psychotherapeutischen Station wird hier ein festes Ernährungsschema (▶ Tab. 4.15) verwendet, da vor allem in der Frühphase die perorale Ernährung zu vernachlässigen ist. Nach etwa einer Woche enteraler Ernährung über die Sonde erfolgt auch auf der Intensivstation die schrittweise Umstellung auf peroral applizierte Nahrung.

Tab. 4.15: Wiederernährung schwerst malnutritierter AN-Patientinnen mit sehr hohem Risiko für ein RFS, (Abdruck mit freundlicher Genehmigung durch Herrn PD Dr. Jan-Christian Wasmuth, Med. Klinik I, Uniklinikum Bonn)

	Tag 1–3	Tag 4–6	Tag 7–10
Energie			
Energie [kcal/kg KG]	10–15	15–20	20–30
	Davon: 30 % Kohlenhydrate, 50 % Fett, 20 % Protein		
Flüssigkeit			
Flüssigkeit [ml/kg KG]	20–30	25–30	30

Tab. 4.15: Wiederernährung schwerst malnutritierter AN-Patientinnen mit sehr hohem Risiko für ein RFS, (Abdruck mit freundlicher Genehmigung durch Herrn PD Dr. Jan-Christian Wasmuth, Med. Klinik I, Uniklinikum Bonn) – Fortsetzung

	Tag 1–3	Tag 4–6	Tag 7–10
Elektrolyte			
Phosphat [mmol/kg KG]	0,5–0,8		
Kalium [mmol/kg KG]	1–2,2		
Magnesium [mmol/kg KG]	0,3–0,4		
Weitere Mineralstoffe (Calcium, Natrium, Chlorid)	100 % PRI (Natrium eher restriktiv)		
Vitamine und Spurenelemente			
B1 (Thiamin) [mg]	200–300 i.v. (30 Minuten vor erster Nahrung)	100	
Andere Vitamine *Fettlöslich (A, D, E, K) Wasserlöslich (B-Komplex, C)*	200 % PRI Vitamin A: 700 µg RAE (Retinolaktivitätsäquivalent) Vitamin B2 (Riboflavin): 1,1 mg Vitamin B3 (Niacin): 13 mg NE (Niacin Äquivalent) Vitamin B5 (Pantothensäure): 5 mg Vitamin B6 (Pyridoxin): 1,4 mg Vitamin B7 (Biotin): 40 µg Vitamin B9 (Folsäure): 300 µg FE (Folatäquivalent) Vitamin B12 (Cobalamin): 4 µg Vitamin C: 95 mg Vitamin D: 20 µg Vitamin E: 12 mg TE (Tocopherol-Äquivalent) Vitamin K: 60 µg		
Spurenelemente *(Zink, Selen, Jod, Fluorid, Kupfer, Chrom, Mangan, Molybdän, Cholin)*	100 % PRI Zink 11 mg Selen 60 µg Jod 200 µg Fluorid 3 mg Chrom 30–100 µg Mangan 2–5 mg Kupfer 1–1,5 mg Molybdän 50–100 µg		
Eisen	Keine Eisensubstitution		100 % DRI Eisen 16 mg

Legende: KG = Körpergewicht; PRI = Population Reference Intake = Menge an Nährstoffaufnahme, die für alle gesunden Personen der Population ausreichend ist Sollwerte: für weibliche Individuen zwischen 18 und 25 Jahren, bezogen auf Deutschland (Quelle: DGE, 2024)

Vitaminsubstitution

Es besteht breiter Konsens, dass einmalig bereits vor Beginn der Ernährungstherapie (mindestens 30 Minuten vor Nahrungsaufnahme) die hochdosierte, orale Gabe von

300 mg Thiamin erfolgen sollte. Die Substitution von Thiamin sollte in einer Dosis von 100 mg bis zu 10 Tage fortgesetzt werden (z. B. Herpertz et al., 2019).

Auch die Deutsche Gesellschaft für Ernährungsmedizin (DGEM) empfiehlt generell eine Substitution von Vitaminen und Spurenelementen (mit 100–200 % des Tagesbedarfs), solange mit enteraler Ernährung der Tagesbedarf nicht gedeckt werden kann. Bei parenteraler Ernährung wird die Substitution eines Multivitaminpräparats grundsätzlich empfohlen (vgl. ▶ Tab. 4.15). Nach etwa 10 Tagen der Substitution wird von einer adäquaten Auffüllung der Speicher ausgegangen. Eisenpräparate sollten in den ersten sieben Tagen nicht appliziert werden (Elke et al., 2018).

Bezüglich der häufig manifesten Osteopenie anorektischer Patientinnen ist im mittelfristigen Verlauf der Behandlung eine Supplementation von Calcium (1000 bis 1500 mg per die) und Vitamin D (Cholecalciferol, 800 bis 1.000 IE täglich) zu erwägen.

Elektrolytsubstitution

Gemäß den NICE-Richtlinien praktizieren auch wir, den Beginn der Ernährungstherapie und den Ausgleich von Elektrolytstörungen zu synchronisieren. Verzögerungen der Ernährungstherapie wegen nicht ausreichend supplementierter Elektrolyte, sind angesichts der Dringlichkeit einer Gewichtswiederherstellung nicht sinnvoll.

Dabei führen wir die Substitution der Elektrolyte nicht nach einer mathematischen Schätzformel, sondern nach den tatsächlich gemessenen Serumwerten aus. Das Substitutionsziel ist der Normbereich.

Phosphat

Bei Patientinnen mit moderatem bis hohem Risiko führen wir die Phosphatsubstitution angepasst an die tatsächlichen Serumspiegel peroral mit Milchpulver durch. Milchpulver mit 1,5 % Fettgehalt ist mit ca. 900 mg pro 100 g sehr phosphathaltig. Die Gabe von 10 g Milchpulver (entspricht etwa 90 mg oder 29 mmol Phosphor) in Joghurt (mit 3,5 % Fettgehalt ca. 92 mg oder 29,6 mmol Phosphor pro 100 g) oder Quark (bei 20 % Fettgehalt ca. 165 mg oder 53 mmol Phosphor pro 100 g) reicht unserer Erfahrung nach in den meisten Fällen als Basissubstitution aus (Nährwertangaben aus: https://www.ernaehrung.de/lebensmittel/). Für schwerere Phosphatdefizite oder vegan lebende Patientinnen sind phosphathaltige Hartkapseln (Reducto®-spezial) verfügbar.

Bei Patientinnen mit sehr hohem Risiko oder imminentem RFS kann die Hypophosphatämie auch durch eine intravenöse Substitution ausgeglichen werden (stets unter Monitorüberwachung). 10 mmol intravenös appliziertes Phosphat erhöhen den Phosphatspiegel im Serum um etwa 0,1 mmol/l. Der Zielwert ist der untere Normbereich (0,84 mmol/l). Die Substitutionsgeschwindigkeit sollte 10 mmol/h nicht überschreiten. Um eine Hyperphosphatämie zu vermeiden, muss nach Substitution der Spiegel kontrolliert werden.

Kalium

Hypokaliämie und Hypomagnesiämie entstehen häufig parallel, die synchrone Substitution ist oft erforderlich. Leichte und mittelschwere Hypokaliämien können mit peroraler Substitution behandelt werden; bei schwerer Ausprägung ist eine zusätzliche parenterale Applikation sinnvoll. Cave: Da hochdosiertes Kalium in peripheren Venen eine schmerzhafte Reizung der Venenwand bewirken kann, wird eine Verdünnung von maximal 40 mmol Kalium pro 1000 ml isotoner Kochsalzlösung empfohlen, was die Verabreichung von Kalium über periphere Venen limitiert. Eine höherdosierte Gabe sollte über einen zentralen Venenkatheter und unter Monitorüberwachung erfolgen. Eine laborchemische Kontrolle nach Substitution ist erforderlich.

Magnesium

Ein mildes oder moderates Magnesiumdefizit kann peroral ausgeglichen werden. Da hohe Dosen oral applizierter Magnesiumsalze Verdauungsbeschwerden verursachen können, empfiehlt sich bei schwerer Hypomagnesiämie die parenterale Korrektur des Defizits. Bei der parenteralen Gabe ist die kontinuierliche Applikation über mindestens 12 Stunden günstiger als die Kurzinfusion, da anderenfalls Magnesium über die Niere wieder ausgeschieden wird (Wirth et al., 2018).

Überwachung/Monitoring

In der für das RFS vulnerablen Phase der ersten 5–7 Tage der Ernährungstherapie werden die Vitalparameter häufig gemessen und die kritischen Elektrolyte sowie der Blutzucker täglich kontrolliert. Zentral ist das Monitoring der Flüssigkeitsbilanz, die durch klinische Untersuchung auf Ödeme, durch das Messen der Herzfrequenz (und ggf. des Säure-Basen-Status) überprüft wird.

Kardiale Komplikationen sind vor allem in der ersten Woche der Wiederernährung zu erwarten (Boateng et al., 2010), weshalb hier ein besonderer Fokus der Aufmerksamkeit liegen sollte. Eine plötzlich einsetzende Tachykardie oder Tachydyspnoe sind klinische Warnzeichen.

▶ Tab. 4.16 gibt einen Anhalt für die Häufigkeit der notwendigen Untersuchungen in den ersten 5–7 Tagen. Bei guter Verträglichkeit kann die Frequenz der Überwachung deutlich reduziert werden.

Tab. 4.16: Monitoring in der ersten Woche der Wiederernährungstherapie

Mittleres Risiko (auf der psychosomatisch-psychotherapeutischen Station)	*3–4 × wöchentlich:* • Klinische Untersuchung (Volumenstatus), Vitalparameter, Gewicht • Glukose, Elektrolyte • EKG nach Bedarf
Hohes Risiko	*Täglich:*

Tab. 4.16: Monitoring in der ersten Woche der Wiederernährungstherapie – Fortsetzung

(auf der psychosomatisch-psychotherapeutischen Station)	• Klinische Untersuchung (Volumenstatus), Vitalparameter, Gewicht • Glukose, BGA, Elektrolyte • Ggf. Urinelektrolyte, ggf. Thiamin *2 × wöchentlich:* • EKG
Sehr hohes Risiko (auf der Intensiv-Überwachungsstation)	Intensivmedizinisches Dauer-Monitoring (EKG, RR, AF, SpO$_2$, Temperatur) *Mehrfach täglich:* • Glukose, Elektrolyte, BGA *Täglich:* • Klinische Untersuchung, Flüssigkeitsbilanz (Urinausscheidung, Gewicht, ggf. ZVD), Laborchemie (Blutbild, Leber, Niere, ggf. Thiamin) • Ggf. Urinelektrolyte *Zusatzdiagnostik nach Bedarf:* • Röntgen-Thorax, Ultraschall Abdomen, Herzultraschall

Behandlung eines manifesten, symptomatischen RFS

Wenn es bereits zu einem manifesten, ausgeprägten RFS mit Organdysfunktion gekommen ist, sollte laut Leitlinie der DGEM die Energiezufuhr deutlich reduziert werden, entweder 5–6 kcal/kg Körpergewicht oder die Hälfte der aktuellen Kaloriendosis (Elke et al., 2018). Ziel ist die Aufrechterhaltung eines Blutglukosespiegels von weniger als 180 mg/dl. Die Elektrolytsubstitution muss im Zweifel intensiviert werden. Erst wenn die Homöostasestörung des Phosphathaushalts nicht mehr substitutionspflichtig ist, kann die tägliche Kaloriendosis wieder gesteigert werden. Ein praxisorientiertes Konzept zeigt z. B. die Leitlinie der DGEM auf, bei der sich die Energiezufuhr am aktuellen Insulinbedarf der Patientin orientiert (Elke et al., 2018). Ein ausgeprägtes, symptomatisches RFS sollte auf einer Überwachungs- oder Intensivstation behandelt werden, erst recht, wenn es zu schwerwiegenden Komplikationen (Herzinsuffizienz, Arrhythmie, respiratorisches Versagen, hämatologische Störungen…) kommt.

4.6 Somatisches Work-up/Zusammenfassung

Die stationäre Behandlung anorektischer Patientinnen ist eine Herausforderung auf vielen Ebenen. Ohne die synchrone Behandlung der multiplen, somatischen Komorbiditäten und Komplikationen, deren Zahl und Schwere mit dem Ausmaß der Malnutrition zunimmt, ist eine Psychotherapie nicht erfolgversprechend.

Um keine Komplikation zu übersehen, schlagen wir bei Aufnahme, bzw. im Behandlungsverlauf schwer untergewichtiger Patientinnen, auf die psychosomatisch-psychotherapeutische Station folgendes »Work-up« vor (▶ Tab. 4.17). Für weniger kachektische Patientinnen kann dieses nach klinischem Ermessen verkürzt werden.

Tab. 4.17: Somatisches Work-up bei stationärer Aufnahme schwer untergewichtiger AN-Patientinnen

Biometrie	
Gewicht, Größe, Body-Mass-Index	Ausmaß des Untergewichts, ggf. Vergleich zu Vorbefunden
Ggf. Messung des Oberarmumfangs	Ausmaß der Malnutrition [Frauen: 21–18,5 cm mild; 18,5–14 cm moderat; < 14 cm schwer]
Vitalparameter	
Herzfrequenz	Tachykardie? Bradykardie?
Blutdruck	Hypotonie? Posturale Veränderungen?
Atemfrequenz	Tachypnoe?
Körpertemperatur	Hypothermie?
Ggf. Pulsoxymetrie	Sauerstoffsättigung vermindert?
Körperliche Untersuchung	
Flüssigkeitsstatus	Periphere Ödeme? Gestaute Jugular- und/oder Zungengrundvenen? Hepatojugulärer Reflux?
Hinweise auf Herzinsuffizienz	Tachykardie? Herzspitzenstoß? Dritter Herzton? Hepatomegalie? Aszites? Pulmonale Rasselgeräusche?
Hinweise auf Perikarderguss	Abgeschwächte Herztöne?
Hinweise auf Pleuraerguss	Basale pulmonale Klopfschalldämpfung? Abgeschwächtes basales Atemgeräusch?
Laborchemische Untersuchungen	
Differentialblutbild	Zytopenie? Infektzeichen?
Venöse Blutgasanalyse	Metabolische Azidose? Metabolische Alkalose?
Elektrolythaushalt (Na, K, Cl, Phosphat, Ca, Mg)	Mangel an Serumelektrolyten?
Blutzucker	Hypoglykämie?
Nierenwerte (Kreatinin, Harnstoff, ggf. Kreatinin-Clearance)	Nephropathie?
Leberwerte (GOT, GPT, GGT, Bilirubin)	Hepatopathie?
Pankreaswerte (Amylase, Lipase)	DD einer Refeeding-Pankreatitis (bei Amylase über das dreifache der Norm erhöht; Lipase deutlich erhöht)

Tab. 4.17: Somatisches Work-up bei stationärer Aufnahme schwer untergewichtiger AN-Patientinnen – Fortsetzung

Plasmaproteine (Gesamteiweiß, Albumin, CRP, Ferritin, Transferrin) und Plasmaosmolalität	Hypotransferrinämie als erster Marker des Proteinmangels, Hypoproteinämie bei schwerem Mangel, Hypalbuminämie bei Erschöpfung der physiologischen Reserven
Gerinnungsparameter (Quick/INR)	Lebersyntheseleistung?
Vitamine (Vitamin B1, Vitamin-B12*, Folsäure, 25-Hydroxy-Vitamin-D)	*bei Werten < 350 pg/ml zusätzliche Bestimmung von Holotranscobalamin (HoloTC), Homocystein und Methyl-Malonsäure (MMA)
Hormone (TSH, fT3, fT4, ggf. basales Cortisol)	
Muskelenzyme (CK, LDH)	Hinweise auf Myopathie, ggf. Hyperaktivität, Rhabdomyolyse
Urinstatus (Zellen, Protein, Glukose, Elektrolyte, Osmolalität)	
Ggf. Blutsenkgeschwindigkeit	Bei ED, AN und Unsicherheiten bei der Diagnose zum Ausschluss einer konsumierenden DD (bei AN niedrig/normal) oder bei V. a. Infektion, da sensibler als Leukozyten oder CRP
Ggf. Autoantikörper gegen Gewebstransglutaminase 2 der Klasse IgA (tTG-IgA) und Gesamt-IgA im Serum	Ausschluss Zöliakie als DD, nur dann, wenn es anamnestisch darauf Hinweise gibt (nur möglich, wenn ausreichende Glutenbelastung besteht; falsch negative Tests bei Hypoproteinämie möglich)
Apparative Diagnostik	
Ruhe-EKG	QT-Verlängerung? Ischämiezeichen? Rhythmusstörungen? Niedervoltage?
Ggf. Herzultraschall	Perikarderguss? Pumpfunktion?
Ggf. Abdomensonographie	Leberparenchym? Volumenstatus? Nierenparenchym?
DEXA-Osteodensitometrie	Nach 12 Monaten Amenorrhoe

5 Externe Informations- und Unterstützungsangebote und digitale Interaktionen: Was nützt und was schadet?

Franziska Geiser

Eine Klinik, die ein stationäres Behandlungsangebot zu Essstörungen macht, sollte nicht nur gut vernetzt mit ambulanten Zuweiserinnen und Behandlerinnen in der Region sein, sondern auch seriöse nicht-digitale wie auch digitale Informations-, Beratungs- und Unterstützungsangebote zum Thema empfehlen können. Dies kann insbesondere für Angehörige, die Rat suchen, eine hilfreiche Ergänzung zu Familiengesprächen sein.

5.1 Hilfreiche Informations- und Beratungs- und Selbsthilfeangebote

Gute Informationen speziell zu Essstörungen bieten die Bundeszentrale für gesundheitliche Aufklärung (BZgA, ab 2025 Teil des Bundesinstituts für Öffentliche Gesundheit, BIÖG) und die wissenschaftlich fundierte Patientenleitlinie zu Essstörungen der größten Fachgesellschaften (Links s. u.). Hier finden sich auch Listen von Beratungsstellen, vor Ort wie online, sowie Adressen von Selbsthilfeorganisationen. Für Angehörige kann die Teilnahme an Beratungs- und Selbsthilfeangeboten parallel zur stationären Therapie unterstützend und entlastend sein. Diese sollten hierzu deshalb ermutigt werden. In der Materialsammlung finden Sie einen möglichen Text für ein entsprechendes Informationsblatt für Betroffene und Angehörige.

Patientinnen sollen in der Regel nicht an externen Angeboten teilnehmen, solange sie stationär behandelt werden. Grund hierfür ist neben der Tatsache, dass eine stationäre Therapie schon ein »Vollzeitjob« ist und Ruhepausen sinnvoll sind, dass Patientinnen ihre Fragen, Gedanken und Gefühle unmittelbar in die täglichen Therapien und Gruppen einbringen sollen, dass ein »Hineinwachsen« in die Stationsgemeinschaft erwünscht ist, und dass es, in einer von viel Ambivalenz geprägten Therapiesituation, zu kontraproduktiven Effekten kommen kann, wenn Interventionen nicht abgestimmt sind. Ausnahmen sind möglich, wenn hierdurch der Übergang in das ambulante Setting erleichtert wird; diese sollten dann aber auch inhaltlich besprochen werden. Hingegen soll eine weiterführende Beratung zur beruflichen oder sozialen Situation, soweit diese nicht in der Klinik erfolgen kann, schon während des stationären Aufenthalts gebahnt und nicht aufgeschoben werden, da sie erheblich zur nachstationären Stabilisierung beiträgt.

Die Effektivität für Selbsthilfe ist grundsätzlich im Bereich der Essstörungen vor allem für die Bulimie und die Binge-Eating-Störung belegt, wohingegen die Studienlage zur Anorexia nervosa dünn ist (Yim & Schmidt, 2019). Bei der Vorbereitung der nachstationären Phase sollte für Patientinnen die Erst- oder Wiederaufnahme einer ambulanten Einzel- oder Gruppenpsychotherapie im Vordergrund stehen. Je nach individueller Situation können nachstationär jedoch ergänzend auch Selbsthilfeansätze hilfreich sein. Hierbei sind regionale Präsenztreffen wegen der direkten Begegnung vorzuziehen, dies wird aber nicht an jedem Ort und in jeder Situation möglich sein. Adressen finden sich z. B. auf den Webseiten des Bundesministeriums für Familie, Soziales, Jugend und Frauen (BMFSJF) oder der BzgA (Links s. u.). Kritisch wird bei Selbsthilfegruppen für Menschen mit Anorexie ohne therapeutische Leitung gesehen, dass auch krankheitsbegünstigende Interaktionen entstehen können. Grundsätzlich sollten sich Fachkräfte von Webseiten oder Gruppen, die sie empfehlen, selbst ein Bild gemacht haben.

5.2 Verherrlichung von Essstörungen in Online-Medien

Eine Besonderheit bei Essstörungen ist die Existenz von Foren, Chats oder Videos, in denen eine Essstörung bewusst verherrlicht oder verharmlost wird. Diese richten sich an Betroffene und werden meist von jungen Menschen betrieben oder eingestellt, die selbst erkrankt sind, aber keine Behandlung oder Heilung anstreben. Viel diskutiert wurden seit Beginn der 2000er Jahre Websites und Foren unter dem Begriff »Pro-Ana« (Theis et al., 2012); inzwischen stehen eher Videos auf gängigen Plattformen im Vordergrund, in denen Tipps zum schnelleren Abnehmen und übertriebene Schlankheitsideale propagiert werden. Zwar werden diese heutzutage schneller gelöscht als früher, dennoch ist die Anorexie ein sehr häufiges Thema in den sozialen Medien. Paradoxerweise können auch »Gegen-Pro-Ana«-Videos auf Social Media die Bekanntheit von anorektischen Verhaltensweisen bei jungen Zuschauerinnen erhöhen (Logrieco et al., 2021).

> **Merke**
>
> Die Frage, ob sich eine Patientin digital gezielt informiert oder mit anderen Betroffenen ausgetauscht hat oder dies noch tut, sollte in jeder Anorexiebehandlung gestellt werden, um ggf. eine kritische Distanz zu problematischen Medien und Gruppen gemeinsam erarbeiten zu können.

Behandlerinnen sollten nicht vorschnell Wertungen aussprechen, sondern sich zunächst von der Patientin quasi als die »Expertin«, die sie ist, erklären lassen, wie sie dorthin gekommen ist und was sie dort für sich findet. Information zu diesem Thema für Fachkräfte wie auch für Eltern bietet die Broschüre »Gegen Verherrlichung von Essstörungen im Internet« des BMFSJF und der BzgA (Link s. u.).

5.3 Einfluss digitaler Mediennutzung

Es gibt viele Hinweise auf einen korrelativen Zusammenhang zwischen einer hohen Nutzung digitaler Medien und dem Vorliegen von Symptomen einer Essstörung bzw. einer Magersucht. Angenommen wird, dass die anhaltende Exposition gegenüber Schlankheitsidealen und Fitnessbotschaften sowie negativen Rückmeldungen in Chats, verbunden mit einer hohen Empfänglichkeit für Botschaften aus den Medien, zu einer verstärkten Selbst- und Körperunzufriedenheit beiträgt und so das Risiko für eine Essstörung erhöht. Experimentelle Studien konnten zwar entsprechende kurzfristige negative Effekte nachweisen, z. B. für das Schauen von Videos mit »Fitspiration«-Inhalten (Prichard et al., 2021), die eigene manipulative »Körperoptimierung« von Selfie-Bildern (Tiggemann et al., 2020) oder Kinder-Videospielen mit starker Betonung des Aussehens (Slater et al., 2017). Da ein randomisiert kontrolliertes Studiendesign über einen längeren Zeitraum naturgemäß problematisch ist, bleibt es allerdings vorwiegend bei Beobachtungsstudien, die eine Aussage über Kausalzusammenhänge nicht erlauben (Ioannidis & Chamberlain, 2021). So könnten Selbstunsicherheit oder soziale Probleme auch eine gemeinsame Ursache sowohl für eine erhöhte Mediennutzung wie auch für essgestörtes Denken oder Verhalten sein.

5.4 Digitale Gesundheitsanwendungen

Für die nachstationäre Nachsorge oder ggf. während einer erforderlichen Wartezeit auf eine stationäre Therapie könnte, wenn eine ambulante Psychotherapie nicht erreichbar oder verfügbar ist, auch eine Digitale Gesundheitsanwendung (DiGa) in Frage kommen. Bisher (Stand Juni 2024) sind keine DiGas speziell für Anorexia nervosa zugelassen. Zur Verfügung stehen bereits DiGas zur begleitenden Behandlung der Bulimia nervosa und der Binge Eating Störung. Dieser Markt ist sehr in Bewegung, es kommen neue Indikationen hinzu, aber es werden auch DiGas wieder vom Markt genommen. Alle aktuell zugelassenen DiGas sind auf der Website des Bundesinstituts für Arzneimittel und Medizinprodukte gelistet (https://diga.bfarm.de/de).

5.5 Links

- Bundeszentrale für Gesundheitliche Aufklärung (BZgA): Informationen und Adressen zur Magersucht.
https://www.bzga-essstoerungen.de/was-sind-essstoerungen/arten/magersucht/
(download 24.3.2024, siehe ab 2025 entsprechende Seiten des Bundesinstituts für Öffentliche Gesundheit BIÖG)
- Patientenleitlinie »Diagnostik und Behandlung von Essstörungen«.
https://register.awmf.org/assets/guidelines/051-026p_Essstoerungen_2024-01.pdf
(download 24.3.2024)
- Bundesministerium für Familie, Senioren, Jugend und Frauen (BMFSJF): »Gegen Verherrlichung von Essstörungen im Internet«.
https://www.bmfsfj.de/bmfsfj/service/publikationen/gegen-verherrlichung-von-essstoerungen-im-internet-95810
(download 24.3.2024)

6 Anorexie und Geschlecht

Nora Kämpfer & Ambra Marx

6.1 Biologisches und soziales Geschlecht bei Anorexia nervosa

6.1.1 Einleitung

Das Krankheitsbild der Anorexia nervosa geht mit konflikthaftem Erleben einher, das mehr oder weniger ausgeprägt die Bereiche Körper, biologisches und psychosoziales Geschlecht, geschlechtsspezifische Körperentwicklung sowie Sexualität berührt. Im typischen Erkrankungsalter (Pubertät) überlappen sich dabei regelhaft potenziell herausfordernd bzw. ambivalent erlebte Aspekte des Erwachsenwerdens (z. B. Autonomieentwicklung, Identitätssuche) mit denen der eigenen körperlichen und psychosexuellen Entwicklung. Vom biologischen Geschlecht abhängige, körperliche Veränderungen (z. B. sekundäre Geschlechtsmerkmale, Menarche), Impuls- und Verhaltensänderungen (z. B. aufkommende Libido) und veränderte Umgebungsreaktionen (z. B. zunehmendes Wahrgenommenwerden als Sexualpartnerin) treten in Erscheinung.

Die Komplexität und Multifaktorialität der Zusammenhänge zwischen Geschlecht und Anorexie lassen sich dabei unter Zuhilfenahme eines *bio-psycho-soziokulturellen Modells* konzeptualisieren.

Als psychotherapeutische Behandlerinnen betrachten wir den Leidenszustand unserer Patientinnen zunächst einmal aus einer personenzentrierten Perspektive, die das subjektive In-der-Welt-Sein der Betroffenen als Ausgangspunkt nimmt und die *psychische* Ebene fokussiert (z. B. »*Wie fühle ich mich in meinem Körper? Als Frau? Wie hängt mein Selbstwert mit meinem Körpererleben zusammen?*«). *Biologische* Aspekte im Zusammenhang mit der Anorexia nervosa (z. B. vom biologischen Geschlecht abhängige genetische Vulnerabilität, Hormoneinfluss, kachexiebedingte mentale und körperliche Folgen), die wiederum auch die Psyche beeinflussen (z. B. Zusammenhänge zwischen Ernährungszustand mit Emotionswahrnehmung), werden u. a. psychoedukativ vermittelt. In der Biographiearbeit findet das individuelle Körpererleben und der Umgang mit dem eigenen Körper Berücksichtigung (z. B. »*Wie erlebte ich meine Pubertät?*«).

Ausgehend von der psychischen Ebene, werden im Therapieprozess Erkenntnisse über die individuelle Entstehung und Aufrechterhaltung der Erkrankung sowie therapeutische Implikationen abgeleitet. Diese individualbiographische Betrachtung (»*Warum bin ich an einer Anorexie erkrankt? Was bringt mir die Anorexie/Welche*

Funktionalitäten lassen sich herausarbeiten?«) berücksichtigt den *sozialen* Kontext (z. B. (geschlechtsabhängige) Beziehungserfahrungen, Familienkontext) und integriert auch *kulturelle* (und politische) Umgebungsfaktoren (z. B. durch Zeitgeist, Medien, Religion, Moral und politische Prägung gewachsenes Frauen-/Männerbild). Zur Vertiefung möglicher kultureller und politischer Aspekte bei der Anorexia nervosa verweisen wir auf die umfangreiche Arbeit von Springmann (2021).

> Eine Anmerkung: Es ist keinesfalls das Ziel dieses Kapitels, Geschlechterklischees unreflektiert zu bedienen oder vom jeweiligen Zeitgeist geprägte Geschlechterrollen zu zementieren. Im Gegenteil: wir vertreten durchaus die Haltung, *unnötige* Dichotomisierung oder Stereotypisierung in Geschlechterfragen zu vermeiden (z. B. »*Typisch weiblich ist…*«). Uns ist es wichtig, faktische Unterschiede zu benennen (z. B. genetische oder geschlechtshormonell bedingte), mögliche geschlechtsabhängige, psycho-sozio-kulturelle Umstände zu reflektieren (z. B. geschlechtsabhängige Häufigkeit von sexualisierter Traumatisierung) und sich darüberhinausgehend im Klaren zu sein, dass auch variabel ausgeprägte Stereotype und Klischees im psychischen Innenleben unserer Patientinnen wirksam sind (bewusst und unbewusst) und die Psychodynamik der Anorexia nervosa mitbeeinflussen.
>
> Wenn wir uns in einem nächsten Schritt der Frage nach Unterschieden zwischen anorektischen Frauen und Männern widmen, beziehen wir uns, wenn nicht anders kommentiert, auf das biologische Geschlecht. Dies geschieht auch, da die meisten vorliegenden Studien zum Thema geschlechtsspezifischer Besonderheiten der Anorexia nervosa sich auf das biologische Geschlecht beziehen und nicht immer hinreichend über das psychosoziale Geschlecht berichten. Insgesamt mangelt es innerhalb der Anorexieforschung an aussagekräftigen Studien, die nicht nur cisgender Frauen, sondern auch Männer und genderdiverse Personen einschließen.

Biologische Aspekte

Mehrere Risikofaktoren, die zu der Entstehung einer Anorexia nervosa beitragen können, weisen geschlechtsspezifische Unterschiede auf. *Genetische Risikofaktoren* spielen bei der AN eine relevante Rolle. Aus Zwillingsstudien ergaben sich Hinweise, dass bereits pränataler Testosteroneinfluss das Risiko für Essstörungen reduzieren könnte (Raevuori et al., 2008; Culbert et al., 2015). Weiterhin zeigten sich Hinweise, dass genetische Polymorphismen in Östrogenrezeptoren (ESR-1) einen Beitrag zum geschlechtsspezifischen Risiko, an einer Anorexia nervosa zu erkranken, leisten (Versini et al., 2010). Interessanterweise deuten Ergebnisse aus Tierversuchen daraufhin, dass Oxytocin die Expression des Östrogenrezeptors beeinflusst (Miller et al., 2015). Hierin besteht eine mögliche Schnittstelle potenzieller biopsychosozialer Wechselwirkung, da die Oxytocinausschüttung beim Menschen eng mit Beziehungserfahrungen in Zusammenhang steht.

Darüber hinaus wird der Einfluss genetischer Risikofaktoren bei Mädchen im Vergleich zu Jungen wohl erst im Pubertätsalter aktiviert, während bei Jungen hingegen der genetische Einfluss über verschiedene Altersspannen konstant zu sein scheint (Klump et al., 2012). Dies wird so interpretiert, dass bei Mädchen eine Kombination aus pubertärer Hormonumstellung (mit postuliertem Östrogeneinfluss) und geschlechtsspezifischen, kritischen Umwelteinflüssen im Pubertätsalter hierzu beiträgt.

Geschlechtshormone spielen in dem komplexen System der Nahrungsaufnahme und Appetitregulation eine Rolle. Östrogen steht mit einer Abnahme, Progesteron und Testosteron mit einer Zunahme von Appetit bzw. Nahrungsaufnahme in Zusammenhang (Hirschberg, 2012). Weibliche Geschlechtshormone können zu Schwankungen im Essverhalten beitragen und hierdurch Frauen möglicherweise auch anfälliger für die Entwicklung einer Essstörung machen.

Ein weiterer biologischer Unterschied besteht in *Körperbau und Konstitution.* Der Körperfettanteil liegt bei Frauen höher als bei Männern und sekundäre Geschlechtsmerkmale (z. B. Brust- und Hüftform) korrelieren mit der Körperfettmasse. In der Pubertät – dem typischen Zeitpunkt des Anorexiebeginns – kommt dieser konstitutionelle Unterschied verstärkt zum Tragen. Dieser Umstand kann (in Kombination mit psychosozialen Faktoren, s. u.) dazu beitragen, dass mehr Aufmerksamkeit auf das Fettgewebe und Körpergewicht gerichtet ist und dieses aversiv besetzt werden kann. Zudem leitet sich hieraus ab, dass Gewicht, Fettanteil und weibliche Körperform miteinander assoziiert werden können und dass ein angestrebter Gewichts-/Fettabbau durch eine gewünschte Veränderung der geschlechtsspezifischen Körperform (unbewusst mit-) motiviert sein kann.

Auch andere, noch nicht ausreichend empirisch beforschte, geschlechtsspezifische (neuro-) biologische Faktoren tragen möglicherweise zum erhöhten Anorexierisiko von Frauen bei: Unterschiede im zentralen Belohnungssystem und bei kognitiven Prozessen (inklusive der Körperwahrnehmung) kommen hier beispielsweise in Frage (vgl. Timko et al., 2020).

Psychische und soziokulturelle Aspekte

Welche psychischen und hiermit eng verbundenen soziokulturellen Faktoren tragen darüber hinaus zum erhöhten Anorexierisiko von Frauen bei?

In der neoliberalen und medienorientierten Leistungsgesellschaft wird der Körperästhetik als Teil der Selbstoptimierung eine große Relevanz zugewiesen (Duttweiler, 2016). Das gilt in besonderem Maße für Frauen und weiblich gelesene Personen (Striegel-Moore et al., 1986; Springmann, 2021). Weibliche und männliche Körpernormen unterliegen geschlechtsspezifischen Anforderungen, bezogen auf Schlankheit, Körpersilhouette und Muskelmasse. Konsekutiv ist in vielen weiblichen (und einigen männlichen, s. u.) adoleszenten Peergroups das Thema Körperästhetik sehr präsent (Beauty, Schminken, Schlankheitsideal, körperbetonte Kleidung, Fitness). Eng damit verwoben sind die Themen Ernährung und Diätverhalten (Fitzsimmons-Craft, 2011). Nicht erst in der Pubertät wird ein Mädchen mit gesellschaftlichen Körperidealen, die medienwirksam zur Darstellung kommen, und mit Normen und Rollenerwartungen, die sich aus dem näheren Umfeld ableiten (Familie, Freundeskreis), konfrontiert. Die entwicklungsphasenbedingte, emotionale Labilität Pubertierender kann hier wie ein Katalysator für Körperunzufriedenheit wirken: Jugendliche, die ihr Körperselbstbild mit »viel zu dick« oder »viel zu dünn« beschreiben, haben ein um mehr als fünffach erhöhtes Risiko für Essstörungssymptome, wobei Mädchen insgesamt mehr als doppelt so häufig Essstörungssymptome zeigen (Cohrdes et al., 2019). Die Zahlen (und die Diskrepanz zwischen den Geschlechtern) nehmen mit voranschreitender Pubertät zu und können international reproduziert werden (z. B. Larson et al., 2021).

Dabei kann der eigene (schön, schlank und begehrenswert konzipierte) Körper u. U. außerordentlich narzisstisch besetzt werden und sich eine enge Kopplung zwischen Selbstwert und idealisierter Körperästhetik ergeben.

Eine Option, gesellschaftlichen Standardanforderungen (Schlanksein, Schönsein) zu begegnen, ist, ihnen entsprechen zu wollen. Hieraus kann dann ein restriktives Diätverhalten resultieren, das sich bei manchen Betroffenen aus unterschiedlichsten Gründen (inklusive genetisch-biologischer Vulnerabilität) verselbstständigen und in eine Essstörung übergehen kann. Relevant ist in diesem Prozess auch, dass bei Betroffenen das Fasten und Dünnwerden auch erhebliche beziehungs- und emotionsregulierende (also soziale und innerpsychische) Funktionen erfüllt – v. a. bei Individuen, die mit wenig anderen, geeigneteren Strategien und Ressourcen ausgestattet sind (Strukturdefizit). Darüber hinausgehend tragen biologische Aspekte mindestens initial zur Verstärkung bzw. Perpetuierung restriktiven Essverhaltens bei.

Eine andere Option zum Umgang mit gesellschaftlichen Standardanforderungen ist, diese (mehr oder weniger bewusstseinsfern) dysfunktional abzulehnen: unsichtbar werden, sich entziehen, in der subjektiven Wahrnehmung kein Objekt (der Sexualisierung) mehr sein. Paradoxerweise kann sich hieraus bei der Anorexia nervosa akzidentell eine Übererfüllung des Schlankheitsideals (durch Kachexie) ergeben, welche mit einem für Außenstehende grotesken oder gar abstoßenden Äußeren einhergehen kann.

Die britische Psychoanalytikerin Susie Orbach beschreibt die anorektische Verleugnung eigener Bedürfnisse (Hunger im vielfachen Wortsinn) zur Herstellung individueller Autonomie als Antwort auf die als unerreichbar erlebte gesellschaftliche Normierung des Weiblichen. Patientinnen mit Anorexie bewegen sich laut Orbach im Spannungsfeld zwischen Anpassung an gesellschaftliche Standardanforderungen und Ablehnung derselben im Sinne eines »dialektischen Kern[s]« der Anorexie (Orbach, 1990).

Die Relevanz der sozialen Geschlechtsrolle für die Entstehung von Essstörungen zeigte bereits eine Metaanalyse von Murnen und Smolak von 1997, in welcher eine positive Korrelation zwischen der Identifikation mit einer traditionell als »weiblich« konzeptualisierten Geschlechtsrolle und gestörtem Essverhalten beschrieben wurde, bei gleichzeitiger inverser Korrelation zwischen Identifikation mit einer traditionell als »männlich« konzeptualisierten Geschlechtsrolle und gestörtem Essverhalten. Auch Schlankheitsstreben bzw. Internalisierung eines Schlankheitsideals im Speziellen sind scheinbar invers mit einer »männlichen« Geschlechtsrolle korreliert (Magallares, 2016a, 2016b).

Attribute, die in einigen Studien mittels des *Bem Sex-Role-Inventory* (BSRI) als typisch für die weibliche Geschlechtsrolle konzeptualisiert wurden, sind beispielhaft

Feinfühligkeit, Herzlichkeit, Abhängigkeit, Bescheidenheit und Sicherheitsliebe, und als typisch für die männliche Geschlechtsrolle unter anderem Bestimmtheit, Sachlichkeit, Kraftvollsein und Furchtlosigkeit (Bem, 1974).

In einigen Studien konnten die beschriebenen Zusammenhänge zwischen Geschlechtsrollenidentifikation und Anorexie teilweise – aber nicht immer einheitlich – repliziert werden (z. B. Behar et al., 2002; Hepp et al., 2005). Außerdem ist hier anzumerken, dass es zurecht Bemühungen gibt, die oben beschriebenen Konzeptualisierungen von Geschlechtsrollen an gesellschaftliche Veränderungen anzupassen. Normative Zuschreibungen bzw. Erwartungen an soziales Interaktionsverhalten (»Weiblichkeit«, »Männlichkeit«, »Androgynie«) scheinen nur zum Teil über Jahrzehnte konstant, weswegen Adaptationen der Messinstrumente sinnvoll erscheinen (Auster & Ohm, 2000; Troche & Rammsayer, 2011). Außerdem erfassen, in der Vergangenheit zur Anwendung gekommene, Messinstrumente die Komplexität und Diversität von Geschlechterrollen möglicherweise nicht hinreichend.

Schon in den 1970er Jahren postulierte die Soziologin und Psychoanalytikerin Nancy Chodorow, dass weiblicher Selbstwert in stärkerem Maße von externer Bewertung abhängt als männlicher (Chodorow, 1979; Springmann, 2021). Die feministische Objektivierungstheorie nach Frederickson und Roberts (1997) beschreibt, dass Frauen in einer patriarchal geprägten Gesellschaft die Objektivierung ihrer selbst als Normalzustand erleben und infolgedessen die bewertende Fremdperspektive auf sich selbst (im Sinne einer Selbstobjektivierung) verinnerlichen. Die Theorie beschreibt explizit einen durch Selbstobjektivierung induzierten Körperfokus weiblicher Individuen, der mit habitueller Überprüfung der eigenen Erscheinung (Body-Checking), konstantem Vergleich mit anderen, gestörten Essgewohnheiten und ggf. mit der Entwicklung einer manifesten Essstörung einhergehen kann.

Die American Psychological Association erkennt die ubiquitäre Objektivierung und Sexualisierung bereits von minderjährigen Mädchen als erwiesene soziale Tatsache und konsekutiv als einen relevanten, negativen Faktor für die psychische Gesundheit weiblicher Individuen an (American Psychological Association, Task Force on the Sexualization of Girls, 2007).

Eine Extremform von Objektivierung und Sexualisierung weiblich gelesener Personen ist die Ausübung von (sexualisierter) Gewalt. Frauen sind häufiger Sexualisierung bis hin zu sexualisierter Gewalt ausgesetzt (z. B. Ward, 2016; Oram et al., 2017). Dieser Umstand kann sowohl durch tatsächlich erlebte, eigene biographische Erfahrungen als auch durch das allgemeine gesellschaftliche Erleben zu einem konflikthaften Körper-, Selbst- und Rollenerleben beitragen. Der Zusammenhang von sexualisierter Traumatisierung und Anorexia nervosa soll an dieser Stelle jedoch nicht im Detail ausgeführt werden.

Nicht bei allen Betroffenen spielen aber die soziokulturellen Aspekte wie Schlankheitsideal, Geschlechterrolle und Objektivierung die entscheidende, ätiologische Rolle. Auch das Familiensystem und das familiäre Interaktionsverhalten sind bedeutsam. Das mütterliche Essverhalten und Körperbild sowie väterliche Figurbewertungen scheinen einen unabhängigen Risikofaktor für die Entstehung einer Anorexia nervosa bei der Tochter darzustellen (Klein et al., 2017). Außerdem wird in Familien explizit und implizit das Verständnis von Weiblichkeit und geschlechtlicher Rolle verhandelt. So ist beispielsweise die Ansicht, dass die (sexuelle) »Reinheit« der Tochter stellvertretend für die Ehre der ganzen Familie steht, auch in westlichen Gesellschaften noch nicht lange und auch nicht vollständig aus dem sozialen Konsens verschwunden. Und natürlich bewegen sich auch Eltern in einem soziokulturellen Kontext, in dem weibliche Körper normiert und konstant bewertet werden, so dass auch Mütter den Prozessen der Selbstobjektivierung ausgesetzt sind und diese mitsamt ihren eigenen Vorstellungen von Weiblichkeit an ihre Töchter weitergeben.

Aus psychodynamischer Perspektive können u. a. Schwierigkeiten in der Entwicklung einer erwachsenen Autonomie und verantwortlichen Einflussnahme sowie ein internalisiertes Leistungsstreben als Ersatz für responsive, warmherzige zwischenmenschliche Begegnungen für das Verständnis der Anorexia nervosa bedeutsam sein (▶ Kap. 3.3: Psychodynamischer Ansatz).

Hilde Bruch als weltweite Vorreiterin in der Behandlung der Anorexia nervosa konzipierte diese erstmalig als Folge eines durch Überprotektion und Kontrolle seitens der Eltern fehlentwickelten Selbst, das um Autonomie und Identität ringe. Bruch beschrieb Familiensysteme, die nach dem äußeren Anschein von Perfektion strebten und in dem kein Konflikt die scheinbare Harmonie stören durfte. Überangepasste und brave Mädchen, die sich stets bemühten, den hohen elterlichen Leistungsstandards zu genügen und trotzdem unter tiefgreifenden Gefühlen von Minderwertigkeit und Machtlosigkeit litten, seien die Folge. In der Pubertät mit ihren scheinbar unkontrollierbaren körperlichen Veränderungen erscheint die Anorexia nervosa dann als ein dysfunktionaler Ablösungsversuch, der zugleich nur eine Pseudo-Unabhängigkeit darstellt, weil erkrankte Mädchen de facto viel länger auf ihre Eltern angewiesen sind (Bruch, 1990).

Die Entwicklungsaufgaben von Loslösung, Verselbstständigung, Verantwortungsübernahme und adoleszenter Individuation sind nicht auf Mädchen und Frauen begrenzt. Und doch ist die gesellschaftlich (noch in Teilen) präsente »typisch weibliche« Selbsteinschränkung (Unterdrückung eigener Bedürfnisse, emotionale Ausrichtung auf andere, Passivität etc.) eine Anforderung, die der gesunden Wahrnehmung eigener Wünsche und einer befriedigenden Eigenständigkeit als autonome Person im Besonderen zuwiderläuft.

> Es kann davon ausgegangen werden, dass neben genetischen und biologischen Faktoren Sozialisationsprozesse im Einklang mit gängigen, traditionellen Vorstellungen von Weiblichkeit, Erfahrungen von Objektivierung und unter Umständen sogar Kontrollverlust (z. B. bei sexualisierter Traumatisierung) ein Grund für das überaus asymmetrische Geschlechterverhältnis in der Prävalenz der Anorexie sein können. Die Entwicklung anorektischer Symptome kann aus dieser Perspektive sowohl eine (Über-)Erfüllung gesellschaftlicher Normen als auch deren komplette Ablehnung darstellen.

6.1.3 Anorexia nervosa bei Männern

Wie bereits ausgeführt, scheinen Männer sowohl durch biologische (z. B. Testosteroneinfluss) als auch psychosoziokulturelle Faktoren (z. B. männliche Rollenidentifikation) statistisch weniger anfällig für die Entwicklung einer Anorexie zu sein. Aber auch Männer können an einer Anorexie erkranken. Es gibt Hinweise darauf, dass der Anteil an männlich Erkrankten möglicherweise leicht zunimmt (Galmiche et al., 2019).

Geschlechtsspezifische Risikofaktoren für Männer

Für betroffene Männer zeigt sich ebenso wie bei weiblichen Betroffenen, dass Frühgeburtlichkeit oder Zwillings- oder Drillingsstatus Risikofaktoren darstellen, an einer Anorexie zu erkranken (Raevuori et al., 2014). Inwiefern hierzu hormonelle, konstitutionelle oder auch psychosoziale geschlechtsspezifische Faktoren beitragen, ist nicht abschließend geklärt.

Weiterhin scheinen bei Männern komorbide Zwangsstörungen relevanter bzw. die wechselseitige Risikoerhöhung zwischen Zwangsstörung und Anorexie ausgeprägter zu sein. Das Risiko bei gleichzeitiger Zwangsstörung an einer Anorexie zu erkranken, ist bei Männern um das 37-fache erhöht, während bei Frauen »nur« eine 16-fache Risikoerhöhung vorliegt (Cederlöf et al., 2015). Erklärend werden hierbei zu einem entscheidenden Anteil genetische Faktoren angenommen. Darüber hinaus gibt es Hinweise dafür, dass anorektische Männer prämorbid häufiger übergewichtig sind als anorektische Frauen (z. B. Sharp et al., 1994).

Ein höheres Bildungsniveau von Mutter oder Vater scheint nur bei Frauen, nicht aber bei Männern, mit einem erhöhten Erkrankungsrisiko in Zusammenhang zu stehen (Raevuori et al., 2014). Darüber hinaus zeichnet sich ab, dass das (exzessive) Ausüben bestimmter Sportarten bei Männern mehr als bei Frauen mit anorektischen Verhaltensweisen korreliert. Eine Studie ergab, dass knapp die Hälfte der untersuchten Männer mit Anorexie, aber nur etwa 10 % der Frauen, eine Sportart ausübte, bei der eine Gewichtskontrolle wichtig für die sportliche Leistung ist (Braun et al., 1999). Insbesondere Sportarten, bei denen Ästhetik (z. B. Eiskunstlauf), Gewicht (z. B. Rudern) oder niedriger Körperfettanteil (z. B. Langstreckenlauf) eine wichtige Rolle spielen, scheinen hierbei als Risikofaktoren in Frage zu kommen (Baum, 2006). Diverse psychosoziale Faktoren können in der Sportpraxis einen zusätzlichen Beitrag zur Risikoerhöhung leisten, z. B. das Trainerinnenverhalten (Lebenstedt et al., 2004). Für das häufige Auftreten von (subklinischen) anorektischen Symptomen im (Leistungs-)Sport wurde der Begriff *Anorexia athletica* geprägt (Smith, 1980; Pugliese, 1983).

Weitere Faktoren, die insbesondere bei einer Subgruppe von Männern zu einem erhöhtem Anorexierisiko beitragen können, sind die sexuelle Orientierung und die individuelle Geschlechterrollenorientierung. Zunächst zur sexuellen Orientierung: Einige Studien beschreiben einen signifikanten Zusammenhang zwischen der sexuellen Orientierung und der Ausprägung von anorektischen und anderen Essstörungssymptomen, wobei Homo- und Bisexualität insbesondere bei Männern als

Risikofaktor angesehen werden (z. B. Feldman & Meyer, 2007; Kamody et al., 2020). Bei homo- und bisexuellen Frauen zeigen sich uneinheitlichere Ergebnisse (z. B. Dotan et al., 2021). Bei Jungen korreliert Homosexualität offenbar bereits im Jugendalter positiv mit (subklinisch) restriktivem Essverhalten (z. B. Calzo et al., 2018).

Bei der Frage, warum die sexuelle Orientierung einen Einfluss auf die Anorexieentwicklung haben kann, wird u. a. auf das Ausmaß an Körperunzufriedenheit verwiesen. Bisexuelle und homosexuelle Jungen scheinen durchschnittlich – ähnlich wie heterosexuelle Mädchen – unter ausgeprägterer Körperunzufriedenheit zu leiden (Calzo et al., 2018). Es zeigen sich ergänzend Hinweise dafür, dass die Vulnerabilität für Körperunzufriedenheit und Essstörungen mit dem Wunsch korreliert, für Männer (äußerlich) attraktiv erscheinen zu wollen (Siever, 1994).

Darüber hinaus wird auch Minderheitenstress als relevanter allgemeiner Faktor, der das Anorexierisiko erhöhen kann, diskutiert. Die Minderheitenstresstheorie (Meyer, 2003) betont erhöhte Vulnerabilitäten in homo- und bisexuellen Populationen, z. B. durch Erleben von Stigmatisierung, Vorverurteilung und Diskriminierung. Kamody und Kolleginnen konnten zeigen, dass die Anorexieprävalenz bei nicht-heterosexuellen Personen, die Diskriminierung erfahren haben, tatsächlich signifikant erhöht ist (Kamody et al., 2020).

Es wird argumentiert, dass nicht das Vorhandensein von Homo- oder Bisexualität per se das Risiko für Anorexie erhöht, sondern dass die Identifikation mit als feminin konzipierten Eigenschaften (»weibliche« Geschlechtsrolle) der ausschlaggebende Risikofaktor sein könnte (Meyer et al., 2001; Heeren, 2007).

Weiter oben führten wir bereits aus, dass eine traditionell als »männlich« konzipierte Geschlechtsrollenorientierung als protektiver Faktor hinsichtlich Schlankheitsstreben (Magallares, 2016a, 2016b) und einer etwaigen Anorexieentwicklung infrage kommt. Erleben sich Männer hingegen weniger durch traditionell als maskulin konzipierte Attribute beschrieben, sondern mehr durch feminine, ist das Risiko für eine Anorexie möglicherweise erhöht.

Die Diversifizierung und Aufweichung von traditionellen Geschlechtsrollen könnte gegenwärtig und künftig dazu beitragen, dass Jungen und Männer häufiger (subklinische) anorektische Symptome entwickeln. Springmann schlägt vor, dass die Erhebung potenzieller »Veränderung(en) von Männlichkeitskonzepten und mögliche Bezüge zur Veränderung von männlichen Körperidealen« einen wichtigen Beitrag zum Verständnis der Anorexie bei Männern leisten könnte (Springmann, 2021).

Unterschiede in der Symptomausprägung

Insgesamt scheinen Gesamtbelastung und Langzeitprognose von Männern und Frauen mit Anorexia nervosa vergleichbar, wobei sich möglicherweise eine bessere Remissionsquote im kurzzeitigen Verlauf bei männlichen Jugendlichen andeutet (Strobel et al., 2019; Coelho et al., 2021).

Bei männlichen Betroffenen zeigen sich im Vergleich zu weiblichen, teilweise Unterschiede im beschriebenen Symptomverhalten. Gewichtssorgen scheinen bei anorektischen Männern weniger stark ausgeprägt zu sein als bei Frauen; Figursorgen scheinen ebenfalls geringer oder vergleichbar ausgeprägt zu sein (Murray et al., 2017; Gorrell et al., 2022). Einige männliche Betroffene streben möglicherweise nur sekundär ein niedriges Gewicht an und primär eine bestimmte Körperform, bei der sich z. B. durch geringen Körperfettanteil Muskeln gut abzeichnen (Murray et al., 2017). Dabei berichten Männer häufiger von exzessivem und selbstinduziertem Erbrechen, aber seltener von Laxanzienabusus als gegenregulative Strategien (Núñez-Navarro et al., 2012; Murray et al., 2017).

Differentialdiagnostische Erwägungen

Insgesamt wird debattiert, inwiefern und in welchem Umfang es sinnvoll ist, das Krankheitsbild der Anorexie auf konzeptueller und diagnostischer Ebene um geschlechtsabhängige Unterschiede zu erweitern (z. B. Einbeziehen des Symptoms »Muskelmasse-Fokus«). Fraglich ist auch, in welchen Fällen ein vorliegendes Störungsbild mit überlappenden, aber auch zusätzlichen Symptomen besser durch eine andere Differentialdiagnose gefasst werden kann (z. B. Muskeldysmorphie, sonstige Essstörung, subklinische Variante z. B. bei Sportlern, Zwangsstörung). Insbesondere die Muskeldysmorphie, welche von Pope und Kolleginnen in den 1990er Jahren als *reverse anorexia* konzipiert wurde (Pope et al., 1993), ist als Differentialdiagnose von Bedeutung. Die Muskeldysmorphie zeigt einerseits eine hohe Korrelation mit Essstörungssymptomen (Badenes-Ribera et al., 2019) und Symptomüberlappung mit der Anorexia nervosa (Murray et al., 2012). Krankheitsverläufe deuten auf fließende Übergänge zwischen beiden Entitäten hin. So zeigte sich beispielsweise, dass bis zu 30 % der Jungen und Männer, die an einer Muskeldysmorphie leiden, vorher bereits an einer Essstörung im engeren Sinne erkrankt waren (Olivardia et al., 2000). Andererseits legen spezifische, zusätzliche, bzw. abweichende Charakteristiken nahe, dass eine eigenständige Diagnosekategorie gerechtfertigt ist. Ob die Muskeldysmorphie dabei trotzdem primär oder sekundär als Essstörung begriffen werden sollte, ist Gegenstand von Kontroversen.

▶ Tab 6.1 gibt einen Überblick über mögliche klinische und motivationale Unterschiede zwischen Anorexia nervosa und Muskeldysmorphie.

Soziokulturelle Faktoren können entscheidend zur Entwicklung von dysfunktionalem Verhalten in Form einer Anorexie oder Muskeldysmorphie beitragen, wobei der medialen Darstellung von Körperidealen hierbei eine zentrale Bedeutung zukommt (Grieve, 2007). Bei Männern kann sich eine psychische Belastung mit vorhandener Körperunzufriedenheit je nach biopsychosoziokulturell beeinflussten und individuell ausgeprägten Idealen (Selbstkonzept, Geschlechterrollenorientierung, Körperästhetik) sowohl als Muskeldysmorphie als auch als Anorexie manifestieren.

Bei Manifestation einer Muskeldysmorphie scheint das Streben nach Erfüllung von traditionell männlichen Schönheits- und Geschlechtsrollenidealen zentral, wobei in manchen Fällen eine Ambivalenz hiermit, welche in Überkompensation mündet, vermutet werden kann. Bei Manifestation einer Anorexie scheint hingegen bei einigen Männern die bewusste Ablehnung oder bewusstseinsferne Abwehr von traditionell männlichen Schönheits- und Geschlechtsrollenidealen eine wichtige Rolle zu spielen.

Tab. 6.1: Klinische und motivationale Unterschiede zwischen Anorexia nervosa und Muskeldysmorphie

Anorexia nervosa	Muskeldysmorphie
• ICD-10: Essstörung	• ICD-10: körperdysmorphe Störung
Häufiger bei Frauen	Häufiger bei Männern
Abnehmwunsch mit Figur- und Gewichtssorgen bei gegenwärtig bereits kachektischem BMI ggf. Anstreben einer bestimmten Körperform (z. B. wenig Fettanteil, »flach«, ggf. auch relativ muskelreich)	Anstreben einer bestimmten, ausgeprägt muskulösen Körperform bei gegenwärtig durchschnittlicher oder überdurchschnittlicher Muskelmasse und i. d. R. normalgewichtigem BMI *drive for muscularity* (DMS)
Körperschemastörung mit Überschätzung eigener Körpermaße (»zu dick«)	Körperschemastörung mit Unterschätzung eigener Körpermaße und Muskelmasse (»zu schmal und schmächtig«) *»reverse anorexia«*
Essverhalten: i. d. R. restriktiver oft rigider Ernährungsplan, ggf. Kalorienzählen, »verbotene Speisen« Wechsel zwischen hyperkalorischem Essen und Restriktion/Gegenregulation ist möglich (ggf. mit Essanfällen, bulimische Variante)	Essverhalten: hoher Proteinanteil, ggf. rigider Ernährungsplan und Kalorienzählen, »verbotene Speisen« Wechsel zwischen hyperkalorischem, proteinhaltigem Essen und Restriktion *»bulking and cutting«* (Lavender et al., 2017)
ggf. exzessives Sporttraining mit reduziertem Freudempfinden	exzessives Sporttraining mit reduziertem Freudempfinden
oft Körperscham mit entsprechendem Vermeidungsverhalten	oft Körperscham mit entsprechendem Vermeidungsverhalten
Häufig Körperunzufriedenheit, niedriger Selbstwert, Perfektionismus	Häufig Körperunzufriedenheit, niedriger Selbstwert, Perfektionismus
	Häufig Anabolikaabusus

Männer sind zwar seltener, aber möglicherweise zunehmend von Essstörungen im Allgemeinen und Anorexie im Speziellen betroffen. Eine wichtige Differentialdiagnose zur Anorexie ist die Muskeldysmorphie, die überlappende, aber auch abweichende Charakteristiken aufweist. Die individuelle Internalisierung von Körperidealen und Identifikation mit der Geschlechterrolle haben einen zentralen Einfluss auf die mögliche Entwicklung einer Muskeldysmorphie oder Anorexie.

6.1.4 Anorexia nervosa bei Geschlechtsinkongruenz

Geschlechtsinkongruenz und Körperunzufriedenheit

Menschen, die eine Inkongruenz zu ihrem biologischen Geburtsgeschlecht erleben (= gendervariante Menschen, u. a. Transpersonen, nonbinäre, agender-Personen u. v. m.), leiden deutlich häufiger als cisgeschlechtliche Menschen unter psychischen Erkrankungen: Die Lebenszeitprävalenz für eine Achse-1-Störung nach DSM wird für Transpersonen auf 69 % geschätzt, wobei affektive Störungen (60 % Lebenszeitprävalenz) und Angsterkrankungen (28 % Lebenszeitprävalenz) am häufigsten sind (Zucker et al., 2016).

Zudem erleben viele Menschen mit Geschlechtsinkongruenz und Geschlechtsdysphorie eine ausgeprägte Körperunzufriedenheit und zeigen ein subklinisch gestörtes Essverhalten. Die Unzufriedenheit mit dem eigenen Körper bezieht sich vorrangig, aber nicht ausschließlich, auf geschlechtsdefinierende Körpermerkmale. Bei einigen Personen mit Geschlechtsdysphorie scheint sich diese Unzufriedenheit in einer Essstörung zu manifestieren (Jones et al., 2016).

Die Datenlage dazu ist insgesamt übersichtlich, zumal in den meisten Studien nicht zwischen Bulimie und Anorexie unterschieden wird, aber es gibt deutliche Hinweise, dass transgeschlechtliche Personen häufiger unter klinisch manifesten Essstörungen leiden, wobei die Körperunzufriedenheit deren Entstehung zu moderieren scheint (z. B. Feder et al., 2017).

Dabei gibt es auch hier geschlechtsspezifische Unterschiede: In qualitativen Untersuchungen zeigte sich, dass auch für Transfrauen die gesellschaftliche Norm der schlanken, zierlichen Frau ein Ideal ist, was (wie bei cisgeschlechtlichen Frauen) zu einem verstärkten Drang nach Dünnsein führen kann (Witcomb et al., 2015). Anorektisches Verhalten erfolgt in diesem Fall häufig mit der Intention, gewünschte Körperformen zu akzentuieren und zu verstärken. Transfrauen zeigen häufiger als Transmänner ein Body-Checking-Verhalten, das dem cisgeschlechtlich weiblichen Body-Checking entspricht (Vocks et al., 2009).

Bei Transmännern erfüllt die Anorexia nervosa oftmals die Funktionalität, weibliche Körpermerkmale zu unterdrücken, die der männlichen Geschlechtsidentität widersprechen, z. B. Brustentwicklung und Menarche (Ålgars et al., 2012). Einige Autorinnen sehen daher vor allem Transmänner gefährdet, im Zusammenhang mit ihrem Körperbild eine Anorexia nervosa zu entwickeln (Witcomb et al., 2015). Eine systematische Erfragung der Geschlechtsidentität im Diagnostik- und Behandlungskontext anorektischer Patientinnen ist daher anzuraten.

Interessanterweise sind sowohl Transfrauen als auch Transmänner deutlich häufiger als cisgeschlechtliche Männer von Essstörungen betroffen, in Bezug auf cisgeschlechtliche Frauen ist die Rate jedoch vergleichbar (Vocks et al., 2009). In vielen Fällen führt die medizinische Transition (u. a. hormonell, operativ) zu einer deutlichen Reduktion der Körperunzufriedenheit und einem Rückgang von Essstörungssymptomen (Ålgars et al., 2012).

Das Körperbild transgeschlechtlicher Menschen scheint darüber hinaus mit dem Erleben sozialer Akzeptanz bzw. Ablehnung verknüpft zu sein, da soziale Stigmatisierung und Ausgrenzung über eine konsekutiv verminderte Empathie mit sich selbst zu mehr Selbstkritik und Körperunzufriedenheit führen kann (McGuire et al., 2016). Die Erfahrung von Diskriminierung und Belästigung erhöht das Risiko für gestörtes Essverhalten bei Transpersonen, während soziale Unterstützung protektiv wirkt (Watson et al., 2017). Diese Befunde passen zur oben bereits vorgestellten Theorie des Minderheiten-Stress-Modells von Meyer (2003).

Für den komplexen Zusammenhang zwischen sozialer Geschlechtsrolle (*gender*), biologischen Anlagen (*sex*) und dem Entstehen einer Anorexia nervosa, scheinen sowohl die vor der Transition erlebten Erfahrungen mit dem Geburtsgeschlecht, als auch die nach der Transition erfahrene Resonanz bedeutsam zu sein: So kann man postulieren, dass sowohl Transmädchen als auch Transjungen in der prägenden Lebensphase der Pubertät zumindest ähnlichen, bzw. sogar noch herausfordernderen Sozialisationsprozessen unterliegen wie cisgeschlechtliche Frauen.

Transfrauen erleben spätestens nach ihrer äußerlichen Transition, vermutlich aber schon früher, vergleichbare gesellschaftliche Anforderungen an ihren Körper, ihre soziale Stellung und ihre mit dem weiblichen Geschlecht assoziierten Aufgaben.

Und auch Transmänner, die bis zu ihrem »Coming Out« und ihrer Transition von ihrer Umwelt als weiblich gelesen werden, sind der Objektivierung und Sexualisierung ausgesetzt, die – im soziologischen Duktus gesprochen – zu verinnerlichter Selbstobjektivierung führt, oder – im psychologischen Sprachgebrauch – Körperunzufriedenheit und reduziertes Selbstwertgefühl (als relevante Prädiktoren der Anorexia nervosa) begünstigen.

Es bleibt anzumerken, dass Menschen, die sich nicht im binären Geschlechtersystem verorten (lassen) (z. B. Non-Binarität, Intersexualität oder Geschlechtslosigkeit), bisher epidemiologisch und psychopathologisch bezüglich Körperunzufriedenheit und Essstörungen noch nicht adäquat erfasst sind.

Im klinischen Alltag begegnen uns zunehmend Transjungen und -männer mit Anorexia nervosa, weniger Transfrauen und -mädchen. In den Jahren 2022–2023 stellten sich 15 Menschen mit Geschlechtsdysphorie in unserer psychosomatischen Ambulanz (mit einem Schwerpunkt für Essstörungen) vor. Zwölf davon hatten eine Essstörung (80 %), neun (60 %) waren Transmänner, drei (20 %) Transfrauen. Zwei Menschen (13,3 %) identifizierten sich als nonbinär, eine Person (6,7 %) als agender.

> Zusammenfassend besteht für die Subgruppe der transidenten oder geschlechtsinkongruenten Menschen, die an Anorexia nervosa erkrankt sind, noch viel Forschungsbedarf. Die klinische Erfahrung zeigt bereits jetzt, dass das Thema der Geschlechtsinkongruenz auch während der Behandlung der Anorexia nervosa eine zentrale Rolle einnimmt.
>
> Für uns als psychotherapeutische Behandlerinnen erfordert die Therapie essgestörter Patientinnen im Allgemeinen und von essgestörten gendervarianten Menschen im Speziellen, neben der Kenntnis störungsspezifischer Interventionen, auch das Mitdenken gesellschaftlicher Strukturen und geschlechtsspezifischer Erfahrungen sowie das kritische Hinterfragen der eigenen Vorstellungen von Geschlecht und dazugehörigen sozialen Rollen.

Praktische Implikationen von Geschlechtsinkongruenz in der stationären Psychotherapie

In der psychotherapeutischen Behandlung von Personen mit Geschlechtsinkongruenz kann es zu praktischen Herausforderungen kommen, die durch Kollision mit einem traditionell auf binäre Geschlechterrollen eingerichteten System entstehen. Wir wollen im Folgenden einige dieser Herausforderungen kurz beschreiben und erheben dabei keinen Anspruch auf Vollständigkeit, zumal das Thema nicht ausschließlich anorexiespezifisch ist.

Es ist uns wichtig zu betonen, dass unsere Herangehensweise bezüglich der Geschlechtsinkongruenz beinhaltet, diese nicht zu pathologisieren. Insbesondere eine dauerhaft gefestigte diverse Geschlechtsidentität stellen wir nicht infrage und suchen nicht aktiv nach Deutungen, die das Phänomen vermeintlich (mono)kausal erklären könnten. Wir nehmen eine Haltung wohlwollender Akzeptanz ein. Das bedeutet konkret, dass wir:

- auf eine explizite Codierung der Geschlechtsinkongruenz (im ICD-10 noch »Transsexualität«) in der Regel verzichten, um eine Stigmatisierung und Pathologisierung der Betroffenen zu vermeiden.
- die Geschlechtsinkongruenz und ggf. die Geschlechtsdysphorie im ärztlichen Bericht als Phänomen dennoch benennen, weil wir sie für ein wichtiges biografisches Detail halten.
- die individuelle Geschlechtszuschreibung der Betroffenen übernehmen und gewünschte Personalpronomina sowie Namen sowohl im ärztlichen Bericht als auch im Stationsalltag verwenden, unabhängig davon, ob eine biologische Transition oder eine juristische Personenstandsänderung erfolgt ist.
- nach Möglichkeit bei der Zimmerbelegung der individuellen Geschlechtsidentifikation (bei cis- und transgender Personen) bzw. der individuellen Präferenz (bei nonbinären oder agender Personen) folgen, falls keine anderen gravierenden Gründe dagegensprechen. Diese Gründe könnten z. B. in einer Kollision mit konkurrierenden Bedürfnissen von Mitpatientinnen liegen (insbesondere bei Diskrepanz zwischen Geschlechtsidentität und gelesenem Geschlecht), sodass wir in manchen Fällen eher eine Unterbringung im Einzelzimmer empfehlen.

Zugleich soll das Thema der Geschlechtsidentität im therapeutischen Prozess nicht die Stellung eines Tabus einnehmen. Insbesondere bei instabil erlebter Geschlechtsidentität mit Leidensdruck, bei Neuauftreten genderdiversen Erlebens während des Therapieprozesses und/oder bei Hinweisen auf relevante Wechselwirkungen zwischen Geschlechtsidentität und Essstörungsverhalten (bzw. psychischer Symptombildung im Allgemeinen), nehmen wir eine neugierig-beobachtende, unvoreingenommene Haltung ein und ermutigen dazu, dieses Themenfeld im Rahmen des gemeinsam (!) abgesteckten Psychotherapieprozesses zu beleuchten und zu klarifizieren. Diese Haltung impliziert, dass alles, was im Prozess geschieht, thematisierbar sein sollte und eine Bedeutung haben kann.

7 Anorexia nervosa und freie Willensentscheidung

Ambra Marx

Die Behandlung der Anorexia nervosa stellt Behandlerinnen regelhaft vor spezifische ethische Herausforderungen, die besondere Anforderungen an das situationsadäquate Urteilsvermögen der Beteiligten stellen. Besonders komplex sind Behandlungen gegen den Willen der Patientinnen.

7.1 Anorektischer Widerstand und das Recht auf Krankheit – vom Dilemma der freien Willensentscheidung

Die Behandlung der Anorexie bewegt sich aufgrund der den Patientinnen eigenen ambivalenten Therapiemotivation im Spannungsfeld zwischen fehlender Krankheitseinsicht und (dringender) Therapiebedürftigkeit. Gerade wegen der quoad vitam zeitkritischen Behandlungsindikation schwergradig untergewichtiger Betroffener finden sich Therapeutinnen oft im Dilemma des Abwägungsprozesses zwischen kollidierenden Grundrechten wieder: Es steht die Achtung des Selbstbestimmungsrechts und der körperlichen Integrität der Patientin in Juxtaposition zum Schutz des Lebens und der körperlichen Unversehrtheit vor Selbstgefährdung.

7.1.1 Rechtliche Grundlagen

Alle Grundrechte (hier im Besonderen die körperliche Integrität, das Recht auf Selbstbestimmung und die Fortbewegungsfreiheit) sind in Deutschland in besonders hohem Maß durch das Grundgesetz geschützt (Art. 1 Abs. 1 & Art. 2 Abs. 2 GG).

> Artikel 1 (1): Die Würde des Menschen ist unantastbar. Sie zu achten und zu schützen ist Verpflichtung aller staatlichen Gewalt.
> Artikel 2 (2): Jeder hat das Recht auf Leben und körperliche Unversehrtheit. Die Freiheit der Person ist unverletzlich. In diese Rechte darf nur aufgrund eines Gesetzes eingegriffen werden.

Auch wenn das in Deutschland geltende Recht den legitimen Einsatz medizinischer Zwangsmaßnahmen kennt, gilt jede Anwendung von Zwang im medizinischen Setting als schwerwiegender Eingriff in die Grundrechte der betroffenen Person, der in besonderem Maße ethisch und juristisch rechtfertigungspflichtig ist. Andererseits ergibt sich aus Art. 2 Abs. 2 GG auch eine staatliche Schutzpflicht (Bundesverfassungsgericht, 2024a).

Aus juristischer Perspektive können medizinische Eingriffe in die Autonomie i. S. v. Behandlung gegen den Willen der Patientin nicht ausschließlich mit einem schwer definierbaren normativen »Wohl« von Betroffenen gerechtfertigt werden, sondern müssen mit schwerwiegender Selbst- oder Fremdgefährdung bei (ggf. vorübergehend) nicht vorhandener Selbstbestimmungsfähigkeit begründet werden.

In einer Stellungnahme des Deutschen Ethikrats heißt es dazu: »[...] hat das Bundesverfassungsgericht den Gesetzgeber verpflichtet, für die Fälle eine medizinische Zwangsbehandlung zu ermöglichen, in denen drohende erhebliche Gesundheitsbeeinträchtigungen einschließlich einer Lebensgefahr durch nicht zu eingriffsintensive Behandlungen mit hohen Erfolgsaussichten abgewehrt werden können, die Betroffenen allein aufgrund ihrer krankheitsbedingt fehlenden Einsichts- oder Urteilsfähigkeit mit ihrem natürlichen Willen eine solche Behandlung ablehnen und wenn keine tragfähigen Anhaltspunkte vorliegen, dass die Ablehnung der Behandlung ihrem freiverantwortlichen Willen entspricht.« (Deutscher Ethikrat, 2018, S. 60).

> Eine Zwangsbehandlung gegen den Willen der Patientin muss auch im Fall der Anorexia nervosa mit akuter Selbstgefährdung durch die Krankheit und fehlender Selbstbestimmungsfähigkeit begründet werden.

Die Rechtsgrundlagen für Zwangsmaßnahmen bei psychisch Erkrankten finden sich im sogenannten Erwachsenenschutzrecht. Es gibt mehrere Rechtsnormen, die den Eingriff in die Grundrechte formalisieren:

1. Der rechtfertigende Notstand nach Strafgesetzbuch (§ 34 StGB)
2. Das Betreuungsrecht des Bürgerlichen Gesetzbuchs (§ 1814 ff. BGB)
3. Die Psychisch-Krankengesetze, bzw. Unterbringungsgesetze der Länder (z. B. PsychKG in Nordrhein-Westfalen)

Nach allgemeinen Grundsätzen kann eine Untersuchung des Gesundheitszustands, eine Heilbehandlung oder ein ärztlicher Eingriff nur mit der Einwilligung der angemessen aufgeklärten Patientin oder in Notfällen auf Grundlage des mutmaßlichen Patientenwillens durchgeführt werden (rechtfertigender Notstand). Ärztinnen sind dabei zivilrechtlich (§ 630f BGB) und berufsrechtlich (§ 10 MBO-Ä164) verpflichtet, alle für die Behandlung wesentlichen Maßnahmen und Ergebnisse zu dokumentieren (Lipp, 2013).

Es besteht die Möglichkeit, eine juristische Betreuung nach § 1814 BGB einzurichten, wenn eine Patientin ihre Angelegenheiten ganz oder teilweise rechtlich nicht besorgen kann. Der Betreuungsumfang und der fest eingegrenzte Aufgabenbereich werden gerichtlich oder durch die betreuungssuchende Person selbst festgelegt. Im Rahmen einer solchen Betreuung kann nach § 1832 BGB im Fall einer fehlenden Einwilligungsfähigkeit und »drohendem erheblichen gesundheitlichen Schaden« (§ 1832, Abs. 1.1 BGB) eine Einwilligung in eine ärztliche Zwangsbehandlung erfolgen.

> Die Anregung einer juristischen Betreuung ist zum Beispiel dann in Betracht zu ziehen, wenn sich bei schwerst und bedrohlich an Anorexia Erkrankten die Versorgungssituation so darstellt, dass keinerlei intrinsische Behandlungsmotivation aufzubauen ist, bzw. keinerlei gemeinsames Behandlungskonzept etabliert werden kann. Ebenso kann dieser Schritt in Frage kommen, wenn sich ein Behandlungsabbruch in einer kritisch-kranken Situation ergibt oder bereits mehrfach schwere Rezidive aufgetreten sind.

Neben den juristischen Überlegungen ist unserer Erfahrung nach kritisch zu prüfen, ob als bestellte Betreuungsperson eine Person aus dem privaten Umfeld der Patientin empfohlen werden sollte, da interpersonelle Konflikte und Verstrickungen zur Systemüberforderung beitragen können (vgl. Melamed et al., 2003). Hier wird auch die Haltung der Patientin wichtig sein. Bei einer Betreuung durch eine »Berufsbetreuerin« entstehen Kosten, und es gibt ebenso hochengagierte Betreuerinnen wie weniger aktive und zugewandte.

Bei erheblicher Eigengefährdung ist eine Unterbringung nach dem länderspezifischen Psychisch-Kranken-Gesetz (PsychKG) möglich, welches den Richtervorbehalt für die Durchführung einer Zwangsmaßnahme benennt.

In den letzten Jahren hatten Klagen von Betroffenenverbänden zu höchstrichterlichen Entscheidungen geführt, die vom Gesetzgeber immer wieder Anpassungen dieser gesetzlichen Grundlagen erforderten, sodass die Rechtslage aktuell stark in Bewegung ist. 2015 hatte der UN-Fachausschuss für die Rechte von Menschen mit Behinderung festgestellt, dass das deutsche Betreuungsrecht nicht vereinbar mit der UN-Behindertenrechtskonvention war. Die jüngste Reform des Vormundschafts- und Betreuungsrechts vom 1.1.2023 reagiert auf diese Kritik und stärkt neuerlich das Selbstbestimmungsrecht betreuter Menschen.

Die Bundesärztekammer weist in einer Stellungnahme auf die hohe Bedeutsamkeit der informierten Einwilligung und der partizipativen Entscheidungsfindung hin und lehnt zugleich gewisse Formen des harten Paternalismus bei Menschen, die noch einen natürlichen Willen äußern können, grundsätzlich ab (Bundesärztekammer, 2023).

7.1.2 Selbstbestimmung, Autonomie, freie Verantwortung – Medizinethik im Wandel

Medizinethisch wurde seit Mitte des 20. Jahrhunderts dem antiken, hippokratischen Behandlungsprinzip des »salus aegroti« (das Wohl der Kranken) als höchstes Gebot das – im Fall der Anorexie oft genug dazu konträre – »voluntas aegroti« (der Wille der Kranken) an die Seite gestellt (Larsen, 1999).

Sowohl das deutsche Patienten-Rechte-Gesetz von 2013 als auch die jüngsten Änderungen im Betreuungsrecht von 2023 sind in unserer Wahrnehmung auch Ausdruck einer gesellschaftlichen Entwicklung der vergangenen Jahrzehnte, in der die nicht mehr zeitgemäße (ausschließlich) paternalistische, ärztliche Beziehungsgestaltung durch das modernere partnerschaftlich-partizipative Modell als neuer Standard abgelöst wurde. Teil dieser Entwicklung ist es, dass das Motiv der Fürsorge in der Hierarchie ärztlich-therapeutischen Handelns eine neue Gewichtung erfährt: Das »Georgetown-Mantra« von Beauchamp und Childress (1989) als internationaler Standard der medizinischen Bioethik stellt die Selbstbestimmung von Patientinnen an die erste Stelle medizinethischer Prinzipien (Fangerau, 2007).

> **Prinzipien der Medizinethik (»Georgetown-Mantra«)**
>
> Nach: Beauchamp & Childress, 1989
>
> 1. Autonomie
> 2. Schadensvermeidung (Non-Malefizienz)
> 3. Fürsorge (Benefizienz)
> 4. Gerechtigkeit und Gleichheit

Das Recht auf Selbstbestimmung umfasst auch das Recht auf eine – aus ärztlicher Sicht – unvernünftige Entscheidung gegen eine Behandlung (»Recht auf Krankheit«). Andererseits haben gerade schwer kranke Menschen, die aufgrund gesundheitlicher Einschränkungen ihre Autonomie nicht mehr in vollem Umfang ausüben können, in höchstem Maße ein Anrecht auf ärztliche Achtung, Würde und Schutz.

Grundlage der Selbstbestimmungsfähigkeit ist der freie Wille.

Eine Person ist nicht zu frei verantwortlichem Handeln in der Lage, wenn sie beispielsweise aufgrund einer Krankheit oder einer körperlichen bzw. psychischen Beeinträchtigung (ggf. vorübergehend) nicht in der Lage ist, ihre Lebenssituation angemessen zu verstehen, die Folgen ihrer Entscheidungen bzw. ihres Handelns abzuschätzen oder danach zu entscheiden und zu handeln.

Das bloße Vorliegen einer psychischen Erkrankung ist kein Kriterium, einem Menschen den freien Willen abzusprechen. Die zentrale Ethikkommission der Bundesärztekammer stellt fest, dass grundsätzlich kein Unterschied in der Behandlung von psychisch kranken und psychisch gesunden Patientinnen gemacht werden soll, wenn es um die Achtung der Selbstbestimmung geht (Zentrale Ethikkommission der BÄK, 2013).

7.1.3 Selbstbestimmungskompetenz bei der Anorexia nervosa

In der Behandlung der Anorexie begegnen uns Patientinnen, die (scheinbar) keine Angst vor dem Tod oder schwerwiegenden körperlichen Folgen haben, die keine oder nur minimale Einsicht in die Schwere ihrer Erkrankung zeigen und deren intrinsische Motivation für eine Therapie eher schwach ausgeprägt ist.

Die Ich-Syntonie der Körperschemastörung bedeutet, dass das Verhalten und Empfinden der Patientinnen mit ihren Zielen und ihrem Körperbild übereinstimmt. Die objektive Abweichung des Körpergewichts von der Norm kann nicht wahrgenommen werden. Daraus folgt, dass sowohl Krankheitseinsicht als auch Therapiemotivation schwierig zu entwickeln sind.

Das bringt Klinikerinnen regelhaft in die Situation, entscheiden zu müssen, ob eine bestimmte Therapiemaßnahme einen gerechtfertigten Eingriff in die Patientinnenautonomie darstellt, weil die Selbstbestimmungskompetenz der Betroffenen in diesem Punkt vermindert ist.

Es besteht breiter Konsens, dass die Anorexia nervosa die Entscheidungskompetenz für oder gegen eine Behandlung ernsthaft beeinträchtigen kann. Die grundsätzliche Fähigkeit der Selbstbestimmungskompetenz bzw. Entscheidungsfähigkeit (englisch: Mental Capacity), die mit dem halbstrukturierten MacArthur Competence Assessment Tool (MacCAT-T) gemessen werden kann (Grisso et al., 1997; Sturman, 2005), scheint bei Anorexie jedoch nicht per se reduziert zu sein: In einer (retrospektiven) Studie an adoleszenten Betroffenen zeigten sich keine Schwierigkeiten bei der Selbstbestimmungskompetenz (Tan et al., 2003a), eine andere Studie (ebenfalls mit jugendlichen Teilnehmerinnen) zeigte nur leichte Schwierigkeiten im Vergleich zur Kontrollgruppe (Turell et al., 2011).

In einer größeren Längsschnittstudie mit schwer kranken erwachsenen Patientinnen (mittlerer BMI von 15,5 kg/m^2, mittlere Krankheitsdauer von 8,6 Jahren) schnitten Patientinnen mit verminderter Entscheidungsfähigkeit in den Behandlungsergebnissen schlechter ab und wiesen grundlegende Entscheidungsmängel auf, die sich auch mit der Gewichtszunahme nicht verbesserten (Elzakkers et al., 2017). Möglicherweise prädisponiert eine schlechtere (bereits prämorbid bestehende?) Selbstbestimmungskompetenz also für einen schwereren Verlauf und für die Notwendigkeit von Zwangsmaßnahmen.

Andererseits beeinträchtigen auch krankheitsimmanente Symptome die Entscheidungsfindung. Vor allem die Gewichtsphobie als krankheitsdefinierendes Symptom kann bei starker Ausprägung die freie Willensbildung der Betroffenen bezüglich einer Gewichtszunahme deutlich mindern (Melamed et al., 2003; Carney et al., 2006).

Auch Tan und Kolleginnen beschreiben, wie die Anorexia nervosa zu einer Änderung der Denk- und Entscheidungsprozesse, aber auch zu Änderungen des Wertesystems von Patientinnen führen kann (Tan et al., 2006). Es kann also durchaus argumentiert werden, dass die Weigerung, an aus therapeutischer Sicht indizierten Therapieangeboten teilzunehmen, nicht Ausdruck einer freien Entscheidung ist, sondern vielmehr ein Symptom der Erkrankung darstellt.

7.1.4 Anorektische Identität – Teil der Krankheit oder Teil der persönlichen Autonomie?

Die Schwierigkeit bei der Feststellung des freien Willens besteht vor allem darin, dass Betroffene die Anorexia nervosa oft als wesentlich für ihre Identität betrachten (Tan et al., 2003).

Der Kampf um Kontrolle ist ein zentrales Thema der anorektischen Dynamik (▶ Kap. 3.3: Psychodynamischer Ansatz). Die vollständige oder teilweise Ablehnung von (von anderen vorgeschlagenen) Therapiemaßnahmen tritt daher in fast jedem Fall zutage. Oft verbirgt sich hinter den Autonomiebestrebungen eine existenzielle Angst vor dem Angewiesensein auf andere, was es Betroffenen nur unter größter Furcht vor der Auflösung eigener psychischer Grenzen möglich macht, sich auf einen therapeutischen Prozess einzulassen. Es geht für die Patientin aus psychodynamischer Perspektive um nichts weniger als den Kern ihrer Identität, in welchen sich das anorektische Denken tief eingegraben hat.

Daraus ergibt sich, dass die ambivalente Behandlungsmotivation und die unzureichende Krankheitseinsicht nachgerade definierend sind für die Anorexie und damit Teil der Erkrankung. Versuche der Behandlerinnen, ihrerseits Kontrolle auszuüben, erzeugen üblicherweise Reaktanz und heftigen Widerstand (Tan et al., 2003b). Oft ergibt sich im therapeutischen Prozess ein »Tanz um das Symptom« (Loetz & Müller, 2021), in welchen sich viele Beteiligte verstricken lassen und der als Widerstandsphänomen begriffen werden kann.

Betroffene berichten retrospektiv, dass die Anorexie ihre Persönlichkeit und ihren Sinn für Identität (zeitweise) verändert habe. Die Entscheidung für eine Behandlung kann sich in diesem Sinne anfühlen, als bedeute sie die Aufgabe eines Teils der eigenen Identität, was wiederum starken Einfluss auf eine Entscheidung für oder gegen eine Therapie ausüben kann (Tan et al., 2006 & 2010).

Aus psychodynamischer Perspektive kann auch der narzisstische Triumph über den eigenen Körper als krankheitsperpetuierend und die freie Willensentscheidung beeinflussend begriffen werden.

Die meisten Behandlerinnen konzipieren diese Phänomene als krankheitsassoziiert und nicht als Ausdruck des freien Willens einer Patientin. Eine Entscheidung gegen eine einzelne Behandlungsmaßnahme oder die ganze Behandlung insgesamt muss daher nicht zwangsläufig Ausdruck einer freien Willensentscheidung sein, sondern kann möglicherweise auch als Symptom der Erkrankung gedeutet werden.

7.1.5 Neurobiologische und neuropsychologische Aspekte

Wie bereits in ▶ Kap. 1 und ▶ Kap. 3.4 beschrieben, tragen genetische, metabolische, neurobiologische und neurokognitive Aspekte zur Entstehung und Aufrechterhaltung einer Anorexia nervosa bei. Gerade die Frage, welche Faktoren den Zustand von Starvation trotz negativer Folgen für die Betroffene aufrechterhalten, ist für die Beurteilung der Selbstbestimmungsfähigkeit relevant.

Aus *genetischer Perspektive* korreliert das Auftreten der Anorexie nicht nur mit anderen psychischen Erkrankungen, sondern auch mit metabolischen Merkmalen in Bezug auf körperliche Aktivität, Wachstum, Körpergröße, Lipidhaushalt und Insulinsensitivität. Es gibt mindestens acht Genloki, die für eine Anorexia nervosa prädisponieren (Watson et al., 2019).

Auf *neurobiologischer Ebene* ist vor allem das mesolimbische Belohnungssystem bedeutsam: Mehrere Studien konnten volumetrische Abnormalitäten der neuronalen Korrelate der Belohnungsverarbeitung bei Personen mit Anorexia nervosa mittels (funktionellem) MRT oder PET nachweisen (z. B. Wagner et al., 2007; Titova et al., 2013; Steinglass & Walsh, 2016). Bei Anorexie scheint eine veränderte Reaktion des Belohnungssystems auf Nahrungs- oder körperbezogene visuelle Reize zu bestehen, die vermutlich über Veränderungen der monoaminen Neurotransmittersysteme vermittelt werden (Aarts et al., 2011; Boehm et al., 2018). Unter anderem besteht bei verminderter Belohnungsabhängigkeit eine höhere Bestrafungssensitivität als bei Gesunden (Abber et al., 2024).

Daneben scheinen eine Reihe von Störungen in den dorsalen frontostriatalen Systemen bei Anorexie eine Rolle zu spielen; diese Systeme sind wesentlich beteiligt am Prozess der Habitualisierung einer vormals zielgerichteten Handlung und interagieren mit dem dopaminsensitiven Belohnungssystem. Bei der Anorexia nervosa entwickelt sich über diese Mechanismen eine Art Abhängigkeit vom Hungergefühl, was erklären könnte, warum vor allem chronisch kranke Patientinnen oftmals von der Symptomatik loskommen wollen, aber nicht können (Fladung et al., 2013; Treasure et al., 2020; Tadayonnejad et al., 2022).

Auf *neurokognitiver Ebene* sind mehrere Befunde zur kognitiven Anpassungsfähigkeit bedeutsam. Anorektische Personen zeichnen sich im Vergleich mit Gesunden durch eine ausgeprägte kognitive Rigidität aus, deren Ausmaß nur zum Teil mit der Krankheitsschwere und -länge zu erklären ist (Tchanturia et al., 2011). Insbesondere exekutive Funktionen wie kognitive Flexibilität und Einsicht sind jedoch für den Aufbau von Therapiemotivation zentral.

Ursächlich für die verminderte Flexibilität sind vermutlich Defizite im sogenannten »Set Shifting« (der Fähigkeit, flexibel zwischen unterschiedlichen Aufgaben, Tätigkeiten oder mentalen Zuständen zu wechseln, Martinez et al., 2014). In manchen Studien ist reduziertes »Set-Shifting« eher mit einer komorbiden Depression als primär mit der Anorexia nervosa assoziiert (Fowler et al., 2006; Abbate-Daga et al., 2015), während andere Untersuchungen davon ausgehen, dass vermindertes Set Shifting eine stabile Eigenschaft von Anorexie-Betroffenen ist (Danner et al., 2012; Adoue et al., 2014).

Die ebenfalls oftmals reduzierte Fähigkeit zur zentralen Kohärenz, also der Einbeziehung einzelner Wahrnehmungen in einen Gesamtzusammenhang, erschwert es Betroffenen, alternative Problemlösungsstrategien zu erkennen und zu nutzen (Keegan et al., 2021).

In einer wachsenden Zahl empirischer Studien konnte gezeigt werden, dass es bei Anorexia nervosa zu einer Beeinträchtigung der kognitiven exekutiven Funktionen kommen kann, welche für rationales Entscheiden fundamental wichtig sind: so finden sich als neuropsychologische Einzelbefunde eine Einschränkung der globalen Informationsprozessierung (Lopez et al., 2008) und eine Neigung zur Überbewertung von Details mit Verlust des Blicks für das Gesamtbild (Southgate et al., 2008), wobei diese Veränderungen keineswegs spezifisch für Menschen mit Anorexie sind: Bei nahezu jeder psychischen Erkrankung finden sich Veränderungen der mentalen Flexibilität (Tchanturia et al., 2012).

Der gesamte Prozess der Entscheidungsfindung unterliegt bei Menschen mit Anorexie neuropsychologischen Veränderungen, deren Ausmaß nur teilweise mit dem Untergewicht Betroffener korreliert (Bodell et al., 2014). Mehrere Studien zeigen, dass Entscheidungen der Patientinnen im Vergleich zu Menschen ohne Essstörungen eher von kurzfristigen Ergebnissen (z.B. Nahrungsaufnahme und Gewichtszunahme) und weniger von langfristigen Ergebnissen (verbesserte tägliche Funktionsfähigkeit) geleitet werden, (z.B. Tchanturia et al., 2007; Brogan et al., 2010; Verharen et al., 2019).

Van Elburg und Kolleginnen postulieren, dass die verminderte Fähigkeit zur Unsicherheitstoleranz ein potenziell wichtiges Konzept zur Erklärung einer ablehnenden Haltung bei Anorexia nervosa sein kann, da bei einigen Patientinnen essstörungsassoziiertes Verhalten dazu dienen kann, ein Gefühl von Unsicherheit (und die damit verbundenen negativen Emotionen) zu reduzieren (van Elburg et al., 2021). In quantitativen Studien hatten sich erniedrigte Werte für Unsicherheitstoleranz sowohl bei Jugendlichen als auch bei Erwachsenen mit Anorexie gezeigt (Brown et al., 2017). Haynos und Fruzzetti beschreiben, wie Emotionsdysregulation bei schwer kranken Patientinnen auch durch Veränderungen im Belohnungssystem zu einer verminderten Entscheidungsfähigkeit führen kann (Haynos & Fruzzetti, 2011).

Trotz der Fülle an neurobiologischem und neurokognitivem Studienmaterial bleibt es letztlich unklar, ob die kognitiven Veränderungen als Ausdruck der Krankheit oder der vorbestehenden Persönlichkeit zu verstehen sind.

Ein Teil der neuropsychologischen Veränderungen scheint sich nach Gewichtsrestitution wieder zu normalisieren. Andererseits gibt es Hinweise darauf, dass globale kognitive Funktionsweisen und die freie Willensbildung anorektischer Patientinnen eben nicht grundsätzlich vermindert sind (s. o. und zusätzlich: Guillaume et al., 2010; Tan et al., 2003a).

Neurobiologische und neurokognitive Aspekte sind also nur ein Baustein in der Beantwortung der schwierigen Frage, wie viel Selbstbestimmungsrecht Patientinnen zugestanden werden kann und ob es »eine Zusammenarbeit mit der Krankheit« ist, Patientinnen zu erlauben, die Behandlung abzulehnen oder sich von ihr zurückzuziehen (vgl. Draper, 2000).

7.1.6 Medizinische Aspekte akuter Gefährdung

Ist schon die Frage der Selbstbestimmungsfähigkeit bei Anorexia nervosa nicht trivial, so ist die medizinische Einschätzung einer akuten Gefährdungslage ebenfalls herausfordernd. Da anders als bei akuter Suizidalität kein konkretes selbstgefährdendes Ereignis abgewendet werden muss, wägen wir im klinischen Alltag viele verschiedene Aspekte der individuellen Krankheitssituation ab, um eine individuelle Risiko- und Gefährdungsprognose zu erstellen.

Einen Anhalt für diese klinisch sehr komplexe Abwägung bietet in diesem Buch das ▶ Kap. 4 »Management somatischer Komplikationen« und hier vor allem der Abschnitt Risikoassessment.

7.1.7 Zwangsmaßnahmen bei Anorexia nervosa

In der Praxis stellt sich oft die Frage, ob eine künstliche Ernährung gegen den Willen der Patientin eingeleitet werden soll, um eine akute Lebensgefahr durch lebensbedrohliches Untergewicht, Elektrolytentgleisungen oder Suizidalität abzuwenden.

Auch wenn Zwangsmaßnahmen in psychiatrischen Kliniken in Deutschland insgesamt erfasst werden, gibt es unseres Wissens nach keine Daten, die die Zwangsbehandlung anorektischer Patientinnen in Deutschland hinreichend darstellen. In der internationalen Literatur wird für das stationär behandelte Patientinnenkollektiv eine Häufigkeit von Zwangsmaßnahmen (die von unfreiwilliger Anlage einer nasogastralen Sonde bis zur Unterbringung in geschütztem Setting reichen) zwischen 13–44% der Fälle angegeben (Clausen et al., 2014).

Rechtfertigung von Zwangsmaßnahmen bei Anorexia nervosa

Wann ist die Einmischung in die Patientinnenautonomie gerechtfertigt? Norman Fost (1984) definiert folgende Szenarien, in denen eine Zwangsbehandlung der Anorexie ethisch gerechtfertigt wäre:

1. Wenn ein unmittelbarer Schaden für die anorektische Person wahrscheinlich ist, der durch die Zwangsmaßnahme verhindert werden kann.
2. Wenn die Zwangsmaßnahme einen zukünftigen Schaden verhindern kann.
3. Wenn es wahrscheinlich ist, dass die Betroffene in der Zukunft dankbar für die Behandlung ist.
4. Wenn die Behandlerin im Sinne des kategorischen Imperativs dieselbe Behandlung für sich selbst wünschen würde, wäre sie in einer vergleichbaren Lage.

Profitieren anorektische Patientinnen von Zwangsmaßnahmen?

Es gibt nur wenige Studien über das Therapieresultat von Zwangsmaßnahmen bei Anorexie. Auch die Art der Maßnahmen (Zwangsernährung? Fixierung? Unterbringung?) ist wenig empirisch erforscht. Clausen und Kolleginnen schreiben in einem Review von 2014 von einem »bemerkenswerten Mangel an Informationen« (Clausen et al., 2014).

Die vorliegenden Studienergebnisse legen nahe, dass Menschen, die wegen Anorexia nervosa zwangsbehandelt werden, eine höhere psychische Komorbidität, mehr Vorbehandlungen, eine längere Erkrankungsdauer und häufiger selbstverletzendes Verhalten aufweisen als jene, die sich freiwillig in Behandlung begeben (Ramsay et al., 1999; Watson et al., 2000; Carney et al., 2006). Die verbalen und kognitiven (IQ-) Leistungen von Zwangsbehandelten sind signifikant schlechter als in der freiwilligen Gruppe, was darauf hindeutet, dass zwangsbehandelte Patientinnen in ihrer Fähigkeit zur Krankheitseinsicht und Therapieentscheidung eingeschränkt sind (Watson et al., 2000).

Der Ausgangs-BMI und die Ausprägung der Essstörungspathologie sind für beide Gruppen vergleichbar, sodass geschlussfolgert wird, dass die Zwangsbehandlung nicht allein eine Reaktion auf die Schwere der Essstörung ist, sondern eher als Antwort auf die komplexe Gesamtsituation der Patientin zu verstehen ist (Clausen et. al., 2020).

Eine Behandlung unter unfreiwilligen Bedingungen dauert tendenziell länger (etwa drei Wochen) und bedeutet mehr Einsatz nasogastraler Sonden, mehr Unterbringung im geschützten Setting, aber auch mehr Komplikationen, wie ein Refeeding-Syndrom (Atti et al., 2020).

Auch wenn die Gewichtszunahme zwangsbehandelter Patientinnen in den meisten Studien sowohl absolut als auch relativ etwas größer ist (Watson et al., 2000), scheint die Gesamtwirkung der unfreiwilligen Behandlung vergleichbar mit der freiwilligen Behandlung zu sein. Der Entlass-BMI unterscheidet sich nicht zwischen den beiden Behandlungsmodi.

Ramsay und Kolleginnen (1999) weisen nach, dass der kurzfristige Behandlungserfolg von zwangsbehandelten und freiwilligen Patientinnen vergleichbar effektiv ist, dass aber die Langzeitmortalität ehemals zwangsbehandelter Patientinnen erhöht ist (12,7 % vs. 2,5 %; die Nachuntersuchungen erfolgten im Durchschnitt 5,7 Jahre nach der ersten Aufnahme). Werden kürzere Beobachtungszeiträume gewählt, ist die Sterblichkeit nicht erhöht (Atti et al., 2020). Ob die gesteigerte Langzeitmortalität (auch) ein Ergebnis der Zwangsbehandlung ist (z. B. aufgrund von Auswirkungen auf die spätere Behandlungsmotivation), oder primär Ausdruck der schlechteren (somatischen oder psychischen) Ausgangsbedingungen zwangsbehandelter Patientinnen, ist ungeklärt.

Im schlechtesten Fall kann eine Zwangsbehandlung dazu führen, dass die Betroffene sich ganz vom psychotherapeutischen oder medizinischen Hilfesystem abwendet (Douzenis et al., 2015). Wenn der Fokus zu sehr auf der Gewichtszunahme liegt, sehen manche Autorinnen die therapeutische Beziehung als gefährdet an (Melamed et al., 2003; Tan et al., 2003b; Gans & Gunn, 2003).

Aus naheliegenden Gründen kann über Studien nicht die Frage beantwortet werden, was mit den Patientinnen passiert wäre, wenn sie nicht zu einer Behandlung gezwungen worden wären.

> Die insgesamt dünne Datenlage gibt dennoch Anlass dazu, Zwangsmaßnahmen als wirksames Mittel in der Behandlung der Anorexia nervosa zu begreifen, wenn keine anderen Möglichkeiten zur Verfügung stehen.

Wie blicken Betroffene auf Zwangsbehandlung?

Patientinnen beschreiben Zwangsmaßnahmen retrospektiv häufig als schmerzhaft, beängstigend und in einigen Fällen sogar traumatisch, assoziiert mit Begriffen wie »Gefangenschaft«, »Strafe«, »Ohnmacht« (Tan et al., 2003b), auch wenn die Mehrheit der Patientinnen (und ihrer Eltern) grundsätzlich den Einsatz von Zwangsmaßnahmen als gerechtfertigt ansieht, wenn Lebensgefahr besteht (Tan et al., 2010).

Für einige psychiatrische Patientinnen allerdings (die aus anderen Gründen als Anorexia nervosa zwangsbehandelt wurden) wiegt der mögliche langfristige Nutzen auch in der Retrospektive den erlebten seelischen Schaden nicht auf (Thaler, 2016).

Der Grad der Zufriedenheit mit der stationären Behandlung unterscheidet sich in der Retrospektive jedoch nicht wesentlich zwischen zwangsbehandelten und freiwillig behandelten Patientinnen mit Anorexia nervosa (Rojo et al., 2009).

Die Wahrnehmung von Zwang korreliert nicht unbedingt mit dem Grad der tatsächlichen Freiheitseinschränkung. Selbst Patientinnen, die sich unter freiwilligen Kautelen behandeln ließen, nehmen einen hohen Grad an Druck und Zwang wahr: In einer Studie hatte ein Drittel der befragten Patientinnen den Eindruck, nicht ganz freiwillig an der Therapie teilzunehmen (Guarda et al., 2007). Die gleichen Autorinnen konnten aber auch zeigen, dass schon nach zwei Wochen fast die Hälfte der »subjektiv gezwungenen« Patientinnen die Behandlung als notwendig und sinnvoll empfand.

Diese Wandelbarkeit der Einstellung zur Behandlung wird auch für die Mehrheit der tatsächlich zwangsbehandelten Patientinnen beschrieben: Die meisten bejahen später die Notwendigkeit ihrer Behandlung und zeigen Wohlwollen gegenüber dem Behandlungsprozess (Watson et al., 2000).

> In der Wahrnehmung von Patientinnen spielt die vertrauensvolle Beziehung zu ihren Behandlerinnen eine zentrale Rolle, da diese unter Umständen verhindern kann, dass eine (freiwillige) Behandlung als Zwang empfunden wird (Tan et al., 2010).

Zwangsmaßnahmen – ja oder nein?

Trotz vielfältiger Stimmen im ethischen Diskurs gibt es national und international weitgehenden Konsens darüber, dass bei der Behandlung der Anorexie unter gewissen Umständen eine Zwangsbehandlung gegen den Willen der Patientin ethisch geboten sein kann.

Thiel und Paul stellen in ihrer Übersichtsarbeit fest, dass sich die ethische Verantwortung von Behandlerinnen sowohl auf ihr Tun als auch auf ihr Unterlassen erstreckt: Neben dem Recht auf Krankheit haben Patientinnen eben auch ein »Recht auf Zwangsbehandlung« (Thiel & Paul, 2007).

Die aktuelle deutsche S3-Leitlinie zur Behandlung von Essstörungen erwähnt die Möglichkeit zur Zwangsernährung anorektischer Patientinnen als Ultima Ratio zur Durchsetzung des Patientinnenwohls, wenn die Einschätzung eines medizinisch gesehen lebensbedrohlichen Untergewichts durch die Patientin »realitätsfern« sei (Herpertz et al., 2019). Ähnliche Aussagen finden sich in den Leitlinien der American Psychiatric Association (Crone et al., 2023) und des britischen National Institute for Health and Care Excellence (2017).

Hier wird die Analogie zur Behandlung der akuten Suizidalität deutlich, in welcher regelhaft Zwangsmaßnahmen durchgeführt werden und für die sowohl die

Rechtsprechung des Bundesverfassungsgerichts als auch die einschlägigen Fachgesellschaften fordern, dass Behandelnde vertrauensbildende Maßnahmen in einem *Setting ohne Zeitdruck* einsetzen und *alle kommunikativen Mittel ausschöpfen*, um Zwangsmaßnahmen zu vermeiden (vgl. DGPPN, 2014).

> Behandlerinnen müssen stets aufs Neue bestimmen, wo die Grenze zwischen einer anzuerkennenden Entscheidung der Patientin und einem zulässigen Eingriff zu ihrem Wohl zu ziehen ist. Diese schwierigen Grenzziehungen sind naturgemäß anfällig für Willkür und Machtmissbrauch und fordern daher von den Entscheiderinnen ein regelmäßiges und sorgfältiges Reflektieren der eigenen Handlungsmotive.

7.1.8 Feststellung der Selbstbestimmungsfähigkeit

In der Entscheidung für oder gegen eine Zwangsbehandlung ist die Erfassung der Selbstbestimmungsfähigkeit einer Patientin zentral, deren Bestimmung ein hohes Maß an therapeutischer Kompetenz und Verantwortungsbewusstsein erfordert. Die Etablierung möglichst objektiver, vom gesamten Behandlungsteam getragener Standards kann hierzu hilfreich sein (Trachsel et al., 2016).

Grisso und Appelbaum (1998) legten einige allgemeine Kriterien vor, die der validen und reliablen Einschätzung der Selbstbestimmungsfähigkeit im Einzelfall dienen sollen (▶ Abb. 7.1): Selbstbestimmungsfähigkeit verlangt die Fähigkeit zum Informationsverständnis, sodass die Betroffene um die Folgen der beabsichtigten Handlung oder Unterlassung weiß (*Informationsverständnis*). Weiterhin muss die Fähigkeit zum Abwägen von Konsequenzen oder alternativen Möglichkeiten vorliegen, um eine echte Wahlfreiheit zu gewährleisten (*Urteilsvermögen*); Krankheitseinsicht ist essenziell, um erhaltene Informationen zu gewichten und vor dem Hintergrund der eigenen Lebenssituation einzuordnen (*Einsichtsfähigkeit*). Und schließlich muss die Betroffene in der Lage sein, ihre Vorstellungen und Entscheidungen adäquat zu kommunizieren (*Ausdrucksfähigkeit*).

Dieses Modell deckt sich weitgehend mit der Definition des deutschen Ethikrates, der die Fähigkeiten *Wissen*, *Wollen/Inkaufnehmen* und *Wählenkönnen* als Grundpfeiler für die freiverantwortliche Entscheidung definierte (Deutscher Ethikrat, 2018). Die Kriterien sind im Einzelfall sorgfältig, ggf. auch mehrfach zu prüfen und zu dokumentieren.

Was das Urteilsvermögen und die Einsichtsfähigkeit angeht, sei an dieser Stelle festgestellt, dass sowohl eine ausgeprägte Gewichtsphobie als auch eine Körperschemastörung diesen entgegenstehen können, sodass häufig von einem Defizit der (krankheitsbezogenen) Selbstbestimmungsfähigkeit ausgegangen werden kann.

Tan und Kolleginnen schlagen vor, darüber hinaus die Authentizität von Überzeugungen und Werten zu überprüfen, indem sie eher der Person oder der Anorexie zugeordnet werden. Das gelingt nur, wenn Patientinnen frühzeitig und umfassend in den Prozess miteinbezogen werden (Tan et al. 2006).

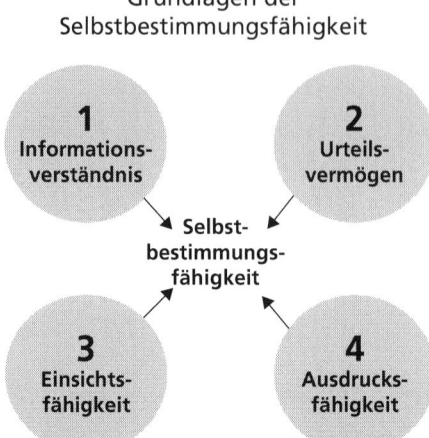

Abb. 7.1: Grundlagen der Selbstbestimmungsfähigkeit (Darstellung nach Grisso & Appelbaum, 1998)

7.1.9 Wie erkennt man »gute« Zwangsmaßnahmen?

Zwangsmaßnahmen sind immer das »letzte Mittel«, dem ernsthafte Versuche vorausgegangen sein müssen, durch Transparenz und Beziehungsarbeit eine informierte Einwilligung zu erhalten. Patientinnenferne Argumente (z. B. hoher Aufwand oder Zeitknappheit) dürfen hierbei keine Rolle spielen. Auch müssen wir als Behandlerinnen Verantwortung dafür übernehmen, die Patientinnen zu überzeugen, anstatt sie zu überreden oder durch Dramatisierung, Vorenthaltung von Informationen über Alternativen oder Ähnliches zu manipulieren (DGPPN, 2014).

Zwangsmaßnahmen sollten in erster Linie darauf abzielen, die volle Selbstbestimmungsfähigkeit wiederherzustellen. Die Maßnahmen müssen geeignet sein und für ihren Einsatz muss der Nachweis der Notwendigkeit für die Wiederherstellung von Gesundheit und selbstbestimmter Lebensführung erbracht werden.

Es ist das jeweils schonendste Mittel zur Erreichung dieses Ziels einzusetzen (Verhältnismäßigkeit). Die fachliche Indikationsstellung zur Maßnahme erstreckt sich sowohl auf die Intervention an sich als auch auf den Modus ihrer zwangsweisen Durchführung, bei welchem die höchsten fachlichen Standards angewendet werden sollten.

In der Abwägung des zu erwartenden Nutzens sollte dieser die zu erwartenden Nachteile deutlich überwiegen. Dabei ist auch das Wohlergehen der Patientin während der Zwangsbehandlung zu beachten.

7.1.10 Wo fängt Zwang an? Abstufung von Zwangsmaßnahmen

Eine Zwangsbehandlung im engeren Sinne liegt dann vor, wenn eine Patientin eine Behandlung verweigert, hierzu aber mit physischer Gewalt (oder Androhung dieser) bzw. freiheitsentziehenden Maßnahmen im Rahmen gesetzlicher Möglichkeiten dazu gezwungen wird. Dies kann nur die Aufnahme in eine Klinik betreffen, oder die Behandlung auf einer geschützten Station, oder eine Zwangsernährung per nasogastraler oder PEG-Sonde.

Bei den meisten unserer Patientinnen gelingt es, trotz aller Ambivalenz ein tragfähiges Therapiebündnis zu schließen, auf deren Grundlage die orale Nahrungsaufnahme gesteigert werden kann.

Dennoch beschreibt ein relevanter Teil von Betroffenen das subjektive Empfinden von Zwang auch in freiwilligen Behandlungssettings (Tan et al., 2010), was zum Teil aus der anorexietypischen Psychodynamik heraus erklärbar ist.

Aber auch objektiv betrachtet finden sich in der psychotherapeutischen Behandlung anorektischer Patientinnen ungewöhnlich viele Elemente, die expliziten oder impliziten Druck ausüben, und denen Patientinnen mit Depression, Angst- oder Zwangserkrankung üblicherweise nicht begegnen: Gewichtszunahmevereinbarungen mit festgelegter Mindestzunahme, Bewegungsrestriktion, detaillierte Ernährungspläne etc. Von der Einhaltung dieser Regeln hängt oftmals die Fortführung der Behandlung ab, was in diesem Ausmaß allenfalls mit der Behandlung der emotional-instabilen Persönlichkeit im dialektisch-behavioralen Setting oder der Behandlung stoffgebundener Süchte vergleichbar ist.

Auch die Vereinbarung negativer Konsequenzen bei ausbleibender Gewichtszunahme, der Abbruch der Behandlung bei Nichteinhaltung von Regeln und das Bestehen auf strengen Behandlungssettings kann man als eine Form von Zwang definieren oder erleben. Selbst wenn diese informellen Varianten von Zwang weniger invasiv sind als explizite Zwangsmaßnahmen, können sie in der Patientin ein Gefühl von Autonomieverlust erzeugen.

Gerechtfertigt wird die Praxis eines klar vorgegebenen Behandlungsrahmens damit, dass eine rasche Gewichtskonsolidierung höchste Priorität hat (und dass die Erkrankung einen starken Suchtaspekt i. S. eines sich selbst verstärkenden dysfunktionalen Verhaltens hat), einerseits um somatische Komplikationen abzuwenden und einen körperlichen Zustand zu erreichen, der die psychotherapeutische Arbeit begünstigt, aber auch, um die Behandlung an die Motivation, sich der Gewichtsphobie zu stellen, zu koppeln. Denn die Auseinandersetzung, mit den bei zunehmendem Gewicht aufkommenden Emotionen, ist essenzieller Therapiebestandteil. Die strengen Regeln wirken hier wie ein externer Kontrapunkt zur Rigidität des Patientinnenverhaltens; wie ein äußeres Gerüst, das den Rahmen für die innere Auseinandersetzung bildet.

Die ethische Abwägung von Patientinnenwohl und persönlicher Freiheit, die im Fall der Zwangsmaßnahmen zur Verhinderung einer Todesfolge noch relativ einfach zu beantworten ist, wird komplexer, je »gesünder« die beteiligte Patientin ist.

> Als Faustregel sollte gelten, dass je höher das vorgeschlagene Maß an Zwang ist, desto valider die erforderlichen Voraussetzungen sein müssen, die ihn rechtfertigen (Kendall, 2014).

Dabei gilt es, mögliche aufkommende Machtdynamiken zwischen Patientinnen und Teammitgliedern zu reflektieren. Druck durch Behandlerinnen kann eine Dynamik von Verheimlichen und Manipulation verstärken und ggf. sogar de novo erzeugen. Nicht zuletzt kann Widerstand gegen vorgeschlagene Therapiemaßnahmen auch Ausdruck eines subjektiven Druckerlebens sein.

Wir plädieren deshalb trotz festgelegter Rahmenbedingungen, die sich an den gesichert wirksamen Therapiebausteinen orientieren, dafür, die spezielle Situation der Patientin stets mit zu berücksichtigen (▶ Kap. 3.1: Gewichtskonsolidierung). Die Sinnhaftigkeit bestehender Regeln sollte regelmäßig überprüft werden.

Bei Thiel und Paul (2007) findet sich ein abgestuftes Konzept von Zwangsmaßnahmen für die Nahrungsaufnahme bei Anorexia nervosa, welches exemplarisch eine mögliche Eskalation der Maßnahmen über das überwachte Einnehmen von Nahrung bis zur parenteralen Verabreichung von Nährstoffen unter Fixierung darstellt. Diese müssen nicht im Sinne eines linearen Stufenmodells gelesen werden; so beginnen wir in unserem Setting in der Regel bei Untergewicht und vorliegender Therapiebereitschaft bei der Zusatzernährung mit der zweiten Stufe und erweitern dies im Therapieverlauf zur dritten oder ersten Stufe (▶ Kap. 3.1).

Möglichkeiten der Zwangsernährung bei Anorexia nervosa (Thiel & Paul, 2007)

- Essen normaler Nahrungsmittel in Anwesenheit und mit Zuspruch von Mitarbeiterinnen
- Trinken von Sondennahrung in Anwesenheit und mit Zuspruch von Mitarbeiterinnen
- Kombination von Sondennahrung und normalen Nahrungsmitteln
- Füttern durch Mitarbeiterinnen
- Ernährung über Magensonde ohne Fixierung, tagsüber oder nachts
- Ernährung über PEG ohne Fixierung, tagsüber oder nachts
- Kombination mehrerer Möglichkeiten
- Ernährung über Magensonde oder PEG unter Fixierung, tagsüber oder nachts
- Parenterale Ernährung durch Infusionen

Ein solches »Zwangskontinuum« ließe sich auch für andere Maßnahmen erstellen, wenn es darum geht, das jeweils schonendste Mittel zur Erreichung des therapeutischen Ziels zu wählen.

7.1.11 Therapeutische Haltung: Gegenseitiger Respekt und wohlwollende Klarheit

Ein wichtiges Behandlungsprinzip ist, die therapeutische Allianz, wann immer möglich, durch Transparenz, zu stärken und sowohl das Autonomiestreben der Patientinnen als auch eine adäquate, ärztlich-therapeutische Fürsorge zu berücksichtigen.

Durch die anorektische Dynamik kann es auch im therapeutischen Prozess zur »Nahrungsverweigerung« durch die Betroffene kommen, indem sie sich weigert, die in der Therapie angebotene »seelische Nahrung« anzunehmen. In der Gegenübertragung können Behandlerinnen sich hilflos, zur dringlichen Handlung gezwungen oder ärgerlich bis wütend fühlen. Eine sorgfältige Reflexion dieser Gegenübertragung ist hier essenziell, um nicht ins Agieren zu verfallen, (ungerechtfertigten) Druck auszuüben und die Patientin zum Verständnis zwingen zu wollen.

Dem anorektischen Dilemma begegnen wir am besten mit einer Haltung wohlwollender Klarheit, die sich frühzeitig im Behandlungsprozess als Transparenz über mögliche zu erwartende Behandlungsschritte, individuelle Verhandlungsoptionen und möglicherweise auch Grenzen der Behandlung zeigt. Gegenseitiger Respekt wird am deutlichsten in der Akzeptanz der verschiedenen Sichtweisen von Therapeutin und Patientin, was unter Umständen auch bedeuten kann, die eigenen Unsicherheiten zuzugeben.

Seed und Kolleginnen beschreiben diese Haltung als eine Position der »sicheren Unsicherheit«, bei welcher zeitgleich mehrere Erklärungen und Lösungen für ein gegebenes Problem existieren können (Seed et al., 2016). Die therapeutische Rolle gibt etwas von ihrer Kompetenz ab, während die Expertise der Patientin über sich selbst eine gewichtige Rolle bekommt, was vor allem in »freiwilligen« Therapiebereichen relevant ist. Dieses Vorgehen erfordert von der Therapeutin fachliche Sicherheit und klinische Erfahrung in Bezug auf die Anorexia nervosa.

Transparenz ist auch in der Teamkommunikation wichtig: Die oftmals schwierigen Therapieentscheidungen lassen sich im Team besser tragen als allein. Explizite Zwangsmaßnahmen sollten standardmäßig mit der Betroffenen und im Team nachbesprochen werden. Sollte sich im Team keine einheitliche Haltung entwickeln lassen, kann aus unserer Erfahrung das Instrument der interdisziplinären ethischen Fallberatung, wie sie an vielen großen Kliniken implementiert ist, hilfreich sein.

Nicht zuletzt ist es auch bei dem oftmals schwierig zu behandelnden Krankheitsbild Anorexia nervosa wichtig, sich nicht mit der Hoffnungslosigkeit mancher Situationen und Patientinnen zu identifizieren: Die Hoffnung, dass sich etwas ändern kann, ist immer berechtigt und sollte die Behandlung tragen (▶ Kap. 3.3: Psychodynamischer Ansatz).

7.1.12 Zwangsmaßnahmen verhindern – das Instrument der Vorausverfügung

Neben den gesetzlich verankerten Patientenverfügungen sind auch im Bereich der seelischen Gesundheit Vorausverfügungen (»advance care planning«) und Behandlungsvereinbarungen (»joint crisis plans«) entwickelt worden, welche durch Antizipation von Krisen die partizipative Entscheidungsfindung in therapeutischen Langzeitbeziehungen stärken sollen. In ihnen wird gemeinsam von Behandlerin und Patientin festgelegt, wie in Krisensituationen, in denen Zwangsmaßnahmen notwendig werden könnten, verfahren werden soll. Im Idealfall geben sie auch Auskunft darüber, wie Zwangsmaßnahmen vermieden werden können und welche Maßnahmen früher in vergleichbaren Situationen hilfreich waren (Deutscher Ethikrat, 2014).

> Die Entwicklung eines gemeinsamen Krisenplans kann auch bei der AN eine kooperative Strategie sein, um Zwangsmaßnahmen zu minimieren und die therapeutische Allianz zu verbessern.

7.2 Ausblick

Der Ort, an dem eine Zwangsbehandlung stattfindet, hat Auswirkungen auf die Akzeptanz einer Maßnahme und das subjektive Gefühl der Stigmatisierung bei Patientinnen (Atti et al., 2020).

In Deutschland sind nach geltendem Recht Zwangsbehandlungen nur im stationären Setting möglich. An unserem Klinikum übernimmt die internistische Intensivstation die zwangsweise (oder freiwillige) sondengesteuerte Wiederauffütterung schwerstkranker anorektischer Patientinnen, die an potenziell letalen, somatischen Komplikationen leiden, mit hochfrequenter konsiliarischer psychosomatischer Mitbehandlung. Eine freiwillige Sondenernährung kann, wenn die strukturellen Voraussetzungen vorliegen, auch in regulären psychosomatischen Settings oder auf spezialisierten psychosomatischen oder internistisch-psychosomatischen Stationen stattfinden (▶ Kap. 4.5.6). Mittel- bis langfristig braucht es für die Behandlung schwer erkrankter Patientinnen mit Anorexie die (flächendeckende) Implementierung von kooperativen, psychosomatisch und internistisch geführten »Psychotherapie-Intensiv-Stationen« in die medizinische Versorgungslandschaft (wie sie bereits an einigen Standorten erfolgreich betrieben werden), von denen auch andere, körperlich komorbid erkrankte Patientinnen profitieren könnten.

Außerdem bedarf es dringend weiterer Forschung, um Art und Umfang, der bei der Anorexia nervosa eingesetzten Zwangsmaßnahmen, zu quantifizieren und ihre Wirksamkeit zu prüfen.

Zusammenfassung

1. Die Behandlung der Anorexia nervosa erfordert ein hohes Maß an Transparenz über therapeutische Maßnahmen, Möglichkeiten und Grenzen. In diesem Sinne empfehlen wir die frühzeitige Thematisierung von Therapieelementen,

zu denen die Patientin bei Therapieteilnahme verpflichtet sein wird und denen sie sich somit »unterwerfen« muss, wie z. B. Gewichtszunahmevereinbarungen oder die verpflichtende Teilnahme an Mahlzeiten.
2. Die Ziele und Inhalte der Therapie sollten möglichst im Einvernehmen mit der Patientin festgelegt und besprochen werden. Die krankheitstypische Ambivalenz sollte dabei nicht per se als Reduktion der Selbstbestimmungsfähigkeit interpretiert werden, sondern therapeutisch verstanden und anerkannt werden. Dabei ist es aber durchaus sinnvoll, darzulegen, warum die im Konzept der Klinik vorgesehenen transparenten Regeln und Konsequenzen therapeutisch erforderlich sind. Eine freiwillige, auf gegenseitigem Respekt gründende Therapiebeziehung sollte angestrebt werden. Meist gelingt es dann, dass Patientinnen ihre Ambivalenz auch selbst benennen und in ein festes Regelwerk, wenn auch widerstrebend und mit Ängsten, einwilligen.
3. Eine Zwangsbehandlung im engeren Sinne unterliegt dem Prinzip der Ultima Ratio. Sie muss notwendig, angemessen und geeignet sein. Ihre Durchführung muss den höchsten therapeutischen Standards entsprechen.
4. Die therapeutische Haltung – auch während einer Zwangsbehandlung – sollte von Wohlwollen, Respekt und Klarheit geprägt sein.
5. An die Aus-, Weiter- und Fortbildung, einschließlich regelmäßiger Supervision und Prozessreflexion von Mitarbeiterinnen, die Zwangsmaßnahmen durchführen, sind hohe Ansprüche zu stellen, damit stets nur die am wenigsten invasiven und traumatisierenden Maßnahmen ergriffen und so kurz wie möglich durchgeführt werden.
6. Die Entscheidung zur Zwangsbehandlung sollte trotz der Letztverantwortung der behandelnden Ärztin im multiprofessionellen Team getroffen werden. So lassen sich das Risiko frustrierter Gegenübertragungen und professionellen Überforderungserlebens sowie die Intensität des moralischen Distress beim Personal minimieren.
7. Ist im Team keine Einigkeit zu erzielen, stellt das Instrument des ethischen Konsils eine gute Alternative dar, um die Validität der Entscheidung zu erhöhen und die Entscheidungslast des Einzelnen zu mindern. Dass ein großer Teil der Patientinnen durchgeführte Zwangsbehandlungen im Nachhinein als angemessen einordnet, darf zwar nicht Grundlage der Entscheidungsfindung im Einzelfall sein, kann aber helfen, den mit Zwangsmaßnahmen verbundenen, moralischen Distress zu reduzieren.
8. Ggf. ist das Instrument der Vorausverfügung geeignet, um in der Langzeitbegleitung von Anorexie-Patientinnen mehr Kooperation und Behandlungszufriedenheit zu erreichen.

8 Kurative vs. »psychosomatisch-palliative« Behandlung – und welche Mittelwege gibt es?

Nora Kämpfer

Jede psychotherapeutische Methode hat zum Ziel, psychische Leidenszustände zu heilen oder zumindest zu lindern. Dies beinhaltet, die Bewältigung von (somatischen) Erkrankungen zu fördern sowie psychische Symptombildung zu beenden bzw. zu reduzieren. Im Falle der Anorexia nervosa bedeutet dies im Regelfall, insbesondere die Kardinalsymptome (gewichtsreduzierende Maßnahmen, Gewichtsphobie und Körperschemastörung) zu fokussieren und diese durch diverse Interventionen abzubauen. Vor allem im Rahmen verhaltenstherapeutischer oder integrativer Ansätze werden regelhaft gemeinsam mit Patientinnen Ziele formuliert, die konkret auf eine derartige Symptomveränderung abzielen.

8.1 Kurativer Ansatz bleibt lange erste Option

Zunächst einmal ist gerade beim Störungsbild der Anorexie ein reibungsloser Behandlungsablauf nicht unbedingt erwartbar. So gehören etwa eine begrenzte intrinsische Therapiemotivation und Ambivalenzen, überhaupt geheilt werden zu wollen, zur Regel (▶ Kap. 3.3: Psychodynamischer Ansatz, ▶ Kap. 3.9: Management ambivalenter Therapiemotivation). Symptome werden häufig als ich-synton erlebt und das Identifikationspotential, das von dem Störungsbild ausgeht, sollte nicht unterschätzt werden. Auch soziale Medien spielen hierbei u. a. eine erhebliche Rolle (▶ Kap. 5: Externe Informations- und Unterstützungsangebote). Chronische Verläufe und mehrjährige Behandlungsnotwendigkeit sind nicht selten (Herpertz et al., 2019).

Regelhaft wird daher im Behandlungsverlauf an Motivationsaufbau und Ambivalenztoleranz sowie konstruktiv-selbstfürsorglichen Bewertungsfähigkeiten gearbeitet (▶ Kap. 3.4: Verhaltenstherapie). Durch unterschiedliche Methoden wird darauf abgezielt, die »gesunde Seite« zu stärken und etwaige Identifikation mit der Anorexie zu lockern und hiermit den Möglichkeits- und eigenen Handlungsraum zu erweitern.

Es ist deshalb wichtig, auch bei bisher ungünstigem oder protrahiertem Krankheitsverlauf nicht leichtfertig vom Ziel einer kurativen Behandlung abzurücken. Damit ist gemeint, dass auch Patientinnen, die wiederholt Behandlungen abgelehnt oder abgebrochen haben, primär erneut mit motivationsfördernder und ambivalenzexplorierender Gesprächsführung begegnet werden sollte. Das empathische

Eingehen auf solche Ambivalenzen und etwaige Behandlungsvorerfahrungen ist oft entscheidend dafür, ob Betroffene das neue Beziehungs- und Behandlungsangebot annehmen.

8.2 Teilkurativer Ansatz

Dennoch kann es im Verlauf komplexer Fälle auch dazu kommen, dass ein kurativer Behandlungsansatz im Sinne einer Heilung infrage gestellt werden muss.

So nimmt die Erkrankung bei mindestens 10 % der Behandelten einen chronischen Langzeitverlauf, manche Studien finden auch deutlich höhere Chronifizierungszahlen (Herpertz et al., 2019). Von einer relevanten Dunkelziffer chronisch Betroffener, die gar nicht behandelt werden und chronifizieren, ist auszugehen. Manche Patientinnen leiden über Jahrzehnte an der Anorexie, bei einigen bleibt die Erkrankung über das gesamte Erwachsenenleben bestehen und sie sterben durch oder zumindest mit der Erkrankung. Für diese Untergruppe mit sehr langfristig chronifiziertem Verlauf wurde der Begriff der *severe and enduring anorexia nervosa* (schwere und langanhaltende Anorexia nervosa) geprägt (Robinson et al., 2015; Treasure et al., 2015).

Bei chronischen, schweren Verläufen ist mit einem höheren Maß an Gesamtrigidität und Krankheitsidentifikation zu rechnen und die Lebensumstände können dergestalt sein, dass Betroffene kaum von der Anorexie unabhängige Ressourcen haben (z. B. wenig soziale Eingebundenheit, keine berufliche Teilhabe, Interessen beschränkt auf gewichtsregulierende, sportliche Aktivitäten). Auch liegen oftmals andere Störungsbilder komorbid zur Anorexie vor (z. B. Depressionen, Zwangsstörungen, Traumafolgestörungen, Angststörungen, Persönlichkeitsstörungen) und sich wiederholende Symptomverschiebungen sind möglich (z. B. Wechsel zwischen anorektischem und zwanghaftem oder anorektischem und selbstverletzendem Verhalten). Mit Blick auf die psychische Binnenstruktur der Betroffenen kann es für diese unrealistisch sein, sich auf ein standardisiertes Behandlungsprogramm mit klaren Gewichtszielen einzulassen und die damit einhergehenden raschen Veränderungen zu bewältigen. Ein stärker individualisiertes Vorgehen ist dann gefragt: so kann etwa von einer standardisierten Gewichtskonsolidierung abgerückt werden und ggf. eine langsamere Gewichtszunahme mit Zielgewicht unterhalb des normalgewichtigen Bereichs besprochen werden. Oder es kann der Behandlungsschwerpunkt auf andere Symptom- und Lebensbereiche gelegt werden (z. B. Angstbewältigung, Ressourcenaufbau, soziale Teilhabe). In diesen Fällen kommt es in Frage, das Ziel der umfassenden Heilung der Essstörung zu verwerfen und nur einen Teil der Symptomatik zu adressieren (*teilkurativer Ansatz*). Es gilt, individuelle Mittelwege zu finden (Wild & Krones, 2010). Eine entsprechende Herangehensweise unterstützt auch die aktuelle S3-Leitlinie »Essstörungen« (Herpertz et al., 2019).

Ob sich bei Gelingen eines Behandlungsabschnitts dann weitere Behandlungsziele anschließen (ggf. im Sinne einer Rückkehr zum *vollkurativen Ansatz*), kann offengehalten werden. Dass eine deutliche Symptomreduktion auch noch bei chronischen Verläufen möglich ist, sollte jedenfalls unbedingt im Hinterkopf behalten werden. Auch wenn die genauen Remissionszahlen im Langverlauf je nach Studie schwanken, zeigt sich, dass auch noch im späten Krankheitsverlauf mit Remissionen gerechnet werden kann (Fichter et al., 2017). Eine Studie beschreibt etwa nach knapp 10 Jahren eine Remissionsrate von nur um die 30 % und im weiteren Verlauf von 22 Jahren einen Anstieg der Remissionsrate auf über 60 % (Eddy et al., 2017). Grund hierfür können neben späten Behandlungsfortschritten auch relevante Veränderungen der Lebensumstände mit Einfluss auf die Störungsdynamik sein (z. B. Auszug aus einem dysfunktionalen Elternhaus, Tod der Eltern, Geburt eines Kindes). In der Regel ist von einer Kombination beider Faktoren auszugehen: so können z. B. veränderte Lebensumstände dazu beitragen, dass sich die Behandlungsvoraussetzungen (Motivation, Veränderungshemmnisse etc.) und zugrundeliegende Konflikte/Schemata entscheidend verändern. Auch das späte Erfahren einer tragfähigen Behandlerinnen-Patientinnen-Beziehung mit dem Erleben von Responsivität, die auch ein (vorübergehendes oder prinzipielles) Abändern des gemeinsamen Behandlungskurses integriert, kann einen Beitrag zu Symptomreduktion im Langzeitverlauf leisten.

8.3 »Psychosomatisch-palliativer« Ansatz

Neben den Optionen eines voll- und teilkurativen Behandlungsansatzes steht die Frage nach Möglichkeiten einer »psychosomatisch-palliativen« Begleitung im Raum. Das Wort »palliativ« oder »Palliation« taucht in der S3-Leitlinie Essstörungen nicht explizit auf, auch wenn dort, wie bereits zuvor angedeutet, bei schweren Verläufen durchaus auf die Möglichkeit einer individualisierten, auf die Verbesserung der Lebensqualität fokussierte Behandlungsoption ohne Heilungsabsicht verwiesen wird. Dies kann, je nachdem wie wir Palliativmedizin definieren, als Umschreibung eines empfohlenen palliativen Ansatzes interpretiert werden.

Gemäß der Deutschen Gesellschaft für Palliativmedizin (DGP) definiert »Palliativmedizin (…) die Behandlung von Patienten mit einer nicht heilbaren, progredienten und weit fortgeschrittenen Erkrankung mit begrenzter Lebenserwartung, für die das Hauptziel der Begleitung die Lebensqualität ist. Palliativmedizin soll sich dabei nicht auf die letzte Lebensphase beschränken« (Sabatowski et al., 2005).

Klassischerweise kommt Palliativmedizin in der Versorgung somatisch terminal Erkrankter zum Einsatz. Die zuletzt intensiver geführte Debatte um das Thema »palliative Psychiatrie« wirft neue Fragen auf: Lässt sich das Konzept der Palliation von der somatischen Medizin überhaupt in die psychosoziale Medizin übertragen? Und wenn ja, unter welchen Umständen? Bedarf es einer eigenen Definition von palliativer Versorgung oder aufgrund grundlegend anderer Umstände eines gesonderten Konzepts mit entsprechender Terminologie (Lindblad et al., 2019)? Ohne die Debatte an dieser Stelle für das ganze Spektrum psychisch Erkrankter detailliert auszuführen, lässt sich festhalten, dass gegenwärtig Initiativen zur Weiterentwicklung ganzheitlicher und eben auch palliativer, Behandlungsoptionen im Bereich psychischer Erkrankungen zunehmen. Palliative Versorgung psychisch Erkrankter im Allgemeinen und Anorexieerkrankter im Speziellen kann dabei als Erweiterung bedarfsadaptierter Versorgungsangebote gedacht werden (Trachsel et al., 2016).

> **Merke**
>
> Chronisch schwer erkrankte Patientinnen mit Anorexia nervosa, die sonst unter Umständen Gefahr laufen, unter- bzw. nicht versorgt zu werden oder wiederholt ineffektiven, unfreiwilligen Maßnahmen unterzogen zu werden, können von ergänzenden, auf die Erkrankung zugeschnittenen, teilkurativen oder »psychosomatisch-palliativen« Versorgungsangeboten profitieren.

8.3.1 Unter welchen Umständen erscheint ein »psychosomatisch-palliatives« Vorgehen bei anorektischen Patientinnen geeignet?

Unter Rückgriff auf die DGP-Definition von »Palliativmedizin«, welche u. a. auf die Merkmale *progredienter Verlauf*, *begrenzte Lebensdauer* und *Unheilbarkeit* verweist (s. o.), ist festzustellen, dass sich diese »Einschlusskriterien« bei einigen, wenn auch gewiss nicht allen, chronisch schwer erkrankten Anorexiepatientinnen tatsächlich finden. Die wenigen vorliegenden Studien zur Lebenszeiterwartung und Sterblichkeit bei schwerer chronifizierter Anorexie finden sehr hohe standardisierte Mortalitätsraten (SMR) von bis zu 16 für Frauen und 22 für Männer (Guinhut et al., 2021; Gaudiani et al., 2022). Die SMR errechnet sich aus dem Verhältnis zwischen der Sterbehäufigkeit einer Kohorte mit bestimmten Merkmalen und einer Vergleichsgruppe (bspw. im vorliegenden Fall der Gesamtbevölkerung). Ein höheres Lebensalter der Patientinnen mit schwerer chronifizierter Anorexie bei Behandlungsbeginn erwies sich in der Studie u. a. als prognoseverschlechternd (Guinhut et al., 2021).

Wenn eine Patientin mit schwerer chronifizierter Anorexie und sehr niedrigem BMI immer restriktiver isst (oder gar das Essen gänzlich einstellt) und hierdurch der Abnehmprozess fortschreitet, liegt eine *Progredienz* vor, die mit einer zu erwartenden stark *verkürzten Lebensdauer* einhergeht. Chronifizierung bedeutet jedoch nicht zwangsläufig Progredienz; beispielsweise können sich Patientinnen auf einem niedrigen Gewicht einpendeln.

Am strittigsten ist im Kontext der Anorexie die Frage nach der *Unheilbarkeit*. Die Psychotherapie gilt als die einzige wirksame Behandlungsmethode der Anorexie. Westermair und Kolleginnen führen daher aus, dass, wenn sich eine fachgerechte Psychotherapie (ggf. mit vorangeschalteten Zwangsmaßnahmen) als nicht wirksam oder erfolgsversprechend erweist, eine *Unheilbarkeit* konstatiert werden kann (Westermair et al., 2020). Wobei die Autoren *Unheilbarkeit* definieren als ein (bisheriges und in Zukunft erwartetes) Nicht-Ansprechen auf professionelle Interventionen. Aus unserer Sicht sollten gescheiterte Behandlungsversuche dabei nicht als *hinreichende Bedingung* für das etwaige Konstatieren einer »psychosomatisch-palliativen« Situation gesehen werden. So wäre es keinesfalls zielführend und wünschenswert, dass alle Betroffene mit chronisch progredientem Verlauf und gescheiterten Behandlungsversuchen – etwa einem Automatismus folgend – als palliativ eingestuft werden. Als wesentliches Merkmal für *Unheilbarkeit* sollte zusätzlich immer das Gesamtbild der aktuellen *Behandlungsvoraussetzungen* berücksichtigt werden.

> **Merke**
>
> Patientinnen, die gegenwärtig – erstmalig oder erneut – einen Therapiewunsch und Motivation für ein (teil-)kuratives Behandlungsangebot haben, können wir auch mit (teil-)kurativen Absichten begegnen.

Hier liegt ein wesentlicher Unterschied zur palliativen Situation in der somatischen Medizin: regelhaft wird dort die palliative Situation etwa durch das objektive Krankheitsstadium (z. B. metastasiertes Bronchialkarzinom) festgelegt und ist dabei eine Art »Einbahnstraße«. Bei Anorexiepatientinnen können ähnliche Umstände zwar auch vorliegen (z. B. im Sonderfall einer palliativen Situation durch somatische Komplikationen mit somatisch irreversiblem Sterbeprozess), uns begegnet aber häufiger die Situation, dass sich eine Art »empirisch-prognostische« *Unheilbarkeit* der Erkrankung schon vor einer somatisch definitiv terminalen Entwicklung ableiten lassen kann; und zwar aus den bisherigen Behandlungsergebnissen und den aktuellen Behandlungsvoraussetzungen der Betroffenen (inkl. Motivationslage, Veränderungshemmnisse, Ressourcen etc.). Die Behandlungsvoraussetzungen und das lebensgefährdende Essverhalten sind zwar theoretisch veränderbar, stellen sich unter Umständen aber als praktisch nicht (nachhaltig) auf Interventionen ansprechend bzw. therapierefraktär heraus.

Bei der Frage, ob analog zur somatischen Medizin allgemeingültige, konkrete Kriterien formuliert werden können, um eine »psychosomatisch-palliative« Situation bei einer Patientin mit Anorexie zu konstatieren, gerät man an Grenzen. Ein individualisiertes Vorgehen mit Berücksichtigung der konkreten Lebens-, Krankheits- und Behandlungsgeschichte ist immer essenziell.

Gaudiani und Kolleginnen schlugen jüngst den Begriff der »terminalen Anorexia nervosa« vor und definierten dafür folgende Kriterien: Alter ≥ 30 Jahre; vorangegangene hochwertige, multidisziplinäre Behandlung; konsequenter, klarer Ausdruck der entscheidungsfähigen Betroffenen, dass eine weitere Behandlung für zwecklos gehalten wird; Entscheidung der Patientin gegen weitere Versuche, das Leben zu verlängern und Akzeptanz, dass der Tod die natürliche Folge hieraus sein wird. Diese Kriterien berücksichtigen also auch die Behandlungsvoraussetzungen und die Haltung der Patientin zu Behandlungsoptionen (Gaudiani et al., 2022). Um den Begriff der »terminalen Anorexie« gibt es aber zurecht eine Kontroverse, auch da die Datenlage zu Behandlungsverlauf und Prognose noch Fragen offenlässt und insbesondere die Beurteilung der Entscheidungsfähigkeit nicht trivial ist (Crow, 2023). Auch gibt es grundsätzliche Kritik, denn das Adjektiv »terminal« kann eine nichtzutreffende Unumkehrbarkeit suggerieren, die theoretisch unstimmig bleibt. Im Gegensatz zu somatischen Kontexten, wo das »Terminale« durch einen determinierten Krankheitsverlauf gekennzeichnet wird, kann es hier die möglicherweise instabile Akzeptanz des eigenen Todes, vielleicht sogar den (bewussten oder unbewussten) Wunsch danach, miteinschließen. Des Weiteren suggeriert die Konzeptualisierung eines »Stadiums« eine eindeutige Regelhaftigkeit, die es im Ablauf der Anorexie nicht gibt. Schließlich räumt auch Gaudiani ein, dass die ihrerseits vorgeschlagenen Kriterien noch nicht spezifisch genug sind (Engelhart, 2024). Wir möchten hier ihre Kriterien um zwei durch uns vorgeschlagene Ergänzungen vorstellen und anstelle eines »terminalen« Stadiums von einer »psychosomatisch-palliativen« Konstellation sprechen. Diese kann bei der individuellen Beurteilung und Behandlungsplanung als Orientierung dienen, ohne den Anspruch auf Vollständigkeit und Allgemeingültigkeit zu erheben.

Vorschlag klinischer Kriterien für eine »psychosomatisch-palliative Konstellation« bei schwerer Anorexie
(übersetzt nach Gaudiani et al., 2022 mit Ergänzungen der Autorinnen um Punkt 3 und 6)

1. Diagnose Anorexia nervosa.
2. Alter ≥ 30 Jahre.
3. wiederholt ausgeprägtes Untergewicht mit potenziell lebensbedrohlichen somatischen Komplikationen.
4. vorangegangene hochwertige, multidisziplinäre Behandlung.
5. konsequenter, klarer Ausdruck der entscheidungsfähigen Betroffenen, dass eine weitere Behandlung für zwecklos gehalten wird; Entscheidung gegen weitere Versuche, das Leben zu verlängern; Akzeptanz, dass der Tod die natürliche Folge hieraus sein wird.
6. Einschätzung der Behandlerinnen, dass eine gewichtskonsolidierende Behandlung wenig nachhaltige Erfolgsaussichten hat und ein »psychosomatisch-palliativer« Behandlungsansatz zur Reduktion von Leidensdruck beitragen wird.

Die weitere Diskussion und Weiterentwicklung von fachlichen und ethischen Handlungsempfehlungen, um eine »psychosomatisch-palliative« Begleitung zu ermöglichen und z. B. bei akuter vitaler Gefährdung und fehlendem Behandlungswunsch einen Verzicht auf Zwangsmaßnahmen ggf. hinreichend begründen zu können, ist dringend erforderlich (Weber et al., 2023).

Es ergibt also Sinn, neben dem Regelfall eines kurativen Ansatzes in der Behandlung der Anorexia nervosa je nach Krankheitssituation und -geschichte auch eine teilkurative oder, in seltenen Fällen, eine »psychosomatisch-palliative« Haltung einzunehmen. Letztere kann sich auf die Konsolidierung eines Status quo mit Interventionen zum Erhalt der Lebensqualität, oder auf die Akzeptanz eines Verzichts einer weiteren Behandlung, auch bei drohender Todesfolge, beziehen. Die folgende (nicht erschöpfende) Auflistung enthält klinisch erhebbare Aspekte, die bei solchen Überlegungen relevant sein können (erweitert und adaptiert nach Westermair et al., 2020):

I. Krankheitsschwere
- Aktueller BMI (z. B: < 13 kg/m²)
- Minimal- und Höchstgewicht, Gewichtsverlauf
- Ausmaß an Ich-Syntonie/Identifikation
- Purging Verhalten

II. Alter
- z. B. > 30 Jahre?

III. Krankheitsdauer
- z. B. > 10 Jahre?

IV. Komorbiditäten
- Bisherige Symptomaggravation/-verschiebung unter Gewichtskonsolidierung (z. B. Selbstverletzungen/Suizidalität, schwere Dissoziationen, Abhängigkeitserkrankung, Zwangssymptome)

V. Somatische Komorbiditäten
- Ausmaß an (irreversibler) Schädigung (z. B. Nierenfunktion, Knochenschädigung)

VI. Vorbehandlungen
- Anzahl bisheriger ambulanter/stationärer psychotherapeutischer/psychiatrischer Behandlungen ohne nachhaltigen Erfolg
- wenn (teil-)erfolgreich: Umstände des Rezidivs
- wenn gescheitert: warum? (Berücksichtigung des Behandlungsrahmens: Nicht-Einlassen-können auf »zu strikten« Behandlungsrahmen?, belastende Erfahrungen im Behandlungssetting?)
- Anzahl etwaiger bisheriger Zwangsmaßnahmen
- wie damals und in der Retrospektive erlebt?
- Anzahl etwaiger stationärer (intensivmedizinischer) somatischer Behandlungen
- Ansprechen auf Medikationsversuche (v. a. zur Behandlung von Komorbiditäten)

VII. Lebensumstände
- soziale Eingebundenheit
- berufliche Teilhabe
- störungsunabhängige Ressourcen
- Wohnsituation (bereits Teilnahme an (störungsspezifischen) betreuten Wohnprojekten?)

VIII. (Weitere) Behandlungsvoraussetzungen
- Krankheits- und Behandlungseinsicht
- Behandlungsmotivation (prinzipiell und spezifisch für Gewichtszunahme)
- Innere und äußere Veränderungshemmnisse

Anzuraten ist, dass die Entscheidung über einen etwaigen, »psychosomatisch-palliativen« Behandlungsansatz im Team zu treffen ist. Je nach Erfahrung des Teams und Komplexität des Falls ist auch ein fachkollegialer Austausch anzuraten. Ebenso kann ein interdisziplinärer Austausch mit Einholen der Perspektive von, nicht an Diagnostik und Behandlung beteiligten, medizinethischen Expertinnen erwogen werden (z. B. durch Hinzuziehen eines lokalen Ethikkomitees). Hierbei kann das zu beratende Anliegen ein weites Spektrum an ärztlich-therapeutischen Handlungsoptionen beleuchten (z. B. begleitendes Sterbenlassen im Falle einer palliativen bzw. »psychosomatisch-palliativen« Haltung vs. Einleiten (erneuter) Zwangsmaßnahmen in (teil-)kurativer Absicht).

> **Merke**
>
> Bei Betroffenen mit schwerem, chronischem Verlauf ist dann, wenn eine kurative Behandlung nach den üblichen Grundsätzen nicht Erfolg versprechend erscheint, ein individuelles Vorgehen mit Erwägung auch möglicher (teil-)kurativer sowie »psychosomatisch-palliativer« Ansätze zu empfehlen. Entscheidungen sollten unter Berücksichtigung prognosebeeinflussender Faktoren idealerweise im Team, in komplizierten Fällen ggf. unter Hinzuziehung einer medizinethischen Beratung getroffen werden.

8.3.2 Herausforderungen für die Umsetzung individualisierter Behandlung

Eine wesentliche Herausforderung liegt darin, wie sich teilkurative und »psychosomatisch-palliative« Versorgungsansätze parallel zur klassischen, psychosomatisch-kurativen Versorgung etablieren lassen.

Bisher existieren jedenfalls noch keine koordinierten Unterstützungsangebote. Im ambulanten Bereich bedarf es hierfür einer interdisziplinären Vernetzung mit u. a. Einbindung von Hausärztinnen, Psychotherapeutinnen, etwaiger gesetzlicher Betreuungsperson, sozialpsychiatrischem Dienst und spezialisierter ambulanter Palliativversorgung (SAPV).

Bezogen auf den stationären Bereich eröffnet sich die Frage, wo Betroffene stationär behandelt werden. Bei internistischen Komplikationen kann eine stationäre somatische Behandlung erfolgen. Und im Falle einer »psychosomatisch-palliativen« Konstellation mit absehbar verkürzter Lebenszeit können, wie auch im Rahmen von Einzelfällen bereits berichtet, eine stationäre palliativmedizinische Behandlung oder Hospizbegleitung erwogen werden (z. B. Weber et al., 2023; Lopez et al., 2010). Wenn sich eine einwilligungsfähige Patientin also trotz lebensbedrohlicher Komplikationen gegen eine Ernährungstherapie entscheidet und dies aus ethischer und fachlicher Sicht zu akzeptieren ist, können die bestehenden, palliativmedizinischen Strukturen genutzt werden. Auch hier bedarf es aber zusätzlicher fachpsychosomatischer Begleitung für die Patientin, wie auch für das behandelnde Team, um das Krankheitsbild zu verstehen und die besonderen emotionalen und ethischen Herausforderungen zu bewältigen. Noch mehr gilt dies, wenn die Patientin in einem internistischen Krankenhaus oder ambulant z. B. hausärztlich und/oder psychotherapeutisch behandelt wird. Hier bedarf es sowohl einer vertieften fachlichen Diskussion wie auch der ergänzenden Entwicklung spezieller Fortbildungen, Handlungsanweisungen und Kooperationsstrukturen, um dieser Krankheitssituation gemeinsam professionell zu begegnen.

Aber was geschieht in den Fällen, in denen Patientinnen mit schwerer, chronifizierter Anorexie ohne zu erwartender bzw. unmittelbar bevorstehender Todesfolge einen Wunsch nach stationärer psychosomatischer Behandlung haben und dabei Leidensdruck lindernde oder auf Komorbiditäten fokussierende Therapieziele ohne Gewichtskonsolidierungswunsch verfolgen?

Westermair et al. (2020) betonen, dass es keine starre Trennung zwischen kurativem und palliativem Ansatz gebe. Sie plädieren für eine Flexibilisierung des therapeutischen »Mindsets« in dem Sinne, dass Therapeutinnen bei Patientinnen, welche nach den oben diskutierten Kriterien als *unheilbar* betrachtet werden können, offen sind für einen Verzicht auf die bisher oft als unanfechtbar betrachteten Therapieziele (wie z. B. eine Gewichtszunahme oder eine Bewegungseinschränkung). Im Vordergrund stehen sollte die partizipative Entscheidung für realisierbare Therapieziele, welche die Lebensqualität fördern. Auch wenn die Therapeutin nicht aufhöre, für die Gewichtszunahme als Voraussetzung für das Leben wie auch für Lebensziele der Patientin zu argumentieren, könne sie z. B. deren Werte klären und im Rahmen von deren Entscheidungen und Möglichkeiten Leid lindernde Interventionen anbieten.

Praktisch stellen sich im Zusammenhang mit einer solchen Haltung aber für stationäre Behandlungsteams sowohl organisatorische als auch inhaltliche, das eigene Behandlungsselbstverständnis tangierende, noch ungelöste Herausforderungen. Zu einer Auseinandersetzung mit der Frage, welche Behandlungsstrukturen in Zukunft Patientinnen mit chronifizierter, schwerer Anorexie angeboten werden könnten und sollten, möchten wir ermutigen.

8.3.3 Exkurs Sterbehilfe

Das Urteil des Bundesverfassungsgerichts vom 26.02.2020 kippte das Verbot der geschäftsmäßigen Sterbehilfe (§ 217 Strafgesetzbuch). Im Urteil heißt es: »*das Recht auf selbstbestimmtes Sterben schließt die Freiheit ein, sich das Leben zu nehmen. (…) Die Freiheit, sich das Leben zu nehmen, umfasst auch die Freiheit, hierfür bei Dritten Hilfe zu suchen und Hilfe, soweit sie angeboten wird, in Anspruch zu nehmen*« (Bundesverfassungsgericht, 2020). Eine detaillierte gesetzliche Regelung zum Thema Sterbehilfe fehlt in Deutschland zum Zeitpunkt der Verfassung dieses Buches leider noch.

Einzelne Fallberichte von anorektischen Betroffenen aus dem Ausland schildern als palliativ eingestufte Situationen, bei denen entscheidungsfähige Personen im Sinne einer Suizidhilfe Zugang zu tödlicher Arznei erhielten (z. B. Gaudiani et al., 2022). Unter welchen Umständen ist es aber gesellschaftlich und vom Gesetzgeber gewollt, dass auch psychisch (chronisch) Erkrankte, einschließlich an Anorexie erkrankten Patientinnen, Zugang zu Sterbehilfe haben? Diese Frage bedarf dringend einer fundierten und breiten fachlichen, gesellschaftlichen und juristischen Diskussion und Klärung.

> **Merke**
>
> Eine weitere, vertiefte Auseinandersetzung mit dem Thema Selbstbestimmungsrecht und Sterbehilfe und die Etablierung klarer gesetzlicher Grundlagen ist eine künftige Aufgabe für unsere Gesellschaft. Dabei sollten parallel und prioritär (!) hinreichende suizidpräventive Maßnahmen sowie die Gewährleistung alternativer palliativer bzw. »psychosomatisch-palliativer« Behandlungsoptionen mitgedacht und ausgebaut werden.

Materialsammlung und Arbeitsblätter

Die Zusatzmaterialien[2] können Sie unter folgendem Link herunterladen:

 https://dl.kohlhammer.de/978-3-17-044740-0

---

2 Wichtiger urheberrechtlicher Hinweis: Alle zusätzlichen Materialien, die im Download-Bereich zur Verfügung gestellt werden, sind urheberrechtlich geschützt. Ihre Verwendung ist nur zum persönlichen und nichtgewerblichen Gebrauch erlaubt. Jede Verwendung außerhalb der engen Grenzen des Urheberrechts ist ohne Zustimmung des Verlags unzulässig und strafbar. Das gilt insbesondere für Vervielfältigungen, Übersetzungen, Mikroverfilmungen und für die Einspeicherung und Verarbeitung in elektronischen Systemen.

Exemplarische Gewichtszunahmevereinbarung für Patientinnen mit einem BMI < 14 kg/m²

Gewichtsvereinbarung zwischen Frau x und dem Team der Station y/der Klinik z vom __.__.____

Liebe Frau x,

Sie haben sich für eine Behandlung Ihrer Essstörung an unserer Klinik entschlossen. Wir möchten Ihnen für dieses Vertrauen danken. Wir haben viel Erfahrung bei der Behandlung von Patientinnen mit Essstörungen und werden Sie auf Ihrem Weg begleiten.

Ihr Ausgangsgewicht liegt bei X kg. Das entspricht einem BMI von X kg/m² (ggf: lebensbedrohliches Untergewicht). In einem Normalbereich läge Ihr BMI ab einem Gewicht von X kg.

Zunächst steht bei unserem Konzept die Unterbrechung von Teufelskreisen, die zur Gewichtsabnahme führen, im Vordergrund. Deswegen möchten wir Sie mithilfe dieser Vereinbarung unterstützen, sich gut zu ernähren und zugleich Ihrem Körper Ruhe zu gönnen, sodass wieder eine kontinuierliche Gewichtszunahme möglich ist.

Primäre Ziele Ihrer Behandlung sind also gerade in den ersten Wochen die Gewichtszunahme und eine längerfristige Stabilisierung in einem gesunden Gewichtsbereich, um Folgeschäden zu verhindern oder zu reduzieren.

Die Gewichtszunahme ist die Basis für mehr körperliche Belastbarkeit und auch für die Fähigkeit, sich auf die weiteren Therapieeinheiten konzentrieren zu können, bei denen die Hintergründe der Essstörung erkannt und bearbeitet werden können.

Die Gewichtszunahme führt oft zu hoher innerer Anspannung und Verunsicherung. Bitte nutzen Sie die Sprechstunden und Einzelsitzungen, um mit uns über diese Gefühle zu sprechen und sie Schritt für Schritt zu bewältigen.

Die Vereinbarungen

Wir möchten mit Ihnen zusammen die Gewichtszunahme mit Hilfe von Zusatznahrung zusätzlich zu den festen Mahlzeiten unterstützen.

Ihre Einnahme von Zusatznahrung beginnt (abhängig vom körperlichen Untersuchungsbefund und den Laborwerten) mit <u>*3 mal 400 kcal pro Tag als Zwischenmahlzeiten, zusätzlich zu den drei Hauptmahlzeiten.*</u> Diese Zwischenmahlzeiten können unter einem BMI von 14 kg/m² nicht reduziert werden. Die Dosierung der Zusatznahrung erfolgt in enger Zusammenarbeit mit Ihrem Stationsarzt/Ihrer Stationsärztin. Bitte vertrauen Sie darauf, dass wir die Menge der Zusatznahrung mit dem Ziel festlegen, Sie auf gesunde, aber zielgerichtete Weise aus der Essstörung zu führen!

Da Sie mit einem sehr niedrigen Gewicht zu uns kommen, werden wir Ihnen regelmäßig Blut abnehmen und auch prüfen, ob Sie wegen der starken Unterernährung Wasser einlagern. Sollte sich Ihre körperliche Situation verschlechtern, kann eine kurzfristige Verlegung in die Innere Medizin nötig werden.

Die unten aufgeführte Tabelle gibt Ihnen einen Überblick, in welchen Stufen und in welcher Therapiewoche (TW) Ihre körperliche Aktivität gesteigert werden kann, Sie an den Therapien teilnehmen und Besuch bekommen können. Die Stufen treten aber immer nur dann in Kraft, wenn Ihnen, bezogen auf das Aufnahmegewicht, wöchentlich eine Gewichtszunahme von mindestens 500 Gramm gelungen ist.

Indem Sie in _Essprotokollen_ notieren, was und wieviel Sie momentan essen und wie Sie sich dabei fühlen, können wir gemeinsam daran arbeiten, dass Ihr Essverhalten ausgewogener wird und verstehen mehr über die Zusammenhänge zwischen der Essstörung, Ihren Gedanken und Gefühlen.

Der Gewichtsverlauf wird durch Wiegungen vor dem Frühstück am Donnerstag und am Montag erfasst. Für das Eintreten der in der Tabelle beschriebenen Stufen gilt immer das Wiegeergebnis vom _Montag_. Darüber hinaus können unangekündigte Zwischenwiegungen erfolgen, wenn wir Gewichtsverläufe überprüfen möchten.

Wenn es uns nicht gelingt, gemeinsam an dem Ziel der Gewichtszunahme zu arbeiten und Sie dreimal in Folge unter der angestrebten Zunahme (Sollgewicht) bleiben, überprüfen wir mit Ihnen, ob eine Weiterbehandlung in unserer Klinik zum jetzigen Zeitpunkt wirklich sinnvoll ist.

TW	Datum/Sollgewicht/Gewicht	Stufe	Ruhe & Aktivität	Therapieteilnahme	Besuch	Indiv. Therapievereinbarungen, Motivatoren
	unter dem Aufnahmegewicht		Bettruhe			
1.	Datum: Aufnahmegewicht: _Aufnahmegewicht (AG) eintragen_	1	Zimmerruhe + Rollstuhl	Einzeltherapie (Arzt u. Bezugspflege), Entspannung, Anorexiegruppe, postprandiale Zeit (PPZ), Bettruhe nach PPZ	Bis 1 h/ Woche (aufteilbar)	
2.	Datum: Soll: _AG +500 g eintragen_ Ist:	2	Stationsruhe m. bis zu 1*15 min Außenaktivität/ Woche	Zusätzl. Kochgruppe	Bis 1,5 h/ Woche	
3.	Datum: Soll: _voriges Soll +500 g eintragen_ Ist:	3	Stationsruhe m. bis zu 2*15 min Außenaktivität/ Woche	Zusätzl. Kunsttherapie	Bis 2 h/ Woche	

TW	Datum/Sollge-wicht/Gewicht	Stufe	Ruhe & Aktivität	Therapie-teilnahme	Besuch	Indiv. Thera-pievereinba-rungen, Moti-vatoren
4.	Datum: Soll: *voriges Soll* *+500 g* Ist:	4	Stationsruhe m. bis zu 4*15 min Außenaktivität/ Woche	Zusätzl. Körperwahr-nehmung	Bis 3 h/ Woche	
5.	Datum: Soll: *voriges Soll* *+500 g* Ist:	5	Stationsruhe mit tägl.bis zu 15 min Außen-aktivität/ Woche	Zusätzl. Trai-ning sozialer Kompetenzen		Nach Abspra-che
6.	Datum: Soll: *voriges Soll* *+500 g* Ist:	6	Stationsruhe mit bis zu 3*0,5 h Außen-aktivität/ Woche			
7.	Datum: Soll: *voriges Soll* *+500 g* Ist:	7	Stationsruhe mit bis zu 4*0,5 h Außen-aktivität/ Woche			
8.	Datum: Soll: *voriges Soll* *+500 g* Ist:	8	Bis zu 3 h Au-ßenaktivität/ Woche			
9.	Datum: Soll: *voriges Soll* *+500 g* Ist:	9	Bis zu 4 h Au-ßenaktivität/ Woche			
10.	Datum: Soll: *voriges Soll* *+500 g* Ist:	10	Bis zu 5 h Au-ßenaktivität/ Woche	(BMI > 16 Be-wegungsthera-pie)		
11.	Datum: Soll: *voriges Soll* *+500 g* Ist:	11	Nach Abspra-che Tageser-probung/WE			
12.	Datum: Soll: *voriges Soll* *+500 g* Ist:	12	Nach Abspra-che Tageser-probung/WE			

Abkürzungen: TW = Therapiewoche, PPZ = Postprandiale Zeit

Kommentar: Die Sollgewichte (Spalte 2) werden zu Therapiebeginn eingetragen. In der Tabelle der Gewichtszunahmevereinbarung erscheint als dritte Spalte die Stufe der Ge-

wichtszunahmevereinbarung. Wird die Gewichtszunahmevereinbarung eingehalten, entspricht die Therapiewoche der Stufe. Wird das Gewichtsziel nicht erreicht, bleibt die Patientin eine weitere Woche in der Stufe und muss das Gewichtsziel für die kommende Woche entsprechend steigern, um in die nächste Stufe zu kommen. Dies wird entweder handschriftlich oder, wenn der Vertrag elektronisch geführt wird, am PC in der wöchentlichen Gewichtssprechstunde nach dem Wiegen eingefügt. Pro Woche kann nur um eine Stufe gesteigert werden.

Der Einstieg in die psychodynamische Gruppentherapie erfolgt abhängig vom Therapie- und Gewichtsverlauf, die Tages- und Wochenenderprobungen ebenfalls. Die Teilnahme am Frühsport kann abhängig vom körperlichen Zustand bis zum Ende der Behandlung ausgesetzt sein.

Bitte besprechen Sie jeweils in der *Gewichtssprechstunde* (montags um X Uhr) die Veränderungen Ihrer Ernährungs- und Aktivitätsstufen und bringen Sie hierfür Ihre Gewichtskurve sowie Ihren Gewichtsvertrag mit!

Gewichtskurve

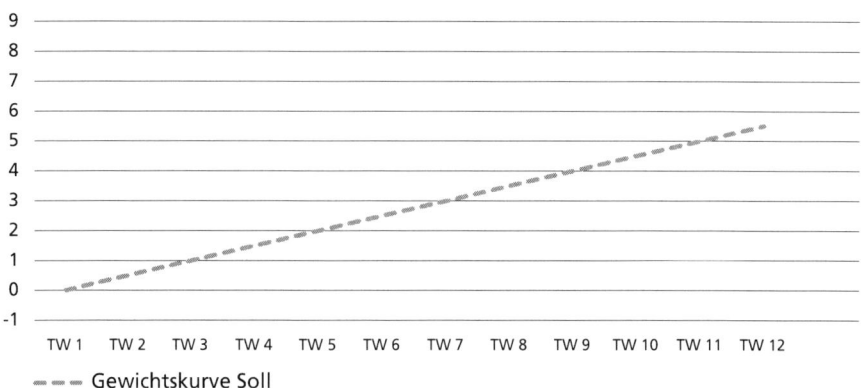

TW = Therapiewoche

Kommentar: Die Gewichtskurve wird zu Therapiebeginn individuell mit dem Ausgangsgewicht und 500 g-Schritten auf der y-Achse erstellt. Die Soll-Gewichtslinie wird entsprechend einer Zunahme von 500 g/Woche erstellt. Die Sollkurve wird i. d. R. nicht verändert, d. h. ein nicht erreichtes Sollgewicht führt dazu, dass in der nächsten Woche mehr zugenommen werden muss.

Ausblick

Wenn es Ihnen gelungen ist, aus dem Teufelskreis der Gewichtsabnahme auszusteigen, haben Sie bereits einen sehr großen Schritt in Richtung Gesundung getan.

Der anstrengende Weg dahin lohnt sich, weil Sie damit die Freiheit wiedererlangen, in Ihrem Leben die Dinge zu tun, die Ihnen Freude machen und nicht die, die Sie einengen.

Vielleicht gibt es für Sie auch ganz eigene wichtige Gründe, warum es jetzt an der Zeit ist, Ihre Essstörung zu verabschieden. Hier finden Sie Platz, sich dazu ein paar Stichpunkte zu notieren:

_____
_____
_____
_____
_____

Jetzt möchten wir Sie bitten, wenn Sie die Vereinbarung in Ruhe gelesen haben, uns mit Ihrer Unterschrift zu versichern, dass Sie die Vereinbarungen akzeptieren. Wir versichern Ihnen mit unserer Unterschrift, dass wir Ihre Behandlung nach den therapeutischen Leitlinien, mit professioneller Empathie sowie mit Engagement und Geduld planen und durchführen.

_____   _____   _____
Patientin   Bezugspflege   Stationsärztin

Essprotokoll

Essprotokoll

Zeit: von ... bis ...	Situation: Wer? Wo? Was?	Gedanken & Gefühle (vorher)	Nahrung & Getränke: Was? Wie viel?	HHA?	Sättigung in Prozent	Gedanken & Gefühle (nachher)	E? X?	Sport & Bewegung: Was? Wie lange?

HHA = Heißhungerattacke; E = Erbrechen; X = andere Maßnahmen zum Abnehmen (z. B. Abführmittel)

Gewichtsentwicklung im Lebenslauf

Bitte tragen Sie wichtige Lebensereignisse und Veränderungen der Lebensumstände neben der Gewichtskurve mit ein.

Gewichtsverlauf während der Behandlung (von der Patientin selbst zu führen)

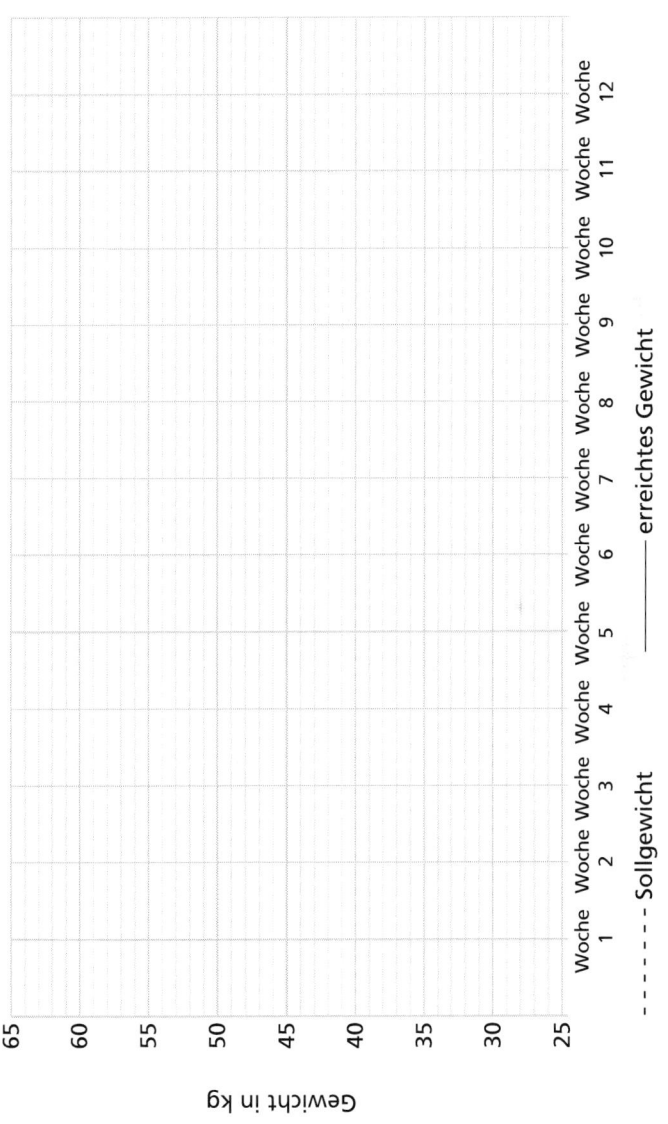

Auswirkungen von Diätverhalten

Auswirkungen auf den Körper	✓ oder –	Auswirkungen auf die Psyche	✓ oder –
Erschöpfung	O	Niedergeschlagenheit	O
Müdigkeit	O	Konzentrationsstörungen	O
Hungergefühl	O	Gereiztheit	O
Frieren	O	Stimmungsschwankungen	O
Haarausfall	O	Verlust von Genuss beim Essen	O
Spröde Fingernägel	O	Ständige Beschäftigung mit dem Essen	O
Heißhungeranfälle	O	Ständige Beschäftigung mit der Figur	O
Sättigungsgefühl geht verloren	O	Angst vor dem Wiegen	O
Menstruation bleibt aus	O	Vermeiden schwieriger Sit. (essen gehen etc.)	O
Bauchschmerzen	O	Vermeiden bestimmter Nahrungsmittel	O
Völlegefühl	O	Angstzustände	O
Verstopfung	O	Unflexibilität	O
Mangelzustände	O	Unzufriedenheit mit der eigenen Figur	O
Herzrhythmusstörungen	O	_____	O
Hervorstehende Knochen	O	_____	O
Muskelschwäche	O	_____	O
Verlust der sportlichen Kondition/Ausdauer	O	_____	O
_____	O	_____	O
_____	O	_____	O
_____	O	_____	O
_____	O	_____	O

Erlaubte und verbotene Nahrungsmittel

Erlaubte Nahrungsmittel	Verbotene Nahrungsmittel

Umgang mit automatischen Gedanken

Umgang mit automatischen Gedanken

Auslösesituation	Automatische Gedanken	Resultierendes Gefühl	Hilfreiche Gedanken	Resultierendes Gefühl
Beispiel: *Blick in den Spiegel*	Beispiel: *»Ich mag mich nicht. So wird mich keiner mögen. Wenigstens an der Figur kann ich was ändern. Ich muss abnehmen!«*	Beispiel: *Niedergeschlagenheit, Selbsthass*	Beispiel: *»Dass ich mich nicht mag, hat biografische Gründe. Es gibt genug Freunde, die mir sagen, dass sie mich mögen.«*	Beispiel: *Stimmung und Selbstakzeptanz steigen*

Individuelles Erklärungsmodell

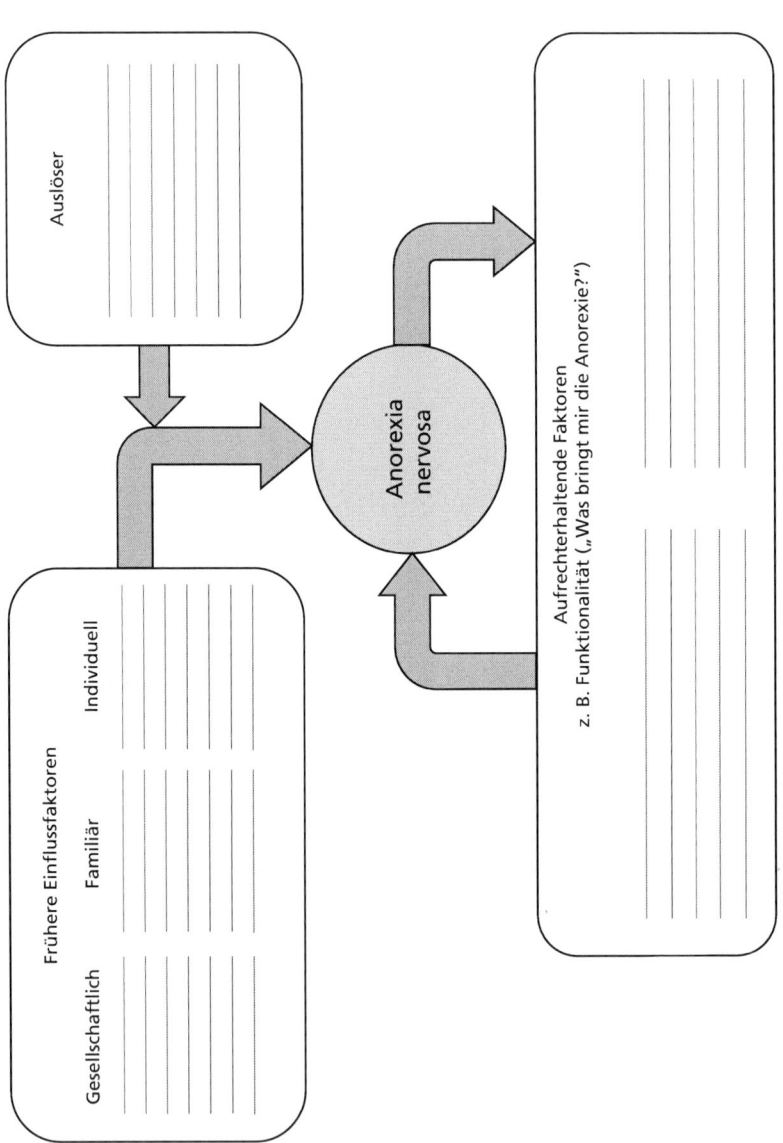

Informationsblatt zu Beratung und Hilfe bei Anorexia nervosa (»Magersucht«) für Betroffene, Angehörige oder Zugehörige

Betroffene, Angehörige oder Zugehörige möchten meist das Krankheitsbild der Magersucht, mögliche Hintergründe und Symptome besser verstehen und auch Hilfe zu der Frage finden, was sie oder andere tun können. Vielleicht fühlen Sie sich verunsichert oder hilflos, vielleicht wollen Sie auch einfach nur besser verstehen.

Sich informieren
Sehr gute Informationen zum Krankheitsbild der Magersucht bieten die Bundeszentrale für gesundheitliche Aufklärung (BZgA bzw. BIÖG, alle Links siehe unten) und die Patientenleitlinie zu Diagnostik und Therapie von Essstörungen, die von den wichtigsten wissenschaftlichen Fachgesellschaften unter Mitwirkung von Patientenvertreterinnen verfasst ist.

Sich beraten lassen
Für persönliche Fragen ist ein persönlicher Ansprechpartner oft das Beste. Auf der Webseite der Bundeszentrale für gesundheitliche Aufklärung (BzgA) finden Sie aktuelle Listen von guten Beratungsangeboten (vor Ort, telefonisch oder online) für Betroffene, Angehörige und andere Personen sowie eine eigene telefonische Beratungsmöglichkeit. Zögern Sie nicht, diese Angebote zu nutzen.

Selbsthilfe – zusammen stärker sein
Sich mit Gleichbetroffenen auszutauschen hilft gegen Unsicherheit und unterstützt in belastenden Situationen. Während der stationären Behandlung kann es für Angehörige hilfreich sein, Anschluss an eine Selbsthilfegruppe zu suchen. Für Patientinnen kann dies nach der Behandlung helfen, Erreichtes zu erhalten. Es ersetzt aber nicht eine ambulante psychotherapeutische Nachsorgebehandlung.

Unseriöse Information im Internet
Leider werden im Internet aber auch halb- oder unseriöse Informationen vermittelt. Dies kann mehr verwirren als nützen. Wir empfehlen deshalb, nur die seriösen Angebote zu nutzen. Wenn Sie merken sollten, dass Sie aufgrund Ihrer Besorgnis oder Ihrem Interesse wahllos online herumsurfen, dann ist es besser, das zu stoppen und das Gespräch mit einer vertrauten Person oder einer Beratungsstelle (auch telefonisch) zu suchen.

Zudem gibt es im Internet und den sozialen Medien Beiträge, die Essstörungen unrichtig darstellen oder sogar verherrlichen. Diese können es für Betroffene schwerer machen, sich von der Essstörung zu lösen. Es ist nicht immer auf den ersten

Blick zu erkennen, ob ein Beitrag dazugehört. Eine gute Orientierung hierzu bietet ein Ratgeber des Bundesministeriums für Familie, Senioren, Frauen und Jugend (BMFSFJ) (s. unten).

Links zu Informationen und Beratung: (Stand März 2024)

- Die Bundeszentrale für gesundheitliche Aufklärung bietet verlässliche Informationen für Betroffene, Angehörige oder andere Personen zu Essstörungen sowie gute Hinweise zu professionellen Hilfeangeboten und entsprechende Kontaktinformationen. Außerdem finden Sie eine Liste von spezialisierten Beratungsstellen und seriösen Online-Beratungsangeboten. Zudem gibt es eine anonyme telefonische Erstberatung, die jede/r in Anspruch nehmen kann (Tel. 0221 892031 montags bis donnerstags von 10.00 bis 22.00 Uhr und freitags bis sonntags von 10.00 bis 18.00 Uhr). Hinweis: Ab 2025 ist die BZgA dem neugegründeten Bundesinstitut für Öffentliche Gesundheit (BIÖG) zugeordnet. Internetadressen oder Angebote können sich deshalb geändert haben. Auf der Webseite des BIÖG finden sich ebenfalls Informationen zu Essstörungen
https://www.bzga-essstoerungen.de/
- Die Patientenleitlinie zur Diagnostik und Behandlung von Essstörungen wird herausgegeben von den wichtigsten wissenschaftlichen Fachgesellschaften und bietet fundierte Information in gut verständlicher Sprache.
https://www.bzga-essstoerungen.de/weitere-informationen/materialien/patientenleitlinie-diagnostik-behandlung-essstoerungen/
- Die Broschüre »Gegen Verherrlichung von Essstörungen im Internet« des Bundesministeriums für Familie, Senioren, Frauen und Jugend gibt Informationen zur Erkrankung und zu problematischen Onlineseiten.
https://www.bmfsfj.de/bmfsfj/service/publikationen/gegen-verherrlichung-von-essstoerungen-im-internet-95810
- Die Initiative »Leben hat Gewicht – gemeinsam gegen den Schlankheitswahn« des Bundesministeriums für Gesundheit möchte zusammen mit weiteren Ministerien und Expert*innen aus Verbänden, Medizin und Hilfseinrichtungen die Öffentlichkeit sensibilisieren und jungen Menschen ein positives Körperbild vermitteln.
www.bmg.bund.de → Prävention, Gesundheitsgefahren, Essstörungen.

Verzeichnisse

Literatur

Aarts, E., van Holstein, M., & Cools, R. (2011). Striatal dopamine and the interface between motivation and cognition. *Frontiers in Psychology, 2*, 163. https://doi.org/10.3389/fpsyg.2011.00163

Abbate-Daga, G., Buzzichelli, S., Marzola, E., et al., (2015). Does depression matter in neuropsychological performances in anorexia nervosa? A descriptive review. *The International Journal of Eating Disorders, 48*(6), 736–745. https://doi.org/10.1002/eat.22399

Abber, S.R., Murray, S.M., Brown, C.S., et al., (2024). Change in motivational bias during treatment predicts outcome in anorexia nervosa. *The International Journal of Eating Disorders, 57*(3), 671–681. https://doi.org/10.1002/eat.24156

Abendroth, A., Klein, R., Schlaak, J. et al. (2009). Imposanter Befund einer Melanosis coli nach jahrzehntelangem Abusus von Anthrachinonderivaten – ein Risikofaktor für kolorektale Neoplasien? *Zeitschrift für Gastroenterologie, 47*(06), 579–582. https://doi.org/10.1055/s-0028-1109056

Adoue, C., Jaussent, I., Olié, E., et al. (2015). A further assessment of decision-making in anorexia nervosa. *European Psychiatry, 30*(1), 121–127. https://doi.org/10.1016/j.eurpsy.2014.08.004

Adrogué, H.J., Tucker, B.M., & Madias, N.E. (2022). Diagnosis and Management of Hyponatremia: A Review. *JAMA, 328*(3), 280–291. https://doi.org/10.1001/jama.2022.11176

Ahrén, J. C., Chiesa, F., Koupil, I., et al. (2013). We are family – Parents, siblings, and eating disorders in a prospective total-population study of 250,000 Swedish males and females. *International Journal of Eating Disorders, 46*(7), 693–700. https://doi.org/10.1002/eat.22146

Ålgars, M., Alanko, K., Santtila, P., et al. (2012). Disordered eating and gender identity disorder: A qualitative study. *Eating Disorders: The Journal of Treatment & Prevention, 20*(4), 300–311. https://doi.org/10.1080/10640266.2012.668482

Allende, L.M., Corell, A., Manzanares, J., et al. (1998). Immunodeficiency associated with anorexia nervosa is secondary and improves after refeeding. *Immunology, 94*(4), 543–551. https://doi.org/10.1046/j.1365-2567.1998.00548.x

Altinyazar, V., Kiylioglu, N., & Salkin, G. (2010). Anorexia nervosa and Wernicke Korsakoff's syndrome: atypical presentation by acute psychosis. *International Journal of Eating Disorders, 43*(8), 766–769. https://doi.org/10.1002/eat.20783

American Psychiatric Association (1994). *Diagnostic and Statistical Manual of Mental Disorders, 4th ed. (DSM-IV)*. Arlington, VA: American Psychiatric Association.

American Psychiatric Association (2013). *Diagnostic and Statistical Manual of Mental Disorders, 5th ed. (DSM-5®)*. Arlington, VA: American Psychiatric Association.

American Psychological Association, Task Force on the Sexualization of Girls. (2007)*: Report of the APA Task Force on the Sexualization of Girls.* American Psychiatric Association. http://www.apa.org/pi/women/programs/girls/report-full.pdf

Anderluh, M.B., Tchanturia, K., Rabe-Hesketh, S., et al. (2003). Childhood obsessive-compulsive personality traits in adult women with eating disorders: defining a broader eating disorder phenotype. *The American journal of psychiatry, 160*(2), 242–247. https://doi.org/10.1176/appi.ajp.160.2.242

Andresen, V., Becker, G., Frieling, T., et al. (2022). Aktualisierte S2k-Leitlinie chronische Obstipation der Deutschen Gesellschaft für Gastroenterologie, Verdauungs- und Stoffwechselkrankheiten (DGVS) und der Deutschen Gesellschaft für Neurogastroenterologie &

Motilität (DGNM). *Zeitschrift für Gastroenterologie, 60,* 1528–1572. https://doi.org/10.1055/a-1880-1928

Aperia, A., Broberger, O., & Fohlin, L. (1978). Renal function in anorexia nervosa. *Acta Paediatrica Scandinavica, 67*(2), 219–224. https://doi.org/10.1111/j.1651-2227.1978.tb16306.x

Arbeitskreis OPD (Hrsg.) (2024). *OPD-3 Operationalisierte Psychodynamische Diagnostik* (2. korr. Auflage). Göttingen: Hogrefe.

Atti, A.R., Mastellari, T., Valente, S., et al. (2021). Compulsory treatments in eating disorders: a systematic review and meta-analysis. *Eating and Weight Disorders – Studies on Anorexia, Bulimia and Obesity, 26,* 1037–1048. https://doi.org/10.1007/s40519-020-01031-1

Auster, C. J., & Ohm, S. C. (2000). Masculinity and femininity in contemporary American society: A reevaluation using the Bem Sex-Role Inventory. *Sex Roles: A Journal of Research, 43*(7–8), 499–528. https://doi.org/10.1023/A:1007119516728

Badenes-Ribera, L., Rubio-Aparicio, M., Sánchez-Meca, J., et al. (2019) The association between muscle dysmorphia and eating disorder symptomatology: A systematic review and meta-analysis. *Journal of Behavioral Addictions, 8*(3), 351–371. https://doi.org/10.1556/2006.8.2019.44

Baenas, I., Etxandi, M., & Fernández-Aranda, F. (2024). Medical complications in anorexia and bulimia nervosa. *Medicina Clínica (Barcelona), 162*(2), 67–72. https://doi.org/10.1016/j.medcli.2023.07.028

Baran, S.A., Weltzin, T.E., & Kaye, W.H. (1995). Low discharge weight and outcome in anorexia nervosa. *American Journal of Psychiatry, 152,* 1070–1072. https://doi.org/10.1176/ajp.152.7.1070

Bartlett, F.C. (1932). *Remembering: A study in experimental and social psychology.* Cambridge: Cambridge University Press.

Baum, A. (2006). Eating disorders in the male athlete. *Sports Medicine, 36*(1), 1–6. https://doi.org/10.2165/00007256-200636010-00001

Baumer, V., & Wunderer, E. (2009). Ernährungstherapie bei Essstörungen. *Ernährungs Umschau, 56*(7), B25–B28.

Beauchamp, T.L., & Childress, J.F. (1989). *Principles of Biomedical Ethics.* (8th Ed.) New York, NY: Oxford University Press.

Beck, A.T., Rush, A.J., Shaw, B.F, et al. (2017). *Kognitive Therapie der Depression.* Weinheim: Beltz.

Beesdo-Baum, K., Zaudig, M., & Wittchen, H.-U. (2019a). *Strukturiertes Klinisches Interview für DSM-5® – Persönlichkeitsstörungen. Deutsche Bearbeitung des Structured Clinical Interview for DSM-5® – Personality Disorders* von M.B. First, J.B.W. Williams, L.S. Benjamin & R.L. Spitzer. Göttingen: Hogrefe.

Beesdo-Baum, K., Zaudig, M., & Wittchen, H.-U. (2019b). *Strukturiertes Klinisches Interview für DSM-5®-Störungen – Klinische Version. Deutsche Bearbeitung des Structured Clinical Interview for DSM-5® Disorders – Clinician Version* von M.B. First, J.B.W. Williams, R.S. Karg & R.L. Spitzer. Göttingen: Hogrefe.

Behar, R., de la Barrera, M., & Michelotti, J. (2002). Feminidad, masculinidad, androginidad y trastornos del hábito del comer [Femininity, masculinity, androgyny and eating behaviours]. *Revista Médica de Chile, 130*(9), 964–975. https://doi.org/10.4067/S0034-98872002000900002

Bem, S. L. (1974). The measurement of psychological androgyny. *Journal of Consulting and Clinical Psychology, 42*(2), 155–162. https://doi.org/10.1037/h0036215

Benini, L., Todesco, T., Dalle Grave, R., et al. (2004). Gastric emptying in patients with restricting and binge/purging subtypes of anorexia nervosa. *American Journal of Gastroenterology, 99,* 1448–1454. https://doi.org/10.1111/j.1572-0241.2004.30246.x

Berg, M., Tymoczko, J.L., Gatto, G.J., et al. (2017). *Stryer Biochemie.* (8th ed.), Heidelberg: Springer.

Berking, M. & Kowalsky, J. (2012). Therapiemotivation. In: M. Berking & W. Rief (Eds.). *Klinische Psychologie und Psychotherapie für Bachelor,* Heidelberg: Springer.

Bloom, C., & Kogel, L. (1994). Symbolic meanings of food and body. In C. Bloom, A. Gitter, S. Gutwill, L. Kogel & L. Zaphirodopoulos (Eds.), *Eating problems: A feminist psychoanalytic treatment model* (pp. 57–66), New York, NY: Basic Books.

Bundesministerium für Gesundheit (2024, Juli). www.bundesgesundheitsministerium.de/service/begriffe-von-a-z/e/essstoerungen

Boateng, A., Sriram, K., Meguid, M., et al. (2010). Refeeding syndrome: treatment considerations based on collective analysis of literature case reports. *Nutrition, 26*, 156–167. https://doi.org/10.1016/j.nut.2009.11.017

Bodell, L.P., Keel, P.K., Brumm, M.C., et al. (2014). Longitudinal examination of decision-making performance in anorexia nervosa: before and after weight restoration. *Journal of Psychiatric Research, 56*, 150–157. https://doi.org/10.1016/j.jpsychires.2014.05.015

Boehm, I., King, J.A., Bernardoni, F., et al. (2018). Subliminal and supraliminal processing of reward-related stimuli in anorexia nervosa. *Psychological Medicine, 48*(5), 790–800. https://doi.org/10.1017/S0033291717002161

Boghi, A., Sterpone, S., Sales, S., et al. (2011). In vivo evidence of global and focal brain alterations in anorexia nervosa. *Psychiatry Reserach, 192*(3), 154–159. https://doi.org/10.1016/j.pscychresns.2010.12.008

Bohus, M., & Wolf-Arehult, M. (2017). *Interaktives Skillstraining für Borderline-Patienten: Das Therapeutenmanual* (2. Aufl.). Stuttgart: Schattauer.

Born, C., Meisenzahl, E., Schüle, C., et al. (2015). *Therapie schwerer Anorexia nervosa. Ein psychiatrisches Behandlungskonzept mit somatischem Schwerpunkt.* Stuttgart, Kohlhammer.

Borst U., & von Sydow, K. (2019) *Systemische Therapie in der Praxis.* Weinheim: Beltz.

Bouquegneau, A., Dubois, B.E., Krzesinski, J.M., et al. (2012). Anorexia nervosa and the kidney. *American Journal of Kidney Diseases, 60*(2), 299–307. https://doi.org/10.1053/j.ajkd.2012.03.019

Braun, D.L., Sunday, S.R., Huang, A., et al. (1999). More males seek treatment for eating disorders. *International Journal of Eating Disorders, 25*(4), 415–424. https://doi.org/10.1002/(sici)1098-108x(199905)25:4<415::aid-eat6>3.0.co;2-b

Brisman, J. (1996). Psychodynamic Psychotherapy and action-oriented technique: An integrated approach. In J. Werne & D. Yalom (Eds.), *Treating Eating Disorders.* San Francisco: Jossey-Bass.

Brodrick, B.B., Jacobs, M.A., & McAdams, C.J. (2020). Psychosis in Anorexia Nervosa: A Case Report and Review of the Literature. *Psychosomatics, 61*(2), 181–187. https://doi.org/10.1016/j.psym.2019.06.003

Brogan, A., Hevey, D., & Pignatti, R. (2010). Anorexia, bulimia, and obesity: shared decision making deficits on the Iowa Gambling Task (IGT). *Journal of the International Neuropsychological Society, 16*, 4, 711–715. https://doi.org/10.1017/S1355617710000354

Brown, M., Robinson, L., Campione, G.C., et al. (2017). Intolerance of uncertainty in eating disorders: a systematic review and meta-analysis. *European Eating Disorder Review, 25*, 329–343. https://doi.org/10.1002/erv.2523

Brown, R.F., Bartrop, R., Beaumont, P., et al. (2005). Bacterial infections in anorexia nervosa: delayed recognition increases complication. *International Journal of Eating Disorders, 37*, 261–265. https://doi.org/10.1002/eat.20135

Bruch, H. (1982). Anorexia nervosa: Theory and therapy. *Archives of General Psychiatry, 139*, 1531–1538. https://doi.org/10.1176/ajp.139.12.1531

Bruch, H. (1982). *Der goldene Käfig – Das Rätsel der Magersucht.* Frankfurt am Main: Fischer.

Bruch, H. (1990). *Das verhungerte Selbst. Gespräche mit Magersüchtigen.* Frankfurt am Main: Fischer Taschenbuch Verlag.

Bruni, V., Filicetti, M.F., & Pontello, V. (2006). Open issues in anorexia nervosa: Prevention and therapy of bone loss. *Annals of the New York Academy of Sciences, 1092*, 91–102. https://doi.org/10.1196/annals.1365.008

Buck, P., Joli, J., Zipfel, S., et al. (2022). Carbohydrate malabsorption in anorexia nervosa: a systematic review. *Journal of Eating Disorders, 10*(1), 189. https://doi.org/10.1186/s40337-022-00713-8

Bundesärztekammer (2023). Ethische und rechtliche Fragen der Behandlung von Nicht-Einwilligungsfähigen: Zwang bei gesundheitlicher Selbstgefährdung. *Deutsches Ärzteblatt, 120*(21–22), A-994/B-858. https://doi: 10.3238/arztebl.2023.Ethische_Rechtliche_Fragen

Bundesverfassungsgericht (2024a, Juni). BVerfG, 142, 313, **Beschluss vom 26. Juli 2016–1 BvL 8/15.** https://www.bundesverfassungsgericht.de/SharedDocs/Entscheidungen/DE/2016/07/ls20160726_1bvl000815.html

Bundesverfassungsgericht (2020). BVerfG, Urteil des Zweiten Senats vom 26. Februar 2020–2 BvR 2347/15 -, Rn. 1–343, https://www.bverfg.de/e/rs20200226_2bvr234715.html

Burns, J., Shank, C., Ganigara, M., et al. (2021). Cardiac complications of malnutrition in adolescent patients: A narrative review of contemporary literature. *Annals of Pediatric Cardiology*, 4, 501–506. https://doi.org/10.4103/apc.apc_258_20

Cahill, G.F. (1970). Starvation in Man. *New England Journal of Medicine*, 282(12), 668–675. https://doi.org/10.1056/NEJM197003192821209

Calogero, R.M., & Pedrotty-Stump, K.N. (2010). Incorporating Exercise into Eating Disorder Treatment and Recovery. In: M. Maine, B. Hartmann McGilley & D.W. Bunnell (Eds.), *Treatment of Eating Disorders. Bridging the research-practice gap.* (pp. 425–441). Oxford: Elsevier.

Calzo, J.P., Austin, S.B., & Micali, N. (2018). Sexual orientation disparities in eating disorder symptoms among adolescent boys and girls in the UK. *European Child & Adolescence Psychiatry*, 27(11), 1483–1490. https://doi.org/10.1007/s00787-018-1145-9

Carney, T., Wakefield, A., Tait, D., et al. (2006). Reflections on coercion in the treatment of severe anorexia nervosa. *Israel Journal of Psychiatry and Related Sciences*, 43, 159–165. PMID: **17294981**

Cash, T.F. (2004). Bodyimage: past, present, and future. *Body Image*, 1, 1–5. https://doi.org/10.1016/S1740-1445(03)00011-1

Casiero, D., & Frishman, W.H. (2006). Cardiovascular complications of eating disorders. *Cardiology Reviews*, 14, 227–231. https://doi.org/10.1097/01.crd.0000216745.96062.7c

Cederlöf, M., Thornton, L.M., Baker, J., et al. (2015). Etiological overlap between obsessive-compulsive disorder and anorexia nervosa. A longitudinal cohort, multigenerational family and twin study. *World of Psychiatry*, 14(3), 333–338. https://doi.org/10.1002/wps.20251

Chaer, R., Nakouzi, N., Itani, L., et al. (2020). Fertility and Reproduction after Recovery from Anorexia Nervosa: A Systematic Review and Meta-Analysis of Long-Term Follow-Up Studies. *Diseases*, 8(4), 46. https://doi.org/10.3390/diseases8040046

Chen, S. H., Hung, I. J., Jaing, T. H., et al. (2004). Gelatinous degeneration of the bone marrow in anorexia nervosa. *Chang Gung Medical Journal*, 27(11), 845–849. PMID: 15796262

Chmielewski, F., & Hanning, S. (2021). *Therapie-Tools Selbstwert*. Weinheim: Beltz.

Chodorow, N. (1979). *The reproduction of mothering: Psychoanalysis and the sociology of gender* (Updated Edition November 1999). Berkley, CA: University of California Press.

Cioffi, I., Ponzo, V., Pellegrini, M., et al. (2021). The incidence of the refeeding syndrome. A systematic review and meta-analyses of literature. *Clinical Nutrition*, 40, 3688–701. https://doi.org/10.1016/j.clnu.2021.04.023

Clausen, L. (2020). Perspectives on involuntary treatment of anorexia nervosa. *Frontiers in Psychiatry*, 11, 533288. https://doi: 10.3389/fpsyt.2020.533288

Clement, U., & Löwe, B. (1996). *Fragebogen zum Körperbild (FKB-20)*. Göttingen: Hogrefe.

Cloak, N.L., & Powers, P.S. (2010). Science or Art? Integrating Symptom Management into Psychodynamic Treatment of Eating Disorders. In M. Maine, B. Hartman McGilley & D. Bunnell (Eds.), *Treatment of Eating Disorders. Bridging the Research-Practice-Gap.* Amsterdam: Elsevier.

Coelho, J.S., Suen, J., Marshall, S., et al. (2021). Gender differences in symptom presentation and treatment outcome in children and youths with eating disorders. *Journal of Eating Disorders*, 9(1), 113. https://doi.org/10.1186/s40337-021-00468-8

Cohrdes, C., Göbel, K., Schlack, R., et al. (2019). Essstörungssymptome bei Kindern und Jugendlichen: Häufigkeiten und Risikofaktoren Ergebnisse aus KiGGS Welle 2 und Trends. *Bundesgesundheitsblatt*, 62, 1195–1204. https://doi.org/10.1007/s00103-019-03005-w

Cornelissen, P.L., & Tovée, M.J. (2021). Targeting body image in eating disorders. *Current Opinion in Psychology*, 41, 71–77. https://doi.org/10.1016/j.copsyc.2021.03.013

Coulon, N., Jeammet P., & Godart, N. (2009). Social phobia in anorexia nervosa: evolution during the care. *L'Encéphale*, 35(6), 531–537. https://doi.org/10/1016/j.encep.2008.09.005

Crone, C., Fochtmann, L.J., Attia, E., et al. (2023). The American Practice Guideline for the Treatment of Patients with Eating Disorders. *American Journal of Psychiatry. 180*(2), 167–171. https://doi.org/10.1176/appi.ajp.2318001

Crook, M.A., Hally, V., & Panteli, J.V. (2001). The importance of the refeeding syndrome. *Nutrition, 17,* 632–637. https://doi.org/10.1016/s0899-9007(01)00542-1

Crow S.J. (2023). Terminal anorexia nervosa cannot currently be identified. *International Journal of Eating Disorders, 56*(7), 1329–1334. https://doi.org/10.1002/eat.23957

Crowther, J.H., Sanftner, J., Bonifazi, D.Z., et al. (2001). The role of daily hassles in binge eating. *International Journal of Eating Disorders, 29,* 449–454. https://doi.org/10.1002/eat.1041

Culbert, K.M., Racine, S.E., & Klump, K.L. (2015). Research review: What we have learned about the causes of eating disorders – A synthesis of sociocultural, psychological, and biological research. *Journal of Child Psychology and Psychiatry, 56*(11), 1141–1164. https://doi.org/10.1111/jcpp.12441

Culbert, M., Creedlove, S.M., Sisk, C.L., et al. (2013). The emergence of sex differences in risk for disordered eating attitudes during puberty: a role for prenatal testosterone exposure. *Journal of Abnormal Psychology, 122*(2), 420–432. https://doi.org/10.1037/a0031071

Danner, U., Sanders, N., Smeets, P., et al. (2012). Neuropsychological weaknesses in anorexia nervosa: set-shifting, central coherence, and decision making in currently ill and recovered women. *The International Journal of Eating Disorders, 45*(5), 685–694. https://doi.org/10.1002/eat.22067

Danzer, G., Mulzer, J., Weber, G., et al. (2005). Advanced anorexia nervosa, associated with pneumomediastinum, pneumothorax, and soft-tissue emphysema without esophageal lesion. *International Journal of Eating Disorders, 38*(3), 281–284. https://doi.org/10.1002/eat.20172

de Zwaan, M. (2003). Basic neuroscience and scanning. In J. Treasure, U. Schmidt & E. van Furth (Eds.) *Handbook of Eating Disorders* (2nd Ed., pp. 89–102). Chichester, UK: Wiley.

de Zwaan, M., & Svitek, J. (2022). In: S. Herpertz, M. de Zwaan, S. Zipfel: *Handbuch Essstörungen und Adipositas.* Heidelberg: Springer.

Denholm, M., & Jankowski, J. (2011). Gastroesophageal reflux disease and bulimia nervosa–a review of the literature. *Diseases of the Esophagus, 24*(2), 79–85. https://doi.org/10.1111/j.1442-2050.2010.01096.x

Deutsche Gesellschaft für Ernährung, Österreichische Gesellschaft für Ernährung (2024) (Hrsg.): Referenzwerte für die Nährstoffzufuhr (2. Auflage, 8. aktualisierte Ausgabe). Bonn: DGE.

Deutsche Gesellschaft für Psychiatrie und Psychotherapie, Psychosomatik und Nervenheilkunde e.V. (DGPPN) (2014). Achtung der Selbstbestimmung und Anwendung von Zwang bei der Behandlung psychisch erkrankter Menschen. Eine ethische Stellungnahme der DGPPN. *Der Nervenarzt, 85,* 1419–1431. https://doi10.1007/s00115-014-4202-8

Deutscher Ethikrat (2018). *Hilfe durch Zwang? Professionelle Sorgebeziehungen im Spannungsfeld von Wohl und Selbstbestimmung.* Stellungnahme. https://www.ethikrat.org/publikationen/publikationsdetail/?tx_wwt3shop_detail%5Baction%5D=index&tx_wwt3shop_detail%5Bcontroller%5D=Products&tx_wwt3shop_detail%5Bproduct%5D=114&cookieLevel=not-set

Dimitropoulos, G., Landers, A.L., Freeman, V., et al. (2018) Open trial of family-based treatment of anorexia nervosa for transition age youth. *Journal of the Canadian Academy of Child & Adolescent Psychiatry, 27*(1), 50–61. PMID: **29375633**

Dittmer, N., Voderholzer, U., Mönch, C., et al. (2020). Efficacy of a Specialized Group Intervention for Compulsive Exercise in Inpatients with Anorexia Nervosa: A Randomized Controlled Trial. *Psychotherapy and Psychosomatics, 89*(3), 161–173. https://doi.org/10.1159/000504583

Docx, M.F.K., Gewillig, M., Simons, A., et al. (2010). Pericardial effusions in adolescent girls with anorexia nervosa: clinical course and risk factors. *Eating Disorders, 18,*218–25. https://doi.org/10.1080/10640261003719484

Doering, S., Herpertz, S., Hofmann, T., et al. (2023). What Kind of Patients Receive Inpatient and Day-Hospital Treatment in Departments of Psychosomatic Medicine and Psychotherapy in Germany? Psychotherapy and Psychosomatics, 92(1), 49–54. https://doi.org/10.1159/

Doering, S., Herpertz, S., Pape, M., et al. (2023). The multicenter effectiveness study of inpatient and day hospital treatment in departments of psychosomatic medicine and psychotherapy in Germany. Frontiers in Psychiatry, 14, 1155582. https://doi.org/10.3389/fpsyt.2023.1155582

Dotan, A., Bachner-Melman, R., & Dahlenburg, S.C. (2021). Sexual orientation and disordered eating in women: a meta-analysis. *Eating and Weight Disorders*, 26(1), 13–25. https://doi.org/10.1007/s40519-019-00824-3

Douzenis, A., & Michopoulos, I. (2015). Involuntary admission: the case of anorexia nervosa. *International Journal of Law in Psychiatry*, 39, 31–35. https://doi.org/10.1016/j.ijlp.2015.01.018

Draper, H. (2000). Anorexia nervosa and respecting a refusal of life-prolonging therapy: a limited justification. *Bioethics*, 2, 120–133. https://doi: 10.1111/1467-8519.00185

Duttweiler, S. (2016). Nicht neu, aber bestmöglich. Alltägliche (Selbst)Optimierung in neoliberalen Gesellschaften. In: *Aus Politik und Zeitgeschichte. Der neue Mensch.* (66. Jahrgang, 37–38). https://www.bpb.de/shop/zeitschriften/apuz/233468/nicht-neu-aber-bestmoeglich/

Eddy, K.T., Tabri, N., Thomas, J.J., et al. (2017). Recovery from anorexia nervosa and bulimia nervosa at 22-year follow-up. The Journal of Clinical Psychiatry, 78(2), 184–189. https://doi.org/10.4088/JCP.15m10393

Eisler, I. (2005) The empirical and theoretical base of family therapy and multiple family day therapy for ado-lescent anorexia nervosa. *Journal of Family Therapy*, 27, 104–131. https://doi.org/10.1111/j.1467-6427.2005.00303.x

Eisler, I., Dare, C., Hodes, M., et al. (2000). Family therapy for adolescent anorexia nervosa: the results of a controlled comparison of two family interventions. *Journal of Child Psychology & Psychiatry*, 41(6), 727–736. PMID: 11039685.

Eisler, I., Simic, M., Blessitt, E., et al. (2016a). Maudsley service manual for child and adolescent eating disorders. *South London and Maudsley NHS Foundation Trust, King's Health Partners.*

Eisler, I., Simic, M., Hodsoll, J., et al. (2016b). A pragmatic randomised multi-centre trial of mutifamily and single family therapy for adolescent anorexia nervosa. *BMC Psychiatry*, 16(1), 422–435. https://doi.org/10.1186/s12888-016-1129-6

Eisler, I., Simic, M., Russell, G. F., et al. (2007). A randomised controlled treatment trial of two forms of family therapy in adolescent anorexia nervosa: A five-year follow-up. *Journal of Child Psychology and Psychiatry*, 48(6), 552–560. https://doi.org/10.1111/j.1469-7610.2007.01726.x

Elke, G., Hartl, W.H., Kreymann, K.G., et al. (2018). DGEM-Leitlinie: Klinische Ernährung in der Intensivmedizin. Aktuelle Ernährungsmedizin, 43(5), 341–408. https://doi.org/10.1055/a-0713-8179

Elliott, R., Bohart, A. C., Watson, J. C., & Murphy, D. (2018). Therapist empathy and client outcome: An updated meta-analysis. Psychotherapy (Chicago, Ill.), 55(4), 399–410. https://doi.org/10.1037/pst0000175

Elzakkers, I., Danner, U., Sternheim, L., et al. (2017). Mental capacity to consent to treatment and the association with outcome: a longitudinal study in patients with anorexia nervosa. *British Journal of Psychiatry Open*, 3, 147–153. https://doi.org/10.1192/bjpo.bp.116.003905

Engelhart K. (2024, Januar 3). Should Patients be allowed to die from anorexia? *The New York Times.* https://www.nytimes.com/2024/01/03/magazine/palliative-psychiatry (16.07.2024)

Epston, D., Morris, F., & Maisel, R. (1995) A narrative approach to so-called anorexia/bulimia. *Journal of Feminist Family Therapy*, 7, 69–96. https://doi.org/10.1300/J086 V07N01_08

Eskild-Jensen, M., Støving, R.K., Flindt, C.F., et al. (2020). Comorbid depression as a negative predictor of weight gain during treatment of anorexia nervosa: A systematic scoping review. *European Eating Disorders Review*, 28(6), 605–619. https://doi.org/10.1002/erv.2787

Espie, J., & Eisler, I. (2015). Focus on anorexia nervosa: Modern psychological treatment and guidelines for the adolescent patient. *Adolescent Health, Medicine and Therapeutics*, 6, 9–16. https://doi.org/10.2147/AHMT.S70300

Fairburn, C.G., & Beglin, S. J. (1994). The assessment of eating disorders: Interview or self-report questionnaire? *International Journal of Eating Disorders*, 16, 363–370. PMID: **7866415.**

Fairburn, C.G., & Cooper, Z. (1993). The Eating Disorder Examination (12th ed.). In C. G. Fairburn & G. T. Wilson (Eds.), *Binge eating: Nature, assessment and treatment* (pp. 317–360). New York: Guilford.

Fangerau, H. (2007) Ethik – Eine Einführung. In T. Noack, H. Fangerau, J. Vögele (Eds.), *Geschichte, Theorie und Ethik in der Medizin*. Urban & Fischer Verlag Elsevier GmbH, München

Fazeli, P.K., & Klibanski, A. (2018). Effects of anorexia nervosa on bone metabolism. Endocrine Reviews, 39, 895–910. https://doi.org/10.1210/er.2018-00063

Feder, S., Isserlin, L., Seale, E., et al. (2017). Exploring the association between eating disorders and gender dysphoria in youth. *Eating Disorders: The Journal of Treatment & Prevention, 25*(4), 310–317. https://doi.org/10.1080/10640266.2017.1297112

Felber, J., Bläker, H., Fischbach, W., et al. (2022) Aktualisierte S2k-Leitlinie Zöliakie der Deutschen Gesellschaft für Gastroenterologie, Verdauungs- und Stoffwechselkrankheiten (DGVS). *Zeitschrift für Gastroenterologie, 60,* 790–856. https://doi.org/10.1055/a-1741-5946

Feldman, M.B., & Meyer, I.H. (2007). Eating disorders in diverse lesbian, gay, and bisexual populations. *International Journal of Eating Disorders, 40*(3), 218–226. https://doi.org/10.1002/eat.20360

Fichter, M., & Keeser, W. (1980). Das Anorexia-nervosa-Inventar zur Selbstbeurteilung (ANIS). *Archiv für Psychiatrie und Nervenkrankheiten, 228,* 67–89. https://doi.org/10.1007/BF00365746

Fichter, M., & Quadflieg, N. (1999). *Strukturiertes Inventar für Anorektische und Bulimische Eßstörungen (SIAB)*. Göttingen: Hogrefe.

Fisher, C.A., Skocic, S., Rutherford, K.A., et al. (2019). Family therapy approaches for anorexia nervosa. *Cochrane Database of Systematic Reviews, 10*(10), CD004780. https://doi.org/10.1002/14651858.CD004780.pub3

Fitzsimmons-Craft, E. E. (2011). Social psychological theories of disordered eating in college women: Review and integration. *Clinical Psychology Review, 31*(7), 1224–1237. https://doi.org/10.1016/j.cpr.2011.07.011

Fladung, A.K., Schulze, U.M., Scholl, F., et al. (2013). Role of the ventral striatum in developing anorexia nervosa. *Translational Psychiatry, 3*(10), e315. https://doi.org/10.1038/tp.2013.88

Föcker, M., Heidemann-Eggert, E., Antony, G., et al. (2017). Die Versorgung von Kindern und Jugendlichen mit Anorexia nervosa in deutschen Kliniken. *Zeitschrift für Kinder- und Jugendpsychiatrie und Psychotherapie, 45*(5), 381–390. https://doi.org/10.1024/1422-4917/a000545

Fonagy, P., Nolte, T. (2023). Epistemisches Vertrauen. Vom Konzept zur Anwendung in Psychotherapie und psychosozialen Arbeitsfeldern. Stuttgart: Klett-Cotta

Fost, N. (1984). Food for Thought: Dresser on Anorexia Nervosa. *Wisconsin Law Review, 2,* 375–384.

Fowler, L., Blackwell, A., Jaffa, A., et al. (2006). Profile of neurocognitive impairments associated with female in-patients with anorexia nervosa. *Psychological Medicine, 36*(4), 517–527. https://doi.org/10.1017/S0033291705006379

Frank, G.K.W., DeGuzman, M.C., & Shott, M. E. (2019). Motivation to eat and not to eat – The psycho-biological conflict in anorexia nervosa. *Physiology & Behavior, 206,* 185–190. https://doi.org/10.1016/j.physbeh.2019.04.007

Fredrickson, B. L., & Roberts, T.-A. (1997). Objectification theory: Toward understanding women's lived experiences and mental health risks. *Psychology of Women Quarterly, 21*(2), 173–206. https://doi.org/10.1111/j.1471-6402.1997.tb00108.x

Friederich, H.C., Herzog, W., Wild, B. et al. (2014) *Anorexia nervosa. Fokale psychodynamische Psychotherapie*. Göttingen: Hogrefe.

Friedli, N., Stanga, Z., Sobotka, L., et al. (2017). Revisiting the refeeding Syndrome: Results of a systematic review. *Nutrition, 35,* 151–60. https://doi.org/10.1016/j.nut.2016.05.016

Galmiche, M., Déchelotte, P., Lambert, G., et al. (2019). Prevalence of eating disorders over the 2000–2018 period: a systematic literature review. *American Journal of Clinical Nutrition, 109*(5), 1402–1413. https://doi.org/10.1093/ajcn/nqy342

Gander, M., Sevecke, K., & Buchheim, A. (2015). Eating disorders in adolescence: attachment issues from a developmental perspective. *Frontiers in psychology*, 6, 1136. https://doi.org/10.3389/fpsyg.2015.01136

Gans, M., & Gunn, W.B. (2003). End-stage Anorexia: criteria für competence to refuse treatment. *International Journal of Law and Psychiatry*, 26(6), 677–695. https://doi.org/10.1016/j.ijlp.2003.09.004

Garber, A.K., Cheng, J., Accurso, E.C., et al. (2021): Short-term outcomes of the study of refeeding to optimize inpatient gains for patients with anorexia nervosa: a multicenter randomized clinical trial. *JAMA Pediatrics*, 175, 19–27. https://doi.org/10.1001/jamapediatrics.2020.3359

Gardini, G.G., Boni, E., & Todisco P. (2009). Respiratory function in patients with anorexia nervosa. *Chest*, 136, 1356–1360. https://doi.org/10.1378/chest.08-3020

Garner, D.M. (1991). *Eating Disorder Inventory-2. Professional Manual*. Odessa, FL: Psychological Assessment Resources (PAR).

Garner, D.M., & Garfinkel, P.E. (1979). The Eating Attitudes Test: an index of the symptoms of anorexia nervosa. *Psychological Medicine*, 9, 273–279. https://doi.org/10.1017/s0033291700030762

Garner, D.M., Garfinkel, P.E., & Bemis, K.M. (1982). A multidimensional psychotherapy for anorexia nervosa. *International Journal of Eating Disorders*, 1(2), 3–46. https://doi.org/10.1002/1098-108X(198224)1:2%3C3::AID-EAT2260010202%3E3.0.CO;2-J

Gatti, D., El Ghoch, M., Viapiana, O., et al. (2015). Strong relationship between vitamin D status and bone mineral density in anorexia nervosa. *Bone*, 78, 212–215. https://doi.org/10.1016/j.bone.2015.05.014

Gaudiani, J.L., Bogetz, A. & Yager, J. (2023). Terminal anorexia nervosa: three cases and proposed clinical characteristics. *Journal of Eating Disorders*, 10(1), 23. https://doi.org/10.1186/s40337-022-00548-3.

Gaudiani, J.L., Braverman, J.M., Mascolo, M., et al. (2012). Ophthalmic changes in severe anorexia nervosa: a case series. *International Journal of Eating Disorders*, 45(5), 719–721. https://doi.org/10.1002/eat.20970

Geist, R., Heinmaa, M., Stephens, D., et al. (2000). Comparison of family therapy and family group psychoeducation in adolescents with anorexia nervosa. *Canadian Journal of Psychiatry*, 45(2), 173–178. https://doi.org/10.1177/070674370004500208

Gibson, D., & Mehler, P.S. (2019). Anorexia Nervosa and the Immune System – A Narrative Review. *Journal of Clinical Medicine*, 8(11), 1915. https://doi.org/10.3390/jcm8111915

Godart, N.T., Perdreaux, F., Rein, Z., et al. (2007). Comorbidity studies of eating disorders and mood disorders. Critical review of the literature. *Journal of Affective Discorders*, 97(1–3), 37–49. https://doi.org/10.1016/j.jad.2006.06.023

Golden, N.H., Keane-Miller, C., Sainani, K.L., et al. (2013). Higher caloric intake in hospitalized adolescents with anorexia nervosa is associated with reduced length of stay and no increased rate of refeeding syndrome. *Journal of Adolescent Health*, 53(5), 573–578. https://doi.org/10.1016/j.jadohealth.2013.05.014

Gorrell, S., Hughes, E.K., Sawyer, S.M., et al. (2022). Gender-based clinical differences in evidence-based treatment for adolescent anorexia nervosa: analysis of aggregated randomized controlled trials. *Eating and Weight Disorders*, 27(3), 1123–1130. https://doi.org/10.1007/s40519-021-01257-7

Graute, L.A., Wessing, I. & Dalhoff, A. (2023). Körperpsychotherapeutische Gruppentherapie für jugendliche Patientinnen mit Anorexia nervosa. *Psychotherapie*, 68, 179–186. https://doi.org/10.1007/s00278-023-00655-9

Grieve, F.G. (2007). A conceptual model of factors contributing to the development of muscle dysmorphia. *Eating Disorders*, 15(1), 63–80. https://doi.org/10.1080/10640260601044535

Grisso, T., & Appelbaum, P.S. (1998). *Assessing Competence to Consent to Treatment: A Guide for Physicians and Other Health Professionals*. New York, NY: Oxford University Press.

Grisso, T., Appelbaum, P.S., & Hill-Fotouhi, C. (1997). The MacCAT-T: a clinical tool to assess patients' capacities to make treatment decisions. *Psychiatric Services*, 48, 1415–1419. https://doi.org/10.1176/ps.48.11.1415

Guarda, A.S., Pinto, A.M., Coughlin, J.W., et al. (2007). Perceived coercion and change in perceived need for admission in patients hospitalized for eating disorders. *American Journal für Psychiatry, 164,* 108–114. https://doi: 10.1176/ajp.2007.164.1.108

Gueguen, J., Piot, M.A., Orri, M., et al. (2017). Group Qigong for Adolescent Inpatients with Anorexia Nervosa: Incentives and Barriers. *PLoS One, 12*(2), e0170885. https://doi.org/10.1371/journal.pone.0170885

Guillaume, S., Sang, C.N., Jaussent, I., et al. (2010). Is decision making really impaired in eating disorders? *Neuropsychology, 24*(6),808–12. https://doi: 10.1037/a0019806.

Guinhut, M., Godart, N., Benadjaoud, M.A., et al. (2021). Five-year mortality of severely malnourished patients with chronic anorexia nervosa admitted to a medical unit. *Acta Psychiatrica Scandinavica, 143*(2),130–140. https://doi.org/10.1111/acps.13261

Guinhut, M., Melchior, J.C., Godart, N., et al. (2021). Extremely severe anorexia nervosa: Hospital course of 354 adult patients in a clinical nutrition-eating disorders-unit. *Clinical Nutrition, 40*(4), 1954–1965. https://doi.org/10.1016/j.clnu.2020.09.011

Gurevich, E., Steiling, S., & Landau, D. (2021). Incidence of impaired kidney function among adolescent patients hospitalized with anorexia nervosa. *JAMA Network Open, 4*(11), e2134908. https://doi.org/10.1001/jamanetworkopen.2021.34908

Gutwill, S., & Gitter, A. (1994). Eating problems and sexual abuse. In C. Bloom, A. Gitter, S. Gutwill, L. Kogel & L. Zaphiropoulos (Eds.), *Eating problems: A feminist psychoanalytic treatment model* (pp. 205–226). New York, NY: Basic Books.

Hall, R.C. & Beresford, T.P. (1989). Medical complications of anorexia and bulimia. *Psychiatric Medicine, 7,* 165–192. PMID: 2690189

Hale, M. D., & Logomarsino, J. V. (2019). The use of enteral nutrition in the treatment of eating disorders: a systematic review. *Eating and weight disorders : EWD, 24*(2), 179–198. https://doi.org/10.1007/s40519-018-0572-4

Halls, D., Leslie, M., Leppanen, J., et al. (2021). The emotional face of anorexia nervosa: The neural correlates of emotional processing. *Human Brain Mapping, 42*(10), 3077–3087. https://doi.org/10.1002/hbm.25417

Hamburg, P. (1989). Bulimia: The construction of a symptom. *Journal of the American Academy of Psychoanalysis, 17,* 131–140.

Harris, R.H., Sasson, G., & Mehler, P.S. (2013). Elevation of liver function tests in severe anorexia nervosa. *International Journal of Eating Disorders, 46*(4), 369–374. https://doi.org/10.1002/eat.22073

Hausenblas, H.A., Campbell, A., Menzel, J.E., et al. (2013). Media effects of experimental presentation of the ideal physique on eating disorder symptoms: A meta-analysis of laboratory studies. *Clinical Psychology Review, 33*(1), 168–181. https://doi.org/10.1016/j.cpr.2012.10.011

Haynos, A.F., & Fruzzetti, A.E. (2011). Anorexia nervosa as a disorder of emotion dysregulation: evidence and treatment implications. *Clinical Psychology: Science and Practice, 18,* 183–202. https://doi.org/10.1111/j.1468-2850.2011.01250.x

Hebebrand, J., Himmelmann, G.W., Herzog, W., et al. (1997), Prediction of low body weight at long-term follow-up in acute anorexia nervosa by low body weight at referral. *The American Journal of Psychiatry, 154,* 566–569. https://doi.org/10.1176/ajp.154.4.566

Hediger, C., Rost, B., & Itin, P. (2000). Cutaneous manifestations in Anorexia nervosa. *Schweizerische Medizinische Wochenschrift, 130*(16), 565–575. PMID: 10842772

Henningsen P. (2022). *Allgemeine Psychosomatische Medizin. Krankheiten des verkörperten Selbst im 21. Jahrhundert.* Berlin, Heidelberg: Springer

Hepp, U., Spindler, A., & Milos, G. (2005). Eating disorder symptomatology and gender role orientation. *International Journal of Eating Disorders, 37,* 227–233. https://doi.org/10.1002/eat.20087

Herman, C.P., & Polivy, J. (1980). Restrained Eating. In A.J. Standard (Ed.), *Obesity* (pp. 208–225). Philadelphia: W.B. Saunders.

Herpertz, S., Fichter, M., Herpertz-Dahlmann, B., et al. (2019). *S3-Leitlinie Diagnostik und Behandlung der Essstörungen.* Heidelberg: Springer

Herpertz-Dahlmann, B., Schwarte, R., Krei, M., et al. (2014). Day-patient treatment after short inpatient care versus continued inpatient treatment in adolescents with anorexia nervosa

(ANDI): A multicentre, randomised, open-label, non-inferiority trial. *Lancet, 383*(9924), 1222–1229. https://doi.org/10.1016/S0140-6736(13)62411-3

Herrin, M., & Larkin M. (2013) *Nutrition Counseling in the Treatment of Eating Disorders.* (p. 193). New York, NY: Routledge

Herzog, W., Wild, B., Giel, K. E., et al. (2022). Focal psychodynamic therapy, cognitive behaviour therapy, and optimised treatment as usual in female outpatients with anorexia nervosa (ANTOP study): 5-year follow-up of a randomised controlled trial in Germany. *The Lancet. Psychiatry, 9*(4), 280–290. https://doi.org/10.1016/S2215-0366(22)00028-1

Herzog, W., Wild, B., Giel, K.E, et al. (2022). Focal psychodynamic psychotherapy, cognitive behaviour therapy, and optimized treatment as usual in female outpatients with anorexia nervosa (ANTOP study): 5-year follow-up of a randomized controlled trial in Germany. *Lancet Psychiatry, 9*(4), 280–290. https://doi.org/10.1016/S2215-0366(22)00028-1

Hilbert, A., & Tuschen-Caffier, B. (2006a). *Eating Disorder Examination: Deutschsprachige Übersetzung* (Bd. 01). Münster: Verlag für Psychotherapie.

Hilbert, A., & Tuschen-Caffier, B. (2006b). *Eating Disorder Examination-Questionnaire: Deutschsprachige Übersetzung.* Münster: Verlag für Psychotherapie.

Hilbert, A., & Tuschen-Caffier, B. (2016a). *Eating Disorder Examination: Deutschsprachige Übersetzung* (2. Auflage). Tübingen: dgvt-Verlag.

Hilbert, A., & Tuschen-Caffier, B. (2016b). *Eating Disorder Examination – Questionnaire: Deutschsprachige Übersetzung* (2. Auflage). Tübingen: dgvt-Verlag.

Hinsch, R. & Pfingsten, U. (2003). *Gruppentraining sozialer Kompetenzen GSK,* (7. Auflage). Weinheim: Beltz.

Hinsch, R., & Pfingsten, U. (2023). *Gruppentraining sozialer Kompetenzen GSK* (7. Auflage). Weinheim: Beltz.

Hirschberg, A.L. (2012). Sex hormones, appetite and eating behaviour in women. *Maturitas, 71*(3), 248–256. https://doi.org/10.1016/j.maturitas.2011.12.016

Hochlehnert, A., Löwe, B., Bludau, H.B., et al. (2010). Spontaneous pneumomediastinum in anorexia nervosa: a case report and review of the literature on pneumomediastinum and pneumothorax. *European Eating Disorders Review, 18*(2), 107–115. https://doi.org/10.1002/erv.1002

Hoek, H.W. (2016). Review of the worldwide epidemiology of eating disorders. *Current Opinion in Psychiatry, 29,* 336–339. https://doi.org/10.1097/YCO.0000000000000282

Holmes, S.R., Gudridge, T.A., Gaudiani, J.L., et al. (2012). Dysphagia in severe anorexia nervosa: a case report. *International Journal of Eating Disorders, 45,* 463–466. https://doi.org/10.1002/eat.20971

Holtom-Viesel, A., & Allan, S. (2014). A systematic review of the literature on family functioning across all eating disorder diagnoses in comparison to control families. *Clinical Psychology Review, 34*(1), 29–43. https://doi.org/10.1016/j.cpr.2013.10.005

Hotta, M., Fukuda, I., Sato, K., et al. (2000). The relationship between bone turnover and body weight, serum insulin-like growth factor (IGF) I, and serum IGF-binding protein levels in patients with anorexia nervosa. *Journal of Clinical Endocrinology & Metabolism, 85*(1), 200–206. https://doi.org/10.1210/jcem.85.1.6321

Huber, J., Born, A. K., Claaß, C., et al. (2019). Therapeutic agency, in-session behavior, and patient-therapist interaction. *Journal of clinical psychology, 75*(1), 66–78. https://doi.org/10.1002/jclp.22700

Huber, J., Jennissen, S., Nikendei, C., et al. (2021). Agency and alliance as change factors in psychotherapy. *Journal of consulting and clinical psychology, 89*(3), 214–226. https://doi.org/10.1037/ccp0000628

Hütter, G., Ganepola, S., & Hofmann, W.K. (2009). The hematology of anorexia nervosa. *International Journal of Eating Disorders, 42,* 293–300. https://doi.org/10.1002/eat.20610

Imaeda, M., Tanaka, S., Fujishiro, H., et al. (2016). Risk factors for elevated liver enzymes during refeeding of severely malnourished patients with eating disorders: a retrospective cohort study. *Journal of Eating Disorders, 7*(4), 37. https://doi.org/10.1186/s40337-016-0127-x

Imbierowicz, K., Braks, K., Jacoby, G.E., et al. (2002). High caloric supplements in anorexia treatment. *International Journal of Eating Disorders, 32*(2), 135–145. https://doi.org/10.1002/eat.10085

Ioannidis, K., & Chamberlain, S.R. (2021). Digital Hazards for Feeding and Eating: What We Know and What We Don't. *Current Psychiatry Reports, 23*(9), 56. https://doi.org/10.1007/s11920-021-01271-7

Isenschmid, B. (2018). Anorexie oder Intoleranz? Eine Differenzialdiagnose des restriktiven Essens. *Schweizer Zeitung für Ernährungsmedizin, 1*, 14–17

Jacobi, C., Hayward, C., de Zwaan, M., et al. (2004). Coming to terms with risk factors for eating disorders: application of risk terminology and suggestions for a general taxonomy. *Psychological Bulletin, 130*(1), 19–65. https://doi.org/10.1037/0033-2909.130.1.19

Jacobi, C., Thiel, A., & Beintner, I. (2016). *Anorexia und Bulimia nervosa: Ein kognitiv-verhaltenstherapeutisches Behandlungsprogramm: mit E-Book inside und Arbeitsmaterial.* Weinheim: Beltz.

Jacobi, F., Höfler, M., Siegert, J., et al. (2014). Twelve-month prevalence, comorbidity and correlates of mental disorders in Germany: The Mental Health Module of the German Health Interview and Examination Survey for Adults (DEGS1-MH). *International Journal of Methods in Psychiatry Research, 23*(3), 304–319. https://doi.org/10.1002/mpr.1439

Jacobson, E. (2021). *Entspannung als Therapie. Progressive Relaxation in Theorie und Praxis (leben lernen Bd. 69)*, (10. Auflage). Stuttgart: Klett-Cotta.

Jones, B. A., Haycraft, E., Murjan, S., et al. (2016). Body dissatisfaction and disordered eating in trans people: A systematic review of the literature. *International Review of Psychiatry, 28*(1), 81–94. https://doi.org/10.3109/09540261.2015.1089217

Joos, A., Hartmann, A., Glauche, V., et al. (2011). Grey matter deficit in long-term recovered anorexia nervosa patients. *European Eating Disorders Review, 19*(1), 59–63. https://doi.org/10.1002/erv.1060

Junne, F., Wild, B., Resmark, G., et al. (2019). The importance of body image disturbances for the outcome of outpatient psychotherapy in patients with anorexia nervosa: Results of the ANTOP-study. *European Eating Disorders Review, 27*(1), 49–58. https://doi,org/10.1002/erv.2623

Kamody, R.C., Grilo, C.M., & Udo, T. (2020). Disparities in DSM-5 defined eating disorders by sexual orientation among U.S. adults. *The International Journal of Eating Disorders, 53*(2), 278–287. https://doi.org/10.1002/eat.23193

Kaye, W.H., Bulik, C.M., Thornton, L., et al. (2004). Comorbidity of anxiety disorders with anorexia and bulimia nervosa. *The American Journal of Psychiatry, 161*(12), 2215–2221. https://doi.org/10.1176/appi.ajp.161.12.2215

Keegan, E., Tchanturia, K., & Wade, T.D. (2021). Central coherence and set-shifting between nonunderweight eating disorders and anorexia nervosa: A systematic review and meta-analysis. *The international Journal of Eating Disorders, 54*(3), 229–243. https://doi.org/10.1002/eat.23430

Kells, M., & Kelly-Weeder, S. (2016). Nasogastric Tube Feeding for Individuals With Anorexia Nervosa: An Integrative Review. *Journal of the American Psychiatric Nurses Association, 22*(6), 449–468. https://doi.org/10.1177/1078390316657872

Kendall, S. (2014). Anorexia nervosa: The diagnosis. A postmodern ethics contribution to the bioethics debate on involuntary treatment for anorexia nervosa. *Bioethical Inquiry, 11*, 31–40. https://doi.org/10.1007/s11673-013-9496-x

Kennedy, A., Kohn, M., Lammi, A., et al. (2004). Iron status and haematological changes in adolescent female inpatients with anorexia nervosa. *Journal of Paediatrics and Child Health, 40*, 430–432. https://doi.org/10.1111/j.1440-1754.2004.00432.x

Kessler, R.C., Berglund P., Demler, O., et al. (2005). Lifetime prevalence and age-of-onset distributions of DSM-IV disorders in the National Comorbidity Survey Replication. *Archives of General Psychiatry, 62*(6), 593–602. https://doi.org/10:1001/archpsyc.62.6.593

Keys, A., Brozek, J., Henschel, A., et al. (1950). *The biology of human starvation.* Minneapolis: University of Minnesota Press.

Khvostova, O., Willmann, M. (2018). *Tanz der Anorexie: Bewegungs- und Tanztherapie bei Magersucht.* Gießen: Psychosozial-Verlag

Klein, K.M., Brown, T.A., Kennedy, G.A., et al. (2017). Examination of parental dieting and comments as risk factors for increased drive for thinness in men and women at 20-year follow-up. *The International Journal of Eating Disorders, 50*(5), 490–497. https://doi.org/10.1 002/eat.22599

Klump, K.L., Culbert, K.M., Slane J.D., et al. (2012). The effects of puberty on genetic risk for disordered eating: evidence for a sex difference. *Psychological Medicine, 42*(3), 627–637. https://doi.org/10.1017/S0033291711001541

Koo-Loeb, J.H., Costello, N., Light, K.C., et al. (2000). Women with eating disorder tendencies display altered cardiovascular, neuroendocrine, and psychosocial profiles. *Psychosomatic Medicine, 62*(4), 539–548. https://doi.org/10.1097/00006842-200007000-00013

Koppenhöfer, E. (2018). *Genussverfahren: Techniken der Verhaltenstherapie.* Weinheim: Beltz.

Kraft, M.D., Btaiche, I.F., & Sacks, G.S. (2005). Review of the refeeding syndrome. *Nutrition in Clinical Practice, 20*(6), 625–633. https://doi.org/10.1177/0115426505020006625

Krantz, M.J., Gaudiani, J., Johnson, V., et al. (2011). Exercise electrocardiography extinguishes persistent junctional rhythm in a patient with severe anorexia nervosa. *Cardiology, 120*(4), 217–220. https://doi.org/10.1159/000335481.

Krueger, D. (1997). Food as a self-object in eating disorder patients. *Psychoanalytic Review, 84,* 617–630. PMID: **9338898**

Lampe, A., Mitmansgruber, H., Gast, U., et al. (2008). Therapieevaluation der Psychodynamisch Imaginativen Traumatherapie (PITT) im stationären Setting. *Neuropsychiatrie, 22*(3),189–197. https://doi.org/10.5415/NEPBand22189

Landespsychotherapeutenkammer Baden-Würtemberg. (2021). Berufsrecht – eine Herausforderung von Fällen und Fallen in derKinder- und Jugendlichenpsychotherapie. www.lpk-bw.de/sites/default/files/news/2021/rechtsfragen-in-der-kj-psychotherapie-2021-final.pdf

Larsen, R. (1999). Ethik und Recht in der Intensivmedizin. In R. Larsen (Ed.), *Anästhesie und Intensivmedizin.* Berlin, Heidelberg: Springer. https://doi.org/10.1007/978-3-662-00514-9_41

Larson, N., Loth, K.A., Eisenberg, M. E., et al. (2021). Body dissatisfaction and disordered eating are prevalent problems among U.S. young people from diverse socioeconomic backgrounds: Findings from the EAT 2010–2018 study. *Eating Behaviors, 42,* 101535. https://doi.org/10.1 016/j.eatbeh.2021.101535

Lavender, J.M., Brown, T.A., & Murray, S.B. (2017). Men, muscles, and eating disorders: an overview of traditional and muscularity-oriented disordered eating. *Current Psychiatry Reports, 19*(6), 32. https://doi.org/10.1007/s11920-017-0787-5

Le Grange, D., Hughes, E.K., & Court, A. (2016). Randomized clinical trial of parent focused treatment and family-based treatment for adolescent anorexia nervosa. *Journal of the American Academy of Child & Adolescent Psychiatry, 55,* 683–692. https://doi.org/10.1016/j.jaac.2 016.05.007

Leaf, D.E., Bukberg, P.R., & Goldfarb, D.S. (2012). Laxative abuse, eating disorders, and kidney stones: a case report and review of the literature. *American Journal of Kidney Diseases, 60,* 295–298. https://doi.org/10.1053/j.ajkd.2012.02.337

Lebenstedt, M., Bußmann, G., & Platen, P. (2004). *Ess-Störungen im Leistungssport: Ein Leitfaden für Athlet/innen, Trainer/innen, Eltern und Betreuer/innen.* Köln: Bundesinstitut für Sportwissenschaft.

Legenbauer, T., & Vocks, S. (2014) *Manual der kognitiven Verhaltenstherapie bei Anorexie und Bulimie* (2. Aufl.). Berlin: Springer.

Legenbauer, T., Schütt-Strömel, S., Hiller, W., et al. (2011). Predictors of improved eating behaviour following body image therapy: A pilot study. *European Eating Disorder Review, 19,* 129–137. https://doi.org/10.1002/erv.1017

Legenbauer, T., Vocks, S., & Schütt-Strömel, S. (2007). Validierung einer deutschsprachigen Version des Body Image Avoidance Questionnaire BIAQ. *Diagnostica, 53,* 218–225. https://doi.org/10.1026/0012-1924.53.4.218

Lesinskiene, S., Barkus, A., Ranceva, N., et al. (2008) A meta-analysis of heart rate and QT interval alteration in anorexia nervosa. *The World Journal of Biological Psychiatry, 9*(2), 86–91. https://doi.org/10.1080/15622970701230963

Leung, N., Waller, G., & Thomas, G. (2000). Outcome of group cognitive-behavior therapy for bulimia nervosa: The role of core beliefs. *Behavior Research and Therapy, 38,* 145–156. https://doi.org/10.1016/s0005-7967(99)00026-1

Lindblad, A., Helgesson, G., & Sjöstrand, M. (2019). Towards a palliative care approach in psychiatry: do we need a new definition? *Journal of Medical Ethics*, 45(1), 26–30. https://doi.org/10.1136/medethics-2018-104944.

Linehan, M.M. (1996). *Dialektisch-Behaviorale Therapie der Borderline-Persönlichkeitsstörung*. München: CIP Medien.

Lipp, V. (2013). Erwachsenenschutz und Verfassung. Betreuung, Unterbringung und Zwangsbehandlung. *Zeitschrift für das gesamte Familienrecht*, 60(12), 913–923.

Lo Sauro, C., Ravaldi, C., Cabras, P.L., et al. (2008). Stress, hypothalamic-pituitary-adrenal axis and eating disorders. *Neuropsychobiology*, 57, 95–100. https://doi.org/10.1159/000138912

Lock, J., & Le Grange, D. (2013). *Treatment manual for anorexia nervosa: A family based approach* (2. Aufl.). New York: Guilford Publications

Loeb, K.L., & Dimitropoulos G. (2023). Extending single-session interventions to target parents as agents of change in adolescent eating disorders. *International Journal of Eating Disorders*, 56(5), 881–884. https://doi.org/10.1002/eat.23958

Loetz, C., & Müller, J. (2021). Die anorektische Dynamik. Oder: Warum es bei Eßstörungen nicht um das Essen geht. [Podcastfolge]. In *Rätsel des Unbewussten*. Folge 64.

Logrieco, G., Marchili, M.R., Roversi, M., et al. (2021). The Paradox of Tik Tok Anti-Pro-Anorexia Videos: How Social Media Can Promote Non-Suicidal Self-Injury and Anorexia. *International Journal of Environmental Research & Public Health*, 18(3), 1041. https://doi.org/10.3390/ijerph18031041

Löhler, J., & Walther, L.E. (2021). Syndrom der klaffenden Tube. *Laryngorhinootologie*, 100(9), 696–697. https://doi.org/10.1055/a-1480-5175

Lopez, A., Yager, J., & Feinstein, R.E. (2010). Medical futility and psychiatry: palliative care and hospice care as a last resort in the treatment of refractory anorexia nervosa. *International Journal of Eating Disorders*, 43(4), 372–377. https://doi.org/10.1002/eat.20701

Lopez, C., Tchanturia, K., Stahl, D., et al. (2008). Central coherence in eating disorders: A systematic review. *Psychological Medicine*, 38(10), 1393–1404. https://doi.org/10.1017/S0033291708003486

Lucherini Angeletti, L., Innocenti, M., Felciai, F., et al. (2022). Anorexia nervosa as a disorder of the subcortical-cortical interoceptive-self. *Eating and Weight Disorders*, 27(8), 3063–3081. https://doi.org/10.1007/s40519-022-01510-7

Lund, B.C. Hernandez, E.R., Yates, W.R., et al. (2009). Rate of inpatient weight restoration predicts outcome in anorexia nervosa. *International Journal of Eating Disorders*, 42(4), 301–305. https://doi.org/10.1002/eat.20634

Lutz, R. (1999). Die kleine Schule des Genießens kommt in die Jahre – »15 Jahre Genussprogramm«. In R. Lutz, N. Mark, U. Bartmann, E. Hoch & F.-M. Stark (Hrsg.) *Beiträge zur Euthymen Therapie*. Freiburg: Lambertus Verlag.

Magallares, A. (2016a). Drive for thinness and pursuit of muscularity: the role of gender ideologies. *Universitas Psychologica*, 15, 353–360. https://doi.org/10.11144/Javeriana.upsy15-2.dtpm

Magallares, A. (2016b). Eating concerns, body dissatisfaction, thinness internalization and antifat attitudes and their relationship with gender ideology in a sample of men. *Anales de Psicologia*, 32(1), 167–173. https://doi.org/10.6018/analesps.32.1.182651

Mairhofer, D., Zeiler, M., Philipp, J., et al. (2021). Short-Term Outcome of Inpatient Treatment for Adolescents with Anorexia Nervosa Using DSM-5 Remission Criteria. *Journal of Clinical Medicine*, 10(14), 3190. https://doi.org/10.3390/jcm10143190

Mantero, V., Rifino, N., Costantino, G., et al. (2021). Non-alcoholic beriberi, Wernicke encephalopathy and long-term eating disorder: case report and a mini-review. *Eating and Weight Disorders*, 26(2), 729–732. https://doi.org/10.1007/s40519-020-00880-0

Marik, P.E., & Bedigian, M.K. (1996). Refeeding hypophosphatemia in critically ill patients in an intensive care unit. A prospective study. *Archives of Surgery*, 131, 1043–1047. https://doi.org/10.1001/archsurg.1996.01430220037007

Martinez, G., Cook-Darzens, S., Chaste, P., et al. (2014). Anorexia nervosa in the light of neurocognitive functioning: New theoretical and therapeutic perspectives. *Encephale*, 40(2), 160–167. https://doi.org/10.1016/j.encep.2012.06.004

Martini, M., Longo, P., Di Benedetto, C., Delsedime, N., Panero, M., Abbate-Daga, G., & Toppino, F. (2024). Nasogastric Tube Feeding in Anorexia Nervosa: A Propensity Score-Matched Analysis on Clinical Efficacy and Treatment Satisfaction. *Nutrients, 16*(11), 1664. https://doi.org/10.3390/nu16111664

Martinussen M., Friborg, O., Schmierer, P., et al. (2017). The comorbidity of personality disorders in eating disorders: a meta-analysis. *Eating and Weight Disorders, 22*(2), 201–209. https://doi.org/10.1007/s40519-016-0345-x

Mascolo, M., Dee, E., Townsend, R., et al. (2015). Severe gastric dilatation due to superior mesenteric artery syndrome in anorexia nervosa. *International Journal of Eating Disorders, 48*, 532–534. https://doi.org/10.1002/eat.22385

Mayer, L.E.S., Klein, D.A., Black, E., et al. (2009). Adipose tissue distribution after weight restoration and weight maintenance in women with anorexia nervosa. *The American Journal of Clinical Nutrition, 90*(5), 1132–1137. https://doi.org/10.3945/ajcn.2009.27820

McGuire, J. K., Doty, J. L., Catalpa, J. M., et al. (2016). Body image in transgender young people: Findings from a qualitative, community based study. *Body Image, 18*, 96–107. https://doi.org/10.1016/j.bodyim.2016.06.004

Mehanna, H.M., Moledina, J., & Travis, J. (2008). Refeeding syndrome: what it is, and how to prevent and treat it. *British Medical Journal, 336*, 1495–1498. https://doi.org/10.1136/bmj.a301

Mehler, P.S., & Andersen, A.E. (2010). *Eating Disorders: A guide to medical care and complications.* Baltimore, OH: Johns Hopkins University Press.

Mehler, P.S., & Walsh, K. (2016). Electrolyte and acid-base abnormalities associated with purging behaviors. *International Journal of Eating Disorders, 49*(3), 311–318. https://doi.org/10.1002/eat.22503

Mehler, P.S., Winkelmann, A.B., Andersen, D.M., et al. (2010). Nutritional rehabilitation: Practical guidelines for refeeding the anorectic patient. *Journal of Nutrition and Metabolism, 2010*, 625782. https://doi.org/10.1155/2010/625782

Melamed, Y., Mester, R., Margolin, J., et al. (2003). Involuntary treatment of anorexia nervosa. *International Journal of Law and Psychiatry, 26*(6), 617–626. https://doi.org/10.1016/j.ijlp.2003.09.006

Menzel, J.E., Schaefer, L.M., Burke, N.L., et al. (2010). Appearance-related teasing, body dissatisfaction, and disordered eating: A meta-analysis. *Body Image, 7*, 261–70. https://doi.org/10.1016/j.bodyim.2010.05.004

Mertens, W. (2014). Psychodynamik. In W. Mertens (Ed.), *Handbuch psychoanalytischer Grundbegriffe* (p. 756). Stuttgart: Kohlhammer.

Meule, A., Schrambke, D., Furst Loredo, A., et al. (2021). Inpatient treatment of anorexia nervosa in adolescents: A 1-year follow-up study. *European Eating Disorders Review, 29*(2), 165–177. https://doi.org/10.1002/erv

Meyer, C., Blissett, J., & Oldfield, C. (2001). Sexual orientation and eating psychopathology: the role of masculinity and femininity. *The International Journal of Eating Disorders, 29*(3), 314–318. https://doi.org/10.1002/eat.1024

Meyer, I.H. (2003). Prejudice, social stress, and mental health in lesbian, gay, and bisexual populations: Conceptual issues and research evidence. *Psychological Bulletin, 129*(5), 674–697. https://doi.org/10.1037/0033-2909.129.5.674

Mignogna, M.D., Fedele, S., & Lo, R.L. (2004). Anorexia/bulimia-related sialadenosis of palatal minor salivary glands. *Journal of Oral Pathology & Medicine, 33*(7), 441–442. https://doi.org/10.1111/j.1600-0714.2004.00208.x

Miller, T. V., & Caldwell, H. K. (2015). Oxytocin during development: Possible organizational effects on behavior. *Frontiers in endocrinology, 6*, 76. https://doi.org/10.3389/fendo.2015.00076

Minuchin, S., Baker, L., Rosman, B.L., et al. (1975). A conceptual model of psychosomatic illness in children. Family organization and family therapy. *Archives of General Psychiatry, 32*(8), 1031–1038. https://doi.org/10.1001/archpsyc.1975.01760260095008

Robinson, L., Aldridge, V., Clark, E.M., et al. (2017). Pharmacological treatment options for low Bone Mineral Density and secondary osteoporosis in Anorexia Nervosa: A systematic review of the literature. *Journal of Psychosomatic Research, 98,* 87–97. https://doi.org/10.1016/j.jpsychores.2017.05.011

Mintz, I.L. (1985). Psychoanalytic therapy of severe anorexia. In C.P. Wilson, C.C. Hogan & I.L. Mintz (Eds.), *Fear of being fat: The treatment of anorexia nervosa and bulimia* (pp. 217–244). New York, NY: Jason Aronson.

Mintz, I.L. (1992). A comparison between the analyst's view and the patient's diary. In C.P. Wilson, C.C. Hogan & I.L. Mintz (Eds.), *Psychodynamic technique in the treatment of the eating disorders* (pp. 157–194). Northvale, NJ: Jason Aronson.

Minuchin, S., Rosman, B., & Baker, L. (1978). *Psychosomatic Families: Anorexia Nervosa in Context.* Cambridge, MA & London, England: Harvard University Press. https://doi.org/10.4159/harvard.9780674418233

Misra, M., & Klibanski, A. (2014). Endocrine consequences of anorexia nervosa. *Lancet Diabetes & Endocrinology, 2,* 581–592. https://doi.org/10.1016/S2213-8587(13)70180-3

Mohnke, S., & Warschburger, P. (2011). Körperunzufriedenheit bei weiblichen und männlichen Jugendlichen: Eine geschlechtervergleichende Betrachtung von Verbreitung, Prädiktoren und Folgen. *Praxis der Kinderpsychologie und Kinderpsychiatrie, 60*(4), 285–303. https://doi.org/10.13109/prkk.2011.60.4.285

Mosuka, E.M., Murugan, A., Thakral, A., et al. (2023). Clinical Outcomes of Refeeding Syndrome: A Systematic Review of High vs. Low-Calorie Diets for the Treatment of Anorexia Nervosa and Related Eating Disorders in Children and Adolescents. *Cureus, 15*(5), e39313. https://doi.org/10.7759/cureus.39313

Mrowicka, M., Mrowicki, J., Dragan, G., et al. (2023). The importance of thiamine (vitamin B1) in humans. *Biological Sciences Reports, 43*(10), BSR20230374. https://doi.org/10.1042/BSR20230374

Murnen, S.K., & Smolak, L. (1997). Femininity, masculinity, and disordered eating: A meta-analytic review. *International Journal of Eating Disorders, 22*(3), 231–242. https://doi.org/10.1002/(sici)1098-108x(199711)22:3<231::aid-eat2>3.0.co;2-o

Murray, S.B., Nagata, J.M., Griffiths, S., et al. (2017). The enigma of male eating disorders: A critical review and synthesis. *Clinical Psychology Review, 57,* 1–11. https://doi.org/10.1016/j.cpr.2017.08.001

Murray, S.B., Rieger, E., Hildebrandt, T., et al. (2012). A comparison of eating, exercise, shape, and weight related symptomatology in males with muscle dysmorphia and anorexia nervosa. *Body Image, 9*(2), 193–200. https://doi.org/10.1016/j.bodyim.2012.01.008

Naab, S. (2022). Familienbasierte Therapie. In: S. Herpertz, M. deZwaan & S. Zipfel (Eds.), *Handbuch Essstörungen und Adipositas.* Berlin, Heidelberg: Springer.

Nacinovich, R., Tremolizzo, L., Corbetta, F., et al. (2017). Anorexia nervosa of the restrictive type and celiac disease in adolescence. *Neuropsychiatric Disease and Treatment, 13,* 1211–1214. https://doi.org/10.2147/NDT.S124168

Nagl, M., Jacobi, C., Paul, M., et al. (2016). Prevalence, incidence, and natural course of anorexia and bulimia nervosa among adolescents and young adults. *European Child & Adolescent Psychiatry, 25*(8), 903–918. https://doi.org/10.1007/s00787-015-0808-z

National Guideline Alliance (UK). (2017). *Eating Disorders: Recognition and Treatment.* National Institute for Health and Care Excellence (NICE).

National Institute for Health and Care Excellence (NICE) (2006). *Nutrition support for adults: oral nutrition support, enteral tube feeding and parenteral nutrition.* Clinical Guideline (CG32). https://www.nice.org.uk/guidance/cg32. Zugegriffen: 25.04.2024

Núñez-Navarro, A., Agüera, Z., Krug, I., et al. (2012). Do men with eating disorders differ from women in clinics, psychopathology and personality? *European Eating Disorder Review, 20*(1), 23–31. https://doi.org/10.1002/erv.1146

Oflaz, S., Yucel, B., Oz, F., et al. (2013). Assessment of myocardial damage by cardiac MRI in patients with anorexia nervosa. *International Journal of Eating Disorders, 46*(8), 862–866. https://doi.org/10.1002/eat.22170

Olivardia, R., Pope, H.G. Jr, & Hudson, J.I. (2000). Muscle dysmorphia in male weightlifters: a case-control study. *American Journal of Psychiatry, 157*(8), 1291–6. https://doi.org/10.1176/appi.ajp.157.8.1291

Oram, S., Khalifeh, H., & Howard, L.M. (2017). Violence against women and mental health. *Lancet Psychiatry*, 4(2), 159–170. https://doi.org/10.1016/S2215-0366(16)30261-9

Orbach, S. (1990). *Hungerstreik: Ursachen der Magersucht. Neue Wege zur Heilung*. München: Econ.

Ornstein, R.M., Golden, N.H., Jacobson, M.S., et al. (2003). Hypophosphatemia during nutritional rehabilitation in anorexia nervosa: implications for refeeding and monitoring. *Journal of Adolescent Health*, 32, 83–88. https://doi.org/10.1016/s1054-139x(02)00456-1

Pacciardi, B., Cargioli, C., & Mauri, M. (2015). Barrett's esophagus in anorexia nervosa: a case report. *International Journal of Eating Disorders*, 48(1), 147–150. https://doi.org/10.1002/eat.22288

Palazzoli, M.S. (1974). *Self-starvation: from the intrapsychic to the transpersonal approach to anorexia nervosa*. London, England: Human Context Books.

Palesty, J.A., & Dudrick, S.J. (2006). The Goldilocks paradigm of starvation and refeeding. *Nutrition in Clinical Practice*, 21(2), 147–154. https://doi.org/10.1177/0115426506021002147

Papadopoulos, F.C., Ekbom, A., Brandt, L., et al. (2009). Excess mortality, causes of death and prognostic factors in anorexia nervosa. *The British Journal of Psychiatry*, 194(1), 10–17. https://doi.org/10.1192/bjp.bp.108.054742

Parker, E.K., Faruquie, S.S., Anderson, G., et al. (2016). Higher caloric refeeding is safe in hospitalized adolescent patients with restrictive eating disorders. *Journal of Nutrition and Metabolism*, 2016, 5168978. https://doi.org/10.1155/2016/5168978

Paul, T., & Thiel, A. (2004). *EDI-2. Eating Disorder Inventory-2*. Göttingen: Hogrefe.

Peters, K., Meule, A., Voderholzer, U., et al. (2021). Effects of interval-based inpatient treatment for anorexia nervosa: An observational study. *Brain and Behaviour*, 11(11), e2362. https://doi.org/10.1002/brb3.2362

Petterson, C., Tubic, B., Svedlund, A., et al. (2016). Description of an intensive nutrition therapy in hospitalized adolescents with anorexia nervosa. *Eating Behaviors*, 21, 172–178. https://doi.org/10.1016/j.eatbeh.2016.03.014

Phillipou, A., Rossell, S.L., Castle, D.J., et al. (2022). Interoceptive awareness in anorexia nervosa. *Journal of Psychiatric Research*, 148, 84–87. https://doi.org/10.1016/j.jpsychires.2022.01.051

Pike, K.M., & Dunne, P.E. (2015). The rise of eating disorders in Asia: a review. *Journal of Eating Disorders*, 3, 33–41. https://doi.org/10.1186/s40337-015-0070-2

Pope, H.G. Jr, Katz, D.L., & Hudson, J.I. (1993). Anorexia nervosa and »reverse anorexia« among 108 male bodybuilders. *Comprehensive Psychiatry*, 34(6), 406–409. https://doi.org/10.1016/0010-440x(93)90066-d

Potreck-Rose, F., & Jacob, G. (2016). *Selbstzuwendung, Selbstakzeptanz, Selbstvertrauen: Psychotherapeutische Interventionen zum Aufbau von Selbstwertgefühl*. Stuttgart: Klett-Cotta

Prichard, I., Kavanagh, E., Mulgrew, K.E., et al. (2020). The effect of Instagram #fitspiration images on young women's mood, body image, and exercise behaviour. *Body Image*, 33, 1–6. https://doi.org/10.1016/j.bodyim.2020.02.002

Prochaska, J.O., & Di Climente, C.C. (1984). *The transtheoretical approach. Crossing traditional boundaries of therapy*. Homewood: Dow Jones-Irwin

Prochaska, J.O., & Di Climente, C.C. (2005). The transtheoretical approach. Crossing traditional boundaries of therapy. In J.C. Norcross & M.R. Goldfried (Eds.), *Handbook of Psychotherapy Integration* (2nd ed). New York: Oxford Academic. https://doi.org/10.1093/med:psych/9780195165791.003.0007

Puckett, L. (2023). Renal and electrolyte complications in eating disorders: a comprehensive review. *Journal of Eating Disorders*, 11(1), 26–35. https://doi.org/10.1186/s40337-023-00751-w

Pudel, V., & Westenhöfer, J. (1989). *Fragebogen zum Essverhalten (FEV)*. Göttingen: Hogrefe.

Pugliese, M.T., Lifshitz, F., Grad, G., et al. (1983). Fear of obesity. A cause of short stature and delayed puberty. *New England Journal of Medicine*, 309(9), 513–518. https://doi.org/10.1056/NEJM198309013090901

Rabaioli-Fischer, B. (2015). *Biografisches Arbeiten und Lebensrückblick in der Psychotherapie*. Göttingen: Hogrefe.

Raevuori, A., Kapro, J., Hoek, H.W., et al. (2008). Anorexia and bulimia nervosa in same-sex and opposite-sex twins: lack of association with twin type in a nationwide study of Finnish twins. *The American Journal of Psychiatry, 165,* 1604–1610. https://doi.org/10.1176/appi.ajp.2008.08030362

Raevuori, A., Keski-Rahkonen, A., & Hoek, H.W. (2014). A review of eating disorders in males. *Current Opinion in Psychiatry, 27*(6), 426–430. https://doi.org/10.1097/YCO.0000000000000113

Ramsay, R., Ward, A., Treasure, J., et al. (1999). Compulsory treatment in anorexia nervosa. Short-term benefits and long-term mortality. *British Journal of Psychiatry, 175,* 147–153. https://doi.org/10.1192/bjp.175.2.147

Rautou, P.E., Cazals-Hatem, D., Moreau, R., et al. (2008). Acute liver cell damage in patients with anorexia nervosa: a possible role of starvation-induced hepatocyte autophagy. *Gastroenterology, 135*(3), 840–848. https://doi.org/10.1053/j.gastro.2008.05.055

Reas, D. L., Whisenhunt, B. L., Netemeyer, R., et al. (2002). Development of the body checking questionnaire: A self-report measure of body checking behaviors. *International Journal of Eating Disorders, 31,* 324–333. https://doi.org/10.1002/eat.10012

Reddemann, L. (2021). Psychodynamisch Imaginative Traumatherapie- PITT: Ein Mitgefühls- und Ressourcenorientierter Ansatz in der Psychotraumatologie (leben lernen Bd. 320). (2. Auflage). Stuttgart: Klett-Cotta.

Reich, G., & Cierpka, M. (1998). Identity conflicts in bulimia nervosa. *Psychoanalytic Inquiry, 18,* 338–402. https://doi.org/10.1080/07351699809534199

Reiff, D.W. & Reiff, K.K.L. (1999). *Eating Disorders: Nutrition therapy in the recovery process.* Gaitherersburg, MD: Aspen.

Rienecke, R. D., Accurso, E. C., Lock, J., et al. (2016). Expressed emotion, family functioning, and treatment outcome for adolescents with anorexia nervosa: Expressed emotion and treatment outcome. *European Eating Disorders Review, 24*(1), 43–51. https://doi.org/10.1002/erv.2389

Rio, A., Whelan, K., Goff, L., et al. (2013). Occurrence of refeeding syndrome in adults started on artificial nutrition support: prospective cohort study. *British Medical Journal Open, 3*(1), e002173. https://doi.org/10.1136/bmjopen-2012-002173

Rizzuto, L., Hay, P., Noetel, M., et al. (2021). Yoga as adjunctive therapy in the treatment of people with anorexia nervosa: a Delphi study. *Journal of Eating Disorders, 9*(1), 111. https://doi.org/10.1186/s40337-021-00467-9

Roberts, M.A., Thorpe, C.R., MacGregor, D.P., et al. (2005). Severe renal failure and nephrocalcinosis in anorexia nervosa. *The Medical Journal of Australia, 182*(12), 635–636.

Robinson, L., Aldridge, V., Clark, E.M., et al. (2016). A systematic review and meta-analysis of the association between eating disorders and bone density. *Osteoporosis International, 27*(6), 1953–1966. https://doi.org/10.1007/s00198-015-3468-4

Robinson, P., & Jones, W.R. (2018). MARSIPAN: Management of really sick patients with anorexia nervosa. *British Journal of Psychiatry Advances, 24,* 20–32. https://doi.org/10.1192/bja.2017.2

Robinson, P.H., Kukucska, R., Guidetti, G., et al. (2015). Severe and enduring anorexia nervosa (SEED-AN): a qualitative study of patients with 20+ years of anorexia nervosa. *European Eating Disorders Review: The Journal of the Eating Disorders Association, 23*(4), 318–326. https://doi.org/10.1002/erv.2367

Roerig, J.L., Steffen, K.J., Mitchell, J.E., et al. (2010). Laxative abuse: epidemiology, diagnosis and management. *Drugs, 70*(12), 1487–1503. https://doi.org/10.2165/11898640-000000000-00000

Rojo, L., Barberá, M., & Plumed, J. (2009). Hospitalization due to eating behavior disorders. Patient and family satisfaction. *Actas Espanolas de Psiquiatria, 37,* 267–275. PMID: **19960385**

Romano, C., Chinali, M., Pasanisi, F., et al. (2003). Reduced hemodynamic load and cardiac hypotrophy in patients with anorexia nervosa. *American Journal of Clinical Nutrition, 77,* 308–312. https://doi.org/10.1093/ajcn/77.2.308

Rosen, E., Sabel, A.L., Brinton, J.T., et al. (2016). Liver dysfunction in patients with severe anorexia nervosa. *International Journal of Eating Disorders, 49,* 151–158. https://doi.org/10.1002/eat.22436

Rosen, J. C., Srebnik, D., Saltzberg, E., et al. (1991). Development of a body image avoidance questionnaire. *Psychological Assessment: A Journal of Consulting and Clinical Psychology, 3*(1), 32–37. https://doi.org/10.1037/1040-3590.3.1.32

Roux, H., Ali, A., Lambert, S., et al. (2016). Predictive factors of dropout from inpatient treatment for anorexia nervosa. *BMC Psychiatry, 16*(1), 339. https://doi.org/10.1186/s12888-016-1010-7

Rozen, D.L. (1993). Projective identification and bulimia nervosa. *Psychoanalytic Psychology, 10*(2), 261–273. https://doi.org/10.1037/h0079460

Russell, C.J., & Keel, P.K. (2002). Homosexualitiy as a specific risk factor for eating disorders in men. *International Journal of Eating disorders, 31*(3), 300–306. https://doi.org/10.1002/eat.10036

Sabatowski, R., Radbruch, L., Nauck, F., et al. (Eds.). (2005). Wegweiser Hospiz und Palliativmedizin 2005: Ambulante und stationäre Palliativ- und Hospizeinrichtungen in Deutschland. Wuppertal: Der Hospiz Verlag.

Sabel, A.L., Gaudiani, J.L., Statland, B., et al. (2013). Hematological abnormalities in severe anorexia nervosa. *Annals of Hematology, 92*, 605–613. https://doi.org/10.1007/s00277-013-1672-x

Santangelo, G., Bursi, F., Toriello, F., et al. (2022). Echocardiographic changes in anorexia nervosa: a pathophysiological adaptation or a disease? *Internal and Emergency Medicine, 17*(3), 777–787. https://doi.org/10.1007/s11739-021-02871-0

Sato, Y., & Fukudo, S. (2015). Gastrointestinal symptoms and disorders in patients with eating disorders. *Clinical Journal of Gastroenterology, 8*(5), 255–263. https://doi.org/10.1007/s12328-015-0611-x

Saure, E., Raevuori, A., Laasonen, M., et al. (2022). Emotion recognition, alexithymia, empathy, and emotion regulation in women with anorexia nervosa. *Eating and weight disorders, 27*(8), 3587–3597. https://doi.org/10.1007/s40519-022-01496-2

Schauenburg, H., Friederich, H.C., Wild, B., Zipfel, S., & Herzog, W. (2009). Fokale psychodynamische Psychotherapie der Anorexia nervosa. *Psychotherapeut, 54*, 270–280. https://doi.org/10.1055/s-0033-1363009

Schaumberg, K., Welch, E., Breithaupt, L., et al. (2017). The science behind the Academy for Eating Disorders' nine truths about eating disorders. *European Eating Disorders Review, 25*, 432–450. https://doi.org/10.1002/erv.2553

Schmidt, U., Wade, T. D., & Treasure, J. (2014). The Maudsley Model of Anorexia Nervosa Treatment for Adults (MANTRA): Development, key features and preliminary evidence. *Journal of Cognitive Psychotherapy, 28*, 48–71. https://doi.org/10.1891/0889-8391.28.1.48

Schrank, B., Stanghellini, G., & Slade, M. (2008). Hope in psychiatry: a review of the literature. *Acta psychiatrica Scandinavica, 118*(6), 421–433. https://doi.org/10.1111/j.1600-0447.2008.01271.x

Seed, T., Fox, J., & Berry, K. (2016). Experiences of detention under the mental health act for adults with anorexia nervosa. *Clinical Psychology and Psychotherapy, 23*, 352–362. https://doi:10.1002/cpp.1963

Seiffge-Krenke, I. (2015). Emerging Adulthood: Research on objective markers, developmental tasks and develeopmental risks. *Zeitschrift für Psychiatrie, Psychologie und Psychotherapie, 63*(3), 165–173. https://doi.org/10.1024/1661-4747/a000236

Shamin, T., Goden, N.H., Arden, M., et al. (2003). Resolution of vital sign instability. An objective measure of medical stability in anorexia nervosa. *Journal of Adolescent Health, 32*, 73–77. https://doi.org/10.1016/s1054-139x(02)00533-5

Sharp, C.W., Clark, S.A., Dunan, J.R., et al. (1994). Clinical presentation of anorexia nervosa in males: 24 new cases. *International Journal of Eating Disorders, 15*(2), 125–134. https://doi.org/10.1002/1098-108x(199403)15:2<125::aid-eat2260150204>3.0.co;2-o

Siever, M.D. (1994). Sexual orientation and gender as factors in socioculturally acquired vulnerability to body dissatisfaction and eating disorders. *Journal of Consulting and Clinical Psychology, 62*(2), 252–60. https://doi.org/10.1037//0022-006x.62.2.252

da Silva, J.S.V., Seres, D.S., Sabino, K., et al. (2020). ASPEN Consensus Recommendations for Refeeding Syndrome. *Nutrition in Clinical Practice, 35*(2), 178–195. https://doi.org/10.1002/ncp.10474

Sjögren, M., Lichtenstein, M.B., & Støving, R.K. (2023). Trauma experiences are common in Anorexia nervosa and related to eating disorder pathology but do not influence weight-gain during the start of treatment. *Journal of Personalized Medicine*, *13*(5), 709. https://doi.org/10.3390/jpm13050709

Slater, A., Halliwell, E., Jarman, H., et al. (2017). More than just child's play?: An experimental investigation of the impact of an appearance-focused internet game on body image and career aspirations of young girls. *Journal of Youth and Adolescence*, *46*(9), 2047–2059. https://doi.org/10.1007/s10964-017-0659-7

Smith, A.R., Zuromski, K.L., & Dodd, D.R. (2018). Eating disorders and suicidality: What we know, what we don't know, and suggestions for future research. *Current Opinion in Psychology*, *22*, 63–67. https://doi.org/10.1016/j.copsyc.2017.08.023

Smith, E.R., & Queller, S. (2004). Mental representations. In M.B. Brewer & M. Hewstone (Eds.), *Social cognition* (pp. 5–27). Malden, MA: Blackwell Publishing.

Smith, N.J. (1980). Excessive weight loss and food aversion in athletes simulating anorexia nervosa. *Pediatrics*, *66*(1), 139–142. PMID: **6931346**

Solmi, M., Monaco, F., Højlund, M., et al. (2024). Outcomes in people with eating disorders: a transdiagnostic and disorder-specific systematic review, meta-analysis and multivariable meta-regression analysis. *World Psychiatry: official journal of the World Psychiatric Association (WPA)*, *23*(1), 124–138. https://doi.org/10.1002/wps.21182

Solmi, M., Wade, T. D., Byrne, S., et al. (2021). Comparative efficacy and acceptability of psychological interventions for the treatment of adult outpatients with anorexia nervosa: a systematic review and network meta-analysis. *The Lancet. Psychiatry*, *8*(3), 215–224. https://doi.org/10.1016/S2215-0366(20)30566-6

Southgate, L., Tchanturia, K., & Treasure, J. (2008). Information processing bias in anorexia nervosa. *Psychiatry Research*, *160*(2), 221–227. https://doi.org/10.1016/j.psychres.2007.07.017

Spettigue, W., Maras, D., Obeid, N., et al. (2015). A psycho-education intervention for parents of adolescents with eating disorders: a randomized controlled trial. *Eating Disorders*, *23*(1), 60–75. https://doi.org/10.1080/10640266.2014.940790

Spitzer, C., Rullkötter, N., & Dally, A. (2016). Stationäre Psychotherapie. *Nervenarzt*, *87*(1), 99–108; Quiz 109–110. https://doi.org/10.1007/s00115-015-0025-5

Springmann, M.L. (2021). *Essstörungen und Geschlecht – Geschlecht als Rahmenkonstrukt zum Verständnis psychosozialer Entwicklungsprozesse bei Anorexie und Bulimie.* https://phka.bsz-bw.de/files/316/EssstoerungenundGeschlecht.pdf

Stanga, Z., Brunner, A., Leuenberger, M., et al. (2008). Nutrition in clinical practice – the refeeding syndrome: illustrative cases and guidelines for prevention and treatment. *European Journal of Clinical Nutrition*, *62*(6), 687–694. https://doi.org/10.1038/sj.ejcn.1602854

Stavemann, H.H. (2003). *Therapie emotionaler Turbulenzen.* Weinheim: Beltz.

Stavemann, H.H., Scholz, A., & Scholz, K. (2020). *Integrative KVT bei Selbstwertproblemen.* Weinheim: Beltz.

Steinglass, J.E., & Walsh, B.T. (2016). Neurobiological model of the persistence of anorexia nervosa. *Journal of Eating Disorders*, *4*, 19. https://doi.org/10.1186/s40337-016-0106-2

Steinhausen, H-C. (2002). The outcome of anorexia nervosa in the 20th century. *The American Journal of Psychiatry*, *159*, 1284–1293. https://doi.org/10.1176/appi.ajp.159.8.1284

Stern, S. (1986). Dynamics of clinical management in the treatment of anorexia nervosa and bulimia nervosa. *International Journal of Eating Disorders*, *5*(2), 233–254. https://doi.org/10.1002/1098-108X(198602)5:2<233::AID-EAT2260050205>3.0.CO;2-O

Stheneur, C., Bergeron, S., & Lapeyraque, A.L. (2014). Renal complications in anorexia nervosa. *Eating and Weight Disorders*, *19*(4), 455–460. https://doi.org/10.1007/s40519-014-0138-z

Strauß, B., & Richter-Appelt, H. (1996). Fragebogen zur Beurteilung des eigenen Körpers (FBeK).

Striegel-Moore, R.H., Silberstein, L.R., & Rodin, J. (1986). Toward an understanding of risk factors for bulimia. *American Psychologist*, *41*(3), 246–263. https://doi.org/10.1037//0003-066x.41.3.246

Strobel, C., Quadflieg, N., & Naab, S. (2019). Long-term outcomes in treated males with anorexia nervosa and bulimia nervosa-A prospective, gender-matched study. *International Journal of Eating Disorders*, *52*(12), 1353–1364. https://doi.org/10.1002/eat.23151

Strober, M., Freeman, R., & Morrell, W. (1997). The long-term course of severe anorexia nervosa in adolescents: Survival analysis ofe recovery, relapse, and outcome predictors over 10–15 years in a prospective study. *International Journal of Eating Disorders, 22*, 339–360. https://doi.org/10.1002/(sici)1098-108x(199712)22:4<339::aid-eat1>3.0.co;2-n

Strumia, R., Varotti, E., Manzato, E., et al. (2001). Skin signs in anorexia nervosa. *Dermatology, 203*(4), 314–317. https://doi.org/10.1159/000051779

Stunkard, A.J., & Messick, S. (1985). The three-factor eating questionnaire to measure dietary restraint, disinhibition and hunger. *Journal of Psychosomatic Research, 29*, 71–83. https://doi.org/10.1016/0022-3999(85)90010-8

Sturman, E.D. (2005). The capacity to consent to treatment and research: a review of standardized assessment tools. *Clinical Psychology Review, 25*, 954–974. https://doi.org/10.1016/j.cpr.2005.04.010

Sullivan, P.F. (1995). Mortality in anorexia nervosa. *The American Journal of Psychiatry, 152*(7), 1073–1074. https://doi.org/10.1176/ajp.152.7.1073

Tadayonnejad, R., Majid, D.A., Tsolaki, E., et al. (2022). Mesolimbic neurobehavioral mechanisms of reward motivation in anorexia nervosa: A multimodal imaging study. *Frontiers in Psychiatry, 13*, 806327. https://doi.org/10.3389/fpsyt.2022.806327

Tan, J. (2006). Competence to make treatment decisions in anorexia nervosa: thinking processes and values. *Philosophy in Psychiatry and Psychology, 13*, 267–82. https://doi.org/10.1353/ppp.2007.0032

Tan, J., Hope, J., & Stewart, A. (2003a). Competence to refuse treatment in anorexia nervosa. *International Journal of Law and Psychiatry, 26*(6), 697–707. https://doi.org/10.1016/j.ijlp.2003.09.010

Tan, J., Hope, J., Stewart, A., et al. (2003b). Control and compulsory treatment in anorexia nervosa: The views of patients and parents. *International Journal of Law and Psychiatry, 26*(6), 627–645. https://doi.org/10.1016/j.ijlp.2003.09.009

Tan, J., Stewart, A., Fitzpatrick, R., et al. (2010). Attitudes of patients with anorexia nervosa to compulsory treatment and coercion. *International Journal of Law and Psychiatry, 33*, 13–19. https://doi.org/10.1016/j.ijlp.2009.10.003

Tchanturia, K., Davies, H., Roberts, M., et al. (2012). Poor cognitive flexibility in eating disorders: Examining the evidence using the Wisconsin Card Sorting Task. *PLoS ONE, 7*(1), e28331. https://doi.org/10.1371/journal.pone.0028331

Tchanturia, K., Harrison, A., Davies, H., et al. (2011). Cognitive flexibilty and clinical severity in eating disorders. *PLoS ONE, 6*(6), e20462. https://doi:10.1371/journal.pone.0020462

Tchanturia, K., Liao, P., Uher, R., et al. (2007). An investigation of decision making in anorexia nervosa using the Iowa Gambling Task and skin conductance measurements. *Journal of the International Neuropsychological Society, 13*, 635–641. https://doi.org/10.1017/S1355617707070798

Thaler, L., Israel, M., Antunes, J.M., et al. (2016). An examination of the role of autonomous versus controlled motivation in predicting inpatient treatment outcome for anorexia nervosa. *International Journal of Eating Disorders, 49*(6), 626–629. https://doi.org/10.1002/eat.22510

Thaler, P. (2016) Erfahrungen mit Zwangsmaßnahmen und Gewalt. In M. Zinkler, K. Laupichler, & M. Osterfeld (Eds.), *Prävention von Zwangsmaßnahmen. Menschenrechte und therapeutische Kulturen in der Psychiatrie* (pp. 41–52). Köln: PsyVerlag. https://doi.org/10.5771/9783884148822

Theis, F., Wolf, M., Fiedler, P., et al. (2012). Essstörungen im Internet: Eine experimentelle Studie zu den Auswirkungen von Pro-Essstörungs- und Selbsthilfewebsites. *Psychotherapie Psychosomatik Medizinische Psychologie, 62*(2), 58–65. https://doi.org/10.1055/s-0031-1301336

Thiel, A., & Paul, T. (2007). Zwangsbehandlung bei Anorexia nervosa. Psychotherapeutische und juristische Anmerkungen. *Psychotherapie, Psychosomatik, medizinische Psychologie, 57*, 128–135. https://doi.org/10.1055/s-2006-951935

Thomä, H. & Kächele, H. (2006). Mittel, Wege und Ziele. In H. Thomä & H. Kächele (Eds.), Psychoanalytische Therapie. Grundlagen (p. 279). Heidelberg: Springer.

Thompson, R.A., & Sherman, R.T. (1989). Therapist errors in treating eating disorders. *Psychotherapy: Theory, Research, Practice, Training, 26*(1), 62–68. https://doi.org/10.1037/h0085406

Thompson-Brenner, H., Smith, M., Brooks, G., et al. (2021). Interoceptive Exposures. In H. Thompson-Brenner, M. Smith & G. Brooks, (Eds.), *The Renfrew Unified Treatment for Eating Disorders and Comorbidity: An Adaptation of the Unified Protocol.* (p. 179–191). Oxford: Oxford University Press.

Tiggemann, M., Anderberg, I., & Brown, Z. (2020). Uploading your best self: Selfie editing and body dissatisfaction. *Body Image, 33,* 175–182. https://doi.org/10.1016/j.bodyim.2020.03.002

Timko, C.A., DeFilipp, L., & Dakanalis, A. (2020). Sex differences in adolescent Anorexia and Bulimia Nervosa: Beyond the signs and symptoms. *Current Psychiatry Reports, 21*(1), 1. https://doi.org/10.1007/s11920-019-0988-1

Titova, O.E., Hjorth, O.C., Schioth, H.B., et al. (2013). Anorexia nervosa is linked to reduced brain structure in reward and somatosensory regions: a meta-analysis of VBM studies. *BMC Psychiatry, 13,* 110. https://doi.org/10.1186/1471-244X-13-110

Tomita, K., Haga, H., Ishii, G., et al. (2014). Clinical manifestations of liver injury in patients with anorexia nervosa. *Hepatology Research, 44*(10), E26–E31. https://doi.org/10.1111/hepr.12202

Toppino, F., Martini, M., Longo, P., et al. (2024). Inpatient treatments for adults with anorexia nervosa: a systematic review of literature. *Eating and weight disorders, 29*(1), 38. https://doi.org/10.1007/s40519-024-01665-5

Touyz, S.W., Liew, V. P., Tseng, P., et al. (1993). Oral and dental complications in dieting disorders. *International Journal of Eating Disorders, 14*(3), 341–347. https://doi.org/10.1002/1098-108x(199311)14:3<341::aid-eat2260140312>3.0.co;2-x

Trachsel, M., Irwin, S.A., Biller-Andorno, N., et al. (2016). Palliative psychiatry for severe persistent mental illness as a new approach to psychiatry? Definition, scope, benefits, and risks. *BMC Psychiatry, 22*(16), 260. https://doi: 10.1186/s12888-016-0970-y

Trachsel, M., Krones, T., & Wild, V. (2016). Zwangsernährung oder Palliative Care bei chronischer Anorexia nervosa? Behandlungsstrategien aus medizinethischer Sicht. In T. Moos, C. Rehmann-Sutter & C. Schües (Eds.) *Randzonen des Willens. Anthropologische und ethische Probleme von Entscheidungen in Grenzsituationen der Medizin.* (pp.173–188), Frankfurt am Main, Internationaler Verlag der Wissenschaften.

Treasure, J., Claudino, A.M., & Zucker, N. (2010). Eating disorders. *Lancet, 375,* 583–593. https://doi.org/10.1016/S0140-6736(09)61748-7

Treasure, J., Stein, D., & Maguire, S. (2015). Has the time come for a staging model to map the course of eating disorders from high risk to severe enduring illness? An examination of the evidence. *Early Intervention in Psychiatry, 9*(3), 173–184. https://doi.org/10.1111/eip.12170

Treasure, J., Willmott, D., Ambwani, S., et al. (2020). Cognitive interpersonal model for anorexia nervosa revisited: The perpetuating factors that contribute to the development of the severe and enduring illness. *Journal of Clinical Medicine, 9*(3), 630. https://doi.org/10.3390/jcm9030630

Troche, S.J. & Rammsayer, T.H. (2011). Eine Revision des deutschsprachigen Bem Sex-Role Inventory. *Klinische Diagnostik und Evaluation, 4,* 262–283.

Tseng, M.M., Fang, D., Lee, M.B., et al. (2007). Two-phase survey of eating disorders in gifted dance and non-dance high-school students in Taiwan. *Psychological medicine, 37*(8), 1085–1096. https://doi.org/10.1017/S0033291707000323

Udo, T., & Grilo, C.M. (2018). Prevalence and correlates of DSM-5 eating disorders in nationally representative sample of United States adults. *Biological Psychiatry, 84,* 345–354. https://doi.org/10.1016/j.biopsych.2018.03.014

Ulvebrand, S., Biregard, A., Norring, C., et al. (2015). Psychiatric comorbidity in women and men with eating disorders results from a large clinical database. *Psychiatry Research, 230*(2), 294–299. https://doi.org/10.1016/j.psychres.2015.09.008

Vall, E. & Wade, T.D. (2015). Predictors of treatment outcome in individuals with eating disorders: A systematic review and meta-analysis. *International Journal of Eating Disorders, 48*(7), 946–791. https://doi.org/10.1002/eat.22411. Erratum in: *International Journal of Eating Disorders, 49*(4), 432–433.

Vall, E., & Wade, T.D. (2015). Predictors of treatment outcome in individuals with eating disorders: A systemic review and meta-analysis. *International Journal of Eating Disorders*, 47(7), 946–971. https://doi.org/10.1002/eat.22411

van Elburg, A., Danner, U., Sternheim, L.C., et al. (2021). Mental capacity, decision-making and emotion dysregulation in severe enduring anorexia nervosa. *Frontiers in Psychiatry, 12*, 545317. https://doi.org/10.3389/fpsyt.2021.545317

Vandereycken, W., & Meermann, R. (2008). Krankheitsverleugnung: Ein noch zu verfeinerndes Konzept. *Psychotherapie, 13*(1), 7–26.

Verharen, J.P.H., Danner, U., Schröder, S., et al. (2019). Insensitivity to losses: a core feature in patients with anorexia nervosa? *Biological Psychiatry: Cognitive Neuroscience and Neuroimaging, 4*, 995–1003. https://doi.org/10.1016/j.bpsc.2019.05.001

Versini, A., Ramoz, N., Le Strat, Y., et al. (2010). Estrogen Receptor 1 Gene (ESR 1) is associated with restrictive Anorexia Nervosa. *Neuropsychopharmacology, 35*(8), 1818–1825. https://doi.org/10.1038/npp.2010.49

Vocks, S., & Bauer, A. (2022). Behandlung von Körperbildstörungen. In S. Herpertz, M. de Zwaan & S. Zipfel (Eds.), *Handbuch Essstörungen und Adipositas* (pp. 359–365). Berlin: Springer.

Vocks, S., Bauer, A., & Legenbauer, T. (2018). *Körperbildtherapie bei Anorexia und Bulimia nervosa: Ein kognitiv-verhaltenstherapeutisches Behandlungsprogramm*. Göttingen: Hogrefe.

Vocks, S., Moswald, C., & Legenbauer, T. (2008). Psychometrische Überprüfung einer Deutschsprachigen Fassung des Body Checking Questionnaire (BCQ). *Zeitschrift für Klinische Psychologie und Psychotherapie: Forschung und Praxis, 37*(2), 131–140. https://doi.org/10.1026/1616-3443.37.2.131

Vocks, S., Stahn, C., Loenser, K., et al. (2009). Eating and body image disturbances in male-to-female and female-to-male transsexuals. *Archives of Sexual Behavior, 38*, 364–377. https://doi.org/10.1007/s10508-008-9424-z

Voderholzer, U., Haas, V., Correll, C.U., et al. (2020). Medical management of eating disorders: an update. *Current Opinion in Psychiatry, 33*(6), 542–553. https://doi.org/10.1097/YCO.0000000000000653

von Heeren, M. (2007). *Essstörungen bei Männern: Homosexualität als Risikofaktor? So einfach ist das nicht*. E-Book, München/Ravensburg: GRIN Verlag.

von Schlippe A., & Schweitzer, J. (2016). *Lehrbuch der systemischen Therapie und Beratung I (Das Grundlagenwissen) und II (Das störungsspezifische Wissen)*. Göttingen: Vandenhoeck & Ruprecht.

von Wietersheim, J. (2022) Affektive Störungen und Angststörungen. In Herbert, S., de Zwaan, M. & Zipfel, S. (Hrsg). *Handbuch Essstörungen und Adipositas*. 3. Aufl. pp 187–182. Berlin: Springer.

Wade, T. D., Allen, K., Crosby, R. D., Fursland, A., Hay, P., McIntosh, V., Touyz, S., Schmidt, U., Treasure, J., & Byrne, S. (2021). Outpatient therapy for adult anorexia nervosa: Early weight gain trajectories and outcome. *European eating disorders review : the journal of the Eating Disorders Association, 29*(3), 472–481. https://doi.org/10.1002/erv.2775

Wagner, A., Aizenstein, H., Venkatraman, V.K., et al. (2007). Altered reward processing in women recovered from anorexia nervosa. *American Journal of Psychiatry, 164*(12), 1842–1849. https://doi.org/10.1176/appi.ajp.2007.07040575

Wagner, A., Greer, P., Bailer, U.F, et al. (2006). Normal brain tissue volumes after long-term recovery in anorexia and bulimia nervosa. *Biological Psychiatry, 59*(3), 291–293. https://doi.org/10.1016/j.biopsych.2005.06.014

Wallier, J., Vibert, S., Berthoz, S., et al. (2009). Dropout from inpatient treatment for anorexia nervosa: critical review of the literature. *International Journal of Eating Disorders, 42*(7), 636–647. https://doi.org/10.1002/eat.20609

Ward, M.L. (2016). Media and sexualization: state of empirical research, 1995–2015. *Journal of Sexual Research, 53*(4–5), 560–577. https://doi.org/10.1080/00224499.2016.1142496

Watson, H.J., Yilmaz, Z., Thornton, L.M., et al. (2019). Genome-wide association study identifies eight risk loci and implicates metabo-psychiatric origins for anorexia nervosa. *Nature Genetics, 51*, 1207–1214. https://doi.org/10.1038/s41588-019-0439-2

Watson, R.J., Veale, J.F., & Saewyc, E.M. (2017). Disordered eating behaviors among transgender youth: Probability profiles from risk and protective factors. *International Journal of Eating Disorders, 50*(5), 515–522. https://doi.org/10.1002/eat.22627

Watson, T.L., Bowers, W.A., & Andersen A.E. (2000). Involuntary treatment of eating disorders. *American Journal of Psychiatry, 157,* 1806–1810. https://doi.org/10.1176/appi.ajp.157.11.1806

Weber, P., & Rost, B. (2009). Anorexia nervosa und Nervus peronaeus-Läsion. *Zeitschrift für Kinder- und Jugendpsychiatrie und Psychotherapie, 37*(5), 469–72. https://doi.org/10.1024/1422-4917.37.5.469

Weber, S., Paulzen, M., Elsner, F., et al. (2023). Wegen Anorexia nervosa auf die Palliativstation? *Der Nervenarzt, 94*(7), 631–633. https://doi.org/10.1007/s00115-023-01498-0

Weinsier, R.L., & Krumdieck, C.L. (1981). Death resulting from overzealous total parenteral nutrition: the refeeding syndrome revisited. *American Journal of Clinical Nutrition, 34,* 393–399. https://doi.org/10.1093/ajcn/34.3.393

Weiss, J., & Sampson, H. (1986). *The psychoanalytic process: Theory, clinical observation, and empirical research.* New York, NY: Guilford Press.

Werz, J., Voderholzer, U., & Tuschen-Caffier, B. (2022). Alliance matters: but how much? A systematic review on therapeutic alliance and outcome in patients with anorexia nervosa and bulimia nervosa. *Eating and Weight Disorders, 27*(4), 1279–1295. https://doi.org/10.1007/s40519-021-01281-7

Westermair, A.L., Perrar, K.M., & Schweiger, U. (2020). Ein palliativer Ansatz für schwerste Anorexia nervosa? *Der Nervenarzt, 91*(5),411–416. https://doi.org/10.1007/s00115-020-00875-3

Westmoreland, P., Krantz, M.J., & Mehler, P.S. (2016). Medical Complications of Anorexia Nervosa and Bulimia. *American Journal of Medicine, 129*(1),30–37. https://doi.org/10.1016/j.amjmed.2015.06.031

Whitelaw, M., Gilbertson, H., Lam, P., et al. (2010). Does aggressive refeeding in hospitalized adolescents with anorexia nervosa result in increased hypophosphatemia? *Journal of Adolescent Health, 46*(6), 577–582. https://doi.org/10.1016/j.jadohealth.2009.11.207

Wild, V., & Krones, T. (2010). Kommentar I zum Fall: »Behandlungsabbruch bei Anorexie?«. *Ethik in der Medizin, 22*(2), 133–134. https://doi.org/10.1007/s00481-010-0058-z

Wilksch, S.M. (2023). Toward a more comprehensive understanding and support of parents with a child experiencing an eating disorder. *International Journal of Eating Disorders, 56*(7), 1275–1285. https://doi.org/10.1002/eat.23938

Winston, A.P., Jamieson, C.P., Madira, W., et al. (2000). Prevalence of thiamin deficiency in anorexia nervosa. *International Journal of Eating Disorders, 28*(4), 451–454. https://doi.org/10.1002/1098-108x(200012)28:4<451::aid-eat14>3.0.co;2-i

Wirth, R., Diekmann, R., Janssen, G., et al. (Arbeitsgruppe Ernährung und Stoffwechsel der Deutschen Gesellschaft für Geriatrie) (2018): Refeeding-Syndrom: Pathophysiologie, Risikofaktoren, Prophylaxe und Therapie. *Der Internist, 59*(4), 326–333. https://doi.org/10.1007/s00108-018-0399-0

Witcomb, G.L., Bouman, W.P., Brewin, N., et al. (2015): Body image dissatisfaction and eating-related psychopathology in trans individuals: A matched control study. *European Eating Disorders Review, 23*(4), 287–293. https://doi.org/10.1002/erv.2362

World Health Organization. (1992). International statistical classification of diseases and related health problems, 10th revision (ICD-10). Geneva: World Health Organization. (deutsch: Dilling, H., Mombour, W. & Schmidt, M. H. (2015). *Internationale Klassifikation psychischer Störungen: ICD-10 Kap. V (F) – Klinisch-diagnostische Leitlinien.* Göttingen: Hogrefe.

World Health Organization. (2022). *ICD-11: International classification of diseases* (11th revision). https://icd.who.int/

Wunderer, E. (2019). *Therapie-Tools Essstörungen: Mit E-Book inside und Arbeitsmaterial.* Weinheim: Beltz.

Yahalom, M., Spitz, M., Sandler, L., et al. (2013). The significance of bradycardia in anorexia nervosa. *International Journal of Angiology, 22,* 83–94. https://doi.org/10.1055/s-0033-1334138

Yilmaz, Z., Hardaway, J.A., & Bulik, C.M. (2015). Genetics and Epigenetics of Eating Disorders. *Advances in Genomics and Genetics, 5*, 131–150. https://doi.org/10.2147/AGG.S55776

Yim, S.H., & Schmidt, U. (2019). Self-Help Treatment of Eating Disorders. *Psychiatric Clinics of North America, 42*(2), 231–241. https://doi.org/10.1016/j.psc.2019.01.006

Young, J. E. (1994). *Cognitive therapy for personality disorders: A schema-focused approach.* Sarasota, FL: Professional Resource Press.

Zauner, C., Schneeweiss, M., Schmid, M., et al. (2020). Das Refeeding-Syndrom. *Journal für Gastroenterologische und Hepatologische Erkrankungen, 18*, 30–38. https://doi.org/10.1007/s41971-020-00069-3

Zeeck, A. (2022). Stationäre und teilstationäre Psychotherapie der Essstörungen. In S. Herpertz, M. de Zwaan, S. Zipfel (Eds.), *Handbuch Essstörungen und Adipositas.* Berlin: Springer.

Zeeck, A., Hartmann, A., Buchholz, C., et al. (2005). Drop outs from in-patient treatment of anorexia nervosa. *Acta Psychiatrica Scandinavica, 111*(1), 29–37. https://doi.org/10.1111/j.1600-0447.2004.00378.x

Zeeck, A., Herpertz-Dahlmann, B., Friederich, H.-C., et al. (2018). Psychotherapeutic treatment for anorexia nervosa: A systematic review and network meta-analysis. *Frontiers in Psychiatry, 9*, 158. https://doi.org/10.3389/fpsyt.2018.00158

Zeeck, A., Taubner, S., Gablonski, T.C., et al. (2022). In-Session-Reflective-Functioning in Anorexia Nervosa: An Analysis of Psychotherapeutic Sessions of the ANTOP Study. *Frontiers in Psychiatry, 13*, 814441. https://doi.org/10.3389/fpsyt.2022.814441

Zeki, S., Culkin, A., Gabe, S., et al. (2011). Refeeding hypophosphatemia is more common in enteral than parenteral feeding in adult in patients. *Clinical Nutrition, 30*, 365–368. https://doi.org/10.1016/j.clnu.2010.12.001

Zentrale Ethikkommission bei der Bundesärztekammer (2013). Stellungnahme: Zwangsbehandlung bei psychischen Erkrankungen. *Deutsches Aerzteblatt, 110*, A1334–A1338.

Zerbe, K.J. (1993). Whose body is it anyway? Understanding and treating psychosomatic aspects of eating disorders. *Bulletin of the Menninger Clinic, 57*, 161–178. PMID: **8508154**

Zerbe, K.J. (1996). Feminist psychodynamic psychotherapy of eating disorders: Theoretic integration informing clinical practice. *Psychiatric Clinics of North America, 19*, 811–827. https://doi.org/10.1016/s0193-953x(05)70383-x

Zerbe, K.J. (1998). Knowable secrets: Transference and countertransference manifestations in eating disordered patients. In W. Vandereycken & P.J.V. Beumont (Eds.), *Treating eating disorders: Ethical, legal, and personal issues* (pp.30–55). London, UK: The Athlone Press.

Zerbe, K.J. (2001). The crucial role of psychodynamic understanding in the treatment of eating disorders. *Psychiatric Clinics of North America, 24*, 305–313. https://doi.org/10.1016/s0193-953x(05)70226-4

Zerbe, K.J. (2008). *Integrated treatment of eating disorders: beyond the body betrayed.* New York, NY: W.W. Norton & Company.

Zerwas, S., Lund, B. C., Von Holle, A., et al. (2013). Factors associated with recovery from anorexia nervosa. *Journal of Psychiatric Research, 47*(7), 972–979. https://doi.org/10.1016/j.jpsychires.2013.02.011

Zipfel, S., Giel, K. E., Bulik, C. M., et al. (2015). Anorexia nervosa: Aetiology, assessment, and treatment. *Lancet Psychiatry, 2*(12), 1099–1111. https://doi.org/10.1016/S2215-0366(15)00356-9

Zipfel, S., Löwe, B., & Herzog, W. (2022). In: S. Herpertz, M. deZwaan & S. Zipfel (Eds.), *Handbuch Essstörungen und Adipositas* (p. 85). Heidelberg: Springer.

Zipfel, S., Sammet, I., Rapps, N., et al. (2006). Gastrointestinal disturbances in eating disorders: clinical and neurobiological aspects. *Autonomic Neuroscience: Basic and Clinical, 129*, 99–106. https://doi.org/10.1016/j.autneu.2006.07.023

Zipfel, S., Seibel, M.J., Löwe, B., et al. (2001). Osteoporosis in eating disorders: a follow-up study of patients with anorexia and bulimia nervosa. *Journal of Clinical Endocrinology & Metabolism, 86*, 5227–5233. https://doi.org/10.1210/jcem.86.11.8050

Zipfel, S., Wild, B., Groß, G., et al. (2014). Focal psychodynamic therapy, cognitive behaviour therapy, and optimised treatment as usual in outpatients with anorexia nervosa (ANTOP study): randomised controlled trial. *The Lancet, 383*(9912), 127–137. https://doi.org/10.1016/S0140-6736(13)61746-8

Ziser, K., Giel, K.E., Resmark, G., et al. (2018). Contingency Contracts for Weight Gain of Patients with Anorexia Nervosa in Inpatient Therapy: Practice Styles of Specialized Centers. *Journal of Clinical Medicine, 7*(8), 215. https://doi.org/10.3390/jcm7080215

Zitarosa, D., de Zwaan, M., Pfeffer, M., et al. (2012) Angehörigenarbeit bei essgestörten Patientinnen. *Psychotherapie Psychosomatik Medizinische Psychologie, 62*(9–10), 390–399. https://doi.org/10.1055/s-0032-1316335

Zucker, K.J., Lawrence, A.A., & Kreukels, B. (2016). Gender dysphoria in adults. *Annual Review of Clinical Psychology, 12*, 217–247. https://doi.org/10.1146/annurev-clinpsy-021815-093034

Sachwortverzeichnis

A

Ablöseprozess 88
Abwehr 58
Agency 53, 54
Akne 132
Akrozyanose 132
Akutes Leberversagen 146
Alkoholgebrauch 29
Alliance 54
Alltagserprobung 47, 48, 88
Ambivalente Therapiemotivation 35, 68, 105, 107, 174, 178, 179, 187, 191
Amenorrhoe 127
Amylase 138
Anämie 123
Angehörige 82, 101
Anorexia athletica 167
Appetitverlust 116
Arbeitsbündnis 40
Arterielle Hypotonie 120
Aspirationsneigung 117
Aufnahmegespräch 35
Auslösende Faktoren 65
Autarkie-Versorgungskonflikt 52
Autonomie 164, 166, 175, 177–179, 182, 189
AV-Block 120

B

Ballaststoff 116
Behandlungsbaustein 33
Behandlungsdauer 31
Behandlungsmotivation 115
Belastungsdyspnoe 121
Beriberi 131
Bewegungsdrang 93
Bewegungsprotokoll 95
Bewegungstherapie 94
Beziehungsdynamik 63
Beziehungsgestaltung 60
Bezugspflegesystem 97
Bisacodyl 136

Blutgasanalyse 154
Blutungsneigung 116, 123, 133, 148
Body-Checking 20, 90, 165, 171
Brustschmerz 121

C

Calcium 127, 152
Cerebraler Krampfanfall 124
Commitment 35

D

Dekubitus 134
Delir 145
Denkfehler 77
Depression 130, 180
Deutung 56
DEXA-Osteodensitometrie 127, 156
Diagnose 17
Diarrhoe 118, 136, 143, 145
Diätverhalten 163
Differentialdiagnose 21
Domperidon 116
DSM-5 17
Dysphagie 117, 137
Dysurie 125

E

Eigenübertragung 62
Einwilligung 175
Einzeltherapie 39, 96
Eisen 152
EKG 120, 153
Elektrolythaushalt 124
Elektrolytstörungen 29, 136, 137, 140, 142, 152
Emotionsregulation 66, 78
Entlassgewicht 36
Entlassmanagement 40, 103
Entscheidungsfähigkeit 181, 183
Entspannung

– Progressive Muskelrelaxation 98
Entspannungsverfahren 79, 98
Erbrechen 118
Erklärungsansatz, kognitiv behavioral 64
Ernährungstherapie 146
Esomeprazol 137
Essensplan 72
Essensregeln 72
Essprotokolle 36, 38, 69, 70
Euthyroid Sick Syndrom 128
Expositionsübungen 52, 93

F

Familie 69
Familientherapie 81, 101
Fettstuhl 118
Flatulenz 118
Flüssigkeitsbilanz 153
Flüssignahrung 37
Fragebogendiagnostik 24
Freier Wille 175, 177, 179
Fructosemalabsorption 118
Fürsorgepflicht 177, 189

G

Gastroduodenale Ulcera 117
Gastrointestinale Motilitätsstörung 41, 116, 150
Gastroösophageale Refluxerkrankung 137
Gastroparese 116
Gedanken, automatische 77
Gegenübertragung 56, 99, 109, 189
Genetische Risikofaktoren 162
Genusstraining 80
Geschlecht 161
– Agender Personen 171, 172
– Cisgender Männer 167
– Nonbinäre Personen 171, 172
– Transfrauen 171
– Transmänner 171
– Transpersonen 171
Geschlechtshormon 163
Geschlechtsrolle 164, 168
Gewalt, sexualisierte 65, 165
Gewichtskonsolidierung 34, 70
Gewichtskurve 37, 69
Gewichtsphobie 20, 178, 185
Gewichtszunahmeplanung 35
Gewichtszunahmevereinbarung 38, 46, 52, 55, 72, 150
Gluten 118
Grundüberzeugung 65, 75, 77
Gruppentherapie, tiefenpsychologisch 39

H

Haarverlust 132
Hänseleien 64
Hausärztin 104
Heißhungergefühl 47
Heparinisierung 43
Herzinsuffizienz 121, 131, 145
Herzultraschall 120, 154
Hochkalorische Trinknahrung 149
Hungerstoffwechsel 113
Hypercholesterinämie 129
Hyperglykämie 144
Hypervolämie 143, 144
Hypocalcämie 137
Hypoglykämie 47, 129, 144
Hypogonadotroper Hypogonadismus 127
Hypokaliämie 137, 153
Hypokaliämische Nephropathie 119, 137, 146
Hypomagnesiämie 137, 153
Hyponatriämie 124, 137
Hypophosphatämie 143, 152
Hypoproteinämie 113
Hypothermie 113
Hypovolämie 124

I

ICD-11 17
Ich-Struktur 55
Identität 179
Indikation 28
Individuation vs. Abhängigkeit-Konflikt 103
Infertilität 127
Innenwahrnehmung 93
Insulin-Purging 136
Integration 49
– Therapieverfahren 49
Interdisziplinäre ethische Fallberatung 189
Intervallbehandlungen 32
Interview
– Diagnostisch 24
Introjekt 110

J

Jugendliche 83
Juristische Betreuung 175

K

Kalium 143, 153
Kalorienbedarf 147
Kalorienmenge 36
Kalorienresorption 41
Katabolismus 113, 142
Katastrophisierung 77
Kognition, dysfunktionale 74, 75
Kolik 118
Kombination von Therapieverfahren 33
Komorbidität 22, 115
Kontrolle 179
Kontrollverlust 47
Konzentrationsstörung 131
konzentrative Bewegungstherapie 92
Körperbild 78, 91
Körperbildtherapie 39, 91, 97
Körperdysmorphe Störung 22, 90, 169
Körperideal 163
Körperschemastörung 90, 136, 170, 178, 185
Körperunzufriedenheit 90, 159, 164, 168, 169, 171
Kostaufbau 146
Krankheitseinsicht 174, 183, 185
Krankheitsverlauf 23
Krisenplan 190
Kunsttherapie 39, 98
Kurative Behandlung 192

L

Laboruntersuchung 29
Laktatazidose 143
Laktoseintoleranz 118
Lanugobehaarung 132
Laxanzien 116
Laxanzienabusus 136, 169
Lebensmittel, verbotene 72
Leukozytopenie 123
Libidoverlust 127
Linksventrikuläre Hypotrophie 120
Low-T3-Syndrom 128

M

Macrogol 136
Magendehnung 137
Magensonde 34
Magnesium 143, 153
Mahlzeitenstruktur 47
Malnutrition 113
MANTRA 86
Marasmus 113
Medizinethik 177
Mehrspaltenschema 76
Menstruation 127
Metabolische Alkalose 137
Metabolische Azidose 146
Meteorismus 115
Metoclopramid 116
Milchpulver 152
Minderheitenstress 168, 172
Minderjährige 84
Mitralklappenprolaps 121
Monitoring 153
Mortalität 23, 112, 183
Motivation 30, 31
Müdigkeit 114, 118, 120, 123
Mundtrockenheit 138
Musiktherapie 98
Mütterliches Essverhalten 165
Myokardfibrose 121

N

Nahrungsmittelunverträglichkeit 115
Nahrungssteigerung 36
Nasogastrale Sonde 150, 188
Natrium 144
Natriumpicosulfat 136
Neurobiologie 65, 179
Neuropathie 131
NICE-Kriterien Refeeding-Syndrom 141
Nierenfunktionsstörung 119
Niereninsuffizienz 124, 137

O

Oberbauchschmerzen 115, 137
Objektbeziehung 59
Objektivierungstheorie 165
Obstipation 115, 118
Ödem 131, 137, 145, 153
OPD-3 51, 55, 60
Ösophagitis 137
Osteopenie 127, 152
Osteoporose 95, 127

P

Palpitationen 121
Pantoprazol 137
Parenterale Ernährung 150
Partizipative Entscheidungsfindung 176, 190, 191
Perfektionismus 24, 106
Perikarderguss 29, 121, 131

Persönlichkeitsfaktoren 65
Perspektivwechsel 77
Petechien 133
Phosphat 140, 143, 152
Plananalyse 76
Plötzlicher Herztod 119
Polyurie 137
Postprandiales Völlegefühl 115, 118
Postprandialzeit 149
Prävalenz 23
Prognose 89
Projektive Identifikation 59
Proteinurie 137
Pruritus 132
Pseudo-Bartter-Syndrom 137
Psychodynamik 50, 54
Psychoedukation 52, 68, 79, 85
Psychopharmaka 49
Psychose 21, 29
Psychosomatisch-palliative Behandlung 194
Purging 21, 136

Q

Qi Gong 92
QTc-Verlängerung 120

R

Refeeding-Syndrom 29, 37, 117, 140
– Biochemisch 141
– Symptomatisch 141
Reflektionsvermögen 55
Regurgitation 137
Rehydratation 150
Reizhusten 137
Rektumprolaps 136
Ressource 93
Restrained Eating 66
Rhabdomyolyse 145
Rigidität 180
Risikofaktoren 24, 64
Risikosportarten 167
Rollenerwartung 53
Rückfallprophylaxe 48, 80

S

Schema 65, 66
Schlafstörung 115
Schlankheitsideal 64, 77, 163, 164, 168
Schluckstörung 117, 138
Schule 98

Schwarz-Bartter-Syndrom 124
Schweigepflicht 101
Schwindel 114, 120
Selbstbestimmung 174, 177–179, 185, 191
Selbstgefährdung 175
Selbsthilfegruppe 47
Selbstinduziertes Erbrechen 136, 169
Selbstobjektivierung 165, 166
Selbstoptimierung 163
Selbstwert 165
Sexualisierung 164, 165
Sexuelle Orientierung 167
– Bisexualität 167
– Homosexualiät 167
SIADH 124
Sialadenose 138
Sinusbradykardie 119, 120
Skill 74, 79
Sollkurve 38
Sozialarbeit 98
Soziokulturelle Aspekte 163
Spironolacton 137
Starvation 113
Starvationshepatitis 116
Steatotische Hepatopathie 117
Sterbehilfe 200
Störungsmodell 69
Substanzabhängkeit 29
Supervision 52, 62, 99
Synkope 120
Systemischen Therapie 81

T

Tachydyspnoe 153
Tachykardie 153
Tanztherapie 92
Täterübertragung 110
Team 95, 99, 100
Teamkommunikation 189
Teamsitzung 99
Teilkurative Behandlung 193
Terminale Niereninsuffizienz 119
Therapeutische Beziehung 52
Therapeutische Haltung 35, 54, 189, 191
Therapeutische Interaktion 62
Therapieabbruch 35, 105, 108
Therapiebündnis 96, 189
Therapiephase 34, 53
Therapiewiderstand 45
Therapieziel 70
Thiamin 43, 131, 142, 143, 152
Thrombozytopenie 123
Training sozialer Kompetenz 79
Training sozialer Kompetenzen 98

Transition   84, 89
Transparenz   33, 189
Trauma   59, 93, 110
Traumafolgestörung   110
Trinkmenge   29
Trinknahrung   71, 72
Trockene Haut   132
Typ-1-Diabetikerin   136

U

Übelkeit   115, 118, 124
Übertragung   52, 56
Unheilbarkeit   195
Unspezifische abdominelle Beschwerden   115

V

Vegetative Beschwerden   114
Verfahrensvielfalt   53
Vergleichsstudie   50
Verhaltenstherapie   50, 64
Verleugnung   105
Verschiebung   57
Versorgungssituation   31
Verstärker   73
Vigilanzminderung   145
Vitalparameter   153

Vitamin D   127, 152
Vitaminsubstitution   151
Vorausverfügung   189

W

Widerstand   57, 179, 188
Wiederaufnahme   40, 109

Y

Yoga   92

Z

Zahnschäden   138
Ziel   107
Zielkonflikt   78
Zimmerruhe   45
Zöliakie   118
Zusammenarbeit   50
Zwangsernährung   188
Zwangsmaßnahme   175, 182–184, 186, 188, 191
Zwangsstörung   21, 167, 169
Zwischenmahlzeit   48, 149
Zwischenwiegung   37
Zytopenie   119